dtv

Kurt Schwitters
Das literarische Werk
Herausgeben von Friedhelm Lach

Inhalt der Gesamtausgabe

Band 1
Lyrik

Band 2
Prosa 1918 – 1930

Band 3
Prosa 1931 – 1948

Band 4
Schauspiele und Szenen

Band 5
Manifeste und kritische Prosa

Kurt Schwitters

Das literarische Werk

Herausgegeben von Friedhelm Lach

# Schauspiele und Szenen

Deutscher Taschenbuch Verlag

September 2005
Deutscher Taschenbuch Verlag GmbH & Co. KG,
München
www.dtv.de

Umschlagkonzept: Balk & Brumshagen
Gesamtherstellung: Clausen & Bosse, Leck
Gedruckt auf säurefreiem, chlorfrei gebleichtem Papier
Printed in Germany • 3-423-13324-4

## Inhaltsverzeichnis

# Vorwort

## Schauspiele und Szenen von Kurt Schwitters

Noch vor einem Jahr waren die Schauspiele von Schwitters allenfalls ein Geheimtip von wenigen avantgardistischen Bühnenkünstlern. So bekannt der Theoretiker der Merzbühne als Programmeur der Happenings geworden war, so unbekannt war der Dramatiker Schwitters geblieben. Erst die Uraufführung von ›Zusammenstoß‹ im Tübinger Zimmertheater 1976 machte aufgrund des großen Erfolges weite Kreise auf Schwitters' dramatisches Werk aufmerksam.

Hier werden nun alle Schauspiele und Szenen gesammelt vorgelegt.[1] Auch die kleinsten Fragmente sind nicht ausgelassen, so daß die Bedeutung und Konsequenz der dramatischen Produktion besser abzuschätzen ist. Allerdings ist diese nicht nur auf die hier abgedruckten Texte einzuschränken. Prosatexte wie ›Schacko‹[2], ›Der Schirm‹[3], ›Rundfahrt im Hamburger Hafen‹[4], ›Revolution in Revon‹[5], um nur einige zu nennen, sind als Vortragsstücke konzipiert, andere Texte wie ›Der carbonisierte Goldfisch‹[6] als Bühnenmonologe geschrieben. Außerdem würde es ein falsches Bild ergeben, wollte man die Theorien zur Merzbühne oder die Vortragstätigkeit des Merzkünstlers außer acht lassen.

Will man die biographisch-historischen Stationen und die Grenzen der literarischen Leistung von Schwitters überschaubar machen, so muß die dreifache Aktivität gesehen werden, die den Akteur, den Theoretiker und den Dramatiker auszeichnete. Zu beachten ist vor allem, daß alles, was der Merzkünstler für die Theatergeschichte produzierte, eng mit der Geschichte seines ›Theaterpublikums‹ verknüpft ist. Am Beginn steht für Schwitters die Erfahrung des ›Kabarettisten‹ mit den Besuchen der Sturm-Bühne[7] und der Dadaveranstaltungen. Das Stammpublikum des Sturm-Kreises war die internationale Künstler- und Kritikeravantgarde, die an eine ausgefeilte Artistik und an großes Raffinement des Vortrages gewöhnt war. Von einem Vortragenden im Sturm-Kreis erwartete man sowohl ein bestimmtes Maß an Provokation und Originalität als auch eine Identifizierung mit der modernen Kunstauffassung.

Anders verhielt es sich mit einem von Skandalen angelockten Publikum bei futuristischen Großveranstaltungen und dadaistischen Abenden. Den Berichten in Zeitungen, Zeitschriften und Autobiographien zufolge geriet das Publikum bei diesen futuristischen und dadaistischen ›Happenings‹ so in Ekstase, daß die Veranstaltungen in Tumulten und wilden Aggressionsakten endeten. Aufgabe des Mannes auf der Bühne war es, die Rolle des Agitators, des Provozierenden zu spielen.

George Grosz berichtet über eine dieser vom Club Dada organisierten Dadaveranstaltungen in Berlin:

> »Als Dadaisten hielten wir ›Meetings‹ ab, bei denen wir gegen ein paar Mark Eintrittsgeld nichts taten, als den Leuten die Wahrheit zu sagen, das heißt, sie zu beschimpfen. Wir nahmen kein Blatt vor den Mund. Wir sagten: »Sie alter Haufen Scheiße da vorne – ja, Sie dort mit dem Schirm, Sie einfältiger Esel.«[8]

Schwitters' erste Schritte auf der Bühne tragen diesen beiden Publikumsvorstellungen Rechnung. Er hatte bereits 1918 beim Chefrezitator des Sturm, Rudolf Blümner, Privatunterricht genommen und war anschließend mit Sturmkünstlern und Dadaisten gemeinsam aufgetreten. Seine erfahrenen Freunde Blümner und Hausmann liebten die Artistik und die Schockwirkung des Vortrags. Schwitters folgte ihnen, pflegte dazu noch seine hannoversche Artikulationsweise und begeisterte seine Zuhörer durch hinreißenden Schwung, Musikalität und technische Brillanz.

Das Verständnis vom eingestimmten Publikum prägt die ersten dramatischen Texte. Unter dem Eindruck der dadaistischen ›Minihappenings‹ schrieb Schwitters Bühnenanweisungen für ein hochsensitives aktives Publikum. Die Vorstellung von der aktiven Beteiligung der Zuschauer war so vorherrschend, daß Schwitters es offensichtlich nicht für nötig hielt, für die Schauspieler auf der Bühne zu schreiben. Allenfalls skizzierte er Miniszenen, die aber immer ein engagiertes 'randalierendes' Publikum einbezog. In den dramatischen Szenen[9] fallen die rückläufigen Wiederholungen auf. Der Redundanzschematismus macht auf die konnotativen Sprachinformationen aufmerksam und weist auf den ästhetischen Kode hin. Werden so einerseits das gefundene (nicht erfundene) Sprachmaterial und die durch bürgerliches Gruppenverhalten definierten Typen als trivial erkannt, so macht die Erkenntnis der bewußten Sprachmontage diese Texte zu ästhetischen Gebilden. Den Aggressivitäten und Schimpfwörtern ist dabei eine dramaturgische Funktion zugewiesen. Sie dienen etwa in ›Kümmernisspiele‹ (s. S. 22) der Vorbereitung eines Publikumsskandals, wobei dieser Skandal darauf ausgerichtet ist, dem Publikum eine revolutionäre Rolle aufzudrängen und die Trennung von Bühne und Zuschauerraum zu sprengen. Die kleinen ›Minidramen‹ stellen sich so als 'Einstimmungsstücke' für ein Publikum dar, das 'in' ist, das eingestimmt werden will. Damit sind diese kleinen dramatischen Szenen als Beispiele der Merzbühnenkunst anzusehen. Der ›Merzer‹ erstrebte mit Spiel und Publikumsreaktionen das ›Gesamtkunstwerk‹.

Verglichen mit den Merz-Theorien sind allerdings die ersten Szenen, die Schwitters schrieb, nur 'Fingerübungen', weniger Demonstrationen des Konzeptes.

Über die Theorien zur Merzbühne ist bereits viel geschrieben worden. Spätestens seit den Happenings der sechziger Jahre sind sie ein Begriff. Die vier Aufsätze zur Merzbühne sind für den Happening-Veranstalter Wolf Vostell die ersten Beschreibungen von Happenings.[10] Eine solche Einstellung wird verständlich, wenn man die radikale Beschreibung aller möglichen Theatermittel als Anleitung liest. Was in den ›Erklärungen meiner Forderungen zur Merzbühne‹ im einzelnen gefordert ist, haben die Happening-Veranstalter wörtlich genommen und realisiert. Der Schwitters-Text lautet:

**Erklärungen meiner Forderungen zur Merzbühne:**

Man setze riesenhafte Flächen, erfasse sie bis zur gedachten Unendlichkeit, bemäntele sie mit Farbe, verschiebe sie drohend und zerwölbe ihre glatte Schamigkeit. Man zerknicke und turbuliere endliche Teile und krumme löchernde Teile des Nichts unendlich zusammen. Glättende Flächen überkleben. Man drahte Linien Bewegung, wirkliche Bewegung steigt wirkliches Tau eines Drahtgeflechtes. Flammende Linien, schleichende Linien, flächende Linien überquert. Man lasse Linien miteinander kämpfen und sich streicheln in schenkender Zärtlichkeit. Punkte sollen dazwischensternen, sich reigen, und einander verwirklichen zur Linie. Man biege die Linien, knacke und zerknicke Ecken würgend wirbelt um einen Punkt. In Wellen wirbelnden Sturmes rausche vorbei eine Linie, greifbar aus Draht. Man kugele Kugeln wirbelnd Luft berühren sich. Einander durchdringend zereinen Flächen. Kisten kanten empor, gerade und schief und bemalt. In sich Klappcylinder versinken erdrosselt Kisten Kasten. Man setze Linien ziehend zeichnen ein Netz lasurierend. Netze umfassen verengen Qual des Antonius. Man lasse Netze brandenwogen und zerfließen in Linien, dichten in Flächen. Netzen die Netze. Man lasse Schleier wehen, weiche Falten fallen, man lasse Watte tropfen und Wasser sprühen. Luft bäume man weich und weiß durch tausendkerzige Bogenlampen. Dann nehme man Räder und Achsen, bäume sie auf und lasse sie singen (Wasserriesenüberständer). Achsen tanzen mitterad rollen Kugeln Faß. Zahnräder wittern Zähne, finden eine Nähmaschine, welche gähnt. Empordrehend oder geduckt die Nähmaschine köpft sich selbst, die

Füße zu oben. Man nehme Zahnarztbohrmaschine, Fleischhackmaschine, Ritzenkratzer von der Straßenbahn, Omnibusse und Automobile, Fahrräder, Tandems und deren Bereifung, auch Kriegsersatzreifen und deformiere sie. Man nehme Lichte und deformiere sie in brutalster Weise. Lokomotiven lasse man gegeneinander fahren, Gardinen und Portieren lasse man Spinnwebfaden mit Fensterrahmen tanzen und zerbreche winselndes Glas. Dampfkessel bringe man zur Explosion zur Erzeugung von Eisenbahnqualm. Man nehme Unterröcke und andere ähnliche Sachen, Schuhe und falsche Haare, auch Schlittschuhe und werfe sie an die richtige Stelle, wohin sie gehören, und zwar immer zur richtigen Zeit. Man nehme meinetwegen auch Fußangeln, Selbstschüsse, Höllenmaschinen, den Blechfisch und den Trichter, natürlich alles in künstlerisch deformiertem Zustande. Schläuche sind sehr zu empfehlen. Man nehme kurz alles vom Haarnetz der vornehmen Dame bis zur Schraube des Imperator, jedesmal entsprechend den Größenverhältnissen, die das Werk verlangt.

Menschen selbst können auch verwendet werden.

Menschen selbst können auf Kulissen gebunden werden.

Menschen selbst können auch aktiv auftreten, sogar in ihrer alltäglichen Lage, zweibeinig sprechen, sogar in vernünftigen Sätzen.

Nun beginne man die Materialien miteinander zu vermählen. Man verheirate z. B. die Wachstuchdecke mit der Heimstättenaktiengesellschaft, den Lampenputzer bringe man in ein Verhältnis zu der Ehe zwischen Anna Blume und dem Kammerton a. Die Kugel gebe man der Fläche zum Fraß und eine rissige Ecke lasse man vernichten durch 22tausendkerzigen Bogenlampenschein. Man lasse den Menschen auf den Händen gehen und auf seinen Füßen einen Hut tragen, wie Anna Blume. (Katarakte). Schaum wird gespritzt.

Und nun beginnt die Glut musikalischer Durchtränkung. Orgeln hinter der Bühne singen und sagen: »Fütt, Fütt.« Die Nähmaschine rattert voran. Ein Mensch in der einen Kulisse sagt: »Bah«. Ein anderer tritt plötzlich auf und sagt: »Ich bin dumm«. (Nachdruck verboten). Kniet umgekehrt ein Geistlicher dazwischen und ruft und betet laut: »O Gnade wimmelt zerstaunen Halleluja Junge, Junge vermählt tropfen Wasser.« Eine Wasserleitung tröpfelt ungehemmt eintönig. 8. Pauken und Flöten blitzen Tod, und eine Straßenbahnschaffnerspfeife leuchtet hell. Dem Mann auf der einen Kulisse läuft ein Strahl eiskaltes Wasser über den Rücken in einen Topf. Er singt dazu cis d, dis es, das ganze Arbeiterlied. Unter dem Topfe hat man eine Gasflamme angezündet, um das Wasser

> zu kochen und eine Melodie von Violinen schimmert rein und Mädchenzart. Ein Schleier überbreitet Breiten. Tief dunkelrot kocht die Mitte Glut. Es raschelt leise. Anschwellen lange Seufzer Geigen und verhauchen. Licht dunkelt Bühne, auch die Nähmaschine ist dunkel.[11]

Historisch betrachtet entstanden diese Forderungen zu einer Zeit, in der eine Vielfalt von Bühnentheorien in Manifesten und Pamphleten aufgestellt wurde. Die Theatermanifeste der Futuristen hatten bereits 1910/11 die zündenden Schlagworte für die neue Konzeption gefunden: antipsychologisches Theater, mechanisches Theater, abstraktes Theater, Varietétheater, Simultantheater. Bis 1918 hatte sich die gesamte europäische Avantgarde anregen lassen und eine Fülle von Konzeptionen entwickelt, die sich im Grunde ähnelten. Im Prinzip wollten alle, soweit sie sich bühnentheoretisch äußerten, auf die Grundlagen des Theaters als einer selbständigen Kunstgattung zurückkehren und das ursprüngliche Theater wiederentdecken. Ausgehend von der Idee des Gesamtkunstwerks hatten Kandinsky und Ball 1914 gefordert, das Theater von seinen engen Bindungen an Literatur und Musik zu befreien und es aus der reproduzierenden in eine eigenschöpferische Institution zu verwandeln. In einem ›Totaltheater‹ sollten Dichter, Musiker, Maler, Plastiker, Architekten, Schauspieler, Tänzer und Regisseure zusammenarbeiten, um eine Synthese der Künste herbeizuführen. Diese Konzeption wurde in der Folgezeit mit verschiedenen technischen Details ausgebaut. Schwitters hatte bereits 1918 Kontakte zu Herwarth Walden und Lothar Schreyer von der Sturm-Bühne, zu Moholy-Nagy und El Lissitzky, Vertretern des osteuropäischen Konstruktivismus, zu Kandinsky und zu den Dadaisten. In seiner Merzbühnentheorie bezog er sich auf die zeitgemäßen Ideen, besonders auf das Theater der Totalität von Lászlò Moholy-Nagy, auf die elektromechanische Schau von El Lissitzky und die Sturm-Bühne. Wir finden auch Anklänge an den Maschinenkult des russischen Theaters und an das mechanische Theater von Vilmos Huszár.

Für den Merzkünstler ergab sich 1918 ein konfuses Bild von der modernen Theaterbewegung. Je intensiver er nach einer gültigen Lösung Ausschau hielt, desto deutlicher sah er die Zersplitterung in viele Richtungen. Wie im Falle der Merzbilder und Merzgedichte reagierte er auf diese Eindrücke mit einem homerischen Gelächter über diese teils stil- und anspruchsvollen, teils hochtrabenden, teils handwerklichen Theorien. Deutlich werden die futuristischen Ideen parodiert. Den Futuristen nach sollte die Maschine an die Stelle der alten musealen Kunstschätze treten; denn der Dynamismus der Technik kennzeichnete die moderne Zeit. Schwitters steigerte die Vibrationen und mechanischen Kräfte der Maschinen ins Gigantische. Der Dynamismus der vermerzten Welt führte bei ihm zu Deformation, Destruktion und Explosion. Auch das dadaistische Programm wurde persifliert. Zwar brachte Schwitters wie die Dadaisten das objet trouvé und bisher unbeachtete oder abgelehnte Formen und Materialien auf die Bühne, aber statt der ernst vorgetragenen dadaistischen Entwertung aller *Werte* forderte er humorvoll die Entwertung und Wertung aller *Materialien,* statt Antikunst wollte er schöpferische Gestaltung. Deshalb trat der Künstler, der ›Merzer‹, in den Mittelpunkt der Merzbühne. Er sollte auf Beifall, Interesselosigkeit, Kritik und Empörung des Publikums jeweils mit Vorgängen und Handlungen auf der Bühne reagieren, also eine geniale Gruppenarbeit aller Beteiligten einschließlich des Publikums anstreben und den Theaterraum zum Bühnenraum machen.

Schwitters empfand die Merzbühnentheorie als Ausdruck der damaligen zeitgenössischen Ideen. Er dachte konsequent zu Ende, was von anderen geplant, experimentiert und theoretisiert worden war. Als im Zuge der allgemeinen Versachlichung nach 1923 von Oskar Schlemmer und Moholy-Nagy im Bauhaus eine konstruktivistische Bühne entworfen wurde, entwickelte er schnell eine eigene Theorie zur ›Normalbühne‹, die der Beschäftigung mit den funktionalen Bühnenprozessen entsprach. Die jetzt von Schwitters geforderte Experimentierbühne ging stärker auf die Technikbegeisterung der Zeit ein. Bei den Bauhausaufführungen hatte Schwitters die neuen Zeitideen realisiert gesehen und auch das neue sachlich wertende, besonnenere Publikum erlebt. Die Bauhauskünstler stellten mit ihrer ästhetischen Grundausbildung hohe Anforderungen an das Bühnenbild. Im Sinne der zunehmenden Ästhetisierung und Rationalisierung forderte Schwitters 1924–1926 in den ›Theorien zur Normalbühne‹ die Konzentration auf die reinen Farben und geometrischen Formen sowie die Mechanisierung der Apparaturen. Er ging jedoch nicht so weit, daß er die Techniker über die Künstler bestimmen ließ. Die Bühne blieb Kunstraum. Soweit sie vereinfachter mechanischer Raum war, ordnete sie sich funktional in den Bühnenprozeß ein. Besonderes Augenmerk lenkte Schwitters jetzt auf die strenge Auswahl der Materialien. Klar begrenzte einfarbige Großflächen sollten nebeneinandergesetzt und mit Elementarformen und -farben gestaltet sein, die horizontal und vertikal gegliedert sind. Die dadurch entstehenden abstrakten Bühnenbilder nannte er Modelle zur Normalbühne. Künstlerischer Leitfaden sollte die Herstellung eines Gleichgewichts der normalen, typischen und individuellen Dinge auf der Bühne sein. Das Normale, d. h. das alltägliche Gebrauchsmaterial wie Tasse, Teller oder Wand wurde nur noch als Instrument des Spiels verwandt. Nebenfiguren sollten durch Kostüm und Spiel typisiert sein, die Hauptpersonen dagegen in

Alltagskleidung auftreten und sich natürlich bewegen. Dadurch sollte das Bedeutende hervorgehoben und die Aufmerksamkeit auf das Wesentliche gerichtet sein. Daß Schwitters eine klare Vorstellung vom Publikum hatte, ersehen wir aus der Begründung seiner Normalbühnen-Theorie. Die Normalisierung sollte dem Theaterbesucher erlauben, konzentriert dem Spielverlauf zu folgen, sachlich zu werten und harmonisch gestimmt die künstlerische Raffinesse zu genießen. Jetzt, wo die Bühne nur noch den Ausdruck unterstützende, instrumentale Funktion hat, interessierte sich Schwitters für die Konstruktion und die mechanische Veränderbarkeit. Aber schon zwei Jahre später verlagerte sich sein Interesse auf die Ausarbeitung von dramatischen Szenen. Die Phase der Bühnentheorien kann damit als abgeschlossen betrachtet werden.

Die Texte der späten zwanziger Jahre entfernen sich immer deutlicher von den theoretischen Konzeptionen. Schwitters stellte sich offensichtlich auf das großstädtische Theaterpublikum ein. Aber zuvor entwickelte er noch mit seinen Merzabenden eine eigene Form des Kabarettistischen. Hatte er 1921–1923 auf den Dada-Tourneen gemeinsam mit Hausmann, van Doesburg und Arp im Sinne des ›Cabaret Voltaire‹ und der Futuristenabende schockiert, so unterhielt er ab 1924 seine Zuhörer mit Märchen, Grotesken, Gedichten und Rezitationen der ›Urlautsonate‹. Er amüsierte sein Publikum mit witzigen Sprüchen und kabarettistischen Einlagen. Intellektuelle, bürgerliche Geschäftsfreunde, brave Kunstvereinsmitglieder bildeten einen intimen Kreis von Zuhörern für diese Merzabende in Wohnungen oder kleinen Mietsälen, die eher improvisiertes Kleinkabarett als Massenagitation erlaubten. Entsprechend schrieb Schwitters ausschließlich kleinere Vortragsstücke, meist Märchen und Grotesken. Erst die Berührung mit dem Theaterkonzept Erwin Piscators ließ ihn an größere Theaterstücke denken, die auf das Berliner Theaterpublikum Ende der zwanziger Jahre ausgerichtet sind. Piscators Dramaturgie des epischen Theaters stellte sich auf den modernen Zuschauer ein, der akustisch durch das Radio und optisch durch das Kino verwöhnt war. Durch das Medium Film gewann das Theater einen neuen Mitspieler, und die Drehbühne machte den Bühnenboden beweglich, so daß epische Vorgänge abrollen konnten. Piscators Ziel war, die Technik auf den ganzen Bühnenraum auszudehnen und alle Teile beweglich und veränderbar werden zu lassen. Entsprechend setzte Schwitters im ›Zusammenstoß‹ (s. S. 33) einen ungewöhnlichen technischen Theaterapparat und ein großes eingespieltes Theaterensemble voraus und führte dem Publikum ein Optimum an Bewegung und Theatereffekten vor. Gezeigt wird, wie die Massenmedien, Mode, Presse, Rundfunk und Schlagerindustrie, auf den Weltuntergang reagieren. Alle Medien zielen auf verstärkten Massenkonsum. Die Massen wiederum drängen auf Radikalisierung. Am Ende steht die Auflösung in einen karnevalistischen Lebenstaumel. Schwitters folgte in seinem Stück einerseits konsequent den Ideen der Groteske, die er mit dem Merzkonzept entwickelt hatte. Immer wieder ging es ihm um die Verschmelzung der verschiedenen Elemente zu einer künstlerischen Einheit. Alle Grenzziehungen zwischen Gattungen werden dabei aufgehoben. Tiere verwandeln sich in Menschen, leblose Gegenstände beleben sich. Es ergeben sich Vergrößerungen, Verkleinerungen und Verdoppelungen. Im Sprachbereich gibt es Verschmelzungen von Sprachelementen, Wiederholungen von Phrasen, Wortspielen, Banalitäten, literarischen Parodien, Lautdichtungen und bruitistischen Einlagen. Das ganze Sprachspektrum wird entfaltet.

Andererseits stellte sich Schwitters ganz auf das zeitgenössische Publikum ein. Es gab damals eine Fülle glanzvoller Feste, die als Ausdruck einer großen Diesseitsfreudigkeit interpretiert werden können. 1928 arbeitete Schwitters an den Festen seiner Heimatstadt maßgeblich mit. Für das vom Reichsverband Bildender Künstler, Gau Hannover, veranstaltete ›Zinnoberfest‹ (7. 1. 1928) schrieb er Schlager, bearbeitete die Festschrift und war im Organisationskomitee tätig, auch für das ›Fest der Technik‹, das am 8. 12. 1928 in der Hannoverschen Stadthalle stattfand, verfaßte er Schlagertexte, gestaltete die Festschrift typographisch und nahm an allen Aktivitäten teil. Die Feste und die damit zusammenhängenden Kontakte mit dem Großstadtpublikum, den Regisseuren und Revuetruppen hatten Einfluß auf die literarische Arbeit.

Unter dem Eindruck der hochtrainierten amerikanischen Revuegruppen, die Ende der zwanziger Jahre in Europa auftraten, schrieb Kurt Schwitters ein Stück für Bewegungschor ›Oben und unten‹ (s. S. 89). Darin wird die Entstehung des Lebens aus Weltennebel und Formenregen, mit psychedelischen Lichteffekten, konkreter Musik und Wortmagie gezeigt. Die expressionistische Thematik des neuen Menschen und die Reformtendenzen der zwanziger Jahre finden hier ihren Höhepunkt. Im Schluß sind alle Revolutionsideale vereint. Schlagworte der Französischen Revolution, der christlichen Verbrüderung, des Weltkommunismus, des Pazifismus und des humanistisch-idealistischen Aktivismus stehen nebeneinander. Schauspieler und Publikum sollen am Ende eine »neue Menschlichkeit« fordern.

Die 'Verbrüderung' wird nicht als Idee entwickelt, sondern konkret sinnlich in Gruppenbewegungen und Gruppentänzen ausgedrückt. Die Transponierung der ernsten Thematik in leichte Revueformen war Schwitters' letzter Versuch, die anerzogenen Kunstformen auf dem Gebiet des Theaters zu überwinden. Immer deutlicher kehrt er später zum Illusionstheater zurück.

In den dreißiger Jahren, in Norwegen und England, hatte er keine Gelegenheit, experimentelle Theateraufführungen zu sehen. Er organisierte zwar weitere Merzabende, hatte sich aber mit zunehmender Isolierung in Norwegen mehr und mehr auf 'Privatvorstellungen' für gelegentliche Besucher einzustellen. Auch in England unternahm er noch mancherlei Versuche, Vorstellungen zu organisieren, aber es blieb bei einigen privaten Merzabenden in seinem Bekanntenkreis. Ohne Kontakt mit einem größeren Publikum entwickelte er kein Experimentiertheater mehr für ein spezielles Publikum, das gezielte Erwartungen hegte oder ungewöhnliche Anforderungen stellte. Er beschränkte sich auf die Vermerzung der literarischen Konventionen im Rahmen des Illusionstheaters.

Wollte Schwitters sich mit dem bürgerlichen Publikum versöhnen, wenn er ihm jenes bekannte in der deutschen Trivialliteratur zur Genüge strapazierte Milieu vorführt, in dem sich um Kirchturm, Wirtshaus und Familie herum ein scheinbar unverändertes Leben abspielt? Ich glaube nicht; Schwitters hat eher die Radikalität der Frage von den Theatermitteln auf den Menschen verlagert, um dessen Wesen aufzudecken. Gerade an seinem letzten Schauspiel ›Die Familiengruft‹ (s. S. 308) wird sichtbar, wie konsequent er seinen Weg gegangen ist. Er schrieb das Stück kurz nachdem Sartre 1944 in seinem ›Geschlossene Gesellschaft‹ die moderne Hölle in surrealistischer Weise gestaltet hatte. Beide Dichter wählten dasselbe Motiv und Thema für ihre Schauspiele. In beiden Stücken leiden die Toten darunter, daß sie zwangsläufig das bleiben, wozu sie sich im Leben machten und daß sie – zusammengesperrt – sich um so mehr auf die Nerven fallen und quälen. Aber während sich bei Sartre die Protagonisten weiterfoltern, auch wenn ihnen die Tür geöffnet ist und sie ins Unbekannte schreitend der Hölle entrinnen könnten, greift in Schwitters' Stück der Arm der Gerechtigkeit ein. Die Guten werden vom Empfangsengel aus dem Erbbegräbnis geführt, und die böse Nora bleibt allein, verstockt auf ihrer nationalsozialistischen Weltsicht beharrend. Statt der Sartreschen Unabänderlichkeit des höllischen Zustandes vermittelt Schwitters ein ideologisches System, nämlich ein Bekenntnis zur Freiheit und eine Verdammnis der Naziwelt. Dramatisiert wird dieses durch die Transponierung von Familienstreitigkeiten in die Totenwelt. Nora, die alle in der Familie tyrannisiert hat, will ihre Herrschaftsfunktion auch im Totenreich ausüben. Hilfsmittel dafür sind ihr die Organisationsformen des Nationalsozialismus. Ihr Machtdrang entwickelt sich stufenweise. Zunächst zwingt sie in der Zwischenstation zum Totenreich alle Verwandten, in die Frauenschaft ›Erbbegräbnis‹ einzutreten und arbeitet dann daran, die Moral der Engel zu unterwühlen, Gott ins Konzentrationslager zu schicken und Hitler auf den Himmelsthron zu setzen. Als Gegner tritt ihr ihre Tochter Wilhelma entgegen, die gerade den Zusammenbruch des Dritten Reiches erlebt hat und alle Verwandten 'normalisieren' kann. Noras Machtanspruch soll gebrochen sein, als alle aus der erzwungenen Frauenschaft austreten und vom Empfangsengel fortgeführt werden. Aber auch ohne Mitläufer beharrt Nora auf ihrer Herrschaftsfunktion. Schwitters persifliert die nationalsozialistische Idee vom 1000-jährigen Reich, indem er sie in Opposition zum Todesreich, zur Himmelsmacht und zur Ewigkeit stellt. Mit diesem Theaterstück schließt sich der Kreis in Schwitters' Schaffen. Wie in seinen literarischen Anfängen (›Revolution in Revon‹, ›Die Zwiebel‹ etc.) nimmt er wieder Stellung zum aktuellen politischen Geschehen. Dabei bleibt er dem Gestaltungsprinzip des Grotesken treu und transponiert die Problematik ins Trivial-Alltägliche und in den Bereich des Todes. Auch wenn er im Spätwerk die Vermerzung des Sprachmaterials abgelegt hat, ist die Konsequenz der Entwicklung sichtbar.

In den Schauspielen der dreißiger und vierziger Jahre überrascht bei aller Verarbeitung bekannter Motive, die ungewöhnliche Perspektive, aus der die Zeitkritik angesetzt wird. In ›Der Zoobär‹ (s. S. 225) emanzipiert sich Mr. Bär nicht durch den Erwerb der Sprache, was uns geläufig wäre, sondern durch seine sexuelle Dominanz. Das Anomale dient der Zeitsatire.

Äußerlich gesehen hält Schwitters seinen Mitbürgern einen Spiegel vor, um ihre Schwächen zu karikieren. Ein großer Teil der Bühnenstücke scheint humorvolle Lebensbeschreibung zu sein. Bekannte und Verwandte von Schwitters finden sich in den Stücken wieder. In ›Wahrheit‹ (s. S. 299) z. B. sind die Ähnlichkeiten mit norwegischen Freunden unübersehbar. Rasmus Moen trägt Züge von Höyer Finn, Fredric Myhre erinnert an den Fischer von Hjertøya, George Malon, der Kunstmaler aus Paris, könnte in einem solchen Kreis nur Kurt Schwitters sein. Oft steht eine Hausdrachen-Gestalt im Zentrum, die Züge von Schwitters' Schwiegermutter, Frau Fischer, trägt. Offensichtlich ist dies in ›Totenbett mit happy end‹ (s. S. 141) in der Person der ›Frau Meier‹. Das letzte Bühnenstück, ›Die Familiengruft‹ (s. S. 308), vereinigt schließlich eine ganze Reihe von Verwandten, darunter die Großeltern, die Schwiegereltern und die eigene Frau. Es wäre aber übertrieben, wollte man bei all den Ähnlichkeiten mit Leuten und Vorkommnissen aus Schwitters' Bekanntenkreis von einer ›Familiendichtung‹ sprechen. Nicht die Schwächen von Schwitters' Schwiegermutter werden aufgezeigt, sondern die des bürgerlichen Hausdrachens.

Ähnlich wie in seinen Grotesken zeigt er auch in den Szenen allgemein die Radikalität der bürgerlichen Moral, unter der alle leiden. Die Kleinhelden, Hausdrachen und Großmäuler testen die Möglichkeit, wie weit sie sich als

Egoisten in der bürgerlichen Ordnung durchsetzen können. Sie wehren sich in lächerlicher Weise gegen jede Gesellschaftsveränderung.

Bietet Schwitters nur Aufschlüsse über die Denkweise des Kleinbürgers und über dessen Überlebungstechniken? Die Aussage geht weiter. In ›Das Totenbett mit happy end‹ z.B. werden im weiteren Sinne die Beschränktheiten des Bürgertums nachgewiesen. Frau Meier ist als sterbender Hausdrache zugleich eine groteske karnevalistische Figur des Volkes. Leben und Sterben sind für sie materiell-leibliche Vorgänge. Ihre Sterbeszene verwandelt sich im Sinne des Karnevalistischen in eine bacchantische Volksbelustigung mit Mahl, Trunk und Tanz, zu ihrer Wiederbelebung.

Schwitters' Schauspiele sprengen jede allzu enggezogene Interpretation. Seine Themen sind stets aufs Universale ausgerichtet. In dem Fragment ›Das Irrenhaus von Sondermann‹ (s. S. 121) ist das Thema Unfreiheit durch bürgerlichen Autoritäts- und Machtanspruch auf den gesamten Kulturbereich ausgedehnt. In ›Es kommt drauf an‹ (s. S. 157) rechnet er mit dem Künstlerbild des Biedermeier, der Neuromantik und der Moderne ab. Vom traditionellen Bild des verkannten Künstlers, der in der Dachstubenidylle lebt, bis zum expressionistischen Kraftgenie und zum Ideenkünstler werden alle Künstlerbilder parodiert. Auch die Geschäftspraktiken der Kunsthändler und Kunstkritiker sind in Schwitterscher Manier persifliert. Wo die Figuren einer bürgerlichen Boheme genauso lächerlich werden wie die esoterischen Künstler, ergibt sich nur noch die Möglichkeit eines realitätsbezogenen, unprätentiösen Künstlertyps.

In den dreißiger und vierziger Jahren schildert Schwitters die dämonischen Kräfte, die vor allem Deutschlands Geschichte bestimmten. In ›Eine Stunde Aufenthalt‹ (s. S. 255) transponiert er die Thematik ins Familiäre. Immer wieder finden wir die überraschendsten Themen und ungewöhnlichsten Motivverknüpfungen. In ›Fried Berger‹ (s. S. 277) behandelt er die Problematik von Politik und Wirtschaft, in ›Wahrheit‹ (s. S. 299) die Glaubensfragen, in ›Feuerschein‹ (s. S. 281) die Brandstiftung und den Versicherungsbetrug, in ›Die Familiengruft‹ (s. S. 308) persifliert er die Hitlerzeit.

Bei aller Variationsbreite in Thematik und Motivwahl läßt sich doch eine durchgehende 'Moral' ableiten. Wie in seinen Grotesken der späten zwanziger Jahre griff Schwitters auch in den Schauspielen jede Art von Besessenheit und Absolutheitswahn an und verspottete jeden, der seinen Lebensstil als den alleinseligmachenden ansieht. In den Bühnenstücken der dreißiger und vierziger Jahre modifizierte er dagegen seine Kritik. Er verzichtete mehr und mehr auf das Burleske und die Phantastik des Geschehens, um der einzelnen Idee und Weltanschauung ernsthafter bis in kompliziertestе Gedankengänge nachgehen zu können. Bereits in ›Es kommt drauf an‹ (s. S. 157) stellte er die verschiedenen Künstlerbilder nebeneinander: den Bohemetyp, den verkannten Künstler, das Genie, den Kunsthandwerker, den Ideenkünstler. Durch die Gegenüberstellung wird der Wahrheitsgehalt aller dieser 'Typen' relativiert. Konsequent werden im Fragment ›Wahrheit‹ verschiedene Aspekte desselben Themas in der Form von Streitgesprächen aufgewiesen. Das Stück wird zu einem dialektischen Prozeß, in dem eine Vielzahl von Standpunkten, Haltungen, Temperamenten zusammenstoßen.

Selbst wenn Schwitters' Bühnenstücke vielfach fragmentarisch blieben, so zeigen sie doch einen heute aktuellen Gestaltungsprozeß. Der Perspektivenreichtum bringt einen ständigen Lernprozeß und warnt vor Einseitigkeiten. Auch für das dramatische Werk gilt die Aussage, daß Schwitters durch Kunst Zeitkrankheiten heilen will.

Anmerkungen zum Vorwort

1 Bisher wurden veröffentlicht: ›Dramatische Szene‹, ›Kümmernisspiele‹, ›Schäferspiel‹ und ›Zusammenstoß‹.
2 Kurt Schwitters, Das literarische Werk, Bd. 2, Prosa 1918-1930, S. 289.
3 a. a. O., S. 335 und 338.
4 a. a. O., S. 244.
5 a. a. O., S. 29.
6 a. a. O., S. 307.
7 Herwarth Walden (1878–1941), Schriftsteller, Kunstkritiker und Musiker, gründete 1910 die Zeitschrift ›Der Sturm‹ und veranstaltete Ausstellungen und Vortragsabende. 1918 gründete er die ›Sturm-Bühne‹, deren Bühnenbildner und Spielleiter, Lothar Schreyer, später die Bauhausbühne leitete.
8 George Grosz, Ein kleines Ja und ein großes Nein (Hamburg 1955 u. 1974), S. 130.
9 ›Dramatische Szene‹, S. 23.
›Kümmernisspiele‹, S. 22 f.
›Schäferspiel‹, S. 24.
10 vgl. ›Happenings‹, Hrsg. Jürgen Becker und Wolf Vostell (Hamburg 1965), S. 8.
11 ›Sturm-Bühne‹, 8. Folge, Oktober 1919, S. 3.

## Anmerkungen zur Textgestaltung

Im vorliegenden Band sind alle Schauspiele, Szenen, Filmentwürfe und Handlungsskizzen vereinigt. Bis auf drei Minidramen und ein Schauspiel waren alle Texte noch unveröffentlicht.

Ediert wurde der Textbestand nach den Handschriften, die zumeist in Gabelsberger Kurzschrift im Kurt-Schwitters-Archiv vorliegen. Im Falle der Minidramen wurde nach den von Kurt Schwitters selbst überwachten Veröffentlichungen gedruckt.

Die chronologische Reihenfolge der früheren Bände wurde beibehalten. Die angegebenen Jahreszahlen zu Beginn jedes Stückes geben die Entstehungszeit an. Die meisten Texte hat Schwitters selbst im Manuskript mit Datum und Anschrift versehen. Bei auftretenden Datierungsfragen konnte der Sohn, Ernst Schwitters, oft wertvolle Hinweise auf die Entstehungszeit geben. Ansonsten wurde aufgrund der Schreibweise, der Papierart, der Angaben auf den Rückseiten der Manuskripte oder auch aus Textangaben die Datierung vorgenommen. An den größeren dramatischen Texten hat Schwitters nachweislich mehrere Jahre gearbeitet. In vielen Fällen ist jedoch nur eine Fassung, oft die dritte, überliefert. Gedruckt wurde stets der endgültige überlieferte Text. Eine Ausnahme bildet die groteske Oper ›Zusammenstoß‹, von dem die dritte Fassung gedruckt ist, da die vierte Bearbeitungsnotizen und weitgehende Veränderungen aufweist, die nicht von Kurt Schwitters stammen.
Die Varianten zu früheren oder späteren Fassungen, die Handlungsskizzen und Textfragmente wurden in den Anmerkungen aufgeführt. Da viele Texte in Gabelsberger Kurzschrift auf kleinen Zetteln geschrieben sind, gab es an einigen Textstellen Transkriptionsschwierigkeiten, wenn die Papiere am Rande zerstört waren. Die Unleserlichkeit ist in den Anmerkungen angegeben.

In Schreibweise und Interpunktion folgt die Edition den Handschriften. Sie wurden typographisch so gesetzt, daß das einheitliche Gesicht des Buches gewahrt blieb.

# Schauspiele und Szenen

1922

# Kümmernisspiele

*Ein dramatischer Entwurf*

a. Mein Herr:
b. Bitte?
a. Sie sind verhaftet.
b. Nein.
a. Mein Herr, Sie sind verhaftet.
b. Nein.
a. Mein Herr, Sie sind verhaftet.
b. Nein.
a. Mein Herr, ich werde schießen.
b. Nein.
a. Ich hasse Sie.
b. Nein.
a. Ich werde Sie kreuzigen.
b. Nicht.
a. Ich werde Sie vergiften.
b. Nicht.
a. Ich werde Sie lustmorden.
b. Nicht.
a. Denken Sie an den Winter.
b. Niemals.
a. Ich hasse Sie.
b. Niemals.
a. Ich töte Sie.
b. Wie gesagt, niemals.
a. Ich werde schießen.
b. Das haben Sie schon einmal gesagt.
a. Also bitte kommen Sie.
b. Sie können mich nicht verhaften.
a. Warum nicht?
b. Sie können mich höchstenfalls festnehmen.
a. Dann werde ich Sie also festnehmen.

b. Dann bitte.

b. *läßt sich von a. festnehmen und abführen. Die Bühne verdunkelt sich. Das Publikum fühlt sich fälschlich veräppelt und johlt und pfeift.*
*Der Chor schreit:* Dof. Dichter rrraus! Son Blödsinn!

1922

## Dramatische Szene

MANN *kotzt.*
FRAU Wisch das auf!
MANN Ich bin übel.
FRAU Wisch das weg!
MANN Ich bin so übel.
FRAU Schwein, wirds bald?
MANN Ich muß brechen.
FRAU Du beschmutzst mein Haus.
MANN Ich bin so übel.
FRAU Und ich speie nach Dir.
MANN Und ich muß kotzen.
FRAU Und ich spucke in Dein Maul.
MANN Halte mich!
FRAU Waschweib!
MANN Du, Du tröstest mich.
FRAU Ich werde Dich schlagen.
MANN O, Du bist gut.
FRAU Schwein, Igel!
MANN Oh, Du!
FRAU Schweig, Kamel!
MANN Ich muß schon wieder kotzen.
FRAU *schlagend* Wie das schnurrt.
MANN Aua.
FRAU Wie das klatscht.
MANN Gute Frau!
FRAU Aas.

um 1923

## Schäferspiel

DIE KLEINE HIRTIN Ich weidete hier meine Schafefe. *Sieht sich um, einmal rechts, einmal links.*

HIRTIN Ich weidete hier meine Schafefe. *Sieht sich lang um.*

HIRTIN Waaas?
Ich weidete hier meine Schafefe.
Meine Schafefe
Schafefe.
*gähnt* Uh, ist das langweilig!
*springt auf, tanzt, singt* trallala, tiederallala trallalalala!
*Pause*
Ich weidete hier meine Schafefe.
Kommt denn niemand?
Ach ja.
meine Schafefe.
*Es kommt Bube*

BUBE Guten Tag.

HIRTIN Guten Tag
*Pause*

BUBE Mach wenigstens einen Knix.

HIRTIN Hab keine Zeit.

BUBE Was hast du denn viel vor?

HIRTIN Ich weidete hier meine Schafefe.

BUBE Viel Vergnügen.

HIRTIN Vergnügen nennst du das?

BUBE Sonst würdest du es doch nicht machen, oder?

HIRTIN Ach, was verstehst du davon?

BUBE Besser wie du!

HIRTIN Ach geh weck.

BUBE Dann mach du deinen Knix.

HIRTIN *knixt* Ich weidete hier meine Schafefe.

BUBE Sei still.

HIRTIN *knixt* Ich weidete hier meine Schafefe.

BUBE Schweig du!

HIRTIN *knixt* Ich weidete hier meine Schafefe.

BUBE Ich schlag dich blau.

HIRTIN *knixt* Ich weidete hier meine Schafefe.

BUBE Mädchen!

HIRTIN *knixt* Ich weidete hier meine Schafefe.

BUBE *holt aus* Du sollst still sein!

HIRTIN *knixt* Ich weidete hier meine Schafefe.

BUBE *schlägt sie* Da, da – – da.

HIRTIN *plärrt, lacht* Weil ich meine Schafe hüte?

BUBE Bist still!

*Pause*

BUBE Und nun?

*Pause*

BUBE Sag doch was!

*Pause*

BUBE Sag doch was!

HIRTIN *knixt* Ich weidete – – hier – – meine Schafefe

BUBE Mädchen!

HIRTIN *Nimmt Schafe und geht damit langsam ab*
Ich weidete hier meine Schafefe.

Um 1925

# Schattenspiel

PERSONEN ELENA, das Fräulein
LAURA, der Gedanke eines Mannes
FRIEDRICH, der Schöpfer Lauras
EMIL, der andere Mann, Friedrichs Freund
LIME, der Schatten Emils

1. *Die Schattenspielebene ist leer, nun kommen nacheinander von links:*

*ein Kopf*
*ein Fuß*
*eine Hand*
*ein Arm*
*ein Rock*
*eine Blouse*
*noch ein Fuß*

} *setzt sich ganz langsam als Fräulein aneinander und stellt sich vor*

LAURA Ich bin Laura, ich bin der Gedanke eines Mannes, ich entstehe aus den Gedanken eines Mannes.

2. ELENA *von links* Was ist denn das? Wer ist denn da?

LAURA Ich heiße Laura. Ich bin aus den Gedanken eines Mannes entstanden.

ELENA Wie heißt der Mann?

LAURA Friedrich heißt er. Und wie heißt Du?

ELENA Ich bin, ich heiße nicht nur, ich bin Elena. Doch PFUI über Dich, daß DU aus den Gedanken eines Mannes entstanden bist. Und PFUI über den Mann, aus dessen Gedanken nur ein Weib entstehen kann.

LAURA Wer bist Du denn, daß Du es unternimmst, Dich zu entrüsten?

ELENA Ein echtes Weib. Darum kratze ich Dir die Augen aus, Du Hexe. Warum kommt solch ein Mann denn nicht lieber zu mir? Ich sehne mir die Seele wund, und dieser Friedrich bildet sich aus seinen Gedanken ein Weib, eine Laura.

LAURA Weil Ihr Frauen für verwöhnte Männer nicht schön genug und für geistreiche Leute nicht gescheit genug seid. Sieh mich an, ich bin ein Muster für alle Frauen, so muß ein Weib sein.

ELENA Schamlose Dirne, Männerschönheit Du! Was sind das für Reden wider eine solide Frau! Scher Dich hinweg.

LAURA ICH habe hier dasselbe Recht, wie Du, Vogelscheuche!

ELENA Das werden wir sehen! Pack Deine Knochen zusammen und befiehl Deine Seele Deinem Friedrich! *Schüttelt Laura, die auseinanderfällt und wirft die Teile über den rechten Rand hinaus* So!

3\. LIME *von links, steht, Elena sieht ihn bewundernd an*
Ich heiße Lime.

ELENA O, Du Holder! Bist Du etwa der Gedanke einer Frau?

LIME Keineswegs, ich bin ein ehrlicher Schatten. Ich bin der Schatten eines Mannes.

ELENA Und was tut nun der Mann ohne seinen Schatten?

LIME Er sucht sich seine Augen blind, denn ich fehle ihm.

ELENA Komm, setz Dich neben mich, wir wollen plaudern. Warum denn fehlst Du ihm?
*Setzt sich*

LIME Weil er nicht ohne Schatten leben kann. *Setzt sich auch* Die Stelle, wo ich angewachsen war, bereitet ihm viel Schmerzen.

ELENA Der arme Mann, ists Friedrich?

LIME Nein, Emil ist es, und ich bin lange genug sein getreuer Schatten gewesen.

ELENA Zwar bist Du herzlos, doch finde ich Dich chic.

LIME Wo soll ein Schatten denn auch sein Herz haben?

ELENA Küsse mich!

LIME O, Du Süße!

ELENA Nie hab ich einen schönern Mann gesehn, als diesen Schatten.

LIME *küßt sie* Ich liebe Dich. Wir wollen einander treu sein, Elena!

ELENA O, dieser Takt und diese Vornehmheit; kann ein Mann wohl feiner sein, als dieser Schatten?

4\. FRIEDRICH *von links* Ich heiße Friedrich. *Steht.* Friedrich heiß ich! Was seh ich da?

LIME Du irrst!

FRIEDRICH Das ist der Schatten meines Freundes Emil, den dieser höchst Bedauernswerte schon seit dreizehn Tagen sucht.

ELENA Bewahre Gott, er ist doch ein veritabler Herr, wie Ihr selbst.

FRIEDRICH Ich wette, er ist kein Herr, denn er ist in Wahrheit Emils Schatten; wer sind Sie, mein Herr Schatten?

LIME Das ist nur schwer zu sagen.

FRIEDRICH Ach was, keine Ausflüchte hier, wer sind Sie?

LIME Der Wahrheit die Ehre, ich bin nicht, ich heiße nur.

FRIEDRICH »Ich bin nicht?« Schatten sind auch nicht. Wie heißen Sie denn?

LIME Lime.

FRIEDRICH Lime, das ist nichts weiter, als die Umkehrung von Emil. Mein Herr, einen Namen Lime kenn ich nicht. Ich sag es Ihnen auf Ihren Schattenkopf zu, Sie sind Emils Schatten, weiter nichts.

ELENA Flieh, Lime, aber komm bald zurück.

FRIEDRICH ICH werde sofort meinen armen Freund Emil holen, daß er sich seinen Schatten zurücknimmt. Und Sie, Herr Lime, warten Sie hier auf uns!

LIME Was geht nur Sie das an? Ich warne Sie.

*Schießt auf Friedrich, ohne zu treffen, flieht nach rechts.*

*ohne zu treffen, flieht nach rechts.*

FRIEDRICH *läuft hinterher* Du Bube, hüte Dich!

5. EMIL *von links* Schönes, zierliches und liebreizendes Fräulein, ich heiße Emil.

ELENA O welche wohlerzogene Anrede!

EMIL Hörte ich hier nicht meinen Freund Friedrich?

ELENA Aber beeilen Sie sich nicht, lieber Herr, der ist schon längst hier vorbei.

EMIL Sie sehen mich als gebrochenen Mann, mir ist der Schatten abgebrochen. Ich suche meinen Schatten, der mir gehört.

ELENA Ich kenne Ihren Schatten, der ist ein schöner Mann.

EMIL WO ist er?

ELENA *ablenkend* Ach, Sie sind noch viel tausendmal schöner, als Ihr Schatten!

EMIL Papperlapapp. Wo ist mein Schatten? Ich bin ein halber Mensch ohne meinen Schatten. Kann ein halber Mensch überhaupt schön sein?

ELENA Mir gefallen Sie auch ohne Ihren Schatten so gut.

EMIL Ich habe solche Schmerzen an der Stelle, wo mein Schatten abgebrochen ist. Ich kann nicht ohne meinen Schatten leben.

ELENA Sie armer und bedauernswerter Mann!

EMIL Und ich hab Sorgen. Wer weiß, was Dummes dieser Schatten ohne mich beginnen wird. Vielleicht hat er sich schon verlobt. O, ich unglücklicher Mann!

ELENA DER Mann hat nur für seinen Schatten einen Sinn. Ach wäre ich sein Schatten.

EMIL Wo ist mein Schatten?

ELENA Geht, suchen Sie Ihren Schatten! *Weist ihm den Weg nach rechts.* Seht, dort ist Euer Schatten hingelaufen.

EMIL DER Schuft. *Nach rechts ab.*

6. ELENA Er liebt mich nicht, nur sein Schatten liebt mich. Er sieht mich nicht einmal an.

LAURA *von rechts, laufend* Zu Hilfe, mich verfolgt ein Mann.

LIME *von rechts, läuft hinter Laura her* So steh doch, Mädchen, ich kann doch nicht so laufen wie Du, denn ich bin nur ein Schatten.

LAURA Hilf mir Freundin, Elena!

ELENA O Du ungetreuer LIME! Und Du Dirne, Laura, die doch nur der Gedanke eines Mannes bist. Ich helfe Dir nicht. Ich werde Dir gleich helfen!

LAURA Nun siehst Du es, ich bin nicht nur der Gedanke eines Mannes, ich bin mehr, ich bin ein rechtes Weib. Sonst würde mich der Lime nicht verfolgen.

ELENA Ich hasse Dich, und soll Dir helfen, wenn Du mir meinen Liebsten nehmen willst?

LAURA Ich wills doch gar nicht, er verfolgt mich doch.

LIME O Ihr liebenswürdigen beiden Fräulein, ich liebe Euch beide. Wollt Ihr nicht beide meine lieben, kleinen Frauen werden?

7. FRIEDRICH War nicht hier eben Lime? Wo ist er denn geblieben? Doch da ist Laura.

LAURA Zu Hilfe, zu Hilfe! Wo soll ich mich verstecken? Der Schatten läßt mir keine Ruh, und dieser Mann hier will mich mit seinen Blicken schier zerreißen.

FRIEDRICH Laura, Du Bild meiner Gedanken, Seele, Du Einzige, die ich liebe, ich liebe Dich!

LAURA O, rettet mich, ich sterbe unter seinem Blick.

FRIEDRICH Ich liebe diesen süßen Kopf auf schlankem Hals, die schwarzen Haare, wie ein nächtlich Meer. O, wär er mein!

LAURA *löst sich in folgendem langsam in Teile auf, die in oder hinter Friedrich verschwinden* O, mein armer Kopf! *Ihr Kopf fliegt hinter Friedrichs Kopf.*

FRIEDRICH Und diese zarten, schlanken Hände, und die feinen Arme, o, wären sie mein!

LAURA O, meine Hände, meine Arme! *Wie oben*

FRIEDRICH Und dieser zierlich kleine Fuß! O, wär er mein!

LAURA O, mein armer Fuß! *Verschwindet wie oben.*

FRIEDRICH Und diese wohlgewachsenen Glieder, diese schöne Gestalt, o wären sie mein!

LAURA *verschwindet ganz hinter Friedrich, außer einem Fuße*
O, meine armen Glieder!

FRIEDRICH Aber wo bist Du denn? Laura, Mädchen! Ich sehe nichts als einen Fuß!

ELENA Tölpel! Sie ist nun bei Dir! Du hast sie Dir doch gewünscht!

FRIEDRICH Ich Armer, was tu ich mit dem einen Fuß?

LIME Elena, holdeste aller Frauen, nun lieb ich Dich allein. Erhöre mich nun!

ELENA Nicht doch, Du Süßer! Jetzt bist Du lieb, wo Laura fort ist. Vorhin hast Du um sie geworben.

LIME Erhöre mich, denn nur noch wenig Augenblicke zählt mein Leben, das fühl ich.

ELENA Dann komm, Du Süßer, in meine Arme.

FRIEDRICH Was muß ich sehn und dulden! Ich hab von meiner Frau nur noch den Fuß, und dieser Hanswurst, der nur ein Schatten ist, der Schatten meines Freundes, ein leerer Schatten, er liegt im Arme einer holden Frau, die ihn liebt.
So geh denn doch, Dich liebt doch keine Frau.

FRIEDRICH Mitnichten, denn jetzt werd ich diesen Schatten töten.
*Geht mit Messer auf Lime los.*

8. EMIL *hastig von rechts* Halt ein, Freund. DU tötest mich doch mit, wenn Du hier meinen Schatten tötest.

ELENA Laß mir den Schatten.

EMIL Nein, er ist mein. Ich kann ihn Dir nicht lassen. Doch willst auch Du mein sein, so ist auch Lime Dein.

ELENA O holder Mann, Du, der Du schöner noch als dieser Schatten bist, ich liebe Dich, wie ich Deinen Schatten liebe.

EMIL Holde, ich liebe Dich mit aller Inbrunst meiner Seele.

LIME Und ich, ich liebe sie, wie meinen Augenstern.

EMIL Dann komm, mein Lime, lieber Schatten, wir beiden sind doch nur eins. Wir wollen uns vereinigen, sei wieder mein Schatten, wie vorher, dann lieben wir gemeinsam Elena.

LIME Gut, ich will wieder nur Dein Schatten sein. So klapp mich um. *Er tritt dicht an Emil, der ihn umklappt, und wird Schatten.*

FRIEDRICH Und ich, was soll ich hier?

ELENA Du hast ja noch den Fuß von Laura, nimm ihn mit nach Hause.

FRIEDRICH Komm, Fuß, hier ist für uns kein Bleiben. *Mit Fuß links ab.*

ELENA Nun kommt, Ihr meine beiden Lieben, Emil und Lime, Mann und Schatten, kommt zu Eurer lieben Elena.

EMIL Herrin, ich und mein Schatten dienen Dir. *Er küßt sie, dann stellt er sich ein wenig beiseite, der Schatten klappt hoch und küßt sie auch.*

1927

# Zusammenstoß

*Groteske Oper in 10 Bildern*

3. Fassung

PERSONEN

VIRMULA, Astronom
ALMA, seine Assistentin, Tochter Meisterlichs
MEISTERLICH, Oberordnungskommissar
BANA, seine Frau
TAA, Tänzerin
NOLL, Tänzer
TEDDI, Taas großer Bär, später lebendig
VIOLINA, der tote Geiger, später lebendig
ROMMEL, Astronomie-Diener
FRAU ROMMEL, seine Mutter
ORDENTLICH, Anführer der Ordnungspolizei
DIE DIREKTRICE
DER VETERAN
DER OBERKELLNER

ALLI, LO } Freundinnen
RICHARD, HERMANN } Freunde
KONTROLLEUR im Nachtasyl
6 HERREN VOM NACHTASYL
SCHMIDT, Ansager vom Rundfunk
PAULSEN, Opernsänger
DER VERSAMMLUNGSLEITER
KOMMUNIST. MONARCHIST. PAZIFIST. LIBRETTIST.
LIBERALER. NATIONALER. RATIONALER.
RADIKALER.
DER REGISSEUR
HEINRICH, AGNES, FRL. BITTE SEHR } Auf dem grünen Globus

1. MANN } Auf dem Mars
2. MANN }

BLASSER HERR. DER UNGLÄUBIGE.
DER LEICHTGLÄUBIGE. DER FETTE. DAS DÄMCHEN.
DIE DAME. DER KAVALIER. FRL. JUGENDLICH.
DER KAPELLMEISTER.
ZEITUNGSVERKÄUFER. ORDNUNGSPOLIZEI.
BETTLER. MÄNNER. MÄDCHEN. HERREN.
PUPPENPANZEN. DISTELKAVALIERE.
DIE GROSSE KATZE. DER GROSSE HUND. PIERRO.
DORFBEWOHNER.
MENSCHENMENGEN und STIMMEN.

ERSTE SZENE

## Sternwarte in Berlin

*(Keller, nur 2 1/2 m hoch. In der Mitte schließt sich der Durchschnitt eines ca. 3 m breiten Turmes nach oben hin an. Unter der Mitte des Turmes ein Tisch. Links hinter einer vorspringenden Wand im Hintergrunde eine Treppe, rechts und längs der Hinterwand Tische mit Apparaten und Regalen. Nur am Tische helle Beleuchtung.)*

*Virmula und Alma sitzen, hinten rechts Rommel beim Aufräumen mit einer kleinen Lampe.*

*Virmula bei der Lampe vertieft hört nicht die leichte Sphärenmusik und beachtet nicht, daß Alma leise für sich singt.*

ALMA Der Knabe saß am Bach,
Das Wasser war so hell
Am Grunde schwamm ein Fisch
Der Fisch schwamm blitzesschnell.
Der Knabe sprang hinab
Das Wasser war so tief
Und unten auf dem Grund
Wie es da ferne rief:

Du bist nicht hier am Bach
Und was hier blinket hell
Das ist kein flinker Fisch.
Du sprangest blitzesschnell
Du sprangest tief hinab
Du sprangest weit und fern:
Hier unten auf dem Grund
Da ist der fremde Stern.

VIRMULA *gleichförmig*
Sinus, tangens, cotangens
Tango sinus asinus
22 23 25
28 31 35.

ALMA *gleichzeitig mit 22 . . . . . 35*
Sinus, tangens, cotangens
Tango sinus asinus.

VIRMULA *mit zunehmendem Schwung*
Tango sinus cotangens
Tango sinus Sinai
35 42 54
69 86 100.

ALMA *gleichzeitig mit 35 . . . . . 100*
Sinus tangens cotangens
Tango sinus Sinai.

VIRMULA Es geht auf! Es geht auf!

ROMMEL *leise*
69 86 99
Es geht nicht auf!

VIRMULA u. ALMA Es geht auf, es geht auf!

ROMMEL Mir geht nichts auf!
Wie leicht wird man getäuscht!

VIRMULA Die Formeln täuschen nicht
Der grüne Globus stößt auf unsere Erde.

ALMA Der grüne Globus stößt auf unsre Erde.

ROMMEL *erschrickt*
. . . auf unsere Erde.

VIRMULA Die Erde wird voraussichtlich . . .

ALMA Die Erde wird voraussichtlich . .

ROMMEL Was wird sie denn?

VIRMULA Zusammenstoßen!

ALMA u. ROMMEL Zusammenstoßen?

ROMMEL Das geht nicht gut.

ALMA Ich find es gut!
Mit Dir zusammen untergehn,
Das find ich gut.

ROMMEL Nicht gut!
Mit ihm zusammen untergehn?
Ich geh nach Haus!
Es geht doch alles nur kaputt
Ja was denn, was denn
was denn! Ich geh nach Haus. *Ab.*

ALMA Mit ihm zusammen untergehn
Ist große Lust,
Er hat den Untergang entdeckt
Mit ihm im Untergang zu leben
Ist große Lust.

VIRMULA Und wenn
Und wenn die Erde doch nicht untergeht?

ALMA Sie muß, Du hast es doch errechnet.

VIRMULA Und wenn der grüne Globus
Die Erde nur berührte?

ALMA Dann küßte er die Erde, wie ich Dich.
*Küßt ihn.*

VIRMULA Du liebes Mädchen!
*Küßt sie.*

ALMA Du großer Mann.

VIRMULA Ich hab den Stern entdeckt
Doch Du entdecktest mehr,
Denn Du entdecktest unser Herz,

ALMA Du sprangest tief hinab
Du sprangest weit und fern
Und unten auf dem Grund
Sah ich den fernen Stern.

MEISTERLICH *eintretend*
Da komm ich grad im rechten Augenblick.

VIRMULA u. ALMA Im rechten Augenblick.

MEISTERLICH Da darf ich gratulieren.

VIRMULA u. ALMA Da darf er gratulieren.

MEISTERLICH *zu Alma*
Da darf ich gratulieren!

ALMA *weist auf Virmula*
Du darfst ihm gratulieren.

MEISTERLICH Ihm soll ich gratulieren?

VIRMULA Jetzt werde ich berühmt.
ALMA Sein Ruhm ist jetzt begründet.
MEISTERLICH *plötzlich begreifend*
Er hat wohl einen Stern entdeckt?
VIRMULA Ich habe einen Stern entdeckt.
ALMA *gleichzeitig*
Er hat doch einen Stern entdeckt.
MEISTERLICH Da muß ich gratulieren.
ALMA Ein ziemlich kleiner Stern.
MEISTERLICH Wie jammerschade!
VIRMULA Ein ziemlich kleiner Stern,
Nur wenig Kilometer rund
Ein Kügelchen im Weltenraum.
MEISTERLICH Wie jammerschade.
VIRMULA U. ALMA Ein Glück, daß er nicht größer ist.
MEISTERLICH Wirst Du dann doch berühmt?
VIRMULA *rechnet gleichförmig*
Sinus, tangens, cotangens
Tango sinus asinus
22 23 25
28 31 35.
ALMA *gleichzeitig mit 22 . . . 35*
Tango, sinus, cotangens,
Tango sinus asinus.
VIRMULA Sinus, tangens, cotangens,
Tango sinus Sinai
35 42 54
69 86 100.
ALMA Es stimmt!
MEISTERLICH Dann wirst Du doch berühmt.
VIRMULA Mein Ruhm reicht bis zu grünen Sternen!
MEISTERLICH Wie heißt der neuentdeckte Stern?
VIRMULA Der grüne Globus.
MEISTERLICH Laß sehn, wo ist der Stern?
VIRMULA *zeigt den Stern im Spiegel des Fernrohrs*
Der kleine helle Punkt.
MEISTERLICH So klein?
ALMA Ein Glück, daß er nicht größer ist.

VIRMULA Du wirst ihn übermorgen größer sehn.
MEISTERLICH Was gehts mich schließlich an?
VIRMULA Du wirst es sehn.
Hier in Berlin wirst Du es sehn.
ALMA *gleichzeitig*
Ganz nah wirst Du ihn sehn.
MEISTERLICH Hier in Berlin?
VIRMULA Zusammenstoß!
ALMA Zusammenstoß.
MEISTERLICH Zusammenstoß?
Das kann nicht sein.
VIRMULA Es ist,
MEISTERLICH Was wird geschehn?
VIRMULA Die Erde wird voraussichtlich . . .
ALMA Die Erde wird voraussichtlich . .
MEISTERLICH Die Erde wird voraussichtlich . . .
VIRMULA Untergehn
ALMA U. MEISTERLICH Untergehn.
MEISTERLICH Untergehn?
Wo bleibt die Ordnungspolizei?
VIRMULA Geht unter.
MEISTERLICH Die Ordnungspolizei kann niemals untergehn.
VIRMULA Geht trotzdem unter.
MEISTERLICH Wird sie zerdrückt, wird sie verbrennen?
VIRMULA Voraussichtlich verbrennen.
MEISTERLICH Nein, nein, das k a n n nicht sein,
Nein, nein, das darf nicht sein!
ALMA Mit ihm verbrennen ist mir große Lust.
MEISTERLICH *reißt den Telephonhörer und spricht laut hinein*
Ausnahmezustand!
Ich erkläre den Belagerungszustand über Berlin.
*zu Virmula*
Wo wird der grüne Globus landen?
VIRMULA Potsdamerplatz.
MEISTERLICH Wann wird der grüne Globus landen?
VIRMULA Schon übermorgen früh.
MEISTERLICH Muß schnellstens umgeleitet werden.
VIRMULA Was soll er umgeleitet werden

Er wird voraussichtlich die Erde doch verbrennen.

MEISTERLICH Der kleine Stern?
Er soll die Heizung kleiner stellen.

VIRMULA Hat keinen Zweck, dann wird er uns zerdrücken.

MEISTERLICH Der kleine Stern?
Dann muß er langsam landen.

VIRMULA Der kleine Stern wird übermorgen größer werden.

MEISTERLICH Das kann nicht sein, ich glaub es nicht.

VIRMULA Du wirst es glauben müssen übermorgen.

MEISTERLICH *zweifelnd*
Die Ordnungspolizei wird untergehn?
*erschüttert*
Die Polizei wird untergehn?
*stützt sich taumelnd auf den Tisch. Entschlossen*
Ich will den Untergang organisieren,
Ich darf den Kopf jetzt nicht verlieren,
Sonst ist die Erde bald verloren
Zum Dienste bin ich auserkoren.

VIRMULA Ich werde noch berühmt.

ALMA Wir werden doch noch alle drei berühmt.

MEISTERLICH Ich auch. Ich halt ihn auf!

ALMA O letztes Glück
O letztes Glück
In seiner Formel aufzugehn.

MEISTERLICH U. VIRMULA *gleichzeitig*
O letztes Glück,
O letztes Glück
Berühmt, berühmt zu werden.

ALLE Sinus tangens cotangens
Tango sinus asinus
Tango sinus Sinai
22 23 25
28 31 35
54 86 100.

VIRMULA Hunderteins, hunderteins, hunderteins.

MEISTERLICH Was bedeutet das?

VIRMULA Es kann auch anders kommen.
Der grüne Globus wird voraussichtlich . . .

MEISTERLICH u. ALMA Der grüne Globus wird voraussichtlich . . .
VIRMULA Nicht landen, sondern. . .
Vielleicht, wenn es das Glück gewollt
In sanfter Fahrt ganz dicht vorüberfahren.
MEISTERLICH In sanfter Fahrt ganz dicht vorüberfahren.
Wo wird das sein?
Der Platz wird polizeilich abgesperrt.
VIRMULA Am Tempelhofer Feld.
MEISTERLICH Ihr werdet von mir hören. *Ab.*
VIRMULA Die Formeln täuschen nicht.
Mein Ruhm ist jetzt begründet.
ALMA O letztes Glück
O letztes Glück
In seiner Formel aufzugehn.
VIRMULA O letztes Glück
O letztes Glück
Berühmt, berühmt zu werden.
BEIDE Hunderteins, hunderteins, hunderteins
Hundertzwei, hundertzwei, hundertzwei,
Hundertdrei, hundertdrei, hundertdrei.
*Bei jeder Zahl fällt ruckweise der Vorhang.*

ZWEITE SZENE

*Gleichzeitig sind 3 Bilder aufgebaut, von denen immer nur eins beleuchtet wird, links Café (a), darunter Treppe zur Mitte Potsdamerplatz (b), rechts Treppe, die hinaufführt zu einem Atelier (c).*

a) Café

*Inneres eines Cafés: vorn Tanzpodium, man sieht einige Reihen Tische, hinten links Kapelle, hinten rechts Tür zur Treppe, nach links Fortsetzung des Cafés, unsichtbar.*

*Taa u. Noll, Kapelle und Gäste. Viel Betrieb. Taa tanzt mit Noll nach dem neusten Schlager ›Onkel Heini‹, der Text wird von der Kapelle, der Refrain von den Gästen mitgesungen.*

Und wenn die Welten untergehn,
Bleibt Onkel Heini doch bestehn,
Denn unser braver Onkel Heini
Hat immer noch die krummsten Beini.

Denn Heini braucht sich nicht zu bücken,
Es kann ihn doch kein Stern erdrücken.
Denn Sterne sausen stets bei Heini
Hindurch durch seine krummen Beini.

O, lieber Onkel Heini,
Wie krumm sind Deine Beini!
Wie sind die Beini krumm,
Wie ist das dumm!

Und ist der Erdenuntergang
Vorbei schon kilometerlang,
Der Stern ist längst vorbeigeflogen,
Von Heinis krummen Bein betrogen. –

Warum denn hat der Onkel Heini
Noch immer stets die krummsten Beini,
Denn ließe er sie grade machen,
Dann würden alle Mädchen lachen.

O, lieber Onkel Heini,
Wie krumm sind Deine Beini,
Wie sind die Beini krumm,
Wie ist das dumm!

*Taa und Noll verbeugen sich, links ab.*
*Gleichzeitig sieht man den blassen Herrn die Treppe heraufeilen.*

*Während der letzten Refrainzeilen Caféhausgespräche:*

DER UNGLÄUBIGE Sie meinen unmöglich.

DER LEICHTGLÄUBIGE Ein neuer Schlager steht durchaus im Bereich der Möglichkeit.

DER UNGLÄUBIGE Meinen Sie? Onkel Heini ist doch gerade erst heraus.

*Der Fette und das Dämchen sprechen dazwischen.*

DER FETTE Was Sie nur immer mit Ihrer verehrten Frau Mama vorhaben?

DAS DÄMCHEN Ich bin ein anständiges Mädchen.

DAME Man lacht sich krank,

KAVALIER Weißt Du schon von Anita?

Und gleich ein Kind!

DER BLASSE HERR *noch auf der obersten Treppenstufe*

Wo ist hier der Herr Kapellmeister?

KAPELLMEISTER Hier!

*Der blasse Herr spricht leise zum Kapellmeister, der erst verzweifelt, dann aufgeregt aussieht.*

*Das Publikum erbost sich.*

DER FETTE Der kommt wohl vom Monde.

FRL. JUGENDLICH Wie ungebildet.

DER KAVALIER Der weiß wohl was von Anita?

*Oberkellner will den Herrn hinauswerfen, tut es aber nicht, weil der Kapellmeister ihm einen Wink gibt.*

*Alles sieht in Richtung blasser Herr.*

*Frl. Jugendlich, der Leichtgläubige, das Dämchen stehen von ihren Sitzen auf. Der blasse Herr geht eilig und leise schleichend die Treppe hinunter, die jetzt dunkel ist.*

*Kapelle Tusch.*

KAPELLMEISTER Weltuntergang steht kurz bevor!

*Alle lachen ungeheuer, niemand glaubt einen Ton.*

KAPELLMEISTER Schon übermorgen wird der grüne Globus ...

DER FETTE Onkel Heini, bist woll doof!

DÄMCHEN Wie chic!

KAVALIER Soll Onkel Heini weiterspielen.

DER UNGLÄUBIGE *steht auf und redet in gebrochener Sprache*

Meine Damen und Herren. Sie glauben doch nicht etwa an diesen Blödsinn! Wie viele Werte würden da auf einmal vernichtet werden! Bedenken Sie, wenn eine Welt Jahrmillionen in einem Bogen gehalten hat, ohne unterzugehen, dann kann sie doch nicht plötzlich, bums, untergehen! Das können Sie sich doch wohl selber sagen!

ALLE Bravo, Bravo. Onkel Heini weiterspielen.

*Kapelle beginnt wieder mit Onkel Heini, da kommt aufgeregt Rommel hereingestürzt. Man hört ihn schon laut die Treppe heraufrommeln. Alle sehen gespannt nach dem Eingang. Die 4 von vorhin stehen wieder auf.*

ROMMEL *am Eingang hinten*

Alle nach Hause gehn!

*weiter vorn*

Die Welt geht unter.

*aufgeregt ab*

O meine arme Mutter.

DER FETTE Schmeißen Sie den Idioten doch vierkantig hinaus!

JUGENDLICH Ist heute denn Aschermittwoch?

*Alle horchen, wie Rommel die Treppe herunterrommelt.*

STIMME *hinter der Bühne*

Es rommelt im Weltenraum
Es trommelt im Birnenbaum
Es geht manches vor,
Und nichts bleibt bestehn,
Wie soll es anders gehn.

*Taa und Noll kommen im Straßenanzug, Abendcape von links und gehen durchs Café die Treppe hinab. Café wird dunkel. Beleuchtung geht die Treppe hinunter mit Taa und Noll mit. Sie treten auf den Potsdamerplatz hinaus.*

b) Potsdamerplatz

*Links bis ganz vorn das Café von außen. Rechts 5-stöckiges Haus mit Schaufenstern einer erstklassigen Modefirma, in denen helle Gesellschaftskleider zu erkennen sind. Unten ganz rechts Eingang zu Taas Wohnung oben. Im Mittelgrunde der Platz mit Rundteil und Verkehrsturm in der Mitte. Die Straße nach vorn ist relativ tot, die Hauptverkehrsstraße geht waagerecht. Hinten eine verschwindende Straße.*

*Taa, Noll, treten in das Gewimmel der Zeitungsverkäufer.*

CHOR DER VERKÄUFER Zweite Abendausgabe
Dritte Abendausgabe
Die neuste Abendausgabe
Die Ausgabe von morgen früh.
Der neue Weltuntergang
Der neuste Weltuntergang
Der neue Weltuntergang
Übermorgen Weltuntergang

VERKÄUFER Abendblätter, Abendblätter, Abendblätter
Die Nacht am Mittag. Die Nacht am Mittag.
Die Nacht am Mittag.
*Es wird rasch dämmerig.*

CHOR DER VERKÄUFER Acht Uhr Abendblatt
Neun Uhr Abendblatt
Zehn Uhr Abendblatt
Elf Uhr Abendblatt
Zwölf Uhr Abendblatt

VERKÄUFER Ein Uhr Morgenblatt. Ein Uhr Morgenblatt.
Ein Uhr Morgenblatt.
*Aufregung wächst. Alles kauft Zeitung und steht lesend.*

VERKÄUFER Panik in Berlin, Panik in Berlin, Panik in Berlin.

NOLL Eine Zeitung!

VERKÄUFER *drängen sich vor*
Dritte Abendausgabe
Ein Uhr Morgenblatt
Panik in Berlin
Die New Yorker Presse zum Weltuntergang.
Der neuste Schlager bleibt Onkel Heini.
*Lichtreklame und Laufschriften. ›Onkel Heini bleibt Onkel Heini‹. Weltuntergang steht nah bevor. Voraussichtlich morgen früh. Amerika bleibt neutral. Weltuntergang steht bevor. Feuerbestattung ›Stern‹. Gemeinsame Abfahrt der Gesellschaftsautos zum Weltuntergang, jede 2 Minuten etc.*

NOLL Es ist wahr Taa!

TAA Ich bleibe bei Dir, Noll!

NOLL Und wenn die Erde untergeht . . .

TAA Bei Dir.

NOLL Taa, meine Taa.

TAA Noll, es ist schrecklich, schrecklich.
*Beide quer über den Platz nach rechts, wo sie stehen bleiben.*

ROMMEL *quer über den Platz*
Revolution
Weltuntergang
Feuer, wo ist Feuerwehr.
O meine arme Mutter!
*Ab.*

NOLL Liebe mich, auch wenn die Welt vergeht!

TAA Mein Noll!

BETTLER *zu Taa*
Bin blind, habe Atteste.
*Taa sieht den Bettler irr an.*

MANN Der wird auch noch lahm werden.

TAA Gib ihm eine Mark.

MANN . . . denn morgen wird er untergehn.

MÄDCHEN Ich sterbe vor Angst.

ZWEITES MÄDCHEN Ich auch.

HERR Wer stirbt noch?

REDNER *stellt sich vorn auf die Verkehrsinsel*
Es wird nichts so heiß gegessen,
Wie es gekocht wird.
MENGE Wie es gekocht wird.
MANN Grade heiß genug.
MENGE Grade heiß genug.
*Menge jagt den Mann, rechts vorn ab.*
MANN Haltet den Schuft!
MENGE Haltet den Schuft!
*Großer Lärm, es wogen von rechts neue Leute heran.*
VETERAN *tritt auf die Insel*
Gründen wir einen Verein.
ALLE Einen Verein.
MEHRERE STIMMEN Einen Verein.
MENGE Einen Verein, einen Verein, einen Verein!
VETERAN Einen Mieterschutzverein.
*Große Menge Menschen kommen nach der Mitte, wo alles wild durcheinander läuft.*
TAA Und wenn die Erde untergeht?
NOLL Wenn Du mich liebst, mag alles untergehn.
*Großer Lärm in der Mitte des Platzes.*
*Ordentlich an der Spitze der Ordnungspolizei kommt von hinten um das Rundteil herum und nimmt vorn links zwischen Bürgersteig und einer Verkehrsinsel Aufstellung mit seinen Leuten.*
CHOR DER ORDNUNGSPOLIZEI Eins zwei, eins zwei, eins zwei drei,
Bald ist alles zwar vorbei.
Eins zwei, eins zwei, eins zwei drei,
Kommt die Ordnungspolizei.
Machen Sie die Straße frei
Für die Ordnungspolizei.
ORDENTLICH Zurücktreten, zurücktreten, Straße frei,
Straße frei.
MENGE Straße frei, Straße frei.
ORDENTLICH Die Ordnung kommt durch.
Der grüne Globus wird voraussichtlich ...
Nicht landen, sondern ...
Vielleicht, wenn es das Glück gewollt ...

**MENGE** Vielleicht, wenn es das Glück gewollt . . .

**ORDENTLICH** In sanfter Fahrt ganz dicht vorüberfahren . . .

**MENGE** In sanfter Fahrt ganz dicht vorüberfahren . . .

**NOLL** In sanfter Fahrt.
*Mit Taa nach rechts in ihr Haus.*

**MANN** Schwindel!

**DREI STIMMEN** Schwindel!

**SECHS STIMMEN** Schwindel!

**ALLE** Schwindel, Schwindel, Schwindel!

**VETERAN** Das sind Beruhigungsmanöver.

**ALLE** Das sind Beruhigungsmanöver.
Fort mit der Ordnungspolizei!
Fort! Fort! Fort!
*Man jagt die Ordnungspolizei nach rechts; von rechts Kommende jagen sie nach hinten, wo die Menge sie auseinander treibt, so daß sie flieht. Dadurch wird der Platz vorn fast leer. Nur der Veteran, der nicht gut gehen kann, bleibt stehen. Vor dem Fenster des Modesalons werden die glitzernden Toiletten mit schwarzen Kleidern vertauscht.*

**DIREKTRICE** *kommt heraus und besieht die Auslage, arrangiert durch Handbewegungen das Dekorieren*
Weiter nach rechts.
Kleine süße Robe tiefer legen.
Weiter nach links.
Die schwarze Kombination höher legen.
Weiter nach oben.
Das kleine süße Höschen mehr nach rechts.
Weiter nach unten.
Das kleine süße Hütchen mehr nach links.

**VETERAN** Was soll das nun bedeuten?

**DIREKTRICE** Die neue Mode zum Zusammenstoß.
Die Dame von Welt,
Die auf sich hält,
Die Dame von Geld,
Trägt zum Zusammenstoß
Nur schwarz Georgette.

**VETERAN** Nur schwarz Korsett.

*hinkt vorn links ab, vor sich hin*
Nur schwarz Korsett.
*Dabei wird es stufenweise dunkel, es erhellt sich die Treppe rechts, auf der Taa und Noll hinaufsteigen.*

c) Taas Atelier

*Chaiselongue, auf welcher der Bär zwischen Kissen sitzt. Taa und Noll treten ein. Noll dreht Licht an. Der Raum erhellt sich mäßig. Taa wirft ihren Abendmantel auf das Sofa neben den Teddibären und liebkost ihn.*

NOLL Immer der Bär.
Immer die tote Puppe.
TAA Du willst mich nicht verstehen.
NOLL Du mußt mich immer reizen.
TAA *liebkost ihn*
Was bist Du immer eifersüchtig.
NOLL Ich will nicht teilen.
TAA Narr! Du bist immer eifersüchtig.
NOLL Ja, ich bin wirklich eifersüchtig.
TAA Auf diesen toten Bären, diese Puppe?
Faß ihn doch an, er ist so tot wie dieses Kissen.
NOLL *plötzlich sentimental*
Du, Wesen ohne Erdenschwere,
Taa, Tänzerin des Himmels,
Du sollst nicht untergehn.
Du wirst im freien Weltenraum schweben.
Wenn alles stirbt,
Wenn alles untergeht,
Nur Du wirst leben!
TAA Willst Du nicht mit mir schweben?
Noll, Du sollst mit mir leben!
Wenn alles stirbt, wenn alles untergeht.
Wir werden leben!

ZUSAMMEN Wir schweben hinaus in den Weltenraum,
Wir leben, wir schweben,
Wir schweben, wir leben,
Wenn alles stirbt, wenn alles untergeht,
Wir schweben,
Wir.

NOLL Bist Du mein Stern?

TAA Sonne Du!

NOLL Die Erde ich.

TAA Bist du die Erde?
Und die Sonne ich?

NOLL Bin ich der Stern,
Der hingezogen zu der Erde
Sie bald berührt?

BEIDE Was fallen mir nur heute viele Sterne ein?

NOLL Du Stern!
*Noll will Taa küssen, in diesem Augenblick beginnt der Bär lebendig zu werden. Er kniet ohne Umstände vor Taa nieder.*

TEDDI Göttliche, Kraulende, Irdische

TAA *schreit*
O Gott!

NOLL *weicht zurück*
Bin ich verrückt?

TEDDI Göttliche, Kraulende, Irdische!
Kraulende, Kosende, Lächelnde!
Taa, wie benenn ich Dich?
Taa, ich bebäre Dich.
Göttliche, Kraulende, Irdische,
Kraulende, Kosende, Lächelnde ...

NOLL Halt ein Verwegener!
Du Schurke, hebe dich hinweg!

TAA O laß ihn, er ist lieb.

TEDDI Wie bist Du schön!

NOLL *faßt ihn an der Stelle, wo der Mensch einen Kragen hat.*

TEDDI *schreit*
Bööööööö

TAA O laß ihn!

NOLL Ich laß ihn nicht
*Läßt ihn los.*
Wo sind die Waffen?
Ich will mit ihm für Deine Ehre kämpfen!
Die Waffen her!
*Er reißt 2 Degen von der Wand und reicht einen dem Bären.*
Wehr Dich Du feiger Hund!

TAA Nicht kämpfen.
Halt, Du stichst ihn tot!

TEDDI Stich nur, ich wehre mich!
Stich, wenn Du stechen mußt!

TAA Schlag ihn nicht, stich ihn nicht,
Das süße Tier!

NOLL Schlag zu, stich zu
Wehr Dich, Du Hund!
Du feiger Hund!
Du . . .
*Der Teddibär wird unglücklich getroffen, er brüllt entsetzlich und fällt um.*
Fall um!

TEDDI Bumm . . .

NOLL *zu Taa*
Verzeih!

TEDDI *springt wieder auf, kniet wie vorher vor Taa*
Verzeiht Ihr lieben Leute.
Ihr irrt, ich kann nicht sterben.
Es gehen Dinge vor,
Die ich erleben muß.
Göttliche, Kraulende, Irdische!
Kratzende, Kosende, Lächelnde.
*Während dieser 6 Worte wird es ruckweise in Taas Atelier dunkel, während es ebenso ruckweise links im Café hell wird.*

d) Café, wie vorhin

*Alle Tische sind leer, große Unordnung, Kellner zählt Geld.*

OBERKELLNER 22 23 25
28 31 35
Entenleber, Schweinebraten, Gänsebraten
Apfelkuchen, Sahneschnitten, Mohrenkopf
35 42 54
69 86 100
Ich paß auf, ich paß auf,
Ich laß mich nicht betrügen.
*Licht aus.*

DRITTE SZENE

*Gleichzeitig 3 Bilder, die gleichzeitig beleuchtet sind. Links und rechts oben 2 kleine Ausschnitte a) und b), die das Heim zweier Freundinnen und das Heim zweier Freunde zeigen. Je 2 Klubsessel und ein Rauchtisch, hinten Tür und Lautsprecher. Atmosphäre angenehm verräuchert.*
*Unten in der Mitte ein Nachtasyl c), ein nüchterner spärlich beleuchteter Raum, zu beiden Seiten ärmliche Schlafpritschen, in der Mitte ein Tisch, an dem der Kontrolleur steht.*
*Im Heim zweier Freundinnen Alli und Lo.*
*Im Heim zweier Freunde Richard und Hermann.*
*Alli und Richard singen immer dasselbe gleichzeitig.*
*Lo und Hermann singen immer dasselbe gleichzeitig.*

ALLI U. RICHARD *gähnen*
Aur, Aur uuhaa
Luh, Luh uuhii
Haa uu haa

*Im Nachtasyl kommen abwechselnd durch die Türen links und rechts die Herren und geben dem Kontrolleur ihre Karten ab.*

1. HERR Hier

KONTROLLEUR 22

LO u. HERMANN *gähnen*
Aur, Aur uuhaa
Luh, Luh uuhii
Haa uu haa

2. HERR Hier.

KONTROLLEUR 23.

ALLI u. RICHARD Schickes Mädchen getroffen!

LO u. HERMANN *langweilig*
Langweilig!

3. HERR Hier.

KONTROLLEUR 25.

ALLI u. RICHARD Todschick!

LO u. HERMANN Wenn schon!

4. HERR Hier!

KONTROLLEUR 28.

ALLI u. RICHARD Der Nacken!

LO u. HERMANN Der Nacken, der Nacken!

5. HERR Hier!

KONTROLLEUR 31.

ALLI u. RICHARD Die Beine!

LO u. HERMANN Die Beine, die Beine!

6. HERR Hier!

KONTROLLEUR 35.

ALLI u. RICHARD Der Duft!

LO u. HERMANN Untersteh Dich . . .

7. HERR Hier!

KONTROLLEUR Besetzt!
*7. Herr ab*

ALLI u. RICHARD *gähnen*
Aur, Aur uuhaa
Loh, Loh, uuhii
Haa uu haa

LO u. HERMANN *gähnen*

Aur, Aur uuhaa
Luh, Luh, uuhii
Haa uu haa
*Die Herren 1–6 sind gleichmütig in ihre Betten gestiegen.*

DER LAUTSPRECHER *gleichzeitig in beiden Heimen*
Weltuntergang.
Zusammenstoß übermorgen früh.
Die Erde wird voraussichtlich . . .
*In das Nachtasyl tritt Ordentlich ein.*

ORDENTLICH Polizei!
*Alle Herren setzen sich in ihren Betten hoch.*

ALLI u. RICHARD Mal endlich eine kleine Sensation.

LO u. HERMANN Ob dort die Kleider kürzer sind?

ALLI u. RICHARD Bedeutend kürzer.

LO u. HERMANN Verrückte Kleider,
Frivole Menschen

ALLI u. RICHARD Die neue Geistigkeit?

KONTROLLEUR Zu Ihren Diensten großer Herr!

ORDENTLICH Die Welt geht unter!
*Alle Herren legen sich beruhigt wieder hin.*

1. HERR Gott sei Dank!

2. HERR Es ist erreicht!

3. HERR Ich danke Gott!

4. HERR Mensch, klaust Du noch.

LAUTSPRECHER Hier Berlin auf Welle 570.
Wir wiederholen: WELTUNTERGANG
Zusammenstoß wird voraussichtlich übermorgen früh erfolgen.
Die Erde wird voraussichtlich verbrennen. Wir kommen anschließend aus Café Central mit Onkel Heini wieder.
*Radio spielt ›Onkel Heini‹.*

ORDENTLICH Die Ordnungspolizei sorgt für Besitz und Ordnung.
*Alle Herren springen aus ihren Betten hoch.*

DIE HERREN Wir streiken.
Wir wollen doch verdienen.
Schmeißt doch den Ordnungsfritzen raus!

Zum Henker die verbrecherische Ordnung.
Wir wolln nicht alle Tage stempeln gehn.

ROMMEL *in zwei vollständig gleichen Exemplaren kommt rechts und links in die Heime hereingestürzt*
Bin ich vielleicht verkehrt gelaufen?
Da draußen ist Revolution!
Weltuntergang und Feuer!
Wo ist die Feuerwehr?
Wenn man sie braucht, ist sie nicht da.
O meine arme Mutter!
*Beide Rommels ab.*

ORDENTLICH Gemeine Bande, Pack, Verbrecher, Tagediebe.
Der Untergang wird Euch vernichten!
*Mit diesen stolzen Worten läßt er sich von den Herren in die Flucht treiben.*
*Alle rennen wild durcheinander.*

ALLE Wir wolln verdienen, wollen klaun,
Wir wolln die Welt in Stücke haun.
Wenn alles stirbt, wenn alles untergeht,
Wir wollen klaun.
*Mit diesem Gesang besteigen die Herren wieder ihre Betten.*

## VIERTE SZENE

Bürgerliches Zimmer in Meisterlichs Wohnung.

*Die Wände müssen später verschwinden, darum können die Möbel karikaturhaft angemalt sein. Pianino mit Bild des verstorbenen Musiklehrers Violina. Kommödchen und Schrank. Ovaler Tisch mit Plüschdecke. Die Schranktür muß jedoch zu öffnen gehen.*

*Bana mit der Violine in der Hand zunächst allein im Zimmer. Sie will das Instrument in den Schrank hängen, da tritt Meisterlich ein.*

BANA Wo bleibst Du denn, wo bleibst Du denn?
Wie kannst Du mich in Angst und Sorge lassen?
Sag an, was hast Du für Entschuldigung?
MEISTERLICH Ich habe keine,
Was ich tat, war meine Pflicht.
Ich organisiere doch zur Zeit den Untergang.
BANA Was nennst Du denn organisieren?
Was nennst Du Untergang?
MEISTERLICH Die Erde wird voraussichtlich . . .
BANA Die Erde wird voraussichtlich . . .?
MEISTERLICH Laut Polizeiverfügung untergehn.
BANA Du wirst Dich unterstehn . . .
MEISTERLICH Nein, untergehn!
BANA Du lügst, das ist nicht wahr,
So lang ich lebe, kann sie nicht . . .
Und unser Kränzchen muß doch sein
Du lügst, Du hast ein Mädchen,
Das nennst Du Untergang organisieren?
MEISTERLICH Ich bin Beamter!
ALMA *tritt ein, für sich*
Sinus, tangens, cotangens,
Tango sinus Sinai
35 42 54
69 86 100
Es geht auf, es geht auf!
Er wird voraussichtlich berühmt!
BANA Ihr seid voraussichtlich verrückt!
Laß doch zu Haus das Denken und den Dienst!
ALMA Mutter er wird berühmt!
MEISTERLICH Wir werden alle noch berühmt!
BANA Wo ist er denn so lange nur geblieben?
ALMA Er hat den Untergang entdeckt.
BANA Du hast den Untergang entdeckt?
Du lügst, Du hast ein Mädchen!
ALMA Der Vater muß organisieren,
Er muß die Menschen ausprobieren
Wie sie auf Untergänge reagieren.
Er muß den lahmen Wagen schmieren

Und darf den Kopf auch nicht verlieren.
Sonst ist die Erde bald verloren
Zum Dienst ist Vater auserkoren.

MEISTERLICH Ich liebe zu organisieren,
Ich muß die Menschen ausprobieren,
Wie sie auf Untergänge reagieren,
Ich muß den lahmen Wagen schmieren
Sonst ist die Erde bald verloren
Zum Dienste bin ich auserkoren.

BANA Die Erde ist jetzt bald verloren,
Mein Gatte Du bist unverfroren.
Du lügst, Du brauchst nicht ausprobieren,
Du brauchst die Menschen nicht zu schmieren,
Daß sie auf Untergänge reagieren.
Du wirst noch alle ruinieren.
Wie kannst Du uns nur so blamieren.

MEISTERLICH Ich schwöre, daß ich nicht gelogen habe!

BANA Er schwört, daß er mich nicht betrogen habe!

MEISTERLICH Ich schwöre bei der Geige, die Du in den Schrank gestellt …

BANA Daß Du mir untreu bist!

MEISTERLICH Ich schwöre bei der Geige Deines alten Lehrers …

BANA Was willst Du denn, es ist schon lange her.

MEISTERLICH … des alten Violina, der Dich einst geliebt …

BANA Er ist schon lange tot!

MEISTERLICH Bei dieser Violine schwöre ich …

*Bana hängt die Violine in den Schrank.*

MEISTERLICH … daß ich beruflich nur verhindert war.

BANA Du lügst!
So wahr im Schranke eine Violine hängt,
So wahr nicht Violina selbst im Schranke steht
Hast du gelogen.

*In dem Moment tritt Violina aus dem Schranke.*

VIOLINA Gerettet!
Auferstanden!
Erwacht zu neuem Leben!
Bana! Du liebes Mädchen!
Die ich allein geliebt!

Bana, Du rettest mich!
*Er nähert sich der verstört zurückweichenden Bana.*

MEISTERLICH Mein Herr, wo haben Sie den Reisepaß?

VIOLINA A moll B moll H moll C moll
D moll E moll F moll G moll,
Ritardando, Largo, Scherzo,
Lento Forte Pianino.
22 23 101
61 86 101

ALMA *gleichzeitig mit 22 . . . 101*
Sinus, tangens, cotangens
Tango sinus asinus

VIOLINA Was bedeutet das?

MEISTERLICH *imitiert Violina*
Dein Paß ist gut.
Etude, prelude, impromptu,
Sonate, fermate, Paraplü.

ALMA Es kann auch anders kommen.
Der grüne Globus wird voraussichtlich . . .

VIOLINA Mein grüner Globus wird voraussichtlich . . .

ALMA In sanfter Fahrt ganz dicht vorüberfahren.

BANA Dein grüner Globus?

VIOLINA Mein grüner Globus.
Wo alle Blumen brennen,
Wo alle Disteln rennen,
Wo alle kleinen Puppenpanzen
Mit Distelkavalieren tanzen.

ALLE Erzähle, erzähle!

BANA Sag mir das Land, wo Puppenpanzen blühn.

VIOLINA Lobe!

ALLE Lobe?

VIOLINA Die Stadt vom grünen Globe.

ALLE Die Stadt vom grünen Globe.
*Die Wände verschwinden, während die Vorderbühne dunkel wird, verschwindet auch der Tisch mit der Plüschdecke. Auf der geweiteten Bühne erscheint Violinas Phantasielandschaft. Der Park bei Lobe auf dem grünen Globe. Auf der hinteren Bühne befinden sich*

*je 3 Seitenkulissen mit phantastischen Lampen, welche auf kakteenartigen Zweigen grotesk ohne Blätter wachsen. Im Tanz wachsen sie langsam in die Höhe und auseinander. Auch vorn neben der Mitte wächst ein Prachtexemplar von symmetrischen Lampen auf dem Boden. Zwischen den Kulissen pendeln Lampen hin und her, auch von oben nach unten. Die Lampen leuchten in den Grundfarben, blau, rot und gelb und wechseln später in monotones Grün.*

Ballett

*Von links kommen Puppenpanzen, von rechts kommen Distelkavaliere, ähnlich angezogen wie die wachsenden Lampen. Sie haben Kakteenarme und -beine, Kakteenkleider. Am Ende der Arme und Beine und an jedem Ohr eine Glühbirne. Die Distelkavaliere entsprechende Distelformen. Die Puppenpanzen und Distelkavaliere wachsen langsam aus den Kulissen heraus, so daß man sie zunächst nicht von ihnen unterscheiden kann; erst bei der Steigerung der Musik bemerkt man, daß sich Menschen aus den wachsenden Blumen lösen.*
*Der folgende Tanz, der nun frei losgelösten Puppenpanzen und Distelkavaliere steigert sich zu wildester Ausgelassenheit.*
*Plötzlich verlöschen alle gelbe Lampen, entsprechendes Verlöschen in der Musik, ebenso bei den roten und blauen Lampen, die in ein bedeutend vermindertes grünes Licht übergehen. Auch die Lampen der Tänzer sind erloschen. Es wird Tag, sämtliche Lampen erlöschen. Die Puppenpanzen sind an der Stelle, wo sie stehen, angewachsen. Es kommen vergrößerte Kinderpuppen, die mit den Distelkavalieren volksfestartig tanzen. Nacht fällt ein, es leuchten die grüngelben Augen der großen Katze und des großen Hundes auf.*

DIE GROSSE KATZE Hii
DIE PUPPENPANZEN Huu

DER GROSSE HUND Hoo

DIE DISTELKAVALIERE Haa

DER GROSSE HUND *verbeugt sich feierlich vor der Katze*
Böwöböpö, böwöröböpö, böwörötääböpö,
böwörötääzääböpö, böwörötääzääböpöuböpö.

DIE GROSSE KATZE Pöggiff, quiiee.
*Streicht sich ihren Schnurrbart und stellt sich zärtlich neben den Hund, während Distelkavaliere und Puppen weiter tanzen.*

CHOR Lobe,
Du grüner Globe,
Wo alle Blumen brennen,
Wo alle Disteln rennen,
Wo alle kleinen Puppenpanzen
Mit Distelkavalieren tanzen.
*Der Tanz bricht ab. Die Bühne taucht in dunkles Rot. Weiße Lichtspiralen laufen von vorn nach hinten in das Rot. Hier und da Miniaturfeuerwerk. Evtl. Leuchtfontänen. Dazwischen hier und da Leuchtschrift projiziert.*
*Leuchtschrift: Hii-Huu-Hoo-Haa-Hee! Alles versinkt plötzlich in Nacht. Von links kommt mit einer Handlaterne der Regisseur herein.*

REGISSEUR Donnerwetter ist das dunkel hier.
Man kann ja nicht die Hand vor Augen sehen.
Wer hat diese Szene gemacht?
Ich bin der Regisseur.
Elektricien, etwas mehr Licht.
*Dabei wird alles plötzlich so hell beleuchtet, daß man die Phantasielandschaft als Pappkulisse deutlich sieht. Von rechts kommt Violina.*

VIOLINA Ich war es, ich bin doch auf jenem Stern vom Tode auferstanden.

REGISSEUR Auch das ist höchstwahrscheinlich ein Irrtum. Vermutlich haben Sie nach Ihrem Tode die Erde nicht verlassen. Vielleicht darf ich Ihnen jetzt zeigen, wie der Stern nach dem letzten Stande der Wissenschaft aussieht, gleichen doch die Sterne einander, wie alle Dinge

auf der Erde einander gleich sind. Entschuldigen Sie die Unterbrechung.
Bitte den grünen Globus.
*Regisseur und Violina hatten ganz vorn auf der Bühne gestanden, während ihres Gespräches war ein einfarbiger Vorhang hinter ihnen heruntergefallen. Ein Theaterdiener bringt zwei Stühle, jetzt öffnet sich wieder der Vorhang. Regisseur und Violina bleiben als Zuschauer vorn sitzen.*

## FÜNFTE SZENE

Auf dem grünen Globe

*In der Mitte der Bühne eine Drehscheibe, die einen karussellartigen Raum abtrennt, der biedermeierartig eingerichtet ist. Kaffeetisch, Lehnsessel mit Antimaccassars, alles ist wie Großmamas gute Stube. Die Hinterwand der Bühne zeigt Fenster mit Mullgardinen, Biedermeierblumentapete mit ovalem Bildchen. Kaltes Tageslicht, das jedoch mit dunkler Nacht wechselt, während sich die karussellartige Drehscheibe dreht. Die erste Umdrehung dauert 2½ Minuten und wird allmählich schneller, schließlich dauert eine Umdrehung 1 Minute. Bis auf die Umdrehungen und das Tempo ist alles auf dem grünen Globus so wie auf der Erde, nur rückständiger. Die Mode hält bei 1912, die Damen stecken in engen langen Kleidern, tragen evtl. Riesenhüte mit Blumen, die Herren Gehrock, Zylinder und Schnurrbart (»es ist erreicht«).*

*Heinrich und Agnes befinden sich am Kaffeetisch, Heinrich zündet bei jedem Dunkelwerden einmal eine Petroleumlampe an. Alle Worte und Bewegungen sind schleppend langsam.*

VIOLINA Warum dreht sich denn das Zimmer ununterbrochen?

REGISSEUR Ich will damit andeuten, daß der grüne Globus als kleiner Stern sich sehr schnell um die eigene Achse drehen muß.

*Pause.*

AGNES Wie lang die Tage jetzt schon werden.

HEINRICH Wir nähern uns der Erde, daher hört unser Dreh langsam auf.

*Pause.*

AGNES Werden wir an der Erde zerschmettert werden?

HEINRICH Voraussichtlich, vielleicht.

*Pause.*

VIOLINA Weshalb machen die immer so lange Pausen?

REGISSEUR Um anzudeuten, daß es da drüben nicht kurzweiliger ist, als auf der Erde.

*Pause.*

AGNES Und was wird mit der Erde?

HEINRICH Brennt vielleicht auf.

. . . . . . . . . . . . . . . . . . . . . . . . . .

Ich hab Dich doch so gern.

AGNES Was sagst Du?

HEINRICH Ach bitte . . .

AGNES Laß das.

VIOLINA Warum bläst der Held nur immer die Petroleumlampe aus?

REGISSEUR Aus Sparsamkeit.

*Pause.*

HEINRICH Ich lasse mir das nicht mehr länger gefallen, verstehst Du?

AGNES Was Du nicht sagst.

HEINRICH Wie meinst Du das?

*Pause*

*Clampencoeve kommt von links. Klopft an ein mitgebrachtes Brett, welches er dann auf den Boden niederlegt. Es klingt wie eine Tür beim Anklopfen.*

VIOLINA Was will der Mann?

REGISSEUR Wenn eine Tür da wäre, würde er daran klopfen.

AGNES Herein!

*Heinrich versucht ein letztes Mal Agnes zu küssen, er rutscht dabei, da Agnes sich wehrt, vom Karussell ab, während Clampencoeve aufspringt.*

AGNES Sieh da, Clampencoeve.

*Heinrich wieder springt auf.*

*Pause.*

HEINRICH Was willst Du nur immer bei Agnes?

AGNES Du bist ein schöner Mann, Clampencoeve.

CLAMPENCOEVE Geborener Holländer.

AGNES Wieso eigentlich?

CLAMPENCOEVE Von Geburt.

AGNES Du bist doch noch gar nicht in Holland gewesen.

CLAMPENCOEVE Nooit, aber ich freue mich darauf.

AGNES Dann kannst Du doch kein Holländer sein?

CLAMPENCOEVE Bloß von Geburt.

AGNES Was ist denn Holland?

CLAMPENCOEVE Tulpenzwiebeln, Holzpantoffeln, Rijksmuseum,
Gaudakäse, Delfter Töpfe, Rotterdam.
Viele Grachten, nichts als Mühlen, platt wie Käse,
Meeresbrandung, flache Dächer, Meisjes stramm.
Eigenhäuser, blanke Fenster, Ruhesitze,
Große Kähne, fette Wiesen, bunte Kuh.
Alte Meister, viele Fähren, hohe Brücken,
Klinkerstraßen, bunte Ochsen noch dazu.

AGNES Ach Du bist zu nett, Clampencoeve.

HEINRICH Nichtdoch!

*Pause, es klingelt.*

HEINRICH Schon wieder wer.

AGNES Ich liebe Besuch.

SEHR *kommt von links und springt ein, singt*
Ich heiße Bitte Sehr.
Die Ordnung ich verehr.
Obgleich ich bin für Treue,
Verehr ich sehr das Neue.
Wissen Sie etwas Näheres vom Zusammenstoß?

AGNES Ich auch nicht, ich sitze nur im Vorstand zur Verhütung von Unfällen.

SEHR Wird man abspringen können?

AGNES Wir springen alle ab.

SEHR Und wie kommt man zurück?

HEINRICH Voraussichtlich ...

*Bei diesen Worten sehr schnell Vorhang.*

*Regisseur und Violina außerhalb des Vorhangs.*

VIOLINA Herr Regisseur, das mag schon richtig sein, Sie nennen meine Dichtung Phantasie. Doch meiner Dichterphantasie fiel Besseres ein.

REGISSEUR Dann zeigen Sie, wie kommen wir zu Ende?

VIOLINA Wir werden sehn. Ich bitte!

*Macht eine Handbewegung, daß der Vorhang hochgezogen werden soll.*

*Die Bühne ist vollständig dunkel, es sind 4 Filmflächen gegeneinandergestellt, auf denen nacheinander Teile der Oper erscheinen, wie wir sie schon erlebt haben und später noch erleben werden. Im Hintergrund Phantasielandschaft aus der 3. Szene mit Katze und Hund und Blumen.*

*Virmula entdeckt den Zusammenstoß, Alma küßt Virmula; Potsdamerplatz. Rommel läuft in Angst. Teddi wird lebendig. Kellner zählt Geld. – Herren vom Nachtasyl verjagen Ordentlich. – Violina umarmt Bana. – Die große Katze und der große Hund sehen dem Tanz der Distelkavaliere und Puppenpanzen zu; – Lobe, gute Stube, Bitte Sehr in langen Kleidern.*

*Die Bühne wird für kurze Zeit dämmerig, die Blumen leuchten matt, die große Katze als Silhouette hat feurige rote Augen. Bühne verdunkelt sich.*

*Folgende Filme rollen sehr schnell.*

*Meisterlich beschlagnahmt Lautsprecher. Dorfkirche mit betenden Dorfbewohnern. Frau Rommel stützt sich auf ihren Schirm, spricht dabei unaufhörlich. Abfahrt der Gesellschaftsautos. Menge erwartet ungeduldig die Ankunft des grünen Globus.*

*Trickaufnahme. Weltenraum mit Sternschnuppen. Man sieht nacheinander von Stern herunterschweben Agnes, Heinrich, Clampencoeve, Sehr. Agnes umarmt Noll, Heinrich reißt Agnes aus Nolls Armen. Clampen-*

*coeve springt auf Ordentlich, der umfällt. Sehr will Meisterlich umarmen, Bana erscheint eifersüchtig.*
*Einzelaufnahme: Bana allein eifersüchtig. Wilde Phantasie von Untergang, aus durcheinander geschobenen Teilen, Panik, Auf- und Abschweben, Massenszenen. Großes Fragezeichen.*
*Film bricht ab. Bühne vollständig finster.*

LAUTSPRECHER Die Erde wird voraussichtlich verbrennen.
Wir kommen anschließend mit Onkel Heini.
*Radioorchester spielt ›Onkel Heini‹.*
*Langsam wird die Phantasielandschaft wieder hell. Die große Katze hat grünlich funkelnde Augen.*

KATZE *gähnt*
Aur, aur, uuhaa
Luh, luh, uuhii
Haa, uuu, haaa.
*Katze und Hund gelangweilt ab. Musik gähnt.*
*Pause.*
*Ein Pierrot, scharf beleuchtet, tritt auf, leise auf Fußspitzen mit eckigen Bewegungen. Finger auf dem Mund, horcht nach dem Orchester hin, ab.*
*Währenddem entsteht im Orchester das Zwischenspiel der Musik. Symphonische Musik.*
*Pause.*

Zwischenspiel

*Nach der Pause hebt sich der große Vorhang. Zwischen diesem und einem zweiten Vorhang befindet sich der Regisseur im Dialog mit seinen Schauspielern, die alle in langer Reihe nebeneinander aufgebaut stehen. Er schreitet die Reihe ab, indem er mit jedem einzeln spricht.*

REGISSEUR Personen!
Darf ich Euch unumwunden sagen,
Ihr spielt zwar gut,
Doch spielt Ihr nicht ganz richtig.

ALLE Wir spielen nicht ganz richtig?

REGISSEUR Bedenkt, ein Untergang steht Euch bevor.
Ihr wißt es nicht, ob unsere Erde
Durch einen grauenvollen Untergang
Zerstört wird werden oder nicht.
Der Virmula hat es getroffen,
Mit dem »Voraussichtlich . . .«
Denn keiner weiß Bescheid,
Wird sie nun wirklich untergehn, oder nicht?
Doch seid Ihr teilnahmslos an ihrem Unglück.

ALMA Ich bin es nicht.
Ich sterbe, wenn es muß für meine große Liebe.
Der, der den Untergang entdeckt,
Hat eine so bedeutend große Tat vollführt,
Daß ich mit ihm zu sterben bin bereit.

ROMMEL Und ich bin bald verrückt vor Angst.
Ich hab allein es recht erfaßt.
Das Einzigwahre ist hier Angst.
Ich rede von Revolution, Weltuntergang
Von Feuer und von meiner armen Mutter.

FRAU ROMMEL Und mich geht alles garnichts an.
Ich bin auch noch nicht vorgekommen.
Ihr werdet sehen.
*Hält ihren Schirm hoch.*

REGISSEUR Der Rommel denkt, er wär verrückt vor Angst!
Doch lange nicht genug, er muß vor Angst fast sterben.
*Rommel schlottert vor Angst.*

REGISSEUR Und Ihr, die Menge,
Was seht Ihr stets befriedigt zu?
Macht endlich Aufstand, Panik, Angst, Revolution.
Der Sinn der Menge ist Empörung!
Es komme, wie es kommt.

ORDENTLICH Dafür sorgt schon die Ordnungspolizei.

MEISTERLICH Doch kommt die Ordnung immer durch
Und mir ist alles gleich, ich bin Beamter.

BANA Und ich bin seine Frau und eifersüchtig.
Was kümmert mich der Untergang der Erde.
Und zeigte ich mich ängstlich meinem Mann

Verlöre er den letzten Rest Respekt.

TAA Wie es auch kommt, ich liebe Noll
Und muß die Erde untergehn,
So haben wir die Liebe.

NOLL Die große Liebe und die große Eifersucht,
Sie halten aufrecht uns im Untergang.

REGISSEUR Das glaubst Du?
Du glaubst, daß Liebe Haltung geben könnte,
Wenn sich der Mensch Gefahren gegenüber sieht!

NOLL Die Liebe füllt den Menschen gänzlich aus.
Der Liebende erkennt nicht die Gefahr,
Er sieht nur seine Liebe...

REGISSEUR Nicht zu viel Lyrik!

TEDDI Und ich, was tat ich falsch?
Ich bin die wichtigste Person des Stücks
Ich bringe einen Hauch vom andern Stern.
Durch mein Erwachen plötzlich auf die Erde.
Und ich will leben,
Weil große Dinge sich ereignen werden.

REGISSEUR Bär, Du bist brav.
Doch ist Dein Zweck in diesem Stücke nur,
Die Eifersucht des Noll zu schüren,

VIOLINA Und ich, ich bin die Hauptperson.
Ich brachte den Beweis von der astralen Nähe
Des andern Sterns durch plötzliches Erscheinen;
Und mußte ich nicht auch den andern Stern
Euch schildern.

REGISSEUR Das denkst Du nur,
Du mußtest hier erscheinen,
Um zu verwirrn und wegen des Balletts –
Nun kann ich Euch nicht alle einzeln sprechen,
Das Publikum wird ungeduldig.
Und wenn die Erde jetzt
Mit jenem Stern zusammenstoßen wird,
Benehmt Euch äußerst dumm,
Das ists worum ich bitte.

CLAMPENCOEVE Das so wie so, ich frage nur nach Holland.

HEINRICH Und ich vergehe nur vor Eifersucht.

SEHR Und ich bewundere die Ordnung.
REGISSEUR Dann wären wir ja fertig.

SECHSTE SZENE

Radiozentrale

*Der Raum faßt nur ein Drittel der Bühnenbreite, ist ein kleines viereckiges rotausgeschlagenes Zimmer, nüchtern. Von der Decke hängt ein Mikrophon, an der Wand ein Lautsprecher.*

ANSAGER SCHMIDT *allein, hantiert an den Gerätschaften*
Und wenn die Welten untergehn
So bleibt die Welle doch bestehn.
Das Radio erzählt Euch allen,
Was immer Neues vorgefallen.
Und funk ich hier ins Mikrophon
Hört man im Weltall jeden Ton.
Durch unbegrenzte Weltenräume
Verpflanzt die Welle Tat und Träume.
Wir funken bis zum Untergang
Ins Weltall kilometerlang.
Noch bis zum Schluß die krummen Beini
Des weltberühmten Onkel Heini.
*Sieht auf die Uhr und ruft hinter die Szene.*
Herr Kammersänger, siebzehn Uhr achtundfünfzig!
PAULSEN *kommt verdattert herein*
Morgen sind wir tot?
Hat es noch Zweck?
Wird jemand hören?
Der Kammersänger Paulsen singt doch nur,
Wenn alles voller Spannung lauscht!
SCHMIDT Die Höflichkeit des Radios ist Pünktlichkeit!
Wir haben eine königliche Pflicht.
Die Zeit ist um, ans Mikrophon.
*Paulsen zupft seine Krawatte zurecht und tritt ans Mikrophon.*
SCHMIDT Hier Berlin auf Welle 570

Der Kammersänger Paulsen singt das Orchideenlied.

PAULSEN Blume vom anderen Stern
Orchidee.
Blume, wie weltenfern
Orchidee.
Blume aus Duft und Herbe
Orchidee.
Blume Blätter und Scherbe
Orchidee.
Blume mit klingender Glut
Orchidee.
Blume mit menschlichem Blut
Orchidee.
Blume wie Strahlentropfen
Orchidee.
Blume wie Hammer klopfen
Orchidee.
Blume...

*Will zum dritten Vers ansetzen, da tritt Meisterlich energisch ein.*

MEISTERLICH Schluß! Unterbrechen!
Das Radio hört jetzt auf Meisterlichs Befehl.

SCHMIDT Und was befiehlt die Obrigkeit?

MEISTERLICH Verbindung mit dem grünen Globus!

SCHMIDT Sie sprechen nicht artikuliert genug, Herr Meisterlich.

MEISTERLICH Dann reden Sie!

SCHMIDT *hantiert am Mikrophon*
Bereit.
Hier Berlin auf der Erde
Welle unendlich

MEISTERLICH Zusammenstoß mit der Erde steht bevor.

SCHMIDT Zusammenstoß mit der Erde steht bevor!

MEISTERLICH Wir bitten Sie daher in Höflichkeit darum ...

SCHMIDT Wir bitten Sie daher in Höflichkeit darum ...

MEISTERLICH Den Kurs vom grünen Globus abzulenken ...

SCHMIDT Den Kurs vom grünen Globus abzulenken ...

MEISTERLICH Und zwar um Komma Null, Null, Null ...

SCHMIDT Und zwar um Komma Null, Null, Null ...

MEISTERLICH Nach links, da sonst Gefahr ...
SCHMIDT Nach links, da sonst Gefahr ...
MEISTERLICH Bei Landung auf dem Potsdamerplatz ...
SCHMIDT Bei Landung auf dem Potsdamerplatz ...
MEISTERLICH Damit Sie recht verstehen P wie Paul ...
SCHMIDT Damit Sie recht verstehen P wie Paul ...
MEISTERLICH Und O wie Obrigkeit ...
SCHMIDT Und O wie Obrigkeit ...
MEISTERLICH T S wie Tattersall ...
SCHMIDT T S wie Tattersall ...
MEISTERLICH D A M recht wie Dame ohne E ...
SCHMIDT D A M recht wie Dame ohne E ...
MEISTERLICH M E R Meer mit einem E ...
SCHMIDT M E R Meer mit einem E ...
MEISTERLICH Und Platz wie Platz ...
SCHMIDT Platz wie Platz ...
MEISTERLICH Damit Sie recht verstehen, landen Sie ...
SCHMIDT Damit Sie recht verstehen, landen Sie ...
MEISTERLICH Nicht dort, wo Oberleitung Sie verhindert ...
SCHMIDT Nicht dort, wo Oberleitung Sie verhindert ...
MEISTERLICH Am freien Tempelhoferfeld ...
SCHMIDT Am freien Tempelhoferfeld ...
MEISTERLICH Ist die Gefahr schon sehr vermindert ...
SCHMIDT Ist die Gefahr schon sehr vermindert ...
MEISTERLICH Und Photographen sind dorthin bestellt ...
SCHMIDT Und Photographen sind dorthin bestellt ...
MEISTERLICH Wir bitten noch um Antwort.
SCHMIDT Wir bitten noch um Antwort.
*Stellt den Lautsprecher an und Mikrophon ab.*
LAUTSPRECHER *Sphärenmusik aus dem Lautsprecher sehr leise. Daneben Rückkoppelungsgeräusche. Man hört abgebrochene Worte:*
Hier Lobe .... Welle eins
... Morgen zehn Uhr drei und zwanzig
Voraussichtlich ....
.... sanfter Fahrt ....
......... Glück gewollt
..... Ganz dicht .....

Wenns aber nicht gewollt,
Vielleicht.....

MEISTERLICH U. SCHMIDT Wenns aber nicht gewollt, vielleicht...

SIEBTE SZENE

Liebliche Dorflandschaft vor einer Kirche in der Nähe Berlins.

*Ausgangstür einer Kirche, Platz vor der Kirche, links kleines Haus der Familie Rommel.*

CHORAL *aus der Kirche*
Herr Jesus hilf aus großer Not
Ein grauenvoller Tod uns droht.
Der Weltenraum wird unser Grab
Die Flamme stürzt auf uns herab
Der Teufel läßt für unsere Sünden
Uns fürchterlich im Feuer schinden
O Herr, wirst Du uns nicht erlösen
Sind wir verfallen ganz dem Bösen.

Herr Jesus höre unser Flehn!
O laß uns noch nicht untergehn!
Wie Du des bösen Schicksals Lauf
So halten wir die Sünde auf.
Und alle wir verfluchten Sünder
Verwandeln uns in Gotteskinder
Wir werden jubeln, singen, loben
Den, der die Sterne lenkt da droben.

*Während der Mitte des zweiten Verses kommt Rommel aus dem Hause und sucht, ob er niemanden findet, dem er seine Weisheit anbringen kann. Während die Orgel weiterspielt, öffnet sich die Kirchentür, alle Besucher verlassen die Kirche. Rommel wendet sich an die achtlos Vorübergehenden, an diesen und jenen.*

ROMMEL Revolution, Weltuntergang,
Feuer, wo ist die Feuerwehr.

O, meine arme Mutter.
*Frau Rommel kommt ganz spät als letzte hinter dem Pastor aus der Kirche.*

FRAU ROMMEL Reg Dich doch nicht so auf, mein Sohn!
Du bist so bleich, Dein Haar ist so zerzaust.

ROMMEL O, Mutter, morgen sind wir alle tot.

FRAU ROMMEL Es rommelt im Weltenraum,
Es trommelt im Birnenbaum,
Es geht manches vor,
Doch bleibt alles stehn,

ROMMEL Die Welt wird untergehn!

FRAU ROMMEL Sieh diesen Schirm!
Acht Jahre ist Dein Vater tot,
Und vierzig Jahre waren wir
In guter Ehe glücklich still verbunden.

ROMMEL Und vierzig Jahre waret Ihr
In guter Ehe glücklich still verbunden.

FRAU ROMMEL Zwei Jahre vor der Ehe kauft ich mir den Schirm.

ROMMEL Zwei Jahre vor der Ehe kauftest Du den Schirm.

FRAU ROMMEL Und wenn son Schirm die fünfzig Jahre hält . . .

ROMMEL O, Mutter, ist es so mit unsrer Welt?

FRAU ROMMEL Genau, mein Sohn!

ROMMEL Dann kann die Welt nicht untergehn!

FRAU ROMMEL Genau, wie dieser Schirm nicht bricht . . .
*Sie stützt sich auf den Schirm, der Schirm bricht ab.*

ACHTE SZENE

Finsterer Ort. Spelunke

*Von vorn links schräg nach rechts hinten geht eine Wand, die nur an der rechten Seite einen Platz für einen Tisch und 10 Stühle freiläßt. Über dem Tisch nicht allzu helle Hängelampe. Es ist das Stammlokal der . . .isten und . . .alen.*
*Kellnerin steht vorerst allein am Tisch.*

VERSAMMLUNGSLEITER *kommt im Gehrock und Zylinder aufrecht an der Wand*

*entlang, stellt eine große Klingel auf den Tisch*
Ein Bier! für den Versammlungsleiter.
*Kellnerin bringt jedesmal das Bier.*
*Es schleichen gebückt herein an der Wand entlang zum Tisch:*

DER KOMMUNIST Kommunist.
DER ANARCHIST Anarchist.
DER MONARCHIST Monarchist.
DER PAZIFIST Pazifist.
*Sie setzen sich hin, Versammlungsleiter läutet.*

JEDER ... IST *indem er sich hinsetzt*
Ein Bier.
*Es kommt im großen Mantel und Abendanzug elegant in weißen Handschuhen:*

DER LIBRETTIST *nachdem er sich hinsetzt*
Librettist.
Einen Schnaps.
*Der Versammlungsleiter läutet.*
*Es treten ein gebückt wie die ersten, murmelnd*

DER NATIONALE National.
DER LIBERALE Liberal.
DER RADIKALE Radikal.
DER RATIONALE *Im Sportanzug*
Rational.

ALLE ... ALEN Ein Bier.

VERSAMMLUNGSLEITER Vollzählig.
Wir können beginnen.

ALLE *erheben sich*
Anarchisten, Kommunisten, Pazifisten,
Nationale, Rationale, Räucheraale,
Librettisten, Monarchisten, Steuerlisten,
Liberale, Radikale, Weinpokale.
*Alle setzen sich.*

DER MONARCHIST Wenn alles untergeht ...
DER PAZIFIST Wir wollen Frieden ..
DER KOMMUNIST Wir wollen helfen ..
DER ANARCHIST Wir wollen *nichts.*
DER LIBERALE Wir wollen Ordnung.

DER NATIONALE Wir sind durch Ordnung.
DER RADIKALE Stets anders, aber radikal.
DER RATIONALE Das Denken hilft.
VERSAMMLUNGSLEITER *klingelt*
*Alle erheben sich.*
Dann sind wir einig.

NEUNTE SZENE

Auf dem Mars

*Vor dem Vorhang kommt von oben eine kleine Brücke herunter, auf der zwei Männer stehen, sie gehen auf der kleinen Brücke auf und ab.*

1. MANN *mit Fernrohr in der Hand*
Geht es heute los?
2. MANN Voraussichtlich.
1. MANN Geht die Erde kaputt?
2. MANN Voraussichtlich.
1. MANN Und der Gedanke der Zivilisation?
2. MANN Voraussichtlich.
1. MANN Dann ists ein Gewinn.

ZEHNTE SZENE

Tempelhofer Feld

*Unendlicher freier Platz, unübersehbare Menschenmenge. Im Hintergrund kommen in ununterbrochener Folge die Gesellschaftsautos und laden Personen aus. Ordnungspolizei von links drängt die Menge zurück und sperrt den Platz nach links ab.*

CHOR DER ORDNUNGSPOLIZEI
Eins zwei, eins zwei, ein zwei drei,
Bald ist alles zwar vorbei,
Eins zwei, eins zwei, eins zwei drei,
Kommt die Ordnungspolizei.

Machen Sie die Straße frei
Für die Ordnungspolizei.
*Der Menge bemächtigt sich eine Panik.*

ALLE Wir wollen jetzt nach Hause! nach Hause!

ORDENTLICH Zurücktreten, zurücktreten!
*Jetzt bemerkt die Menge den grünen Globus am Horizonte rechts heraufkommen. Man sieht es an den Bewegungen der Menge.*

MANN Da!
*Er hat es zunächst allein bemerkt, macht darauf aufmerksam, alle drehen sich nach der von ihm angegebenen Richtung um.*

MÄDCHEN Huh!

ALLE Huh, huh, huh!

MÄDCHEN Entsetzlich, er kommt!

ALLE Uuhii, riiaahii,
Uuhaa, ruuaahoo!

MANN Nach Hause!
*Läuft nach links gegen den Absperrungsgürtel der Ordnungspolizei.*
*Alle rennen nach links, von rechts drängen neue Menschen nach. Sie können nicht durch, weil die Ordnungspolizei da steht. Panik.*

ALLE Uu aa hee!
Ruu aa hee!
Uiihaa uiihaa!
Roo, roo, roo, raaa.

ORDENTLICH Zurücktreten bitte, Platz frei!
*Alle werden von der Ordnungspolizei um etwa 1 Meter zurückgedrängt, fürchterliches Schreien.*

SCHREIE Iiiiiiiiii Aaaaaaaaaa
Hee, uuiihh.
*Es wird so eng, daß man die Kinder und Frauen hochhebt, damit sie nicht zerquetscht werden.*

MANN *zeigt wieder zum Globus*
Da!

MENGE Uuhii, riiaahii,
Uuaah, riiaahoo.

*Die Menge drängt Ordnungspolizei 1/2 Meter zurück. Plötzlich kommt Rommel und durchbricht von links den Gürtel der Ordnungspolizei.*

ROMMEL Revolution, Revolution, Revolution!

ALLE Revolution!

ROMMEL Feuer, Feuer, Weltuntergang!
Wo ist die Feuerwehr?

MANN Hier! *Alle lachen.*

MANN O, meine arme Mutter!

ROMMEL O, meine arme Mutter!

FRAU ROMMEL *kommt von links hinter den Ordnungspolizisten*
Wollen Sie mich da eben mal durchlassen?
*Sie wird durchgelassen.*
Was ist das alles gegen meinen Schirm?
*Schwenkt ihren Schirm hoch.*

ALLE Wir wollen nach Haus!
*Man drängt vergeblich gegen die Ordnungspolizei.*

ROMMEL Weltuntergang!
Oh, meine arme Mutter!

VIRMULA *kommt hinter der Ordnungspolizei und wird durchgelassen*
Der grüne Globus wird voraussichtlich
In sanfter Fahrt ganz dicht vorüberschweben.

ALLE Schwindel!
Das sind Beruhigungsmanöver.

MEISTERLICH *kommt aus der Menge von hinten vor*
Ich will den Untergang organisieren!

ALLE Schwindel!
Schlagt den Schwindler tot!

ROMMEL Schlagt ihn tot!
*Meisterlich wird gejagt und hochgehoben. Man bewirft ihn mit Hüten und geht mit Stöcken auf ihn los*

ALLE Schlagt ihn tot!
*Auch Virmula wird ergriffen.*

ORDENTLICH Losschlagen!
*Die Ordnungspolizei geht mit Gummiknüppel vor und befreit Meisterlich und Virmula. Dann geht sie wieder in die vorige Stellung zurück.*

MENGE *drängt vor*
Wir wollen jetzt nach Haus!
*Ordnungspolizei wird 1/2 Meter gegen vorher zurückgedrängt.*
ORDENTLICH Vorgehen, ich lasse schießen!
ALLE Pfui, nicht schießen! Nieder die Ordnungspolizei!
ORDENTLICH Wir schützen Euch doch nur!
Zurück!
*Menge bleibt stehen.*
ORDENTLICH In die Luft schießen!
*Ordnungspolizei schießt. Alle fliehen nach rechts. Ordnungspolizei bleibt stehen.*
*Taa, Noll und Teddi kommen jetzt nach vorn aus der Menge.*
TAA Teddi, bleib bei Deiner Taa!
*Beleuchtung wird fahl grau, man hört von hinten schreien.*
TEDDI Göttliche, Kraulende, Irdische,
Bald muß ich Dich verlassen.
NOLL Liebe mich Taa, dann mag alles untergehn.
*Plötzlich fällt finstere Nacht herunter.*
ALLE *schreien*
Ihiiiiiiiiiiiiiiiiiiiii i i i i i i i i i i
*Alle rennen von links gegen die Ordnungspolizei, die im Dunkeln überrannt wird. Dauerndes Fluten der Menge von rechts über die Bühne nach links.*
VERSCHIEDENE STIMMEN Der Schatten!
Der Stern wirft seine Schatten!
Mehr Licht!
Der Stern wirft auf uns seine Nacht!
Wir sehen nichts als finstern Schatten!
Der Schatten!
Schatten-Schatten-Schatten-
Mehr Licht!
Mehr Licht!
Mehr Licht!
Licht-Licht-Licht-
NOLL Der Stern wird uns zermalmen!

ROMMEL Ich will nicht sterben, will nicht untergehn!

ALLE Wir wollen leben und nicht untergehn!

*Das Rennen nach links hört wieder auf.*

ALLE Wir wollen Virmula erhängen, wo ist ein Baum?!?!?

*Von rechts nach links kommt die Spitze eines umgekehrten an der Decke hängenden Baumes schnell vorbeigefahren. Dann kommen Stangen so dicht, daß die Menge fliehen muß.*

ALLE *rennen nach links*

Hihiiiiiiiiiiiiiiiiiiiiiiii i i i i i i i i i

*Einen Augenblick ist die Bühne leer, dann kommen von rechts Menschen nach. Es ist immer noch fast finster.*

STIMME Wo ist Virmula?

STIMME Der Feigling ist geflohn!

ROMMEL Er ist geflohn, nun wird die Erde untergehn.

ALLE Nun wird die Erde untergehn!

ROMMEL O, meine arme Mutter!
Ich muß jetzt untergehn.

ALLE Licht, Licht, Licht, Licht, Licht, Licht, Licht,
Licht, Licht, Licht, Licht!!!!!!!

*Von links kommt die Ordnungspolizei mit Scheinwerfern, man sieht sie langsam ankommen, da man schon lange die Scheinwerfer voraussieht, erst matt, dann immer heller. Auch hier und da werden Teile des Sterns beleuchtet, besonders aber hier und da die Menge, welche geblendet stehen bleibt und etwas nach rechts zurückweicht. Rommel ist vorn links. Während des Nahens der Ordnungspolizei geht ein schwefelgelber Schleier hinter Rommel nieder, der ihn von der Menge trennt.*

ROMMEL O Rommel,
Rommel,
Rommel,

*Beim zweiten und dritten »Rommel« wendet er sich einmal nach links und einmal nach rechts und sieht dabei je einen falschen Rommel, der aus dem Dunkel auftritt und Rommel vollkommen gleicht.*

ALLE DREI ROMMELS Sieh da, mein Rommel.
Und noch ein Rommel!
Und noch ein Rommel!
*Sie fassen sich alle drei an die Hände und tanzen im Kreise herum.*
Wir rommeln jetzt im Kreis herum,
Und rechts herum,
Und links herum,
Und links herum,
Und rechts herum,
Und um und um und um und um.
*Die 3 Rommels tanzen jetzt stumm weiter, während hinter dem gelben Vorhang gesungen wird.*

STIMME HINTER DEM VORHANG Es rommelt im Weltenraum,
Es trommelt im Birnenbaum,
Es geht manches vor,
Es geht manches vor,
Es geht manches vor,
Es geht manches vor,

DIE DREI ROMMELS *tanzend*
Und rechts herum,
Und links herum,
Und links herum,
Und rechts herum,
*Sie tanzen stumm weiter.*

STIMME HINTER DEM VORHANG Rommele, trommele,
Rommele, trommele,
Zimperlich, wimperlich,
Zimperlich, wimperlich,
Rommele, trommele,
Rommele, trommele,
Birnenbaum, Weltenraum,
Weltenraum, Birnenbaum,
Rommele, trommele,
Rommele, trommele,
Warne Dich, garne Dich,
Warne Dich, garne Dich,
Rommele, trommele,

Rommele, trommele,
Rampele, trampele,
Rampele, trampele,
Birnenbaum.

*Der gelbe Vorhang verschwindet, Rommel befindet sich gerade in der Linie der Ordnungspolizei. Ordentlich und Meisterlich bemerken die Rommels.*

ORDENTLICH u. MEISTERLICH Was rommelt sich da?

*Beide ergreifen je einen falschen Rommel.*

*Der richtige Rommel verbeugt sich irr nach allen Seiten und weicht in die Menge ab. Die beiden falschen Rommels entschweben nach oben.*

MEISTERLICH Wo bleibt mein Rommel?

ORDENTLICH Wo bleibt mein Rommel?

MEISTERLICH u. ORDENTLICH Mir rommelts schon im Kopf herum,
Und rechts herum, und links herum,
Und links herum, und rechts herum,
Mein Rommel, Dein Rommel,
Dein Rommel, mein Rommel,
Mein Kopf, Dein Kopf,
Dein Kopf, mein Kopf.

ALLE Mein Rommel, Dein Rommel,
Dein Rommel, mein Rommel.

*Fern in der Menge bemerkt man jetzt Taa, Noll und Teddi.*

TEDDI Wenn alles stirbt, wenn alles untergeht,
Ich schwebe, ich . . . *Fliegt nach oben.*

ALLE *in größter Aufregung*
Auch der fliegt fort!
Wir leben schon in einer andern Welt!
Hilfe, wir werden alle fliegen!

*Alle versuchen mit mehr oder weniger Erfolg, ein wenig hoch zu fliegen. Der Stern kommt jetzt schon langsamer vorbei mit einem umgekehrten Stück Kohlgarten. Im Hintergrund ein umgekehrtes Rokokoschlößchen. Die Ordnungspolizei leuchtet die Teile des Globus gut ab mit mehreren Scheinwerfern. Rommel läuft wild vor Angst vorn bis zur Mitte.*

ROMMEL Jetzt gehen wir kaputt!
*Wirft sich mit dem Gesicht auf den Boden.*
*Seinem Beispiel folgen 10 andere Personen mit Geschrei.*

MEHRERE PERSONEN *schreien*
Ihiiiiiiiiiiiiiiiiiii i i i i i i i i i i i i

TAA Wo ist der Bär?

BANA *Von links durch die Ordnungspolizei, die jetzt von beiden Seiten alle durchlassen*
Ich hätte es fast versäumt, mein Kränzchen . . .

VIOLINA Leb wohl, mein Mädchen, ich muß jetzt Abschied nehmen, Bana!
*Er schwebt hinauf zum andern Stern.*

BANA Oh, Violina, Freund meiner Jugend,
Nimm mich doch mit in schönere Welten!
*Sie versucht es mit aller Kraft, auch nach oben zu schweben, aber ohne Gegenliebe. Sie fällt jedes Mal um.*
*Einige Menschen springen vom Stern ab.*
*Der Stern schwebt ab, verschwindet, es wird wieder hell.*

EINE STIMME Wir sind gerettet.

MEHRERE STIMMEN Wir sind gerettet.
*Der Stern ist jetzt vorbeigeflogen.*
Wir leben, leben, leben.

ALLE Wir sind gerettet.

ORDENTLICH Ruhe! Der Oberordnungskommissar will reden!

ALLE Hoch lebe unser Oberordnungskommissar!
Hoch unsere Ordnungspolizei!
Hoch Meisterlich!

MEISTERLICH Bevölkerung, Gerettete, Versammelte!
*Alles drängt sich um ihn.*
Soeben ist der Untergang beendet.
Die Ordnungspolizei hat sich bewährt.
Das schlimmste Schicksal ist jetzt glücklich abgewendet.
Der schreckliche Zusammenstoß ist aus.
Der fremde Stern ist sanft vorbeigeflogen,
Ein jeder gehe friedlich jetzt nach Haus.

ALLE Hoch lebe unser Oberordnungskommissar!

Hoch unsere Ordnungspolizei!
Hoch Meisterlich!
*Rommel springt auf. Meisterlich mit Sehr ab.*

TAA O Vater nimm mich mit nach Haus!
*Er nimmt sie an seinen anderen Arm, ab.*

ROMMEL Der Stern ist jetzt vorbeigefahren.
Ich habs gewußt, ich hab es immer schon gesagt,
Daß er die Erde nicht zerstören würde.
Die gute Erde bleibt bestehn!
Sie können alle jetzt nach Hause gehn.
Wo ist der Mann, der dies geweissagt hat?
Wo ist der Virmula, wir wollen ihn belohnen!!!!!!

ALLE Wo ist der Virmula?
Wo ist der Virmula?
Virmula, Virmula, Virmula???
*Alle suchen.*

ROMMEL Wo ist mein großer Herr, der Virmula?

ALLE Wir wollen einen König haben!
Krönt ihn zum König!
Der Virmula soll unser König werden!
Wir wollen fürstlich ihn belohnen!

EIN MANN Gebt ihm den Nobelpreis!

ALLE Virmula, Nobelpreis, Virmula, Nobelpreis,
Virmula, Nobelpreis!
*Rommel trägt im Triumph Virmula vom Hintergrunde auf den Schultern.*

ROMMEL Hier ist der große Mann! Krönt ihn zum König!

ALLE Virmula, König, Virmula, König, Virmula, König!

ORDNUNGSPOLIZEI *bildet einen Bogen um Virmula zu seinem Schutz*
Zurücktreten bitte!

ALLE Virmula, Virmula, Virmula!
Wir wollen ihn zu unserem König krönen!
Wir wollen wieder einen König haben!
Der Virmula muß unser König werden!
Krönt diesen Virmula zum König!

VIRMULA Ich bin kein König, seid vernünftig doch!
Ich bin ein schlichter Mann der Wissenschaft.
Mein Fernrohr ist mir mehr als Königreich!

Die Formel ist mir Ziel und Lebenszweck.
Die Formel ist mir heilig, heilig, heilig!
O sinus, tangens, cotangens,
O Tango, sinus asinus,
O Tango sinus Sinai,
O 99, hundert, hunderteins!
Ich danke Euch, Ihr lieben Leute,
Der Ruhm ist mir genug.
Ich will kein Königreich, laßt mich in Ruh.
Ich will nach Haus.

ALLE Hoch Virmula, hoch Virmula, hoch Virmula,
Hoch lebe Virmula, der Mann der Wissenschaft.
*Ordnungspolizei drängt nach hinten. Das Rufen nach Virmula und das Hochrufen wird leiser und leiser.*

VIRMULA Wo blieb nur Alma?
*Er sucht links, während sie rechts auftritt mit Frau Rommel.*

ALMA *zu Frau Rommel*
Er ist berühmt,
Sein Ruhm reicht an die Sterne!
Jetzt ist er viel zu groß für mich!

FRAU ROMMEL Was ist das alles gegen meinen Schirm?
Und plötzlich bricht er ab.
*Die Bühne verwandelt sich allmählich in einen Festplatz. Vorn werden Girlanden gesenkt. Auf dem Hintergrund, statt der Gesellschaftsautos am Anfang, Schaukeln, Karussells.*
*Virmula bemerkt jetzt Alma, als er sich ihr nähern will, drängt sich ein Zug von Festteilnehmern dazwischen. Der Zug bleibt stehen, von der Hinterbühne kommt Meisterlich mit Ordentlich an der Spitze der Ordnungspolizei dem Zuge entgegen.*
*Die Ordnungspolizei nimmt Aufstellung. Posaunen aus der Ordnungspolizei spielen ein Dankmotiv. Sehr falsch, sehr laut.*

MEISTERLICH Wir feiern heut das große Fest,
Daß unsre Erde
Bei dem Zusammenstoß bestehen blieb.

Den grünen Globus haben wir
Mit glücklichem Geschick
Zum Tempelhofer Felde umgeleitet,
Und die Gefahr ist glücklich abgewendet.
Nun jubelt alle, feiert laut,
Laßt Eure Laune Purzelbäume schlagen.
Macht Fasching, Karneval,
Spielt Onkel Heini,
Laßt die Kanonen donnern laut zum
Freudenfest!
*Es werden bis zum Ende des Stückes möglichst 101 Kanonenschüsse abgefeuert.*

ALLE Hurra, Hurra, Hurra!
*Zug nach hinten ab.*

FRAU ROMMEL *zu Meisterlich*
Sie sind der Oberordnungskommissar,
O lassen Sie den Schirm
Auf Kosten Deutschlands reparieren!

MEISTERLICH *gibt Geld*
Hier, gute Frau, weil heut ein Fest ist.

FÜHRER DES ZUGES Wo ist der Virmula?

ALLE Hoch Virmula, Hoch Virmula, Hoch Virmula!
*Unter diesen Rufen geht Zug und Menge nach hinten ab.*
*Virmula geht jetzt auf Alma zu:*

ALMA Du großer Mann,
Dein Ruhm ist jetzt begründet.
*Sinkt in seine Arme.*

ROMMEL Da darf ich gratulieren!

MEISTERLICH Du darfst uns gratulieren.

AGNES U. HEINRICH
TAA U. NOLL Du darfst uns gratulieren.

MEISTERLICH Mir kannst Du gratulieren!

FRAU ROMMEL Du darfst mir gratulieren,
Der Staat läßt meinen Schirm jetzt reparieren!!!

1929

# Mitten in der Welt steht ein Haus

*Filmentwurf*

1) Mitten in der Wiese stand ein
kleines Häuschen und vor dem Fenster
im wilden Wein
ein Vogelnest

2) Und hinter den Gardinen
ein Mädchen träumt.
Ein Mädchen, welches träumte
von Liebe und Glück.
Träume.

3) Da klopft ein Vogel an die Scheiben.
Kannst Du mir helfen?
Vogel fliegt herein.
Brief: Geliebter, komm zu deiner Liebsten.
Der Vogel nahm den Brief und flog
weit übers Meer und
über blühend Land
und fand:
einen recht ... blassen Jüngling.
Er las den Brief.

4) Er schrieb die Antwort:
Brief: Ich komme!
Der Vogel brachte ihr den Brief zurück.
Der Mann ging auf die Wanderschaft.
Das Mädchen schrieb wieder einen Brief, der Vogel kommt
zurück, findet die Wohnung leer, ein Katze frißt den Vogel.

Entbehrungen, Unfall, Freude und Hoffnungen,
bis er endlich sie findet.
Inzwischen sendet sie den Vogel zurück,
der ihn nicht mehr findet. Sie ist untröstlich.

a
Er besteigt ein Auto, fährt. Straßen, Häuser, Hochhäuser, Landschaft, er fährt. Es fliegen Vögel. Er fährt. Ein See. Landung von Seevogel. Mädchen. Am Ufer ein Mädchen, er steigt aus, fragt sie etwas, wandert, einsame Gegend, Hütte, er klopft an und übernachtet.

Einbruch in seinem Büro, es wird gestohlen.

Das Auto wird von den Banditen gestohlen.

Seine Fabrik brennt ab.

Ein Mädchen wacht in der Hütte auf und betrachtet ihn. Sie erschrickt, staunt, freut sich, kommt, streichelt den Schlafenden, deckt ihn zu.

Morgen. Erwachen, Decke? Das Mädchen kommt, bringt ihm Milch. Er dankt und trinkt und will gehen. Sie nimmt ihren Führerschein und geht mit. Im Wald, Bäume. Hinter Bäumen

b
Sie verliert ihn, kehrt zurück.
Eisenbahn Güterwagen er steigt ein – zwischen Kisten – wird entdeckt – der eine will ihn hinauswerfen. – Der andere stellt ihn an zum arbeiten – Station – er flieht.

Bettelt Almosen Essen, Mädchen mit Auto nimmt ihn mit – pflegt ihn –

Er bleibt Tage, Wochen, arbeitet, ist stumm. Sie redet, er schweigt.

Abend – Mond – Garten – er und sie – Er erzählt – sie streichelt ihn –

c
Er erzählt von seinen Arbeiten, wie er reich war, wie seine Werke für ihn arbeiteten, wie er verwöhnt war durch Frauen, wie er geekelt war vom Leben, wie der Vogel an sein Fenster klopfte, einen Brief brachte, wie er zurückschrieb, wie der Vogel fort und weiter fort konnte und verschwand, wie er allein war. Wie er reiste.
Sie streichelt ihn und tröstet ihn. Er aber will wandern.

II. Schnitt
Sie reist mit ihm über das Meer. Großes Schiff, Luxus. Tanz. Spiele. Baden. Sie fahren vorbei an Städten – Bergen – Inseln – Hafen. Sie wohnen einige Tage im Hafen. Dann fahren sie ins Luxusbad. Sie ist in seiner Nähe beglückt, er sieht vor den Augen das Bild einer Unberührten. Sie redet auf ihn ein, er verkennt, er sieht nur die Unbekannte. In der Nacht entflieht er.

---

Sie sucht ihn vergeblich in seinem Zimmer, im Park, niemand weiß, wo er ist. Sie geht zur Behörde, läßt ihn suchen. Nach allen Richtungen fahren Autos und Radfahrer, ihn zu suchen.

---

Er wandert auf Landstraße. Ein Radfahrer erkennt ihn, hält ihn an, fährt vorbei, telefoniert an sie.

---

Sie besteigt Auto und erreicht ihn. Sie fahren zusammen mit Auto durch Täler von Schneebergen, bleiben manchmal vor Schluchten, Wasserfällen, Almen stehen, ins Tiefland.

---

Einsame Heide. Wolken.
Wolken.

Birkenbäume  Birkenalleen  ein Kreuzweg. Er bittet sie zu halten. Er trennt sich von ihr, küßt sie auf die Stirn, dankt ihr, geht. Sie sieht ihm nach, bleibt stehen, besteigt Auto, ohne zu fahren, bleibt, bleibt, sieht, es wird Nacht.

d
So kam er in jene Gegend und
wanderte über die Heide zu jener Hütte, die er sich vorgestellt hatte, wo das Mädchen, von dem er träumte, ihn erwartete, das er liebte.
Er kommt, blickt sie tief an, sie ihn, sie wechseln lange Blicke, reichen sich die Hand, lachen, er hebt sie hoch, nimmt sie auf den Arm und küßt sie.

Und sie begannen zu reden und verstanden nicht einander, denn sie redeten verschieden.
Und er staunte, dann also war es jenes Mädchen nicht, das ihm den Brief geschrieben hatte, von dem er träumte.
Sie sahen sich sehr erstaunt an, er ergriff ihre Hand.

Und so trennten sie sich wieder, er kam zurück an jenen Kreuzweg.
Küßt ihre Stirn und wandert zurück an den
Kreuzweg, wo noch der Wagen mit der anderen wartet. Sie ist sehr beglückt, ihn wiederzusehen, er geht auf sie zu und umarmt und küßt sie.

Und so küßte er seine Gefährtin das erste Mal.

Man sieht sie ganz zurückfahren, von dort nach jener Weltstadt, wo seine Arbeitsstätte, seine Fabrik gewesen ist. Er findet alles vernichtet, gestohlen, verbrannt.

Fabriken, Arbeiter, die ein Hoch auf ihn ausbringen.

1929

## Oben und unten

*Für Bewegungssprechchor*

*Anfangs ist die Bühne dunkelblau. Sie scheint leer, weil man die auf dem Boden liegenden Personen nicht sieht. Man sieht erst undeutlich, dann immer deutlicher werdend auf dem Hintergrund das Kreisen von Welten, Kugeln, die sich drehen, rot, grün, blau angeschienen, durchscheinend Kreise, Linien, besonders in Parabelform, glitzernde Linien, sich verengende und erweiternde Quadrate, gelb oder rot, dazwischen Nebelformen, Schleier vor den mathematischen Formen unregelmäßig ... Eintönig begleitet ein Nebelhorn von Zeit zu Zeit. Man hört auch manchmal Wasser rauschen. Kurz und schrill eine helle Pfeife. Klirren von Glasscherben. Große rote Kugel geht hoch und verschwindet, indem sie immer heller wird. Dazu Heulen einer Sirene. Dann beginnt sofort ein Scheinwerfer die Teile der Bühne zu beleuchten wo keine Menschen sind.*

STIMMEN VON DRAUSSEN
Nichts.
Nachten.
Nichts.
Dumpfen.
Dröhnen.
Schleier schweben.
Ohne.
Urewig.
Grenze.
Unendlich tausendfältig null.
Nichts,
Nachten,
Null.
Nachten nichts
Nichts nichts
Dumpfen nichts
Dröhnen nichts

Schleier schweben nichts
Ohne trachten
Urewig trachten
Grenze trachten
Unendlich tausendfältig trachten
null
Nichts trachten
Nachten nichts
Null unendlich
Nachten
Dumpfen nachten
Schleier schweben nachten
Ohne
Nichts ohne Grenze ewig nachten nachten
Unendlich tausendfältig nachten nachten
Null nachten nachten nachten nachten
Nacht nachten nachten nachten nachten
Nichts nachten nachten nachten nachten
Null nichts null nichts null nichts null nichts
Null
Null
Null.

*Bei dem Sprechen flache Schalen auf dem Hintergrund durchscheinend, die sich flachen und wieder kürzen. Bei urewig Kreuz. Alles durchscheinend. Menschen auf der Bühne unsichtbar: Wesen versteckt.*

**CHOR** Nachten nachten nachten
Giganten tausend Millionen Nachten nachten nachten
Milliarden tausend Trillionen Nachten nachten nachten
Billiarden ewig brennen dröhnen Nachten nachten nachten
Erschweben Schleier Nachten nachten
Schweben Schleier
Lüften Schleier
Licht dunkel Lüften Schleier Greifen schweben

| | | |
|---|---|---|
| | *Es wird fahles Licht, man erkennt schattenhafte Personen.* | |
| | Greifen Giganten tausend tausend | Nachten nachten |
| | Und wollen greifen greifen greifen | Null null |
| | Und bersten brechen Scherben Scherben | Null null |
| | Und wollen wollen wollen wollen | Wollen wollen |
| | Und dichten greifen schweben ragen | Wollen wollen |
| | Und dichten denken schaffen sagen | Wollen wollen |
| | Und wirbeln brechen wagen | Wollen wollen |
| | Licht! *Es wird dämmerig.* | |
| | Und wachsen hinken schenken drehen | Wollen wollen |
| | Und senken betten wurzeln stehen | Wollen wollen |
| | Und wagen ragen wehen gehen | Wollen wollen |
| | Licht!! *Laut – es wird heller* | |
| | Wir werden. | |
| | Wir fühlen. | |
| | Wir können | |
| | Licht!!! *Lauter – es wird noch heller* | |
| MENSCHEN | | Wollen wollen |
| | | *leise* |
| | Und ballen senken schweben tragen | Menschen Menschen |
| | | *leise* |
| | Und stehen gehen ragen wagen | Menschen Menschen |
| | | *leise* |
| | Und schaffen greifen betten wurzeln | Menschen Menschen |
| | | *leise* |
| MENSCHEN | | Menschen Menschen |
| | Blind? | Nachten nachten |
| | Gott gib uns Licht!!!! *Es wird ziemlich hell* | |
| ANDERE GRUPPE | Es kreiset zum Schatten, | |
| VON MENSCHEN | Es weht und will wachsen, | |
| | Erstehen Menschen | |
| | Zum Licht!!!!!! | |
| | *Sehr laut – es wird jetzt sehr hell* | |
| GRUPPE 1 | Regen sich Kräfte, | |
| | Glieder bewegen sich, | |
| | Arme, der Kopf, | |
| | Reden wir, lauschen, | |
| | Lauschen wir, staunen, | |

Sprießen wir, sprossen,
Zum Licht!
Strahlen!!!!!!!!
Reiner strahlen!!!!!!!!!!!!
Lauter und reiner strahlen zum Licht!!!!!!!!!!!!!!!!!!!!!!
*Es wird jetzt ganz hell. Es strahlt von überall, von vorn, Seiten und hinten. Das blendende Licht von hinten blendet in Spiegeln, die sich zu bewegen anfangen, auch den Zuschauer. Dazu eine Musik, welche die Ohren blendet.*

ANDERE GRUPPE Zuviel!!!
Das Licht wird uns brennen!
Das Licht wird uns sengen!
Das Licht wird uns nichten!
Das Licht wird uns blenden!
Das Licht wird uns nachten!

GRUPPE 1 Weh uns das Licht!
Zu Hilfe, wir brennen!
Zerbricht die Kraft!
Zerkräften, zerschweben, zernachten, zerblenden!!!!
Nacht kühle uns Wasser!

VERSTECKTER BASS Menschen sind Menschen!

GRUPPE 1 Grenzen die Kräfte!

VERSTECKTER BASS Irdische Kraft!
Greifet das Nächste.
Lernet die Grenzen,
Lernet das Maß,
Menschen, seid Menschen!
Lernet die Erde!
Lernet die Grenzen!
Greifen Giganten über die Kraft!

Sünde!!!!!!!!

ERSTER VERSTECKTER CHOR
Menschen!
Menschen!
Menschen!
Trachten trachten
Nachten nachten
Nichts nichts!!!!!

ALLE MENSCHEN Wir fühlen die Grenzen unserer Kraft.
Erbarme Dich unser, unendliche Macht,
Herr, nimm das Licht, das uns blendet und quält,
Herr, gib uns allen das Maß!

VERSCHIEDENE GRUPPEN Das Maß! Das Maß! Das Maß! Das Maß!

*Es wird jetzt erträglich hell*

GRUPPE 1 Finden Grenzen finden Maß
Menschen seid Menschen
Schönheit Freude Friede Ziel
Menschen, seid Menschen
Alles Grenze, alles Maß,
Alles Freude, alles Ziel.
Alles Feuer, alles Wasser,
Maß ist Kraft und Ziel ist Maß.

GRUPPE 2 Taumel Sünde finden finden
Selig tauchen waschen rein

GRUPPE 1 Brüder!
Schwestern!
Menschen der Welt!!!
Wir leben!!!!

GRUPPE 2 Sünde Taumel halten halten
Kriechen kleben heulen Not

GRUPPE 1 Leben ist fühlen,
Leben ist wachsen,
Leben ist sehen,
Leben ist wissen.

GRUPPE 2 Klein ist der Kreis.

| | | |
|---|---|---|
| GRUPPE 1 | Ragen wir | GRUPPE 2 Klein |
| | Wagen wir | Klein |
| | Gehen wir | Klein |
| | Drehen wir | Klein |
| | Wachsen lernen | Stehen wagen |
| | Wir Menschen werden Gewaltiges tragen!! | |
| | Wachsen lernen | Stehen wagen |
| | Die Kräfte füllen mit wachsender Lust!! | |
| | Wachsen lernen | Stehen wagen |
| | Brüder!!! | |
| | Schwestern!!! | |
| | Menschen der Welt!!!!! | Gemeinschaft!!!!!! |
| | Wir sind es! | Wir! |
| | Leben | Groß |
| | Blumen | Groß |
| | Früchte | Groß |

Und Wasser und Feuer und Erde und Luft!
Wir!

GRUPPE 3 *niederkniend* Herr!
Unendliche Macht!
Wir danken zu Dir!
Du machtest uns stark!

| *kniend* | | *kniend* |
|---|---|---|
| GRUPPE 1 | GRUPPE 3 | GRUPPE 2 |
| Herr! | | Herr! |
| Unendliche Macht! | Herr! | Unendliche Macht! |
| Wir danken | Dir! | Wir danken! |
| Dir | danken | Dir! |
| Du!!! | Du!!! | Du!!! |
| Du machtest uns stark! | | Du machtest uns stark! |
| Zu Dir | Wir erblühen | Zu Dir |
| Du gabst uns das Feuer | | |
| | Du gabst uns das Wasser | |
| | | Du gabst uns den Geist |
| Das Donnergetöse!! | | Die Kraft!! |

*Alle aufstehend*

ALLE Den Schöpfer zu loben gabst Du uns den Geist!
Den Schöpfer zu preisen gabst Du uns den Ruf!
Zu künden die große erhabene Lust.
Kraft Leben zerspaltet die tönende Brust.

| GRUPPE 1 | GRUPPE 3 | GRUPPE 2 |
|---|---|---|
| Tränen | | Zerwehen |
| Freude | | Entbinden |
| | Malmem | |
| Jauchzen | | |
| | | Taumel |
| Schrei | Winden | Erbrüsten |
| Wir!!! | Wir!!! | Wir!!! |

ALLE Kreisen rollen weiten dichten
Wallen wallen wallen wallen
Fliegen wollen bauen schichten
Wollen wollen wollen wollen
Kriechen kleben heulen messen
Wollen wollen wollen wollen

Sünde taumel halten halten
Willen willen willen willen

| GRUPPE 1 | GRUPPE 2 | GRUPPE 3 | GRUPPE 4 |
|---|---|---|---|
| Bäumen | Fallen | Wurzeln | Rasen |
| Wir | | Wir | |
| | Tempo | | Der Kraft |

ALLE
Menschen!
Leben die Freude!!!
Halten den Tanz!!!
Messen das Spiel!!!
Giganten tausend Millionen!!!!!!
Wir stehen und wachsen, wollen und wagen.
Wir Menschen werden Gewaltiges tragen!!!!!!!!!!!!
*Dabei flammt der Hintergrund hellblau kurz auf.*
*Es folgt fahler Nebel*

WARNER IM NEBEL
Menschen sind Menschen,
Lernen die Erde,
Lernen die Kräfte,
Greifen Giganten über die Kraft!
Nachten zu nichts,
Greifen die Sünde!
*Es wird hell. Warner erscheinen grell beleuchtet.*

WARNER IM HELLEN
Sünde strahlen schlingen klingen dumpfen nachten wollen
Starken dröhnen lechzen grenzen greifen brennen luften lüften schalen
Strammen geigen ballen hinken senken nichten blenden brennen Sünde!!!
*Die Warner im Hellen sprechen accellerando und crescendo. Die Bühne ist dabei wechselnd bunt und kreischend marmoriert. Dazu Wirbelgeräusche.*

ALLE MENSCHEN
Wir alle . . . . .!

HINTER DER BÜHNE
SEHR LAUT
Seid Menschen!!!!!!!!!!!!!

*An dieser Stelle kann der Vorhang ganz kurz fallen, und wenn er wieder hochzieht, beginnen Menschen spielend zu bauen. Es kann auch verdunkelt werden, daß die Warner verschwinden können, es bleiben auch nur einige wenige Menschen.*

*Die folgenden Worte werden von vielen Gruppen abwechselnd gesprochen, ich bezeichne das nur durch Menschen.*

*Die Bühne ist sonnig hell, gelblich.*

MENSCHEN 1 Faßt Eure Hände
Im Reigen zum Spiel.
Gehet im Kreise,
Wallet im Spiel.
*Sie fassen einander an und gehen im Kreis.*
Hänschen klein
Ging allein
In den weiten Wald hinein.
Stock und Hut
Steht ihm gut,
Hat auch guten Mut.
Doch die Mutter weinet sehr,
Hat doch nun kein Hänschen mehr;
Da besinnt
Sich das Kind,
Kehrt zurück geschwind.

*Es kommen neue Menschen-Kinder hinzu. Hintergrund Frühlingslandschaft, Blütenbäume.*

MENSCHEN Wir wollen Dritten abschlagen.

*Man stellt sich zum Dritten Abschlagen auf, ohne direkte Logik, d. h. es wird zum rhythmischen Tanz. Dazu als durchscheinende helle Silhouette die Bewegungen der dritten Linie.*

MENSCHEN Haste raste roste nicht,
Der Dritte ist zu viel.
Der Dritte läuft und ruht sich nicht,
Das Rennen ist das Spiel.
Haste raste roste nicht,
Der Dritte hat die Not;
Stellt er sich als Vordermann,
Ist der Zweite tot.

GRUPPE 1 Tot ist das Leben der Toten.
Im Nichts
Zu Nichts
Unendlich tausendfältig.
*Gruppe 2 rollt eine Scheibe herein.*
GRUPPE 2 Unendlich tausendfältig rollt der Kreis.
Die rote Scheibe rollt
GRUPPE 3 Balken, Klötze, Kreissegmente.
Bauen spielen, Form gestalten.
GRUPPE 1 Wir rollen den Ball.
Der Ball ist die Erde.
Der Ball ist die Sonne.
Der Ball ist der Ball.
GRUPPE 2 Der Ball soll schweben,
Wir wollen ihn tragen.
Wir wollen ihn heben.
Der Ball schwebt nach oben.
GRUPPE 3 Die Scheibe soll drehen.
Der Balken soll tragen.
GRUPPE 2 Wir bauen die Klötze im Kreis.
GRUPPE 3 Der Schleier soll teilen.
GRUPPE 1 Der Schleier soll binden.
GRUPPE 4 Wir bauen ein Oben,
Dicht unter der Sonne,
Dicht unter dem strahlenden Himmel.
Helft alle zu bauen.
ALLE Wir bauen ein Oben,
Dicht unter der Sonne,
Dicht unter dem strahlenden Himmel.
VERSTECKTER CHOR Menschen, bleibt Menschen!
*Der Chor kann auch auf einer hohen Ebene erscheinen.*
GRUPPE 1 O, daß uns dieser Gedanke kam!
Ein Oben unter der Sonne,
Der Turm ohne Ende,
Kultur und Wissenschaft,
Die Kunst.
Wir steigern die Kräfte,
Wir füllen das Maß,

Giganten versetzen wir Berge,
Wir bauen den riesigen Turmbau zu Babel,
Wir schaffen uns Burgen, wir bauen uns Schlösser,
Wir steigen zu hohen, unendlichen Zielen,
Wir greifen zum Himmel und steigen hinan.
So meistert der Mensch die Geschicke der Welt.

VERSTECKTER CHOR Menschen, bleibt Menschen!
Lernet die Erde,
Lernet die Kräfte.
Meidet die Sünde!
Irren ist Sünde.
Wahn ist Verbrechen.
Erde ist Euer!
Menschen, bleibt Menschen!!!
Ihr greifet vermessen nach himmlischen Dingen,
Ihr könnt sie nicht meistern.
Ihr könnt nicht das Oben und Unten begreifen!
Ihr lernet die Sünde, den Neid, die Gewalt.

GRUPPE 1, 2, 3 Uns kam die Vernunft, sie warnet uns recht.
So hört auf die Stimme und folgt dem Gewissen.

GRUPPE 4 Gewissen?
O höret sie zetern,
Sie schnattern, die Gänse,
Sie wollen die Steine nicht tragen zu Babel.
*Alle sagen den gleichen Text, aber mit verschiedenem Ausdruck entsprechend der Stellungnahme.*

ALLE Wir tragen die mächtigen Steine zu Babel.
Das Spiel ist vorbei.
Wir schleppen und tragen
Für uns, für Euch!
Die Arbeit beherrscht.

GRUPPE 4 Groß ist der Mensch, wenn er Großes vollbringt.
Wir bauen ein Oben, wir haben ein Ziel,
Wir bauen unsterbliche menschliche Größe,
Wir bauen die Macht.

ALLE *indem Gruppe 1, 2, 3 einer Hypnose der Gruppe 4 folgt*
Wir bauen ein Oben, wir haben ein Ziel,
Wir bauen unendliche menschliche Größe,

Wir bauen die Macht.
Wir wachsen zum Himmel im stolzen Gefühl.
Unser der Turm!!!

VERSTECKTER CHOR Toren seid Ihr!!!
Ihr werdet bereuen das eitle Beginnen.
Die menschliche Größe ist Leere und Phrase,
Gefahr ist das Oben und Irrtum das Ziel.
Unsterbliche menschliche Größe ist Wahnsinn
Zerspalten heißt Macht.

GRUPPE 1 Der Turm ist das Zeichen der menschlichen Größe.
Das Bauen verlangt überlegenen Plan.
Ach wäre ein Hirt uns zum Werke beschieden!!

GRUPPE 4 Wir sind Eure Hirten.

GRUPPE 1, 2, 3 Wie, Ihr?

GRUPPE 4 Wir wollen Euch führen, wir sind Eure Hirten.
Wir wollen Euch hüten vor Sturm und Gefahr.
Wir führen Euch treu über Abgrund und Klippen,
Die Wasser zerteilen, wo wir Euch betreun.
Wir sind Eure Führer, Ihr liebe Gemeinde!
Wir Führer, wir dienen Euch treu.

GRUPPE 1, 2, 3 Ihr seid unsre Führer, Euch sandte das Schicksal.
Dank ihm, daß es Euch uns gesandt.

VERSTECKTER CHOR Ihr irrt:

GRUPPE 1, 2, 3 So führet uns gut, wir folgen Euch gern,
Wir wollen Euch lieben und folgsam Euch dienen
Nennt Ihr uns die Ziele, die Arbeit, das Werk.

GRUPPE 1 So möge das Spielen denn wieder beginnen.
Gebaut ist als mächtiges Oben der Turm.

GRUPPE 1, 2, 3 So gehet voran, für Euch sei das Oben.

GRUPPE 4 Wir danken Euch sehr, doch wir bleiben bei Euch.
Das Oben sei allen ein starkes Symbol
Für mutige Größe, für Freiheit und Macht.
Und niemand von uns soll das Oben besitzen
Denn, wer es besitzt, spaltet ab und verdirbt.
Legt nieder die Arbeit, beginnet das Spiel!
Wir wollen zum lustigen Tanze Euch führen.

ALLE Von Afrika bis Babylon,
Von Moskau bis New-York,

Vom Nordkap bis zum Himalaya
Von Köln bis Indien,
Wir tanzen rund die ganze Erde,
Das Leben ist uns Spiel;
Das Spiel ist Tanz, der Tanz ist Leben,
Die ganze Menschheit soll es sein!
Wir alle, alle Puppen spielen,
Wir spielen König, spielen Knecht,
Wir spielen wenig, spielen schlecht;
Wir spielen böse, spielen Krieg,
Wir spielen Unglück, spielen Sieg.
Wir spielen den Segen des ewigen Friedens,
Denn Mühe ist der Arbeit Preis;
Wir tanzen den Tanz im Akkord,
Wir tanzen in einigem fort,
Wir wagen das glückliche Spiel.

GRUPPE 4 Was soll uns das läppische Spiel?
Wir bauten den herrlichen Turm,
Der Turm werde unser Besitz,
Sie tanzen, wir steigen hinauf!!

VERSTECKTER CHOR Menschen, seid Menschen!
Meidet die Sünde,
Menschen, seid Menschen!!!

DIE TANZENDEN GRUPPE 1, 2, 3 Hört auf mit dem Tanze,
Sie wolln uns betrügen!
Sie sind keine Führer.
Straft sie, die Betrüger!!!

GRUPPE 4 Ihr bleibt unsre Lämmer,
Die Führer sind wir!
Wir bleiben hier oben,
Wir spielen das Oben,
Ein Stückchen näher der Seligkeit,
Die erste Stufe der Himmelsleiter,
Die warme Sonne des Glücks.

DIE UNTEN (GRUPPE 1, 2, 3) Wir unten leben auch im Licht der Sonne,
Steigt nur hernieder, denn das Spiel ist aus.

DIE OBEN (GRUPPE 4) Ihr irrt, wir hörten lange auf zu spielen,
Wir nahmen von dem Babelturm Besitz.

Der Turm ist unser jetzt in Ewigkeit!!
Ihr seid verdammt, im engen Tal zu wohnen,
Und unser Turm beschattet Euer Glück.

DIE UNTEN Höhnt Ihr uns noch? Auch uns erblühen Blumen,
Hört Ihr es, Brüder, sie verspotten uns!
Der Turm ist groß, wir wollen auch nach oben!
Wir brauchen neue Führer, die hinauf uns führen.

GRUPPE 1 Wir wollen sie überrennen.
Aus ist das Spiel!
Wer kommt mit uns
Hinauf zum Sieg?

GRUPPE 2 Wir haben keine Führer!
Uns fehlen Männer uns hinauf zu führen.

GRUPPE 3 So wollen wir Euch führen.

GRUPPE 1, 2 Heil unsre neuen Führer!

DIE OBEN Schickt Eure neuen Führer,
Wir werden sie mit Artigkeit empfangen.

DIE UNTEN *bestehend jetzt aus Gruppe 1 u. 2*
Sagt ihnen, wir verlangen unser Recht.
Gerechtigkeit und Freiheit, Menschenrechte,
Sagt ihnen, daß wir tauschen wollen.

DIE OBEN Tauschen ist Unrecht!

DIE FÜHRER Wir werden die Gerechtigkeit verlangen,
Wir kommen lebend nicht zurück,
Wenn sie das Recht bestreiten und sich weigern.

*Die Führer besteigen pathetisch das Oben. Hinten geht eine rote Morgensonne etwas schüchtern auf, sie verschwindet bald wieder.*

DIE OBEN Wir grüßen Euch, Ihr lieben Brüder!
Wir alle sind doch Brüder, Schwestern, Menschen.
Ob arm, ob reich, die Last ist gleich.
Ihr seid uns wert und teuer, wie wir selber.
Ihr wollt Gerechtigkeit? Sie soll Euch werden.
Wir zeichnen Euch mit höchsten Ehren aus,
Seid die Verwalter ewger Menschenrechte,
Die höchsten Ämter werdet Ihr bekleiden,
Ihr seid es wert, daß man Euch dekoriert.

*Man besteckt sie mit vielen Orden.*
Denn Ihr seid Menschen und seid Brüder.
Wie schön Ihr seid in Eures Amtes Würde,
Im Schmuck der Orden, Brüder, Ihr!!
*Die Führer werfen die Orden von sich und nehmen bedrohliche Haltung an.*

DIE FÜHRER Wir wollen keine Ämter, keine Orden,
Wir fordern Liebe und Gerechtigkeit.

DIE OBEN Ämter und Orden sind das sichtbar Zeichen
Für Menschenliebe und Gerechtigkeit.

DIE FÜHRER Wollt Ihr Gerechtigkeit uns weigern,
So werden wir Euch zwingen.

DIE UNTEN Kommt Brüder, holt Euch Eure Rechte!

DIE OBEN So bleibt doch auf ein Wort. Ihr Brüder!
Es ist so nett, mit Euch zu plaudern,
Wir sind doch alle Brüder, Schwestern, Menschen.
Und schnell vergeht die Zeit bei hohen Worten.
So nehmt die wohlverdienten Orden, Brüder,
Im Schmuck der Orden, Brüder, seid Ihr schön.

DIE FÜHRER Wir nehmen an, Ihr Brüder, und wir bleiben.
Dank Euch für Orden und Gerechtigkeit.
Ihr seid so lieb, wir hatten Euch verkannt,
Ihr lieben Brüder und Ihr lieben Schwestern!

DIE OBEN So macht Euchs recht bequem, Ihr lieben Freunde,
Wir alle sind ja Brüder, Schwestern, Menschen.

DIE UNTEN Die Schurken halten unsre Führer fest!

DIE FÜHRER Ihr irrt. Wir bleiben gern und ohne Zwang.
Denn Euch ist die Gerechtigkeit geworden.
Man hält uns hier als Freund wie seinesgleichen,
Man schenkt uns Orden, bittet uns zu bleiben,
Und Ihr, seid ruhig, glücklich und zufrieden,
Denn wir vertreten Eure ewgen Rechte.

DIE UNTEN Das ist nicht wahr, Ihr habt uns ja verraten,
Ihr nahmt die Orden statt Gerechtigkeit!
Aus Ehrgeiz seid Ihr Diebe und Betrüger!!!

DIE FÜHRER So holt Euch Eure ewgen Rechte selbst!

GRUPPE 2 Weh uns, Ihr oben tretet unsre Rechte
Gewaltsam rücksichtslos zu Boden!
Gerechtigkeit ward uns versagt!
Spitzbuben, Mörder, Gift und Hölle.
Erz tönet wirre Klage,
Verwegen durstet über Schellen,
Verschmachten, zagen,
Dreihundertfünfundsechzig Tage,
Kalt Fischlein Bruder,
Stumm freundet schlank,
Licht glänzen glanze Schuppen,
Dein Leib und Deine Seele schlank,
Dein weiler Mund lechzt Wasserwellen,
Dein Händchen plätschert über,
Unter,
Feucht,
Wasser in Wasser,
Du und wir;
Unter,
Wo Tiefe feuchtet
Silbert Dein Leib,
Die Wellen Dein Gezwitscher.
Baden,
Baden,
Das kleine Fischlein baden!!!

GRUPPE 1 Wucht machten Blöcke Eisen Stahl,
Zertreten Glocke hitzen heult Sirene;
Der Hammer wuchtet Donner Schlag,
Blitzt Eisen Schwerter funken Tank,
Blitzt Bombe zündet heult und zischt.
Turbine Maschine Eisen Zement
Schwungräder Kolben Beton
Turbine Maschine Eisen Zement
Hochöfen Kohlen Motor
Turbine Maschine Eisen Zement
Schwungräder
Turbine Maschine Eisen Zement

GRUPPE 2
Drehen drehen

| | |
|---|---|
| Hochöfen | Drehen drehen |
| Motoren heulen | Drehen drehen |
| Geschütze krachen | Drehen drehen |
| Turbine Maschine Eisen Beton | |
| Schwungräder Kolben Zement | |
| Turbine Maschine Eisen Beton | |
| Hochöfen Kohlen Motor | |
| Turbine Maschine Eisen Beton | |
| Schwungräder | Kreischen kreischen |
| Turbine Maschine Eisen Beton | |
| Hochöfen | Kreischen kreischen |
| Motoren heulen | Kreischen kreischen |
| Geschütze krachen | Kreischen kreischen |
| | Heulen heulen |
| | Kreischen kreischen |
| | Krachen krachen |
| | Drehen drehen |
| | Drehen drehen |
| | Krachen krachen |
| | Kreischen kreischen |
| | Heulen heulen |
| Lachen lachen | Krachen krachen |
| Heilen heilen | Heulen heulen |
| Wehen wehen | |
| Stehen stehen | Drehen drehen |
| Heischen heischen | |
| Fleischen fleischen | Kreischen kreischen |
| Nacht | |
| Macht | |
| Lacht | |
| Kracht | |
| Turbine Maschine Eisen Zement | Schmachten klagen |
| Turbine Maschine Eisen Zement | Trachten tragen |
| Luftschiffe Kräne Elektrizität | |
| Revolution Blitz Fackel Krieg | Zagen zagen |
| | Zagen zagen |
| | |
| Wagen wagen | |
| Wagen wagen | |

Turbine Maschine Eisen Beton — Revolution drehen drehen
Verzagen verwegen schellen der Durst — Lichten den Glanz drehen drehen
Fümms bö wö tää zää Uu
Pögiff quii Ee.
Dedes nn nnrrrrrr — Iiiiiiii Eeeeeeee
M-piffff tilfffff tooooooooooo — Tllllllllll
Jüü-Kaa. *Gesungen, das Jüü um fast eine Oktave tiefer als das Kaa.*
Rinnzekete bee bee nnz krr müüü — Ziiuu ennze ziiuu rinnzkrrmüü
Rackete bee bee.
Rumpftillfftoo?
Ziuu ennze ziiuu nnz krr müü,
Ziiuu ennze ziiuu rinnzkrrmüü!
Rackete bee bee, — Rackete bee zee!!!
Fümms bö wö tää zää Uu? — Uu zee tee wee bee FÜMMS!!!!!
Revolution Blitz Fackel Krieg
Krieg Fackel Blitz und Feuer — Für Menschenrechte u. Gerechtigkeit.
Jagt sie hinweg! — Wir kommen mit!

GRUPPE 1, 2
Turbine Maschine Eisen Zement
Turbine Maschine Eisen Beton
Krieg Fackel Donner Blitz und Feuer
Gerechtigkeit Gerechtigkeit Gerechtigkeit!!!!!!!!!!!

---

DIE OBEN (GRUPPE 3, 4)
Wir kennen Eure abgedroschnen Phrasen.
Gerechtigkeit heißt Tausch, Unrecht heißt Recht,
Der bleiche Mond ist unser aller Feind.
Werft nicht die Fackel, Krieg und Blitz und Feuer,
Ihr werdet Menschen töten. Menschen, Menschen!!!!!
Wir sind doch alle Freunde, Brüder, Schwestern.
Wir lieben zärtlich Eure braven Führer

GRUPPE 1, 2 Die braven Führer haben uns verraten!
Spitzbuben Morden Gift und Hölle.
Verwegen durstet über Schellen,
Krieg Fackel Donner Blitz und Feuer,
Gerechtigkeit Gerechtigkeit Gerechtigkeit!!!!!!!!!

---

DIE OBEN Was wollt Ihr denn, Ihr führerlose Herde?
Tier ohne Kopf, Windmühle ohne Flügel,
Strom ohne Wasser, Leitung ohne Strom,
Kraft ohne Richtung, Schädel ohne Hirn,
Wir lachen, lachen, lachen, lachen,
Ha ha, was macht Ihr da für Sachen? !!!

DIE UNTEN Ihr höhnt uns noch zu unsrer Schmach?
Ihr wollt Gerechtigkeit uns weigern?
Schamlose Lügner, Fatzken ohne Ehre,
Kopf ohne Einsicht, Flügel ohne Wind,
Ihr Wasserköpfe ohne Geist und Liebe,
Wir schleudern Euch die Fackel lichterloh!!!
Und wenn die ganze Welt verbrennt,
Und wenn das ganze Eis verdirbt,
Und wenn die Wissenschaft verfault,
Und wenn Kultur in Fetzen fällt;
Kultur von tausend Jahren, falle hin,
Wir klagen darum nicht, uns ists Gewinn!

DIE FÜHRER Seid endlich ruhig, aufgeregte Menge,
Uns Führern ward Gerechtigkeit zuteil,
Und Euch durch uns, Ihr liebe Herde.

DIE UNTEN Ihr seid Betrüger, Mörder, Diebe,
Geht mit uns, habt den Mut zum Recht!
Mit uns durch Bürgerkrieg, Revolution zum Recht!!!

DIE FÜHRER Lacht sie doch aus, sie wollen Bürgerkrieg!
Ei ei, wer kommt denn da, der kleine Hahnemann.
Maschine Turbine Eisen Gewehr,
Pifff pafff, daß es blitzt, plätschert Händchen den Teich,
Und bellende Hunde, die beißen nicht gern,
Und hinkende Katzen, die kratzen nicht oft.
So laßt sie nur toben, wir feiern hier oben.

GRUPPE 3, 4 *Großer Reigen*
Reicht Euch die Hände,
Brüder hier oben,
Brüder und Menschen,
Faßt Euch zum Tanz.
Tanzen ist edel,
Tanzen ist schön.
Leuchten Trompeten Sterne im Schein,
Zupfen bescheiden Blume zu drein,
Taktet im Ringel reine zu zwein,
Ein
Zu zwein, zu drein,
Zu fünfundvierzig rein,
Bescheiden Blümelein
Ein reines Glöcklein fein:
Bimm
Bamm
Bumm
Bamm
Bimmbimm
Bammbamm
Bummbumm
Bammbamm
Bumm
Bumm
Bumm
Bumm

GRUPPE 1, 2 Bimmbimmbimmbimm
Bimmbimmbimmbimm
Bimmbimmbimmbimm
Bimmbimmbimmbimm
Bumm
Bumm.
Schlagt los,
Hunde!!!!!!!!

*Zu den Seiten 96–107 wechselt die Begleitung des Hintergrundes, bei dem Reigen S. 96 erscheint nur hinten ein heller großer Kreisring, der sich in sich selbst dreht, rechts und links herum, bei ›Hänschen klein‹ dazu das Aufleuchten kleinerer Kreise und unregelmäßiger Flekken verschiedenfarbig, bald hier bald da. Beim Dritten-*

*abschlagen S. 96 wieder nur Kreisring, bei ›tot‹ graues, fahles Licht. Bis S. 97 Mitte wird die Handlung mit ähnlichen Formen in übersetzten Farben durchscheinend parallel wiederholt. S. 97 unten strahlender Hintergrund, der schließlich übergeht in blendendes Licht. Beim versteckten Chor auf S. 97 und 98 Donnerrollen und Gewitterstimmung mit Blitz bei fahler Beleuchtung. ›Menschen bleibt Menschen‹ S. 98 und jedesmal wenn es auftritt plötzlich grell rote Scheinwerferbeleuchtung. S. 98 unten bis S. 100 Mitte Projektion der größten architektonischen Bauten und Ingenieurbauten der Welt. Bei Alle . . S. 99 unten bewegt sich hinten ein großer Kreisel. Der Kreisel sprüht bunte Farben. S. 100 unten bis 102 oben wallende durchscheinende Zickzacklinien, eckig und geschwungen, groß und klein, hell und mäßig, farbig und matt, aber immer waagerecht sich jagend, unterbrochen durch rotes Licht bei den unterstrichenen Zeilen, auch bei der bedrohlichen Haltung der Führer. S. 102 unten bis Strich intensiv schwefelgelbes plattes Licht. S. 103 oben Zittern schwächlicher matter unbestimmter Farben. Bis S. 105 senkrechte durchscheinende mehr und mehr grelle Balken, bald von oben, bald von unten gegeneinander und miteinander in den Hintergrund stechend. Bis zum Strich S. 106 oben schwarzschattiges starres wirres Balkengerüst. Bis S. 107 zum Reigen wie S. 96 wieder der große helle Kreisring.*

*Die Unten verdrängen die Oben, indem sie den Turm stürmen. Die Oben purzeln kampflos hinunter. Dazu:*

GRUPPE 1, 2 Rache Vergeltung brennen und sengen
GRUPPE 3, 4 Schwinden zerkräften nachten zerblenden
GRUPPE 1 Rache Vergeltung, Fackel und Blitz.
GRUPPE 2 Rache Vergeltung, Taumel und Schwert.
GRUPPE 3, 4 Rollen die Scheibe, ballen die Erde.
GRUPPE 1 Die rote Scheibe rollt!
GRUPPE 2 Die rote Scheibe rollt!
GRUPPE 1, 2 Giganten wachsen tragen Feuer,
Vergeltung blitzen dröhnen Blöcke,

Unendlich schleppen tragen Eisen,
Verwegen kreischen tönen Unglück.
Hinunter Ihr Hunde!

GRUPPE 3, 4 *beim Stürzen*
Barmherzigkeit, wir fallen, fallen, fallen.

GRUPPE 1, 2 Gerechtigkeit, sie fallen, fallen, fallen.
Kanonen Beile Schwerter Spieße
Zertreten zerstampfen zerheulen
Gewehre Pulver Gase Gifte
Zertreten zerstampfen zerheulen
Granaten Feuer Drähte Ströme
Zertreten zerstampfen zerheulen
Schrapnelle Bomben Handgranaten
Zertreten zerstampfen zerheulen.
Gerechtigkeit Gerechtigkeit Gerechtigkeit!!!

GRUPPE 3, 4 Barmherzigkeit Barmherzigkeit Barmherzigkeit!!!

| | | | |
|---|---|---|---|
| GRUPPE 1, 2 | Zertreten | GRUPPE 3, 4 | Heulen |
| | Zerstampfen | | Schreien |
| | Zerheulen | | Heilen |
| | Granaten | | Reißen |
| | Gewehre | | Schießen |
| | Kanonen | | Schleudern |
| | Tanks | | Der Tod!!! |

GRUPPE 3, 4 *indem sie fliehen*
Tod und Verzweiflung Schatten Schatten
Heulen zerreißen schießen schleudern
Nachten und retten,
Heulen und heilen,
Frieden!!!

GRUPPE 1, 2 Gebt ihnen Frieden, sie sind Menschen.

GRUPPE 3, 4 Frieden, Frieden!

ALLE Bimmbamm bimmbamm bimmbamm bimmbamm
Bimmbamm bimmbamm bimmbamm bimmbamm

GRUPPE 3 *während die anderen weiter läuten »Bimmbamm . . .‹*
Der Turm ist viel zu klein für alle,
Für Euch, Ihr Brüder ist kein Platz.
Hebt Euch hinweg, Ihr seid zuviele,
Sonst schlagen wir Euch Lumpen tot.

*Die Unten bestehend aus Gruppe 1, 2, sehen uninteressiert dem beginnenden Kampfe oben zu, sie warten ab.*

GRUPPE 4 Ihr seid verwegen, reizt uns nicht!
Wir sind die Sieger, gebt uns Platz!

DIE UNTEN Die Toren werden sich bekämpfen,
Und unser ist der letzte Sieg.

GRUPPE 3 Wollt Ihr gebieten? Wir sind Herren,
Der Turm ist unser, weicht zurück!

GRUPPE 4 Nicht ohne Kampf, nehmt Euch in Acht,
Wir werden Euch zerfleischen, Affenhunde!
Gerechtigkeit und Menschlichkeit sind in Gefahr!
Vergeltung Rache Fackel Blitz,
Vergeltung Rache Taumel Schwert!

GRUPPE 3 Fallt hin durch unsre Kraft, fahrt in die Hölle!
Zerstampfen dröhnen Bomben Schrei.

*Großes Handgemenge oben, die Unten schleichen derweil heran.*

GRUPPE 4 Ihr Affenhunde, Gecken, Lumpen,
Zerheulen prellen dumpfen Glut.

GRUPPE 3 Fallt hin, Ihr Tölpel!
Wut lechzt Rache.
Das Eisen sticht,
Gelb grinst der Tod.

GRUPPE 4 Wir fallen, fallen, fallen, fallen!
Kultur fällt mit uns in die Nacht!
Weh uns, der wunde Stahl im Herzen,
Weh uns, Erbarmen, Elend, Blut.

GRUPPE 3 Zur Hölle, Kameraden!
Blitzt Kräfte Wetter!
Maschine Turbine Eisen Zement
Zerstampfen schmettern würgt die Hand
Schamlose Lügner, würgen, hassen.

GRUPPE 4 O, wenn ich das Fischlein baden könnte!

GRUPPE 3 Stachelt Fisch Peitscheluft!
Verderben gelbe Hände gierig greifen,
Verderben Menschen Bruder Würde fallen,
Verderben greifen wuchten nagen Beil.
Verderben, Rache, Stampfen würgen Tod!

DIE UNTEN Verderben, Tod!
*Großer Kampf. Die Kämpfenden reden durcheinander, ohne Gruppen, abgebrochen.*

DIE KÄMPFENDEN Stampfen
Rasen
Zerleuchten
Lichten
Stechen
Brennen
Da!!!
Du Hund!
Hinab! *Ein Toter fällt ab.*
Du Hund!
Da!!!
Du Hund!
Hinab! *Ein zweiter Toter fällt ab.*
Du Hund!
Hinab! *Dritter Toter.*
Du Hund!
Hinab! *Vierter Toter.*
Du Hund!
*Der Wirrwarr wird groß, die Gruppe 2, die vier Tote gehabt hat, flieht.*

GRUPPE 2 Zagt ein Innen,
Zittert enteint.
Vergebung und Barmherzigkeit!!!
*Während Gruppe 2 nach allen Seiten flieht, jubelt Gruppe 1.*

GRUPPE 1 Unser der Turm!!!
Sieg Feier Freude trunken Lust
Giganten Größe und Erhabenheit.
Wir siegen
Wir fliegen
Wir herrschen
Reichtum
Friede
Wohlstand
Glück

*Gruppe 4 überrennt jetzt mit Erfolg die Gruppe 1. Die Führer, Gruppe 3, bleiben jetzt absichtlich unten mit.*

GRUPPE 4 Jetzt fallt auch Ihr!
Hinab, Ihr blöden Gecken,
Ihr Tölpel, unser ist der Turm,
Wir sind die Herren wieder jetzt.

*Die verblüffte und überrannte Gruppe 1 räumt kampflos den Turm und stellt sich schamhaft zu Gruppe 2 und 3. Die Führer, Gruppe 3, treten vor und werfen ihre Orden vor den Turm.*

GRUPPE 3 Wir werfen Euch die Orden vor die Füße!
Schmach, Blut und Unrecht haftet an den Ämtern,
Wir dienen der Gerechtigkeit, dem Frieden!
Die Toten seien uns das sichtbar Zeichen,
Daß Liebe und nicht Haß uns leiten darf.
Die Wunden, die das Volk sich selbst geschlagen,
Sie schrein Vergebung, Liebe, Menschenrecht.
Ehrt alle Eure Helden, die Euch starben,
Ehrt sie als Künder einer neuen Zeit!

GRUPPE 1, 2 Begraben wir die toten Helden ehrenvoll,
Die unser blinder Haß getötet hat!

ALLE UNTEN Erde zu Erde,
Winde zu Staub,
Menschen sind Menschen.
Alle sind gleich,
Alle sind Brüder,
Alle sind Schwestern,
Menschen zu Menschen,
Tote im Leben,
Unfrei im Lieben,
Unfrei von Haß.
Bannet die Zwietracht,
Frei von Begierde,
Frei von den Lasten,
Frei von den Ketten,
Bannet den Tod.
Tot sein ist Muschel,
Muschel ist Licht,

Wurzel zu Leben,
Samen zu Nichts,
Schatten zu Nebel,
Ewig zu rot.
Endloses Wehen,
Schatten im Nichts,
Endlos die Ferne,
Ohn Ende Du.
Schatten zerteilen finstere Nacht,
Tod.
Führer zu Größe, zu Frieden und Glück,
Tod.
Menschen sind Menschen!!!
Geben statt nehmen,
Lieben statt hassen,
Bauen statt stören,
Brüder sind alle,
Helfen zu tragen,
Graben zu pflanzen,
Lieben in Zeit.
Lieben,
Leben,
Treue,
Tod.
*Man trägt die Toten hinaus.*
DIE OBEN (GRUPPE 4) Hört ihren Totensang, verlegen und voll Poesie!
DIE UNTEN (GRUPPE 1, 2, 3) Zum letzten Male reichen wir die Hand,
Ihr Brüder, Schwestern, Menschen!
Wir fordern Frieden und Gerechtigkeit!!!
Gemeinschaft neuer Menschen,
Für alle gleiches Recht und gleiche Last,
Nicht oben und nicht unten,
Reicht uns die Bruderhand!
Laßt uns vereint den Turm zerstören!
Den Turm, der Mensch von Menschen trennt!
Der großes Unglück bringt.
Den Götzen gelte unser Kampf!
Auf, Menschen!

Vernichtet Reichtum, Gut, Kultur,
Vernichtet alle unsre Götzen,
Und richtet auf die Menschenliebe,
Die Güte, die Vernunft und Menschlichkeit.
Statt Wissenschaft Erfahrung, Wissen;
Statt Kunst Gestaltung, Ordnung, Licht;
Statt Reichtum Wohlstand, Frieden.
Fort mit den falschen Göttern, unsern Götzen!
Helft alle, Brüder, helft den Turm zerstören!!!

DIE OBEN Das ist des Teufels Werk!
Wir kämpfen für die alten Ideale,
Für Wissenschaft und Kunst, Reichtum und Glück.
*Die Unten rennen gegen den Turm, erbitterter Kampf, viele Tote.*

STIMMEN DER KÄMPFENDEN Verderben!
Spott, Hohn und gelbe Gier!
Rast Rasen!
Zerbricht das Licht!
Im Tod!
Verwegen durstet zagen Schellen
Krieg Fackel Feuer Blitz und Donner
Der süße Tod
Ein lieber kleiner Fisch
Silbern im Wasser
Steigen sinken
Wachsen fallen
Trachten drehen
Rollen den Turm!!

---

*Die Unten haben den Turm erobert und beginnen, ihn abzutragen.*

GRUPPE 1, 2, 3 Hinweg die Klötze!
Alles gleich.
Hinweg die Klötze!
Jeder ein gleicher Mensch!
Jedem die gleiche Sonne,

Jedem das gleiche Ziel,
Jedem die gleiche Arbeit,
Jedem das gleiche Spiel!

DIE FÜHRER (GRUPPE 3) Ihr irrt, Genossen!
Jedem der gleiche Wohlstand,
Jedem das gleiche Recht,
Jedem die gleiche Freiheit.
Arbeit ist Können,
Ziel ist Verstand.
Jeder tue das Beste,
Alle Menschen verschieden.
Arbeit ist Schicksal,
Können ist Wert.
Gleiche Wertung für alle,
Nicht oben, – – – nicht unten,
Doch hinten – – – und vorne,
Und rechts
Und links.

---

GRUPPE 4 Weh uns!
Die Schande,
Schmach,
Vergeltung naht,
Vergebung und Barmherzigkeit!
Die Not!

GRUPPE 3 Verzeiht, Ihr Freude!
Wir nahmen Euch den Turm.
Doch Ihr seid Brüder!!!

GRUPPE 4 Besiegt zu sein ist große Schmach.
Uns quält die Schande, quält die Schmach.
Ihr nahmt uns mit dem Turm die Ehre.

GRUPPE 3 Ihr irrt, es gibt nicht Schmach, es gibt nicht Ehre;
Es ist nicht Schande, Unrecht zu bereun.
Es gibt nur Menschen, Menschen, Menschen
Und Brüder, Brüder, Schwestern, Schwestern.

GRUPPE 4 Wir sind betrübt, daß wir Euch Unrecht taten,
Daß wir den Turm allein besitzen wollten.

Gelb Unrecht Falschheit trotzt dem Ring,
Bereun Vergebung strahlt die Sonne.

GRUPPE 3 Laßt uns den Ring jetzt schließen.
Seid alle uns Genossen, ohne Falsch.
Es lebe die Gemeinschaft aller Menschen,
Das Reich des Friedens, der Versöhnung.

GRUPPE 1, 2 Kommt, spielt mit uns!
Vergessen sei der Zwist im Spiel,
Im Tanz und in der Feier der Genossen.
Hände in Hände,
Herzen zu Herzen,
Spielen das Spiel.

ALLE Hände in Hände,
Herzen zu Herzen,
Spielen das Spiel.

GRUPPE 3 Und Jubel, Jauchzen, Menschenliebe,
Freiheit die Gabe,
Schenken den Freund,
Dulden für alle,
Jauchzen und Friede,
Der frohe Tag.

ALLE Dulden für alle,
Jauchzen und Friede,
Der frohe Tag.

GRUPPE 3 Tag der Gemeinschaft,
Feier der Genossen,
Herr, Deine Gnade,
Herr, Deine Gaben,
Herr, Du bist groß.

ALLE Tag der Gemeinschaft.
Feier der Genossen,
Herr, Deine Gnade,
Herr, Deine Gaben,
Herr, Du bist groß.
*Während der letzten 5 Verse knien alle. Sie erheben sich jetzt und recken die Hände zum Himmel.*

ALLE Wir preisen
Den Namen

Des Herrn,
Unsres Gottes,
Der Menschen erschuf
Zu Brüdern und Schwestern,
Zu Freude und Segen,
Zu Jubel und Glück.
Wir jubeln, preisen, singen, loben
Den, der das Schicksal lenkt da droben,
Den Meister aller guten Dinge,
Den Führer aller in der Not,
Den großen Gott.
Er schuf und lenkt,
Weiß wunderbar den Weg zu führen,
Allweise und allwissend,
Allgütig und allmild,
Gott,
Unser Herr.
Erhebet die roten Signale
Für Frieden und Gerechtigkeit,
Für Menschenrecht und Menschenwürde,
Für Menschenliebe und für Menschlichkeit.
Rot ist das Blut der Helden,
Rot ist der Mensch der Kraft,
Der Menschheit Morgenröte,
Das Abendrot des Trugs.
Erhebt die roten Fahnen,
Rot der Gemeinschaft Feier,
Rot der Genossen Siegel,
Rot aller Menschen Glück.
Rot sei die heilge Flamme,
Die leuchtet allen Menschen
Zu Menschlichkeit.
Genossen,
Stimmt alle ein.
Das Lied der großen Gemeinschaft,
Stimmt alle ein, Ihr Brüder, alle:

*S. 108 unten bis 109 unten Flammen und Flackern auf dem Hintergrunde in allen Farben und bizarren Formen. ›Gerechtigkeit – – Gerechtigkeit‹ scharf rote Beleuchtung. Bis S. 111 oben Steigerung des Flammens zu Zacken, Blitzen und Balken. Beim Kampf, S. 111, 112 Dunkelheit, durch viele farbige Blitze grell unterbrochen. S. 111 ›Zagt – – – – Barmherzigkeit‹ warmes, nicht zu helles Licht. Bis S. 112, Mitte Steigerung der bizarren Formen, außer Spiralen und sich zentral verändernden Kreisflächen drehen sich Spiegel vorn. S. 112 unten bis 113 rote Streifung des Hintergrundes, abwechselnd senkrecht und waagerecht. Bis S. 114 Mitte alles gleichmäßig hellrot. S. 114, der Kampf, ist rot mit zuckenden weißen Dreiecken. Bis S. 115 unten Tagesbeleuchtung. Bis S. 116 unten wächst allmählich und teilweise unterbrochen Rot, bis es ab S. 116 unten durchleuchtet und aus Gelb und Blau herausstrahlt. Beim Lied, S. 118, ist der Hintergrund weiß, nur die Menschen werden blutrot beleuchtet.*

*Das Publikum erhebt sich beim Liede und stimmt mit ein.*

Menschen sind Menschen,
Freuden das Ziel,
Frieden das Leben,
Leben das Spiel.
Es rollt die rote Scheibe,
Gemeinschaft gibt uns Kraft,
Die Sonne scheint uns allen,
Wir stehen oder fallen,
Die Zukunft ist gestrafft.

Menschen sind Menschen,
Nachten zum Strahl,
Richten die Kräfte,
Steigen zu Tal.
Es rollt die rote Scheibe,
Gemeinschaft gibt uns Kraft,
Die Sonne scheint uns allen,

Wir stehen oder fallen,
Die Zukunft ist gestrafft.

Menschen sind Menschen,
Bannen die Hast,
Streifen den Bogen,
Tragen die Last.
Es rollt die rote Scheibe,
Gemeinschaft gibt uns Kraft,
Die Sonne scheint uns allen
Wir stehen oder fallen,
Die Zukunft ist gestrafft.

1929

# Cloy

PERSONEN CLOY
FRAU TULLI
WINTERFELD

1. Winterfeld macht Frau Tulli den Hof. Sie wehrt ihn ab, er sagt, ihr Mann wäre doch etwas komisch. Sie ist entsetzt, daß er das auch schon gemerkt hat.

2. Cloy kommt herein und redet Blödsinn. Von Kindern, der traurig stillen Gottheit, von Orchideen, und schenkt Tulli einen alten Staubwedel, den er für eine Orchidee hält. Und wirklich flüchtet sich Tulli zu Winterfeld, der sie umarmt. Cloy kann es nicht fasssen und bezeugt nur, daß sie liebenswert ist. Tulli findet ihn jetzt läppisch und wirft ihn einfach zur Tür hinaus. Man sieht ihn draußen und hört ihn klagen, daß er nicht mehr verstanden werde. Er fühlt sich als Dichter. Nebenan sieht man Winterfeld einen erneuten Versuch um Tulli machen, sie wehrt sich. Als er ruhiger wird, spricht sie sich über ihr Unglück und die Krankheit ihres Mannes aus, der es erfährt, er kann im Hause nicht mehr bleiben. Sie hofft auf eine List. Winterfeld soll ihm einreden, daß er ein Dichter ist.

4. Cloy kommt zurück, und man redet ihm ein, er wäre Dichter, von ihm erwarte die Welt das große Drama. Er glaubt es in seinem Größenwahn und läßt sich feiern. Plötzlich wird er wieder kleinmütig, er kann ja nicht dichten. Man sagt ihm, er soll sich ein Thema wählen, er werde schon können. Welches Thema? Die Verrückten. Das findet er richtig.

[Fragment]

um 1930

# Das Irrenhaus von Sondermann

*Politisches Stück*

PERSONEN

EDUARD MAI, blumiger Dichter
FRIEDRICH MAI, sein Vater, General a. D.
JOHANNA MAI, seine Mutter
DORETTE MAI, seine Schwester
GEORG SCHLINGE, Maler, abstrakt, Mitglied des Ausschusses des Künstler-Vereins
HANS EISENSTOCK, FRANZ VON ALTMANN, BERNHARD NESTOR (radikal), KARL FROHREIN – Mitglieder des Literarischen Vereins
FRANZ BOLLMAN, 1. Vorsitzender des Architektenvereins
GEORG GIESE, Architekt im Architektenvereinsausschuß
WLADISLAUS KRONE, Vorsitzender des Musikantenvereins
FRANZ GÜRTEL, Vorsitzender des Kulturvereins
HANS HEINZ VON TROTT, FRIEDRICH GOTTROTT – Mitglieder des Kulturvereins

I.) 1.

*Arbeitszimmer Eduard Mais. Altmodisch, niedrig, überfüllt. Es hängt nur 1 Bild, das ist abstrakt. Eduard liest und deklamiert:*

EDUARD MAI

Es kehrt die Zeit
Dreimal so weit
Ich bin entzweit
Millionenweit
Ich bin bereit:
Es kehrt die Zeit.

Die Zeit ist um,
Vorbei, vorbei,
Die Welt wird dumm

Der Stab geht krumm
Es fließt das Ei
Vorbei, vorbei.

FRIEDRICH MAI *eintretend* Ich verbitte mir jetzt ein für alle Male, daß Du hier in meinem Hause deklamierst.

EDUARD MAI Vater . . .

FRIEDRICH MAI Nicht. Laß das. Ich kann als General, wenn ich auch nicht mehr im Dienste bin, nicht einen Versmacher im Hause dulden.

EDUARD MAI Versmacher?

FRIEDRICH MAI Du mußt Dich endlich daran gewöhnen, daß Du auch arbeiten mußt.

EDUARD MAI Das ist meine Arbeit, Vater!

FRIEDRICH MAI Versemachen, die kein Mensch lesen will, das ist keine Arbeit für den Sohn eines hohen Militärs, und Du mit 35 Jahren solltest endlich einmal sehen, Dich selbst ernähren zu können. Statt dessen schaffst Du Dir solche verrückten Bilder an.

EDUARD MAI Das ist ein Geschenk Vater, von meinem Freund Schlinge.

FRIEDRICH MAI So etwas läßt man sich nicht schenken, das ist für unsere Familie eine Beleidigung. Du hängst das Bild ab.

EDUARD MAI Nein, Vater.

FRIEDRICH MAI Dann tue ich es.
*Nimmt das Bild ab und zertrümmert es.*

EDUARD MAI Was hast Du getan? Das bedeutet Unglück.
Es kehrt die Zeit
Dreimal so weit.

FRIEDRICH MAI Hör auf mit Deinem verrückten Gestammel.
*Eduard schweigt.*
Ich setze Dir eine Zeit von 30 Tagen. Wenn Du dann nicht einen ordentlichen Beruf hast, verachte ich Dich, dann kannst Du hier ausziehen.

EDUARD MAI Gut Vater, ich will Dir zeigen, was ich leiste.

FRIEDRICH MAI Gut so, mein Sohn, Du bist doch gar nicht so verstört, wie ich dachte, gib Dir rechte Mühe, siehst Du, ein Vater will an seinem Sohn Freude haben.
*Klopft ihm auf die Schulter und geht ab.*

EDUARD MAI *telephoniert an Georg Schlinge*
Bist Du da, Georg? Warte mal eben. So. Ich habe wieder eine Auseinandersetzung gehabt, Dein Bild ist von meinem Vater selbst zertrümmert. Ich mache da nicht lange mehr mit.

JOHANNA MAI *eintretend* Darf ich stören?

EDUARD MAI Mutter, Du bist mir immer lieb, wenn ich weiter sprechen darf?

JOHANNA MAI Sprich kurz, Du weißt, Vater liebt es nicht. Es könnte ihn jemand rufen wollen.

EDUARD MAI Also ich muß leider anhängen. Georg, erwarte mich.
*Hängt an.*

JOHANNA MAI Warum regst Du Vater immer so sehr auf, Eduard.

EDUARD MAI Ich habe ihn nicht aufgeregt, Mutter, er kam, redete und zertrümmerte das Bild, ich kann nichts dazu tun.

JOHANNA MAI Was war denn schon wieder los?

EDUARD MAI Ich soll nicht deklamieren und soll mir überhaupt einen Beruf aussuchen, der mich ernährt, und schließlich soll ich mir keine Bilder aufhängen.

JOHANNA MAI Verstehst Du denn nicht, mein Sohn, Vater stammt aus einer alten guten Familie, er kann und will das Neue nicht mitmachen, und ein Sohn, der ihm nur auf der Tasche liegt, der dazu noch dummes Zeug schreibt, ist ihm ärgerlich. Wenn Du doch irgend einen literarischen Erfolg hättest, dann änderte sich vielleicht seine Ansicht.

DORETTE MAI *eintretend* Ein Brief für Eduard.
*Gibt ihm den Brief.*

EDUARD MAI Danke. *Liest.*
Mutter, es war höchste Zeit. Man will einen literarischen Verein gründen. So geht es auch nicht weiter.

JOHANNA MAI Sieh zu, daß man Dir wenigstens den Vorsitz im Verein gibt, das würde Vater vielleicht beruhigen.

I) 2.

*Die Bühne verdunkelt sich, der Hintergrund öffnet sich, und es erscheint als Verwandlung fast gleichzeitig eine Weinstube, Seitenzimmer einer Weinhandlung, in der eine Versammlung stattfindet, es sind anwesend:*

*Eduard Mai, Hans Eisenstock, Franz v. Altmann, Bernhard Nestor, Karl Frohrein u. 15–20 andere Schriftsteller.*

HANS EISENSTOCK Das Resultat der Zählung ergibt, daß ich der Wortführer geworden bin mit 20 Stimmen. Franz von Altmann ist Kassenführer mit 19 Stimmen, Bernhard Nestor ist Schriftführer mit 16 Stimmen. Will jemand prüfen, vielleicht Sie, Herr Mai?

EDUARD MAI *verwirrt und verlegen* Gern. *Zählt.* Es stimmt.

HANS EISENSTOCK Ich möchte Ihnen danken für Ihr Vertrauen, meine Herren, wir 3 werden als Ausschuß Ihre Angelegenheiten gern und in Ihrem Sinne stets führen. *Händeklatschen.* Jetzt komme ich zu unserer Veranstaltung. Wir können uns am besten in der Öffentlichkeit zeigen, wenn wir eine große Veranstaltung machen, eine Morgenfeier, man kennt uns, die anderen Vereinigungen erkennen uns an, kurz wir gewinnen Einfluß. Von Altmann wollte reden.

FRANZ VON ALTMANN Ich habe unter den Künstlern mich umgehört. Die Architekten gehen gern mit, sie hoffen beim Bauamt Einfluß zu gewinnen, wenn wir als Künstler zusammenhalten, die Maler und Bildhauer werden eine Ausstellung gleichzeitig machen, es ist kurz vor Weihnachten, der Erfolg wird gut sein, man wird kaufen. Und wir werden ein gutes Publikum haben, jedenfalls verkaufen wir eine große Anzahl Karten und haben einen Überschuß für die bedürftigen Mitglieder der Vereinigung.

HANS EISENSTOCK Bernhard Nestor!

BERNHARD NESTOR Meine Herren, es ist eigentlich kein Bedenken weiter, als daß wir ein gutes Programm aufstellen müssen. Wir können und dürfen uns nicht blamieren.

EDUARD MAI Ich hätte einen guten Sketch: ›Es kehrt die Zeit‹.

HANS EISENSTOCK Lieber Kollege Mai, wir sind für alles dankbar, das uns zum Erfolge hilft. Wir müssen den Sketch prüfen. Das Publikum wird ein sehr strenger Richter, und sie begegnen jedem Neuen mit Mißtrauen. Meine Herren, senden Sie mir Anregungen, der Ausschuß wird sie prüfen.

I) 3.

*Es wird dunkel und bald wieder hell. An demselben Versammlungstische tagen die Ausschüsse der Verbände.*

FRANZ BOLLMANN *schellt* Ich eröffne hiermit die Gründungssitzung des Künstlerblocks.
*Trampeln und Händeklatschen.*
Der Zweck ist, daß die Künstler sich zusammenschließen zu einem Block zu gegenseitigem Vorteile.

WLADISLAUS KRONE Ich darf vielleicht eben unterbrechen. Nicht der Vorteil ist uns Musikanten wichtig, sondern die kulturelle Mission. Wir erstreben einen größeren Einfluß auf kulturelle Dinge.

FRANZ BOLLMANN Das versteht sich von selbst. Wenn es den Künstlern besser geht, dann hebt sich der Stand der Kultur.

WLADISLAUS KRONE Das ist eine materielle Einstellung, Herr Bollmann, wir wollen künstlerischen Einfluß gewinnen.

HANS EISENSTOCK Aber unpolitisch.

WLADISLAUS KRONE Vollkommen unpolitisch. Wir wollen wirken durch unser Werk. Wie kann ein Musikstück politisch sein?

HANS EISENSTOCK Ich meine, wir wollen nicht etwa durch Manifeste und Erlasse wirken, sondern durch das Werk.

BERNHARD NESTOR Ich schlage vor, durch die Tat.

FRANZ BOLLMANN Wir schweifen ab.
Erst wollen wir uns gründen, dann wirken.

BERNHARD NESTOR Das nenne ich nicht abschweifen.
Wir müssen doch wissen, was wir gründen wollen.
Und eine Vereinigung mehr in unserer Zeit ist zwecklos, wenn sie keine Tendenz, kein Ziel hat.

FRANZ BOLLMANN Das Ziel ist gegenseitige Unterstützung.

HANS EISENSTOCK Das Ziel ist Schaffen, die Möglichkeit dazu finden und die geistige Grundlage bilden.

BERNHARD NESTOR Das Ziel ist Wirken: Einfluß gewinnen auf die Beschaffenheit der Kultur, mit der es faul steht.
*Vorhang.*

I) 4.

*Kitschige Wohnung Gürtels. In zwangloser Form hat sich der Kulturverein zu einer Sitzung vereinigt.*

FRANZ GÜRTEL Ich begrüße Sie, meine Damen und Herren, die Träger unserer Kultur.
*Bravorufen.*
Der Kulturverein ist zusammengetreten wegen der Veranstaltung K I F, die die Künstler verschiedener Richtungen am letzten Sonntag vor Weihnachten ohne unsere Mitwirkung machen wollen.
Meine Damen und Herren, was bedeutet das?
Was bedeutet überhaupt K I F? Es ist ein neues Wort, ein unübersetzbares Wort, sie haben es keinesfalls so gewählt, um alles dahinter verbergen zu können.

HANS HEINZ VON TROTT K I F, was kann das heißen? Es muß doch etwas heißen, und es wäre für die Kultur außerordentlich wichtig, zu erfahren, was es heißt.

FRIEDRICH GOTTROTT Meine Damen und Herren, die Kultur hat ein Recht darauf, zu wissen, was K I F heißt. Ich betrachte es als vollkommene Unkultur, solange ich nicht weiß, was es heißt.

FRANZ GÜRTEL Meine Damen und Herren!
Schwierige und ernste Dinge verbergen sich hinter diesem Wort. Sie sehen, daß 3 unserer wichtigsten Mitglieder etwas wie Verrat, wie Leistung der Kultur, wie französischen Leichtsinn und Dadaismus hinter diesem Worte sehen. Seien wir auf der Hut.
Kultur ist ein bestehendes Gut, das nicht wachsen kann, sie kann nur abnehmen.
Jede Veränderung ihres Zustandes schädigt sie, indem sie eine andere Kulturstufe schafft, eine tiefere.
Wir Förderer der Kultur müssen uns hüten, daß wir plötzlich eines Tages überrannt werden.
Es häufen sich die Ereignisse.
In Berlin werden die guten, Kultur fördernden Stücke und Filme nicht besucht, das Publikum geht in den Schund. Unser Kulturverein muß auf der Hut sein, daß

hier nicht auch der Schund siegt und das Gute verdrängt wird, weil die Zeit über die Kultur hinweggeht.
Seien Sie wachsam, bilden Sie die Front der Kultur.

H. H. VON TROTT Was ist zu machen?

FRIEDRICH GOTTROTT Wir werden dem Block der Künstler einen Brief schreiben, in dem wir unsere höchste Verwunderung ausdrücken, daß wir nicht aufgefordert sind, mitzumachen, da wir die Träger der Kultur sind. Ja, was bedeutet das denn überhaupt? Erkennt man in den Gehirnen der Künstler die Kultur nicht mehr an, die die geistigsten Güter der Nation schützt vor welschem Ungeist und vor jüdischem Blut?

FRANZ GÜRTEL Das lose Künstlervölkchen hat immer mit Fremdem geliebäugelt, zum Schaden der Entwicklung der Reaktion, ich wollte sagen der Kultur.
Ich werde, Ihre Genehmigung voraussetzend, einen scharfen Brief schreiben an den Block, und wenn es nötig wird, ihre Veranstaltung sprengen.

HANS HEINZ VON TROTT Ich besitze zu Hause eine kleine Mäusezucht. Mehr als 500 weiße Mäuse habe ich schon für den Felddienst ausgebildet. Sie sollen wieder einmal die heiligsten Güter der Nation schützen.
*Vorhang.*

I) *5.*

*Arbeitszimmer Eduard Mais.*
*Eduard und seine Mutter.*

EDUARD MAI Mutter, ich bin nicht Vorsitzender geworden, aber mein Sketch ist angenommen. Ich werde Blumen und Blumen dichten, sie sollen leuchten wie Quallen, die selbst den Meeresgrund erhellen.
Mutter, ich werde alte, uralte Dinge in neuem Gewande zeigen, die Liebe, die mir versagt ist.

JOHANNA MAI Sohn, Du dauerst mich.

EDUARD MAI Mutter, kannst Du es nicht verstehen, ich kann nur dichten, ich muß die Liebe dichten, denn wer will mich mit dem Holzbein lieben.

JOHANNA MAI Du hast es verloren im Dienst für das Vaterland.

EDUARD MAI Richtig, Mutter, aber wer denkt daran, wenn es Friede ist. Ich habe meine Pflicht getan und mir das Bein abschießen lassen. Dafür habe ich das zweifelhafte Vergnügen gehabt, auch anderen Leuten Beine abschießen zu dürfen, das ist meine Belohnung.
Ach, es ist entsetzlich, Mutter.

JOHANNA MAI Du hast das Vaterland geschützt, damit der Feind nicht eindringen konnte.
Wir alle danken Dir.

EDUARD MAI Den Dank wollte ich von einer, doch die fürchtet sich vor meinem Holzbein.

JOHANNA MAI Das kann alles noch gut werden.
Wenn Du erst eine Existenz hast, daß Du eine Frau ernähren kannst, dann kannst Du 20 haben, Du siehst doch gut aus.

EDUARD MAI Ich will nicht 20, die mich heiraten, weil ich sie versorge, ich will eine, die mich heiratet, weil ich sie liebe. Und die mag mich nicht, sie fürchtet sich vor meinem Holzbein.
Ja ist es denn eine Kleinigkeit, wenn ich nachts zu ihr ins Bett steigen will, muß ich mein Holzbein abschnallen, ich hinke, ich habe ein Bein, und sie, sie ist im Besitz ihrer vollen Kraft und Schönheit.
Ich würde sie beleidigen, wenn ich als Gatte mich zu ihr legte. Das kann ich nicht.
Mutter, begreifst Du denn nicht, daß ich gar nicht arbeiten kann, daß ich nicht fähig bin, mir unter diesen Umständen eine Existenz zu schaffen. Wofür? Oder meinst Du, es wäre so einfach für mich, mit meinem Holzbein zu leben? Mutter, Du kennst diese Beschwerung nicht.
Vergesse ich es einmal, daß ich für mein Vaterland ein Holzbein trage, und will ich ausgehen, so entzündet sich der Stumpf, ich muß zu Hause bleiben oder Schmerzen ertragen. Meine Freunde tanzen, haben Freundinnen, ich – mein Freund ist die Dichtung und – der Tod. Mutter, wenn ich nur erst tot wäre.

FRIEDRICH MAI *eintretend* Nun, mein Sohn, wie steht es mit der Existenz? 9 Tage sind um. Ich hoffe, Du hast inzwischen schon Beziehungen angeknüpft.

EDUARD MAI Ja, Vater. In 3 Wochen ist unsere Morgenveranstaltung, ein Sketch von mir wird aufgeführt, wir werden einen großen Erfolg haben.

*Vorhang.*

II) 1.

*Versammlung des Blocks in der Weinstube.*

BERNHARD NESTOR Ja, meine lieben Freunde, kann es so weiter gehen. Wir haben ja schließlich keine Nummern für unser Programm, wenn wir alles aus politischen Gründen wieder absetzen müssen. Die Kunst ist doch überpolitisch, es ist eine ganz andere Ebene. Aus politischen Gründen müssen wir dieses und jenes tun, aus wirtschaftlichen Gründen sind wir gezwungen, Dinge zu tun, die wir nicht tun würden, und aus politischen Gründen wird uns das unmöglich gemacht, was wir tun müssen. Wo bleibt da die künstlerische Selbständigkeit.

FRANZ BOLLMANN Meine Herren, ich kann nur von meinem Standpunkt als Architekt sprechen. Wir wollen Häuser bauen, da kommt uns die Behörde und sagt: »Ihr müßt in jener Gegend in diesem Stil und in diesem Material Häuser von Stockwerken von dieser Höhe und dieser Anzahl bauen. Wollt Ihr Schmuck am Hause, so bieten wir Euch folgende Künstler an, Maler und Bildhauer.« Ja, ist das Freiheit? Und wenn wir Architekten uns alles mögliche gefallen lassen müssen, warum nicht auch die Schriftsteller, die Maler und Bildhauer.

Unterordnen, das ist Kunst.

WLADISLAUS KRONE Ich kann Ihre Ansicht nicht ganz teilen, Herr Bollmann.

Zu kritisieren ist nur, daß vielleicht die Richtlinien für Sie nicht richtig gewählt sind. Sie haben ganz Recht, daß Kunst »unterordnen« heißt. Das wissen wir Musiker am besten, wenn wir eine große Orchesterarbeit nach einem System durcharbeiten. Aber vielleicht ist das System falsch.

FRANZ BOLLMANN Das will ich nicht sagen. Nur hemmt es uns ungemein wirtschaftlich.

BERNHARD NESTOR Wirtschaft, Wirtschaft. Immer gegenseitige Unterstützung, wo bleibt das Schaffen, das Wirken durch Schaffen.

FRANZ BOLLMANN So kommen wir nicht weiter. Es gilt hier zuerst das Fest. Wir müssen einen guten Erfolg haben, und da lehne ich Maler wie Schlinge ab. Wir werden ausgepfiffen, wenn wir die Bühne in bunte Quadrate einteilen, und mit Recht.

F. VON ALTMANN Und wenn wir nur Sachlichkeit nehmen?

FRANZ BOLLMANN Das ist ebenso schlimm. Wir nehmen am besten einen richtigen Bühnenmaler, der schafft uns wenigstens etwas Ordentliches.

BERNHARD NESTOR Das ist immer die Haltung von Euch Architekten. Ihr nehmt den Fachmann.

GEORG GIESE Gott sei Dank gibt es auch andere Architekten. Wir wollen eine neue Weltform, wir wollen einen Typ schaffen, wir arbeiten jede Einzelheit sorgfältig durch.

FRANZ BOLLMANN Es wird auch danach. Aber das steht hier nicht zur Debatte. Ich bin zunächst dafür, den Sketch von Eduard Mai zu nehmen, er ist nett und harmlos.

GEORG HEISE Ich bin durchaus dagegen, er kompromittiert uns.

GEORG SCHLINGE Meine Herren, wie kann uns ein Sketch kompromittieren, der einem Künstler Herzensbedürfnis ist.

[Fragment]

1925–1930

# Spiel der Gefangenen im Kreise herum

PERSONEN DER MÄRCHENPRINZ
DONNA ISOBALDA
HERR UNGESCHRIEBEN
DER SEHNSÜCHTIGE
DER LANGE LULATSCH
FRÄULEIN PIPP PIPP
DER KÖNIG
DES KÖNIGS BEGLEITER

## 1. Rauschen am Meer

*Märchenprinz. Hinter der Landungsbrücke Pipp Pipp.*

DER MÄRCHENPRINZ Ach dieses Meer! Es gibt Weite. Weite im Herzen gibt das brausende Meer. Wo soll es die weite Sehnsucht geben? Wie ich sie liebe, diese brausenden Wogen, die mit wogendem Gebrause herangebraust kommen!

FRÄULEIN PIPP PIPP Ach, ist das schön!

DER MÄRCHENPRINZ Mein Herz ist voll, voll von überschäumenden Wogen, Wogen die sich nicht bezwingen können, wie das Herz selber, Wogen, die sich brechen und in sich brechender Wut sich sehnen nach ihr!

FRÄULEIN PIPP PIPP Wer doch dieses Mädchen wäre.

DER MÄRCHENPRINZ Wenn sie einst käme, diese schöne Schöne, und ich sie nähme ... Mir fehlen Töne! O wie sich das reimt, wie sich das rühmt! Ich wär so voll von Reim und Rühmens, ich bin weit und voll, einfach toll!

FRÄULEIN PIPP PIPP Wie ein Märchenprinz!

DER MÄRCHENPRINZ Reime, o kommt ihr kleinen Reime, daß ich euch leime, aneinanderleime! Dann wird es große Poesie, für sie, das Weibchen, die ...

FRÄULEIN PIPP PIPP Bin ich nicht ein Weibchen? Bin ich nicht das Weibchen für ihn? Für ihn, den herrlichen Märchenprinzen?

DER MÄRCHENPRINZ Märchenprinz nennt mich die Wunschseele. Bin ich das? Weil ich schwärme und dichte, nennt man mich märchenhaft. Weil ich unendlich reich bin und aus einer königlichen Familie, nennt man mich Prinz. O, wenn mein Vater, der König, wüßte, daß ich so meine königliche Würde an die Dichtung verschwende!

FRÄULEIN PIPP PIPP Ein wirklicher Königssohn? Jetzt weiß ich, weshalb ich ihm so viel Gunst schenke.

*Donna Isobalda schlendert am Strand.*

DONNA ISOBALDA Wie köstlich, dieser Morgen am Meere! Der Tau der Frische heftet sich in meine Haare. Gott bewahre! Wie schön muß ich werden durch diesen Tau! *Erschrickt.* Was ist denn das?

FRÄULEIN PIPP PIPP Ein Märchenprinz, sonst nichts.

DONNA ISOBALDA Ich höre immer Märchenprinz. Sind Sie etwa ein Filmstar?

DER MÄRCHENPRINZ Was ist das? Ich kenne diese Art Vögel noch nicht.

DONNA ISOBALDA *lacht* Wie naiv Sie sich stellen können!

DER MÄRCHENPRINZ Aber nein! Bei uns im königlichen Schloß werden keine Filme gespielt. Mein Vater, der König, spielt mit seiner Krone, mit seinem Leben, mit seinen Untertanen, aber nicht mit Filmen. Mein Vater ist ein guter Herrscher.

DONNA ISOBALDA Ach!

FRÄULEIN PIPP PIPP Ach!

DONNA ISOBALDA Wer sagt denn da ›Ach!‹?

DER MÄRCHENPRINZ Sie, schönes Fräulein!

DONNA ISOBALDA Ich habe doch nicht zweimal ›Ach!‹ gesagt!

DER MÄRCHENPRINZ Ich habe es aber zweimal gehört, schönes Fräulein!

DONNA ISOBALDA Nenne mich ›Donna Isobalda‹. *Kommt nahe und reicht ihm ihre Hand.*

DER MÄRCHENPRINZ Schönes Fräulein Donna Isobalda! *Ergreift ihre Hand.*

FRÄULEIN PIPP PIPP Dieser Schmarotzer, diese Hure!

DONNA ISOBALDA Da redet doch immer wer!

HERR UNGESCHRIEBEN *tritt auf* Jawohl, ich rede.

DONNA ISOBALDA Wer sind Sie denn?

HERR UNGESCHRIEBEN Ich bin der Ungeschrieben.

DER MÄRCHENPRINZ Also ein Dichter ohne Buch, ein König ohne Verlag!

DONNA ISOBALDA Dann nehmen Sie das Wort ›Hure‹ zurück, Herr Ungeschrieben!

HERR UNGESCHRIEBEN Ich habe es noch nicht einmal gesagt.

DONNA ISOBALDA Dann muß hier noch jemand anders sein! *Sucht.*

DER MÄRCHENPRINZ Ich finde niemand. *Sucht ebenfalls.*

HERR UNGESCHRIEBEN *sucht nun auch* Da, da ist er!

*Zerrt den langen Lulatsch hinter der Landungsbrücke hervor.*

DER LANGE LULATSCH Wer zerrt an meinem Gewand?

DONNA ISOBALDA Du unverschämte lange Bohnenstange, nimm das Wort ›Hure‹ zurück!

DER LANGE LULATSCH Erstens bin ich keine lange Bohnenstange, sondern ein langer Lulatsch, und zweitens habe ich nicht das Wort ›Hure‹ gesagt, noch nicht einmal gedacht, wenn ich Sie selbst ansehe, Fräulein, denn ich habe überhaupt nichts gesagt.

DONNA ISOBALDA Du lügst.

FRÄULEIN PIPP PIPP *heraufflötend* Hure, Hure, kleine Hure!

*Alle wenden sich jetzt vom langen Lulatsch ab und suchen und finden den Sehnsüchtigen.*

DONNA ISOBALDA Hier haben wir ihn!

DER MÄRCHENPRINZ Herr, wie können Sie sich erdreisten! Ich bin der Sohn des Königs und verhafte Sie!

DER SEHNSÜCHTIGE Weil ich hier harmlos am Strand spazierengehe?

DER MÄRCHENPRINZ Das nennen Sie harmlos? Es ist bodenlos und zwar unverschämt, eine anständige Dame, Fräulein Donna Isobalda, eine Hure zu nennen.

DONNA ISOBALDA Das ›Fräulein‹ können Sie sich schenken, Herr Märchenprinz.

FRÄULEIN PIPP PIPP Also doch eine Hure!

*Alle fühlen sich genarrt und beginnen wieder zu suchen, finden den König mit seinen Begleitern.*

DER KÖNIG Wer wagt es, sich mir in dieser Weise zu nähern!

Wißt Ihr denn nicht, daß ich der König bin!
*Alle stehen gebeugt da.*
Hallo, wer ist denn da? Mein Filius? Sag mal, Söhnchen, in was für eine Gesellschaft bist Du denn da geraten?

DER MÄRCHENPRINZ O, mein Vater, in eine gute, sogar in eine sehr gute. Hier ist zum Beispiel Donna Isobalda . . .
*Pipp Pipp tritt hinter der Landungsbrücke hervor.*

FRÄULEIN PIPP PIPP Bin ich etwa nichts? Bin ich etwa gar nichts? Ich bin Pipp Pipp, ein berühmter Filmstar.

DER KÖNIG Was heißt Filmstar?

FRÄULEIN PIPP PIPP *lacht* Ach, ich dachte nicht daran, daß Ihr Könige keine Filme kennt. Ein Filmstar ist eine Königin unter dem Filmvolk.

DER KÖNIG Das verstehe ich. *Zum Märchenprinzen* Also nun marsch aufs Schloß. *Zu Fräulein Pipp Pipp.* Und Sie, Fräulein Filmstar, kommen natürlich auch.

FRÄULEIN PIPP PIPP *Verbeugt sich elegant* Mit Wonne!
*Der Märchenprinz, Fräulein Pipp Pipp, der König und des Königs Begleiter ab.*

DONNA ISOBALDA Nun weiß ich, wer uns genarrt hat. Sie, sie, sie ist gerade die Hure!

2. Das Gemach der Donna Isobalda

*Donna Isobalda liegt auf der Chaiselongue, vor ihr der lange Lulatsch.*

DER LANGE LULATSCH Herrliches, wundervolles Fräulein, Du großes starkes Weib! Wie schätze ich mich glücklich, Ihnen meine Aufwartung machen zu dürfen.

DONNA ISOBALDA Machs halberwege, langer Lulatsch.

DER LANGE LULATSCH Was ich mir geträumt habe in langen hellen Vollmondnächten, wenn es vom Himmel strahlte wie Silber, wenn alle dunklen Bäume hell umrändert waren, wenn das Meer glänzte in weißem Schein, nun ist es Wirklichkeit geworden. Anbetend sitze ich vor Deiner Chaiselongue zu Deinen Füßen.

DONNA ISOBALDA Bitte weiter, aber komm etwas näher dabei.

DER LANGE LULATSCH Hörst Du meine Pulse schlagen, wenn ich Dir näher rücke!? Wie meine Pulse, so schlägt mein Herz.

DONNA ISOBALDA Es ist schön, so verehrt zu werden.

DER LANGE LULATSCH Sieh nicht auf meine Gestalt, es gibt schönere Menschen als ich, sieh aufs Herz, es schlägt für Dich.

*Es klopft.*

DONNA ISOBALDA Herein! *Der lange Lulatsch erhebt sich.*

DER SEHNSÜCHTIGE *Ohne den langen Lulatsch zu beachten, zu Donna Isobalda* Göttliche! Seit ich Dich zuerst am Meer sah, war es geschehn um meine Augen. Ich sog den Glanz Deiner Linien in mich, ich weidete mich an Deinem Schmelz.

DER LANGE LULATSCH Hör auf, Verwegener!

DER SEHNSÜCHTIGE Es kränkt Dich, gut, ich kann's nicht helfen. Die Glut meiner Sehnsucht brennt und will mich verbrennen, ich muß es ihr sagen, wie sehr ich sie verehre.

DER LANGE LULATSCH Du sollst still sein, bei meiner Rede! Wag es nicht, mich zu beleidigen, denn ich liebe diese Dame innig.

DER SEHNSÜCHTIGE Du langer Lulatsch, was nennst Du innig lieben? Ich trage eine Sehnsucht im Herzen, die nach Worten ringt, eine Sehnsucht, die nicht in solch einer mageren 2-Pfennigseele wohnen kann, wie sie in Deinem pfahlartigen Bauch Platz findet.

DER LANGE LULATSCH Ein Wort, und ich zermürbe Dein weichliches Kindergesicht.

DONNA ISOBALDA Gemach, meine Herren, gemach. Sie zanken sich um eine Dame, ohne zu wissen, ob der Gegenstand Ihrer Anbetung überhaupt Wert legt auf Ihre Liebe. Es ist schön, so geliebt zu werden, aber wenn ich mein Herz befrage ...

DER LANGE LULATSCH Was sagt es dann?

DER SEHNSÜCHTIGE Wen hat Dein Herz erwählt?

DONNA ISOBALDA Ich will Sie nicht enttäuschen, meine Herren, aber Sie wissen, daß Frauenherzen anders fühlen, als die Herzen der Männer. Oft liebt eine Frau dort, wo man es nicht erwartet, wenn sie aber fühlt, daß sie von jemand anders angebetet wird, so kann sie diese Liebe nicht erwidern.

DER LANGE LULATSCH Wie soll ich das verstehen?

DER SEHNSÜCHTIGE Das kann ich nicht begreifen.

DONNA ISOBALDA Ihr werdet es begreifen müssen und werdet es verstehen, dessen bin ich sicher.

DER LANGE LULATSCH So findet mein Werben kein Gehör bei Dir?

DER SEHNSÜCHTIGE Und meine Sehnsucht bleibt mir ungestillt?

DONNA ISOBALDA Vielleicht! Gebt Euch zufrieden mit meinem vielleicht. Wißt, daß schön ist für die Frau, geliebt zu werden, und daß die Auswahl oft nicht einfach ist. Habt Zeit, geduldet Euch, gebt mir die Muße, über Euch zu denken, kaum kenn' ich Euch. Ich hab' Euch beide gern und kann mich nicht entscheiden.

FRÄULEIN PIPP PIPP *stürzt in die Tür, aufgeregt* Wo ist der Märchenprinz?

DONNA ISOBALDA Weiß ich es etwa?

FRÄULEIN PIPP PIPP Er liebt Dich doch!

DONNA ISOBALDA Daß ich nicht wüßte.

FRÄULEIN PIPP PIPP Du weißt es wohl, Du ausgemachte Hure!

DONNA ISOBALDA Jetzt hab ich Dich! Du warst es also, die mich eine Hure nannte.

FRÄULEIN PIPP PIPP Ich habe meine Gründe!

DONNA ISOBALDA Gerade Du!

FRÄULEIN PIPP PIPP Mach keine Redensarten. Du weißt gut, daß ich Dich beobachtet habe, wie Du schon seit Tagen dem Königssohn nachstellst.

DONNA ISOBALDA Das ist gelogen.

FRÄULEIN PIPP PIPP Zufällig nicht. Du hast ihn verfolgt, mit Deinen gierigen Augen, wenn er am Meere sich erdichtete. Deine Schritte sind ihm gefolgt, wohin er sich wandte. Du hast ihn schließlich gestellt, als er an der Landungsbrücke anhielt, und dann ... Mit mir und dem König ging er mit, nun aber ist er fort. Wohin? Wir suchen ihn alle verzweifelt, denn der arme greise König bangt um ihn.

DONNA ISOBALDA Und nun meinst Du, ich wüßte ihn? Du nennst mich Hure, weil mein Herz, wie Du ganz recht bemerkt hast, ihm gehört, und verlangst, ich soll Dir seinen Aufenthalt verraten?

DER SEHNSÜCHTIGE *zum langen Lulatsch* Mein Herz zerbricht, sie liebt ihn.

DER LANGE LULATSCH *zu dem Sehnsüchtigen* Komm, Freund, laß uns von hinnen ziehn, hier haben wir verloren.

*Der Sehnsüchtige und der lange Lulatsch ab.*

FRÄULEIN PIPP PIPP Du weißt es also, wo er ist?

DONNA ISOBALDA Vielleicht am Meer, vielleicht im Wald, ich weiß es nicht.

FRÄULEIN PIPP PIPP Ich tat Dir Unrecht, Schwester, kannst Du mir verzeih'n?

DONNA ISOBALDA Ich kann es, und ich tu's. Die Vorsicht sollte mich beraten, Dir nicht zu trau'n, doch kennt mein Herz versteckte Dinge nicht. Hier, nimm die Hand, ich habe Dir verzieh'n.

FRÄULEIN PIPP PIPP Ich danke Dir. Doch sag', wo sollen wir ihn finden. Der König rast. Er glaubt, ich hätte seinen Sohn aus seinem Schloß gelockt. Wenn er mich findet, weiß ich nicht, was mir geschieht.

DONNA ISOBALDA Du armes Mädchen, was soll ich Dir helfen?

DES KÖNIGS BEGLEITER *poltern herein* Der König kommt!

*Fräulein Pipp Pipp flieht durch eine Seitentür.*

DER KÖNIG Wo ist mein Sohn?

DONNA ISOBALDA Eure Majestät, ich weiß es leider nicht.

DER KÖNIG Du mußt es wissen.

DONNA ISOBALDA Eure Majestät gestatten, aber ich habe ihn nicht wiedergesehen, seit jenem Tag am Meere. Ich kenn' ihn kaum.

DER KÖNIG Wo ist dies Fräulein Pipp Pipp, oder wie sie heißt?

DONNA ISOBALDA Ich weiß es leider nicht.

DER KÖNIG Man hat sie hierher kommen sehen. Ich werde sie streng bestrafen. Sie hat meinen Sohn entführt.

DONNA ISOBALDA Leider kann ich seiner Majestät nicht behilflich sein.

DES KÖNIGS BEGLEITER Eine junge Dame verschwand dort im Zimmer.

DER KÖNIG *durch die Tür* Ha! – Hahahahaha! – Das Fenster ist offen. *Kommt zurück. Zu seinen Begleitern.* Verfolgt die Spur und gebt mir Nachricht.

DES KÖNIGS BEGLEITER *ab.*

DONNA ISOBALDA Wollen Seine Majestät nicht bitte Platz nehmen, seine Majestät sind ja ganz echauffiert.

*König setzt sich.* So!

DER KÖNIG Ich bat das kleine Fräulein in mein Schloß zu kommen und hoffte, in ihr eine Stütze meines Alters zu finden. Und was denken Sie?

DONNA ISOBALDA Sie wollte nicht?

DER KÖNIG Was denken Sie, Donna – Donna??

DONNA ISOBALDA *mit einer graziösen Verbeugung* Donna Isobalda heiße ich.

DER KÖNIG Was denken Sie, Donna Isobalda, kaum sind wir im Schloß angekommen, da ...

DONNA ISOBALDA Da hat sie schon mit Ihrem Sohn poussiert.

DER KÖNIG Du sprichst es aus, schöne Donna!

DONNA ISOBALDA *ausbrechend* Die Heuchlerin. *Beherrscht.* Ich verstehe seiner Majestät Empörung. Hätten Seine Majestät eine andere Dame, z. B. mich aufs Schloß mitgenommen, so hätte seine Majestät vielleicht mehr Freude gehabt.

DER KÖNIG *wiederholt* Vielleicht mehr Freude gehabt! Vielleicht mehr Freude gehabt?? Möchte Fräulein Donna vielleicht ...

DONNA ISOBALDA Mit aufs Schloß kommen? – Höre ich recht?

DES KÖNIGS BEGLEITER *zurückkommend* Das Fräulein Pipp Pipp befindet sich beim Herrn Ungeschrieben.

DER KÖNIG Ich habe für solche Dinge zur Zeit keine Zeit. Komm, kleine Donna. *Im Abgehen mit Donna Isobalda.* Suchen Sie meinen Sohn.

3. Unter vier Augen

*Die Bühne ist so eingeteilt, daß man in ein kleines Zimmer sieht, dessen Wände nicht hoch sind und um welches ein Gang läuft. In diesem Gang stehen dauernd Personen, deren Köpfe man über den Wänden erkennt. Die Personen sehen dem tête-à-tête von Donna Isobalda und dem König zu.*

DONNA ISOBALDA Diese himmlische Ruhe und Einsamkeit hier!

DER KÖNIG *faßt um ihre Taille* Zweisamkeit, liebe Donna!

*Unter den Personen im Gang sieht man den Märchenprinzen mit Fräulein Pipp Pipp und Herrn Ungeschrieben.*

DER MÄRCHENPRINZ Wie schön der alte Hahn gackert!

FRÄULEIN PIPP PIPP Das ist der Isobalda recht, die Gans.

DONNA ISOBALDA Ich hoffe, daß Eure Majestät in meinen Armen Vergessen trinken werden!

FRÄULEIN PIPP PIPP Ich hoffe es auch.

DER KÖNIG Ich fühle es, wie wohl mir wird, aber vergessen?

DER MÄRCHENPRINZ So leicht wird der Alte die nicht vergessen. *Küßt Fräulein Pipp Pipp.*

DONNA ISOBALDA Nicht jede Frau hat die Reize der vollblütigen Spanierin.

DER KÖNIG Wie Du!

FRÄULEIN PIPP PIPP Filmstern bleibt Filmstern!

DER MÄRCHENPRINZ Wie Du! *Umarmt sie leidenschaftlich.*

DER KÖNIG Weißt Du, Isobalda, daß Du ganz mein Typ bist?

DONNA ISOBALDA Es ehrt mich. Aber ich möchte nicht hier leben.

DER MÄRCHENPRINZ Das verstehe ich wieder, denn hier auf dem Präsentierteller lebt keiner gern.

FRÄULEIN PIPP PIPP Eine Frau lebt gern auf dem Präsentierteller.

HERR UNGESCHRIEBEN Hier ließen sich für einen Philosophen wie ich gute Betrachtungen anknüpfen.

DER KÖNIG Weshalb möchtest Du hier nicht dauernd leben?

DONNA ISOBALDA Ich fühle mich hier wie auf dem Präsentierteller.

DER MÄRCHENPRINZ Das hat sie lange schon gemerkt, nur der alte verkalkte Greis merkt es nicht.

FRÄULEIN PIPP PIPP Wie klug Du bist!

HERR UNGESCHRIEBEN Leben wir nicht alle im Leben auf dem Präsentierteller?

DER KÖNIG Zwar umgibt uns hier die Wand, die uns den Blikken der Neugierigen entzieht, aber diese Leute ahnen alles, was sie ahnen wollen.

DONNA ISOBALDA Das meine ich, Eure Majestät. Der König lebt zwar eingemauert, doch kennt das Volk seine privatesten Dinge.

DER MÄRCHENPRINZ Ich bin zwar sein Sohn, ein Prinz, aber möchte ums Leben nicht selber König werden.

FRÄULEIN PIPP PIPP Dafür küsse ich Dich! *Küßt ihn.* Du würdest so gut zum Film passen!

HERR UNGESCHRIEBEN Der Film ist der Präsentierteller, auf dem sich diejenigen präsentieren, die im Leben die Könige sind.

DER KÖNIG Jetzt siehst Du, daß wir keinen Film im Schloß brauchen können, lieber Schatz, das Volk soll uns nicht zu viel kennen, weil es sonst größenwahnsinnig wird!

HERR UNGESCHRIEBEN Der kleine Mut des Volkes erhält die Könige.

FRÄULEIN PIPP PIPP Wenn ich nicht wüßte, daß das Dein alter Herr ist, könnte ich Dich gern haben.

[Fragment]

1925–1930

# Das Totenbett mit happy end

*Lustspiel in einem Akt*

PERSONEN FRAU MEIER, die Sterbende
FRIEDA, Frau Meiers Mädchen
DIE ALTE FRAU, Frau Schröder, Mutter der Frau Baronin Tutz von Opferdingen
IRMA, Frau Meiers Tochter
DER REKTOR MEIER, Frau Meiers Sohn
ZWEI KINDER IRMAS
EMIL, Irmas Mann
DOKTOR BLEIFUSS, Frau Meiers Hausarzt

*Frau Meiers Schlafzimmer. Großes Himmelbett mit blauem Hintergrund aus Spitzen und gelb seidener Steppdecke. Eisbär als Bettvorleger. Riesengroßer Lampenschirm aus geblümtem Kattun. Frau Meier ist dick und hat ein langes Stickerei-Nachthemd, wenn sie aufsteht. Dämmerstimmung.*

FRAU MEIER *allein im Bett liegend, spricht stoßweise*
Ich kann nicht sprechen. Ich kann nicht sprechen. Ich kann nicht reden. Ich kann nicht atmen. Ich habe keine Luft. Mein Herz schlägt nicht mehr. Ich glaube ich muß sterben: Oh! Und zwar in absehbarer Zeit. Ist denn kein Mensch hier? Frieda! Frieda! Ich kann nicht mehr reden. Frieda! Ich kann ja kein Wort mehr reden.

FRIEDA *eintretend* Gnädige Frau?

FRAU MEIER Ich kann nicht mehr reden. Frieda, ich kann nicht mehr reden. Frieda, ich habe keine Luft, Frieda, mein Herz schlägt nicht mehr, Frieda, Oh! Frieda, Oh!

FRIEDA Arme gnädige Frau!

FRAU MEIER Was sagt sie da? Arme gnädige Frau ist gar keine Bezeichnung für meinen Zustand. Ich bin bedauernswert, aber nicht arm, denn ich bin reich. Habe ich nicht Geld soviel ich will? Habe ich nicht viele liebe Kinder, Großkinder, Freunde? Oh! Ach, wenn ich doch reden könnte!

FRIEDA Ich muß gnädige Frau recht geben.

FRAU MEIER *geschmeichelt* Ich habe immer Recht. Und da heraus zu müssen in meinem blühendsten Alter! Oh!

FRIEDA Gnädige Frau brauchen doch noch nicht da heraus zu müssen!

FRAU MEIER Was meint sie da? Ich dulde keine Insubordination. Ich kann Widersprüche nicht vertragen. Wenn ich sterben muß, dann muß ich sterben, und damit basta!

FRIEDA Basta. Aber vielleicht irren gnädige Frau sich diesmal?

FRAU MEIER Was heißt »dieses Mal«? und was heißt »irren«? Ich und mich irren? – Ich kann mich nicht irren. Ich kann nicht mehr sprechen, Frieda, ich kann nicht mehr reden, Frieda, ich habe keine Luft, Frieda, mein Herz schlägt nicht mehr, Frieda, Oh! *Röchelt.* Oh!

FRIEDA Der Arzt ist schon bestellt, er wird gleich ...

FRAU MEIER Impertinente Person! Kann sie denn nicht warten, bis ich ihr den Auftrag erteile? Erlaubt sie mir denn nicht, allein zu sterben? Oh! Habe ich nicht alles im Leben allein getan und soll nun im Sterben noch einen Vormund haben?

FRIEDA Ich meinte es doch gut, ich wollte doch helfen, als ich hörte, daß gnädige Frau nicht mehr sprechen, nicht mehr reden, nicht mehr atmen konnten.

FRAU MEIER Intrigantin: So machst Du es immer, wenn ich mal sterben will. Dann kann ich doch nicht sterben! Du Hühnerhirn, Arbeiterverstand! Sofort bestelle den Arzt ab. Sofort! Im Weigerungsfalle bei sofortiger Kündigung. Oh! Sinkt zurück ins Kissen.

FRIEDA *weint* Ich werde ihn gleich abbestellen. *Ab.*

FRAU MEIER Ich habe keine Luft, ich kann nicht sprechen, ich kann nicht reden, ich kann nicht schweigen, ich kann nicht denken, Oh! Frieda! Frieda? Wo bleiben Sie denn so lange?

FRIEDA Der Arzt ist wieder abbestellt, gnä' Frau.

FRAU MEIER *gerührt* Und meine lieben Kinder. Kommen sie nicht zum todkranken Sterbebett ihrer Großmutter, Schwiegermutter, Mutter, Schwester und Tochter?

FRIEDA Ich habe sie alle bestellt, sie kommen alle.

FRAU MEIER Oh! dieses Glück, ich überlebe es nicht, im Kreise seiner engsten Familie sterben zu dürfen! Oh! wenn mein Seliger das hätte miterleben können. Frieda, haben Sie den Wein schon kalt gestellt?

FRIEDA Gnädige Frau, es schellt. *Ab.*

FRAU MEIER *gerührt* Das ist mein braves Kind, meine Irma, mein Segen, mein Sonnenschein, mein Himmelreich.

FRIEDA *zurückkommend* Es war Ihre Tochter nicht.

FRAU MEIER Spann mich nicht auf die Folter, denn ich muß gleich sterben. Ich muß sofort wissen, wer da ist.

FRIEDA Der Schornsteinfeger, morgen wird gefegt.

FRAU MEIER Bestell ihn sofort ab, bei einer Sterbenden fegt man nicht Schornsteine.

FRIEDA Morgen ist das doch vorüber.

FRAU MEIER Denkst Du etwa, dann wäre ich schon tot? Gut Ding will Weile haben. Oh! Du törichte Jungfrau, so schnell geht das Sterben nicht. Wie lang dauert denn wohl solch eine Geburt? Denken Sie doch nur einmal nach, Frieda!

FRIEDA Aber gnädige Frau, wir können doch nicht neun Monate mit dem Kaminfegen warten!

FRAU MEIER Hinaus, verwegenes Wesen, hinaus! Widerworte bei einer Sterbenden sind Sünde.

FRIEDA *ab.*

FRAU MEIER *wieder eintretend – es schellt – wieder ab.*

FRIEDA Was heißt »morgen«? Ihr denkt wohl schon an einen

FRAU MEIER Frieda! – – Frieda! – – Frieda! wer war da?

FRIEDA Der Fleischer, er fragt wegen morgen.

FRAU MEIER Was heißt »morgen«? Ihr denkt wohl schon an einen Leichenschmaus? Oh! diese verderbte Welt heute! Jag ihn mit Schimpf und Schande fort, er soll nicht kommen, wenn eine Frau wie ich auf ihrem Sterbebette liegt.

FRIEDA *wieder ab.*

FRAU MEIER Oh! daß ich nicht sprechen kann, und keine Luft mehr kriege, und mein Herz nicht mehr schlägt, und die Leber, und die Galle, und alle, alle, alle, – – Frieda! – – Frieda, es schellt schon wieder. Muß ich Dich denn noch auf meinem Sterbebette auf jeden Dreck persönlich aufmerksam machen? Oh!

FRIEDA Gnädige Frau, da ist ....

FRAU MEIER *gerührt* Oh! mein Kind, mein armes Kind, das ich nun verlassen muß, laß sie herein.

FRIEDA Da ist ...

FRAU MEIER *aufgeregt* Keine Widerworte, reinlassen! *Frieda ab.*

DIE ALTE FRAU *eintretend* Entschuldigen Sie, gnädige Frau, wenn ich zu unpassender Zeit kommen oder stören sollte, denn, denn ......

FRAU MEIER Ja, unpassender konnten Sie gerade nicht kommen, denn ich sterbe soeben.

DIE ALTE FRAU Was fehlt Ihnen denn, Sie Unglückliche?

FRAU MEIER Alles, ich kann nicht reden, ich kann nicht sprechen, ich kann nicht atmen, ich kann nicht mehr mit dem Herzen schlagen, und dann die Malz, die Leber, die Galle, das Blut, der Kopf, Oh, mein armer Kopf, mein Kopf, Oh! – Und meine Relativitätsdrüse, Oh! –

DIE ALTE FRAU Ich bedaure Sie sehr, ich leide nämlich seit dreiunddreißig Jahren an derselben Krankheit. Ich kann mich eindenken. Seit dreiunddreißig Jahren schon. Ich kann mich eindenken.

FRAU MEIER Nein, Sie können es nicht. Haben Sie ein Herz?

DIE ALTE FRAU Gehabt, gehabt. Oh! mein Herz klopft wie ein Pferdefuß, so schwach. Ich kann mich eindenken.

FRAU MEIER Nein, Sie können es nicht. Haben Sie eine Lunge?

DIE ALTE FRAU Eine Zunge? Oh! ja, die klappert nämlich den ganzen Tag, Oh! ich kann mich eindenken.

FRAU MEIER Ich meine ja Lunge, nicht Zunge.

DIE ALTE FRAU Ach so, jawohl, zwei sogar, zwei. Und eine noch schlechter wie die andere. Oh! ich kann mich eindenken.

FRAU MEIER Nein, Sie können es nicht. Haben Sie eine Milz?

DIE ALTE FRAU Gehabt, gehabt. Jetzt ist sie eine Malz geworden. Oh! ich kann mich eindenken.

FRAU MEIER Nein, Sie können es nicht. Haben Sie einen Mund?

DIE ALTE FRAU Fast keinen mehr. Was ich für einen großen Mund gehabt habe, und nun habe ich fast keinen mehr. Ich kann keinen Ton mehr sagen. Ich kann mich eindenken.

FRAU MEIER Sie können es nicht, nein nein! Dann schweigen Sie doch, wenn Sie keinen Mund mehr haben. Sie reden ja immerzu.

DIE ALTE FRAU Oh! ich konnte früher so gut schweigen, jetzt kann ich's nicht mehr, ich kann es nicht mehr. Oh! ich kann mich wohl eindenken. Sie reden ja auch immerzu.

FRAU MEIER Soll ich mir hier an meinem Sterbebett noch von einer fremden Person das Reden verbieten lassen? *Mit schwacher Stimme.* Wenn Sie es wüßten.

*Kurze Pause, keiner sagt einen Ton.*

FRAU MEIER Was wollen Sie denn eigentlich überhaupt von mir?

DIE ALTE FRAU *in Gedanken* Oh! ich kann mich wohl eindenken.

FRAU MEIER Kommen Sie etwa ans Sterbebett einer bedauernswerten Frau, die nicht mehr reden kann, die nicht mehr sprechen kann, die keine Luft mehr hat, die nicht mehr mit dem Herzen schlagen kann, um ...

DIE ALTE FRAU Jawohl, ganz recht, nein, ich ahnte es nicht, ganz recht, ich ahnte, ich kann mich so gut eindenken, aber ich komme aus einem ganz anderen Grunde.

FRAU MEIER Dann kommen Sie doch zu geeigneter Zeit wieder zurück.

DIE ALTE FRAU Dann sind Sie ja tot!

FRAU MEIER Obgleich es mich ein ganz klein wenig interessiert, was Sie eigentlich wollen. Ich bin zwar nicht neugierig, aber ...

DIE ALTE FRAU Ich kann mich ja so gut eindenken. Aber wenn gnädige Frau gerade sterben wollen, dann weiß ich nicht wie ich es sagen soll.

FRAU MEIER Sagen Sie es rund raus, nehmen Sie bitte kein Blatt vor den Mund einer Sterbenden. Solange noch ein Funken des köstlichen Atems in mir schlummert ...

DIE ALTE FRAU Also, wenn Sie es wollen, ich komme im Auftrag der Frau Baronin Tutz von Opferdingen, um Sie zu bitten ...

FRAU MEIER Kenne ich, die Dame kenne ich.

DIE ALTE FRAU Ich kann mich ja so gut eindenken!

FRAU MEIER Ich kenne sie von Jugend auf, sie war doch früher ein kleines Mädchen?

DIE ALTE FRAU Ich kann mich eindenken, ich kann mich ja so gut eindenken.

FRAU MEIER Ja, was wollen Sie denn?

DIE ALTE FRAU Ich kann mich sehr gut eindenken, sehr gut.

FRAU MEIER Oh! ich auch, ich auch. *Besinnt sich plötzlich.* Aber ich kann ja nicht mehr sprechen, ich kann nicht mehr reden, ich habe keine Luft. Oh!

DIE ALTE FRAU Schonen Sie sich lieber, ich kenne das, ich habe diese Krankheit seit dreiunddreißig Jahren. Soll ich lieber den Arzt bestellen?

FRAU MEIER Ich brauche keinen Arzt, ich danke Ihnen sehr für Ihre Freundlichkeit, aber ich kann allein sterben.

DIE ALTE FRAU Aber es ist doch besser zur Beruhigung für die Erben!

FRAU MEIER Im Leben habe ich Ärzte gehabt, die Hülle und Fülle, aber im Tode brauche ich keinen mehr. Ich kann allein sterben, ich will allein sterben, und ich sterbe allein. Der Mensch kann immer was er will.

DIE ALTE FRAU Dann soll ich wohl gehen?

FRAU MEIER Nein, bleiben Sie doch ...

DIE ALTE FRAU Aber vielleicht kann der Arzt Sie noch etwas retten?

FRAU MEIER Das will ich eben vermeiden, ich will sterben, ich will nun sterben, nun will ich sterben.

DIE ALTE FRAU Und Ihre Kinder?

FRAU MEIER Erwarte ich jede Minute.

DIE ALTE FRAU Und was werden Sie sagen?

FRAU MEIER Ja, die müssen nun sehen, wie sie allein durchkommen.
*Es klingelt.*
Da kommen sie schon.

DIE ALTE FRAU *aufstehend* Da will ich lieber nicht länger stören.

FRAU MEIER Bleiben Sie, ach bleiben Sie doch. Das Mädchen freut sich auch, wenn sie mal arbeiten kann. Übrigens soll sie Ihnen gleich eine Tasse starken Kaffee bringen.

FRIEDA Da draußen ist eine Dame vom Rentnerbund, die bittet ...

FRAU MEIER Ja weiß denn diese Person nicht, daß ich im Sterben liege? Sage ihr das. *Frieda ab.*

DIE ALTE FRAU Ich komme nämlich um ...

FRAU MEIER Bleiben Sie, bleiben Sie nur, liebe Frau.

DIE ALTE FRAU Oh! ich kann mich gut eindenken!

FRAU MEIER Aber bleiben Sie nur so lange Sie wollen, wenn ich inzwischen sterben sollte, wird Ihnen das Mädchen alles besorgen was Sie wollen. *Ruft.* Frieda! – Frieda! ich kann nicht sprechen, Frieda, eine Tasse heißen Kaffee und etwas Kuchen. Wenn Sie keinen mehr haben, laufen Sie schnell hinüber zum Bäcker, denn es kommen noch mehr Leute heute.

FRIEDA Will denn gnädige Frau noch etwas genießen vor dem Tode?

FRAU MEIER Nein, eine Sterbende ißt und trinkt nicht mehr – – ach, bringen Sie mir nur auch eine Tasse Kaffee mitherein, es dauert wahrscheinlich doch noch eine gewisse Zeit. Und bringen Sie schnell den Kaffee für die Dame, meine liebe Freundin. *Frieda ab.*

DIE ALTE FRAU Oh! ich kann mich gut eindenken, so gut.

*Frieda bringt den Kaffee.*

FRAU MEIER *plötzlich in veränderter Tonart* Wasser!

FRIEDA *legt ihr ein Taschentuch mit Wasser auf die Stirn* Hier ist kaltes Wasser.

FRAU MEIER Gans! Wenn ich Wasser sage, will ich doch trinken!

FRIEDA Aber gnädige Frau können doch nicht ein Taschentuch trinken!

FRAU MEIER Idiot! habe ich denn ein Taschentuch verlangt? Ich habe doch Wasser gesagt.

DIE ALTE FRAU Ich kann mich da ja so gut eindenken, so gut!

FRIEDA *holt von draußen eine Karaffe mit Wasser*
Hier ist das Trinkwasser, gnädige Frau!

FRAU MEIER Soll ich etwa aus der Karaffe trinken? Bin ich ein Vieh? – Frieda, Frieda denken Sie doch nur einmal nach! Wenn ich nicht alles selber dächte und täte, was sollte dann wohl werden? Wenn ich erst tot bin ...

FRIEDA Gnädige Frau werden nicht so bald sterben, ich fühle es, ich ...

FRAU MEIER Dumme Gans! Hinaus! —— *Es klingelt.*

IRMA *beim Eintreten, die Tür noch in der Hand haltend*
Mutter, was fehlt Dir, bist Du krank?

FRAU MEIER *röchelt* Wasser!

DIE ALTE FRAU Ich kann mich da ja so gut eindenken, so gut eindenken!

FRAU MEIER Oh!

IRMA *Wasser reichend* Was ist nur mit Mutter?

FRAU MEIER *trinkt nicht* —— Wasser! —— *Keuchend.* Wasser!

IRMA *verzweifelt* Was ist nur mit Mutter? Kann sie nicht mehr trinken, kann sie nicht mehr denken? *Zu der alten Frau.* Wissen Sie es denn nicht?

DIE ALTE FRAU Oh! ich kann mich ja so gut eindenken!

IRMA *weint* Mutter, was ist mit Dir? *Schreit.* Mutter!

FRAU MEIER ---Oh!

IRMA Frieda! – Frieda! – *Frieda erscheint.* Frieda, haben Sie denn schon zum Arzt geschickt?

FRIEDA Gnädige Frau wollen ja ohne Arzt sterben.

IRMA Telephonieren Sie sofort zu Doktor Bleifuß, er möchte ohne Zögern kommen.

FRIEDA Ich habe ja Doktor Bleifuß wieder abbestellen müssen.

IRMA Dann tue ich es. *Geht hinaus.*

FRAU MEIER *ruft hinterher* Irma, mein Kind!

IRMA *zurückkommend* Was ist Mutter?

DIE ALTE FRAU Oh! ich kann mich ja so gut eindenken. *Trinkt ihren Kaffee.* So gut eindenken. *Stippt Kuchen ein.*

FRAU MEIER Wasser!

IRMA Frieda, geben Sie ihr Wasser, sie ist nicht recht bei Sinnen, ich telephoniere derweilen zum Arzt. *Ab.*

FRAU MEIER Irma, mein Kind! – *Lauter.* Irma, mein Kind! – *Sehr laut.* Irma, mein Kind!

DIE ALTE FRAU Ich kann mich da ja so gut eindenken!

FRAU MEIER Was tut sie?

DIE ALTE FRAU Sie telephoniert zum Arzt. *Irma zurück.*

FRAU MEIER Bestell sofort den Arzt wieder ab, ich will keinen Bleifuß, ich sterbe ohne Bleifuß, ich habe keinen Bleifuß nötig. – Wasser! – Nein, Spiritus, – nein, Wasser! – Irma, stell Dich hierher. Du verworfenes Kind, bestell ihn ab, oder ich enterbe Dich. Jawohl, ich enterbe Dich!

IRMA Nun, es sei, wenn Du es nicht willst. *Ruft.* Frieda, bestellen Sie Doktor Bleifuß sofort wieder ab. *Zu ihrer Mutter.* Es geht Dir ja auch schon etwas besser, Mutter.

FRAU MEIER Oh! Ihr lieblosen Kinder!

DIE ALTE FRAU Ich kann mich ja so gut eindenken!

FRAU MEIER Wenn ich mal ein wenig schnaufen kann, dann denkt Ihr gleich, Eurer Mutter könne nichts zustoßen. Aber ich bin ja so krank, ich kann nicht sprechen, ich kann nicht reden, ich kann nicht sehen, ich kann nicht hören, ich kann nicht riechen, ich kann nicht schmecken, ich kann nicht fühlen. Und dann das Herz, es schlägt wie ein Pferdefuß.

IRMA Mutter, reg Dich doch nicht auf.

FRAU MEIER Ich soll mich immer nicht aufregen, wenn Ihr so lieblos seid. Ich liege hier auf dem Sterbebett und sterbe und keiner kommt.

IRMA Mutter, ich bin doch sofort gekommen, habe alles liegen und stehen lassen, und die anderen kommen alle, alle noch.

DIE ALTE FRAU Ich kann mich ja da so gut eindenken!

FRAU MEIER Wenn ich schon tot bin.

IRMA Mutter, verlaß Dich drauf, sie kommen alle, alle noch früh genug.

FRAU MEIER Und wenn ich nun sterbe?

IRMA Du stirbst nicht so schnell, Mutter.

FRAU MEIER Woher kannst Du das wissen?

IRMA Der Mensch braucht neun Monate, um geboren zu werden, wie soll er an einem Tage sterben können?

FRAU MEIER Oh! Du liebloses Kind!

IRMA Mutter, das vorige Mal bist Du doch auch nicht so schnell gestorben, warum solltest Du es denn jetzt?

FRAU MEIER Das vorige Mal bin ich überhaupt nicht gestorben, aber jetzt muß ich sterben, ich fühle es.

IRMA Ein glückliches Geschick wird Dich uns auch dieses Mal erhalten.

FRAU MEIER Ihr wünscht ja doch alle meinen Tod, damit Ihr recht viel erben könnt.

DIE ALTE FRAU Ich kann mich ja da so gut eindenken.

IRMA Mutter, wie kannst Du nur so etwas denken?

DIE ALTE FRAU So gut eindenken!

IRMA Ja, was ist denn das für eine kindische alte Frau?

FRAU MEIER Kind, das ist meine Freundin, eine gute Freundin von mir, sie kommt von der Frau Baronin Tutz von Opferdingen.

DIE ALTE FRAU Um zu bestellen . . .

FRAU MEIER Kann mich noch deutlich an die Dame erinnern, diese edlen Züge, schon als Kind sah man ihr die Aristokratin an.

DIE ALTE FRAU Ich komme im Auftrage der Frau Baronin Tutz von Opferdingen, einer geborenen Müller, um . . .

FRAU MEIER Einfach Müller? – – Ach, ja, sie war doch eine Tochter des großen Fabrikanten E. O. Müller & Sohn?

DIE ALTE FRAU Ihre Mutter bin ich.

FRAU MEIER – – – Wasser!

IRMA Ganz leise, sie hat wieder so einen Anfall.

FRAU MEIER --- Oh! --- Oh! --- Wasser! *Es klingelt.* Das ist mein lieber Sohn, der Rektor Meier.

DIE ALTE FRAU Wird mich sehr freuen, den Herrn Rektor kennen zu lernen. Ich kann mich ja so gut eindenken.

DER REKTOR MEIER Mutter, was fehlt Dir, man hat mich rufen lassen!

FRAU MEIER Darf ich zuvor erst bekannt machen, Herr Rektor Meier, mein Sohn, Frau Fabrikant E. O. Müller & Sohn, die Mutter der Baronin Tutz von Opferdingen – – – *Plötzlich in anderem Tonfall.* Wasser!

IRMA *reicht ihr Wasser.*

DER REKTOR MEIER Schwester, was fehlt unserer Mutter? Liegt sie etwa auf ihrem 23sten Totenbett?

IRMA Es geht ihr gar nicht gut, sie hat immer so Anfälle.

DER REKTOR MEIER Was fehlt ihr denn, wo fehlt's denn?

FRAU MEIER Weißt Du das nicht?

DER REKTOR MEIER Nein Mutter, das weiß ich nicht, aber ich freue mich, daß Du schon wieder etwas munterer wirst.

FRAU MEIER Dann will ich es Dir sagen: Ich kann nicht reden, sehen, riechen, schmecken, hören, fühlen, dann kann ich nicht atmen, das Herz ist nicht mehr so recht, und dann die Leber, die Galle, die Nieren und alles ist krank bei mir.

DER REKTOR MEIER Ja, hat man denn schon zum Arzt geschickt, Schwester?

IRMA Schon mehrere Male.

DER REKTOR MEIER Ja zum Donnerwetter, warum kommt der denn nicht?

FRAU MEIER Kinder, tut mir nur den einen Gefallen und laßt mich ohne Arzt sterben. Ich bin ja so siech, so siech.

DER REKTOR MEIER Du kannst kaum mehr sprechen Mutter.

IRMA Sie kann doch sprechen!

DER REKTOR MEIER Aber Du kannst kaum mehr atmen, Mutter!

IRMA Sie atmet doch ganz ruhig.

DIE ALTE FRAU Und ich kann mich ja so gut eindenken. Manchmal kann ich auch nicht sprechen, und dann kann ich es plötzlich wieder, und dann kann ich es wieder nicht, und dann kann ich es wieder. Sehen Sie jetzt kann ich es wieder nicht. Ich kann mich ja so gut eindenken.

DER REKTOR MEIER Liebe Frau, wir stehen hier zum 23ten Male versammelt am Totenbett unserer lieben Mutter. 22 Male haben wir uns schon mit dem herben Schmerz abgefunden gehabt, daß wir sie würden verlieren müssen, können Sie sich da eindenken?

DIE ALTE FRAU Oh! ich kann mich gut eindenken.

DER REKTOR MEIER Gut, Sie können sich gut eindenken, und 22 Male hat uns ein gnädiger Himmel die gute Mutter wieder geschenkt aus dem Rachen des Todes, können Sie sich auch da eindenken?

DIE ALTE FRAU Oh! ich kann mich auch da eindenken.

FRAU MEIER – – – Oh! – – –

DER REKTOR MEIER 22 Male war die ganze Familie um unsere hochverehrte Mutter, Schwiegermutter, und Großmutter beiderlei Geschlechts versammelt, und 22 Male ist die ganze Familie wieder auseinandergegangen. Können Sie sich auch da eindenken?

DIE ALTE FRAU »Beiderlei Geschlechts auseinandergegangen«, ich kann mich auch da eindenken!

DER REKTOR MEIER Natürlich liegt die Betonung auf versammelt, und nicht auf beiderlei Geschlechts auseinandergegangen. Sie können sich wohl . . .?

DIE ALTE FRAU Jawohl, ich kann es, ich kann es sogar sehr gut.

DER REKTOR MEIER Sie verstehen auch alles, sich so liebevoll in alles eindenken zu können, ich bewundere die Schärfe Ihres Geistes bei Ihrem erhabenen Alter, das man Ihnen übrigens nicht ansieht.

DIE ALTE FRAU Sie können sich gut eindenken.

DER REKTOR MEIER Jawohl, wohl eindenken, in Ihr Alter, das Ihnen kein Mensch ansieht.

DIE ALTE FRAU Sehen Sie, und nun bin ich trotz meines schon vorgerückten Alters . . .

DER REKTOR MEIER Ein wunderbares Bild, Ihr Alter ist schon vorgerückt wie eine Uhr zu schon vorgerückter Stunde.

DIE ALTE FRAU Sie denken sich aber auch in alles ein!

DER REKTOR MEIER Das ist schon immer meine Spezialität gewesen, wie eine Schwalbe sich einnistet in eine Scheune oder in ein aus Lehm gebackenes Haus, so nisten meine Gedanken sich ein.

DIE ALTE FRAU Ich kann mich auch gut einnisten, sehr gut einnisten.

FRAU MEIER – – – Wasser! – – –

IRMA Sie wird schon ganz blaß.

DER REKTOR MEIER Du irrst, liebe Schwester, das nenne ich rot!

IRMA Ich will doch lieber den Arzt mal holen, sie ist schon ganz rot geworden!

DER REKTOR MEIER Kind, man soll nie Kräfte vergeuden, es ist gänzlich unnötig, den guten Doktor, wie heißt er doch, – – na, na Bleiwasser –

FRAU MEIER Bleifuß!!!

DER REKTOR MEIER Bleifuß zu holen, denn Mutter stirbt nicht.

FRAU MEIER Ich sterbe dieses Mal ganz gewiß.

DER REKTOR MEIER Du siehst es an der Klarheit, mit welcher Mutter unser Gespräch verfolgt, daß dieselbe noch nicht sterben kann.

FRAU MEIER Ich kann Euer Gespräch gar nicht mehr klar verfolgen, ich glaube, ich muß sterben.

DER REKTOR MEIER Siehst Du, sie hat schon wieder gehört was wir gesagt haben.

FRAU MEIER Ihr könnt sagen, was Ihr wollt, ich höre nichts mehr, es geht rapid mit mir zu Ende.

DER REKTOR MEIER Und außerdem hat Mutter uns Kinder 22 Male um sich versammelt um zu sterben und konnte nicht sterben, und wer 22 Male nicht sterben kann, der stirbt auch 44 Male nicht. Nach meiner Hypothese wird unsere gute Mutter beim 45sten Sterben bleiben.

FRAU MEIER Was heißt das?

DER REKTOR MEIER Ich denke, Du hörst nichts mehr!

FRAU MEIER Darum frage ich doch, was das heißt, ich habe es nämlich nicht verstanden.

DER REKTOR MEIER *brüllt sehr laut* Du wirst uns noch 22 Male, dieses Mal inclusive gerechnet, um Dich versammeln, bevor Du sterben kannst.

FRAU MEIER Oh! wünsch mir das nicht, Sohn. Das Sterben ist ja soo schön!

DER REKTOR MEIER Darum sollst Du es ja noch 22 Male genießen, zu sterben und von Deinen liebevollen Angehörigen dabei umgeben zu sein.

FRAU MEIER Oh! wenn dieses Dein seliger Vater noch hätte miterleben dürfen!

DER REKTOR MEIER Unser seliger Vater sagte schon: »Clärchen«, sagte er …

FRAU MEIER Schweig, Du lügst, halt, oder ich enterbe Dich! Jawohl!

DIE ALTE FRAU Und ich kann mich da ja so gut einnisten! *Es klingelt.*

FRAU MEIER Die Kinder kommen, die Kinder!
*Es kommen die 2 Kinder und Emil, Irmas Mann.*

EMIL Liegt Mutter wieder auf ihrem Totenbett? Irma, reg Dich nicht auf!

FRAU MEIER – – –

DIE KINDER Oh! Papa, Omma stirbt schon wieder, Omma stirbt schon wieder, o ja!

DIE ALTE FRAU Oh! ich kann mich ja so gut eindenken!

DIE KINDER Stirbt sie dieses Mal richtig, Vater, oder nicht richtig, Vater?

FRAU MEIER Sehen Sie, liebe Frau Müller von E. O. Müller und Sohn, das ist mein lieber Schwiegersohn, Emil, und das sind meine beiden Großkinder. Und diese alte Dame hier, Frau Müller, ist die Mutter der Baronin Tutz von Opferdingen, alles gute Bekannte von mir.

EMIL Es geht Dir doch schon etwas besser, Mutter?

FRAU MEIER – – – Oh! – – – Wasser!

IRMA Sie hat immer so Anfälle, und zwischendurch ist sie wieder ganz klar.

EMIL Das ist Schwindel, wie immer, S c h w i n d e l ! 22 Mal hat sie uns schon an ihr Totenbett rufen lassen, die Kinder spotten ja schon darüber!

DER REKTOR MEIER D u b i s t k e i n e d l e r M e n s c h , E m i l ; sonst würdest Du nicht s o sprechen. Wenn jemand stirbt, dann schwindelt er nicht mehr.

EMIL Die stirbt ja gar nicht, die tut bloß so.

DIE ALTE FRAU Oh! ich kann mich ja so gut einnisten!

EMIL Was ist denn das wieder für ein idiotisches Wesen, diese vertrocknete Rübe, wie eine Schwalbe will sie sich einnisten. Solche Täubchen verdrehen unserer armen Mutter immer den Kopf, daß sie die Sterbekrankheit kriegt. Ich gehe sofort zum Arzt, der soll den ganzen Schwindel aufdecken. *Ab.*

FRAU MEIER Haltet diesen Schuft von einem Schwiegersohn, er soll mir Rede stehn;
– – – Oh! – – –

IRMA Muttchen, reg Dich doch nicht auf, wir sind ja alle um Dich versammelt, wir glauben ja so fest an Deinen Tod, wir . . .

FRAU MEIER Nein, ihr glaubt es nicht, ich will es Euch gleich ins Gesicht sagen, Ihr seid ja alle lieblos.

DIE KINDER Großmutter, nicht böse sein, ich glaube es ja auch, und ich auch!

DIE ALTE FRAU Ich kann mich ja so gut einnisten!

DER REKTOR MEIER Was wollen Sie eigentlich hier bei unserer lieben sterbenden Mutter, die bald zum 25ten Jubiläum sterben wird?

DIE ALTE FRAU Einnisten!

DER REKTOR MEIER Hier können Sie sich nicht einnisten, liebe Frau.

DIE ALTE FRAU Aber ich kann mich hier doch so gut einnisten. *Es klingelt.*

DOKTOR BLEIFUSS *mit Emil eintretend* Guten Abend! – Wo ist denn hier die Sterbende? *Er sieht sich ringsum.*

DER REKTOR MEIER Lieber Herr Dr. Bleifuß, wir kennen uns ja schon von dem vorigen Male her, und daß ich es nicht bin, können Sie auch schon daran erkennen, daß ich keine Frau bin. Sehen Sie, dort auf dem Bett liegt eine Frau, die Sie ja schon kennen, unsere liebe Mutter, die uns geboren, liebevoll erzogen und herangewachsen hat. Sie liegt jetzt wieder auf ihrem Sterbebett.

DOKTOR BLEIFUSS Die Patientin sieht nicht gut aus.

EMIL Sie sieht doch gut aus? Das ist doch alles Schwindel!

DER REKTOR MEIER Lieber Herr Doktor, unsere gute Mutter hat uns schon 22 Male an ihrem Sterbebett versammelt, 22 Male wollte sie sterben und konnte es nicht, es ist jetzt das 23. Mal! In 2 Malen feiern wir das Sterbejubiläum.

DOKTOR BLEIFUSS Das wird Ihre gute Frau Mutter nicht mehr miterleben können, dann ist sie schon tot. – Wissen Sie übrigens, was ihr fehlt, denn Ihre Frau Mutter kann nicht mehr sprechen, das sehe ich.

EMIL Das ist nicht wahr, sie kann sprechen so viel sie will!

DER REKTOR MEIER Sie hat es mir vorhin verraten, als sie noch sprechen konnte, aber wir würden es vorziehen, wenn Sie die alte Dame selbst gründlich untersuchen, um festzustellen, wo es ihr fehlt.

DOKTOR BLEIFUSS *horcht, fühlt den Puls und klopft auf die Stirn der Frau Meier* Lieber Herr Rektor Meier, Sie sehen, Ihre Frau Mutter redet nicht mehr, sie ist außerdem taub, blind, hat weder Geruch noch Gefühl, das Herz schlägt fast gar nicht mehr, und die Lunge setzt aus; und dann das Blut, die Leber, die Galle, und die Milz sind alle löcherig geworden wie ein Sieb. Das alles ginge aber noch an, wenn sie nicht einen Defekt im Gehirn hätte.

FRAU MEIER Waaas, einen Defekt im Gehirn?

DOKTOR BLEIFUSS Ihre arme Frau Mutter ist tobsüchtig geworden, infolge von plötzlich eingetretener Gehirnerweiterung. Sie werden es gleich sehen, wenn sie mich hinauswirft; und wenn sie dann meine Rechnung bekommt, wird sie auf der Stelle tot umfallen.

FRAU MEIER Nun halte ich es aber nicht länger mehr aus. Nun habe ich es lange genug mit angehört!
Sie Schieber, Sie Insurgent, Sie ... was fällt Ihnen ein gegenüber einer Sterbenden? Mein Gehirn ist ganz normal, wie immer; alles, alles ist krank, nur das Gehirn nicht, ich habe sogar noch bemerkt, daß man ganz außer acht gelassen hat, Sie meiner besten Freundin, der Frau Müller von E. O. Müller und Sohn vorzustellen, eine Mutter der Frau Baronin Tutz von Opferdingen, Herr Dr. Bleifuß, Frau Müller. – Wenn ich nicht alles selbst besorge, dann geht nichts richtig.

DIE ALTE FRAU Ich heiße übrigens Frau Schröder, und ich kann mich soo gut eindenken.

FRAU MEIER Frieda, bringen Sie dem guten Doktor einen Likör, was trinken Sie, lieber Herr Doktor?

DOKTOR BLEIFUSS Gnädige Frau, ich bedaure, den Likör ablehnen zu müssen, aber ich muß leider gehen, denn draußen steht ein Wagen von der Irrenanstalt, den ich zur Vorsicht gleich bestellt habe. Ich möchte eben die beiden Wärter rufen, damit man Sie hinunterbegleitet.

FRAU MEIER *springt aus dem Bett und steht nun im Stickerei-Nachthemd da* Aus dem Hause, Sie und die Krankenwärter von Ihrer verrückten Irrenanstalt. Ich bin nicht irr, und bin nie irr gewesen, und werde es hoffentlich nie werden! Das möge über meine armen Kinder nicht kommen. Ich bin gesund!

DOKTOR BLEIFUSS Dann habe ich hier nichts weiter zu besorgen.

IRMA Meine Mutter irr, Oh! Gott!

DER REKTOR MEIER Halt, Herr Doktor, Sie schelten hier meine Mutter irr, Sie wissen, daß das eine Beleidigung ist, wenn Sie nicht den Beweis antreten.

DOKTOR BLEIFUSS *mit einer Verbeugung* Sehr gerne.

FRAU MEIER Hinaus mit ihm, ich will keine Beweise, ich kann ihn nicht mehr sehen, hören, riechen, schmecken, fühlen – nur Frieden soll er meinem Sterben gehen --- Oh! ---

DOKTOR BLEIFUSS *ab.*

FRAU MEIER So Kinder, nun bin ich glücklich, mir ist es, wie seinerzeit bei der Hochzeit mit meinem lieben seligen Gatten.

DER REKTOR MEIER Oder wie seinerzeit bei Deinem letzten Sterben?

FRAU MEIER Ja, und wir wollen auch dieses Mal alle zusammen ein schönes Mahl einnehmen. Kommt Kinder, wir feiern jetzt meine dreiundzwanzigste Wiedergeburt, noch bin ich nicht tot.
Emil, dreh das Grammophon an!

1927–1930

# Es kommt drauf an

*Lustspiel in vier Aufzügen*

Carl Buchheister, meinem lieben Freunde, gewidmet

PERSONEN

MISTER EDWARD SMITH, Kunsthändler aus Amerika (Karl Finderkegel)
AUGUST VOGEL, Grabbildhauer
AUGUST FROHGEMUT, Portraitmaler
BARON SCHWEIGHELM VON BRAUN, Kunstmaler
ELSA KLEIN, Modell der beiden Auguste
FRIEDERIKE NOLTEMEYER, Freundin Brauns
MEYER, Hauswirt des Barons Braun
MAYER, Gerichtsvollzieher
MEIER, Reisender
Telegraphenbote
AMADEUS, Geschäftsführer im Hotel Fürstenhof
Oberkellner, Küchenchef, erster Koch, Kellermeister, Blumendame aus dem Fürstenhof
GEHEIMRAT KASIEL BOHNE, Detektiv
ELSIKA BOHNE, dessen Frau

## I. AUFZUG

Atelier von Vogel und Frohgemut

*Das Atelier wird gemeinschaftlich bewohnt von August Frohgemut, dem Kunstmaler, und August Vogel, dem Bildhauer. Daher sind an der einen Seite Bilder, an der anderen Plastiken, besonders Grabfiguren. Kostbare Teppiche abgetreten, eine Chaiselongue, teure, aber geschmacklose Möbel geben dem Raum einen kitschig behaglichen Eindruck. Alte Kommode. Salopp unordentlich. Die eine Tür führt zum Vorplatz, die andere zu einer Küche. Oberlichtfenster. Der Durchschnittsmensch würde sich etwa so die Boheme vorstellen.*

*Vogel, allein, staubt seine Figuren ab. Plötzlich kommt ihm ein Gedanke, er öffnet die Vorplatztür und sieht zu, ob niemand da ist, während aus der Küche leise der Gesang Elsas zu hören ist. Dann schließt er die Tür leise wieder und blickt durch das Schlüsselloch in die Küche. Darauf geht er heimlich zur Kommode, öffnet durch Geheimknopf ein Geheimfach und schüttet schnell Geld aus seiner Börse hinein. Jetzt nimmt er ein Bündel Geld heraus und betrachtet es wohlgefällig. Der Gesang in der Küche verstummt plötzlich. Vogel erschrickt und verschließt schnell die Kommode. Elsa tritt schnell ein, Vogel steht verdattert an der Kommode.*

ELSA Was hast Du denn, August?

VOGEL *geht scheinbar unbefangen auf sie zu*
Nichts, mein Liebling, gar nichts.

ELSA *geht quer durchs Zimmer zur Kommode und lehnt sich daran* Dann ist ja alles gut. Ich habe nämlich eine famose Idee.

VOGEL Famose Idee, Du hast immer famose Ideen.

ELSA Habe ich auch, sogar eine große Idee.
*Indem sich Elsa an die Kommode lehnt, öffnet sich etwas die von Vogel in Eile schlecht verschlossene Schublade. Vogel ist darüber sichtlich erschreckt. Elsa bemerkt den Schreck, ohne den Grund zu ahnen und geht auf ihn zu, um ihn zu beruhigen. Vogel weicht ihr schnell aus und bleibt ans Kommödchen gelehnt, stehen, indem er versucht, es heimlich wieder zu schließen. Elsa ihm nach.*

VOGEL Weshalb kommst Du denn so nah?

ELSA Ich kenne Dich doch, Du willst doch jetzt einen Kuß haben. *Kommt noch näher.*

VOGEL *versucht, das Kommödchen so gut es eben geht, zu verdecken.* Ich will Dich jetzt gar nicht küssen.

ELSA *kommt trotzdem näher* August, ich kenne Dich nicht mehr! Was hast Du denn? *Küßt ihn.*

VOGEL *küßt sie total verwirrt, wieder*
So, nun geh aber wieder in Deine Küche, Liebling.

ELSA Langweilig bist Du! *Schüttelt den Kopf.* Ich kenne Dich wirklich nicht mehr, August. Sonst willst Du doch immer küssen!

VOGEL *immer noch mit der Kommode beschäftigt*
Was ist denn eigentlich mit Deiner »großen« Idee? *Beruhigt sich sichtlich, da er offenbar das Kommödchen geschlossen hat.*

ELSA Ach Du bist ja doch immer anderer Meinung.

VOGEL Nun komm doch endlich heraus mit Deiner »großen« Idee!

ELSA *neckend* Huch nein, jetzt bin ich aber zu schüchtern.

VOGEL *umfaßt sie scheinbar unbefangen und geht mit ihr von der Kommode fort* Jetzt bin ich doch sehr gespannt, Elsa! Du bist doch sonst nie schüchtern.

ELSA Kleiner Schelm! *Macht sich los.* Ich will Dich nicht weiterquälen, wir beide wollen heute Abend ins Esplanade gehen, das ist meine »große« Idee. Ist das nicht wirklich ganz groß?

VOGEL Kann ich absolut nicht finden, und es geht auch gar nicht.

ELSA *wiederholt ironisch* Und es geht auch gar nicht? Warum geht es auch gar nicht? Wenn Du Geld ausgeben sollst, dann geht es immer gar nicht. *Vogel will sie jetzt küssen, sie entwischt.* Küssen willst Du mich immer, das geht immer, aber Geld ausgeben, willst Du nie.

VOGEL Und Du willst immer mein Geld ausgeben. Mein Geld, als ob ich wohlhabend wäre! *Lacht ironisch.*

ELSA *geht zufällig zum Kommödchen zurück und lehnt sich daran* Geizhals! – –

VOGEL *verwirrt* Die Zeiten sind zu schlecht.

ELSA Das sagst Du immer! Dabei hast Du Geld genug. Soll ich Dir zeigen, wo es ist? *Umfaßt wie spielend das Kommödchen, aber noch ohne zu ahnen, daß darin das Geld verborgen liegt.*

VOGEL *gezwungen ruhig* Ich habe nichts! Wer zahlt denn noch heute? Niemand! Und wer stirbt denn heute noch? Keiner! Wenn keiner stirbt, dann braucht er keinen Grabstein. Die Ärzte sind mein Ruin! Ich habe ja nie Glück. Aber ich habe Gott sei Dank Verantwortungsgefühl. Zum Verschwender bin ich nicht geboren. Aber nun hör mal auf, an meinem Kommödchen herumzufassen, Du kannst Dir doch denken, daß mich das aufregt.

ELSA Das regt Dich auf? Fein, dann werde ich es weiter tun.

VOGEL Ich sage Dir doch, Liebling, laß das. Die Kommode ist ein Erbstück, ich hänge daran.

ELSA Du hängst daran? Wo hängst Du? Ei, laß doch sehen, wo Du hängst? *Sie betastet absichtlich das Kommödchen.*

VOGEL *begütigend* Nun laß doch endlich sein, Elsa, setz Dich einmal für fünf Minuten gemütlich zu mir. *Setzt sich auf die Chaiselongue.*

ELSA *bleibt am Kommödchen stehen* Laß mich nur ruhig hier stehenbleiben, ich bin heute viel zu aufgeregt zum Sitzen.

VOGEL *befehlend* Jetzt kommst Du hierher!

ELSA Nun grade nicht! Du denkst wohl, ich hätte Angst vor Dir?

VOGEL *einlenkend* Sei doch kein Kindskopf! Setz Dich zu mir, dann wollen wir die Sache mit heute abend vernünftig besprechen.

ELSA *freudig, setzt sich zu ihm* Also wir gehen doch aus?!

VOGEL Wer sagt das? Ich sage doch nur, daß wir es vernünftig besprechen wollen.

ELSA *steht wieder auf* Diplomat!

VOGEL Diplomat ist kein Schimpfwort.

ELSA *stellt sich wieder ans Kommödchen* Sag mal, August, was wolltest Du denn mit mir besprechen?

VOGEL Ich rede mich ja heiser, wenn ich so weit sprechen muß! Dann setz Dich gefälligst zu mir. *Sie tut es.* Also, Liebling, ich finde Deine Idee an sich sehr gut, aber leider habe ich heute abend wegen einer dringenden Verabredung keine Zeit.

ELSA *springt auf* Liebling, ja Liebling, nennst Du mich

immer. Aber Zeit hast Du für Deinen Liebling nie. Du bist der Geizkragen, wie er im Buche steht, Liebling!?

VOGEL Was heißt Kragen, Liebling? Erst bin ich ein Geizhals, jetzt bin ich ein Greizkragen. Was bin ich denn nun eigentlich? Für ein Schimpfwort mußt Du Dich endlich entscheiden.

ELSA Werde nur nicht frech!

VOGEL Wenn ich doch nicht abkommen kann!

ELSA Das ist ja gar nicht wahr, August. Du hast ja heute abend gar keine Verabredung, so bestimmt, wie das da eine Kommode und kein Geldschrank ist. Ich hab es jetzt wirklich satt. Ich brauche Abwechslung. *Sie weint.* Du bist mir viel zu stieselig. Langweiliger Peter!

VOGEL Liebling, Du weißt doch, mit Frechheit kommst Du doch bei mir nicht durch. Erlaub Dir nicht zu viel, Du bist mein Modell und nicht meine Frau, und die ewigen Vergnügungen müssen aufhören. Ich als Grabbildhauer brauche Sammlung und keine Zerstreuung.

ELSA *setzt sich jetzt aufs Kommödchen, wobei sie, ohne es zu bemerken, auf den Geheimknopf drückt, so daß die Schublade jetzt aufspringen wird, sobald sie herunter springt.* Dann sammle Dich doch! Schnell. Aber Du sammelst Dich ja gar nicht! *Vogel steht fassungslos, weil er bemerkt, daß sie die Geheimlade entsichert hat.* Nun sammle Dich doch, Du kleiner Sammler! *Erregt, will aufspringen.* Wenn ich doch nur das Geld liegen wüßte!

VOGEL *sehr erregt, hält sie fest* Nun bleib aber endlich sitzen, sei doch nicht so zappelig! Du zerbrichst mir sonst noch die Kommode,

ELSA *springt herunter und schüttelt an der Kommode, Vogel hält die Schublade fest* Ich will sie zerbrechen, ich will, ich will!

VOGEL *hält ihr die Hände fest* Jetzt verbiete ich Dir solche Scherze!

ELSA *reißt sich los und schüttelt mit aller Kraft* Das Ding muß doch kaputt zu kriegen sein! *Plötzlich springt die Schublade wirklich auf* Ja, was ist denn das? *Faßt in die Schublade und staunt über das viele Geld.*

VOGEL Hände hoch! Da drin ist Schießpulver!

ELSA *nimmt das Geld heraus und verstreut es im Zimmer* Schießpulver. *Lacht.* Da, ist es, Dein Schießpulver!

VOGEL *ärgerlich* Was fällt Dir eigentlich ein? *Er bückt sich nach dem Gelde.* Jetzt ist aber Schluß mit solchem Unsinn! *Elsa wirft immer mehr Geld heraus, so daß Vogel es gar nicht mehr alles wieder aufheben kann.* Du ruinierst mich! *Lehnt sich erschöpft an die Wand.*

ELSA Wenn ich Dir doch soviel Geld schenke! *Das Fenster springt plötzlich auf, und ein Windstoß weht das Geld herum.*

VOGEL Mach doch das Fenster zu! *Vogel läuft vergeblich den Geldscheinen nach.* Mein Geld! Mein schönes Geld!

ELSA Dein Geld? – Sag mal, für wen häufst Du eigentlich das viele Geld auf? *Elsa fährt fort, Geld zu verstreuen.*

VOGEL *steht, besinnt sich* Für uns, für Dich und mich, Elsa,

ELSA *gerührt, geht auf Vogel zu* Für uns?

VOGEL *indem er wieder einsammelt* Willst Du nicht bitte so gut sein, mir beim Einsammeln unsers Geldes zu helfen?

ELSA *hilft ungläubig* Dieses alles ist unser Geld?

VOGEL *nachdem alles aufgesammelt ist* Jetzt gib mir bitte mein Geld zurück!

ELSA *ohne darauf einzugehen* Du willst mich doch heiraten, August, oder?

VOGEL Erst gib mir mein Geld wieder!

ELSA Sag mir zuerst, wann soll die Hochzeit sein?

VOGEL Gerade jetzt mußt Du davon anfangen. Elsa sei doch vernünftig, Elsa! Du bist doch noch so jung, weshalb sollen wir uns jetzt schon mit einer Ehe beschweren? Sei doch endlich vernünftig, Liebling, ich will doch überhaupt nicht heiraten.

ELSA Jawohl, ich bin vernünftig! *Wirft alles Geld wieder*

*ins Atelier.* Da hast Du Dein Geld wieder! Ich will es gar nicht! Ich hänge nicht so am Gelde, wie Du! *Vogel sammelt auf.* Nun bück Dich nur! Du hast ja doch nur Arbeit und Sorgen von Deinem Gelde!

VOGEL *hat inzwischen alles Geld eingesammelt und hält es in der Hand* Also, nun hör mich einmal vernünftig an, Elsa. Sieh mal, ich als Künstler lebe für meine Kunst, die Kunst ist meine Frau, ich muß deshalb leider darauf verzichten, mir eine andere Frau zu nehmen. Ich liebe die Frauen, ich kann nicht ohne sie leben, aber aus Liebe zur Kunst muß ich auf sie verzichten, leider.

ELSA Dann nimm Dir ein anderes Modell, ich gehe. *Geht zur Tür, Vogel hält sie fest.*

VOGEL *einlenkend* Also, Liebling, Du wolltest doch heute abend mit mir ausgehen?

ELSA Es ist jetzt doch aus zwischen uns, und wenn Du doch eine wichtige Verabredung hast!

VOGEL Ich kann sie vielleicht noch umbestellen. Du setzt ja doch alles durch, Liebling!

ELSA *gerührt* Das wolltest Du also für mich tun, August?

VOGEL Ja.

ELSA Und wenn Dir Dein Auftrag verloren ginge?

VOGEL Auch dann. Aber Du mußt mir versprechen, zu keinem Menschen etwas von meinem Gelde zu sagen.

ELSA Ach so? Ich verstehe. Damit ich schweige! Jetzt hast Du mich aber lange genug angeführt, August! Es gibt ja noch andere Kavaliere. Dein Freund August Frohgemut wollte sowieso immer schon mit mir ausgehen.

VOGEL *bestürzt* August Frohgemut?

ELSA Jawohl, da kommt er gerade.

FROHGEMUT *eintretend* Guten Morgen!

ELSA Guten Morgen, August! *Vogel versucht heimlich, sein Geld wieder in der Kommode zu verstecken.* Wollen wir beiden nicht heute abend zusammen ausgehen?

FROHGEMUT Gern, Elsa. Aber was schleicht denn der August da herum?

ELSA Stör ihn nicht, der versteckt sein Schießpulver!

FROHGEMUT Wieso Schießpulver? *Geht auf das Kommödchen zu, Vogel hat es noch nicht verschließen können, Frohgemut sieht hinein.* Ach so! Du hast ja allerhand Schießpulver, August!

VOGEL Gar nicht so wild! *Verschließt die Kommode wieder.*

FROHGEMUT Wir können heute Dein Schießpulver gut gebrauchen, August.

VOGEL Kann ich mir denken.

FROHGEMUT Nein wirklich. Wir drei müssen nämlich heute abend zusammen ins Esplanade gehen.

ELSA Donnerwetter! Ins Esplanade, fabelhaft!

VOGEL Donnerwetter! Fabelhaft? Wir drei müssen heute abend zusammen ins Esplanade gehen? Warum müssen wir? Und von meinem Gelde etwa?

FROHGEMUT Natürlich.

VOGEL Das gibts nicht! Ihr habt Euch wieder mal verabredet, mich zu schröpfen. Dazu bin ich Euch immer gut genug! Ihr habt Euch aber geirrt! Nein, ich sage Euch ein für alle Mal, das gibts nicht mehr! Das hört nun auf.

FROHGEMUT Ist das Dein letztes Wort, August?

VOGEL Mein letztes Wort.

FROHGEMUT Das ist aber sehr schade, denn sonst könnte ich Dir eine für Dich sehr wichtige Verbindung bringen.

VOGEL Das könnte natürlich die Sache zu ändern geeignet sein. Aber erst muß ich wissen, was das ist.

FROHGEMUT Rate mal.

VOGEL Wie soll ich das nun raten? Auftrag?

FROHGEMUT Nein!

VOGEL Eine schöne Frau?

ELSA Oh bitte nein!

FROHGEMUT Oh bitte nein!

VOGEL Ja, was kann denn das sein?

FROHGEMUT Hättest Du vielleicht Interesse an einer Veröffentlichung Deines Lebenswerkes in großem Stil in Amerika? Auf die Aufmachung kommt es an.

VOGEL Was? Ich verstehe nicht ganz recht!

FROHGEMUT Ob Du den Besitzer eines amerikanischen Verlages, der sich für Deine Arbeit interessiert, kennenlernen willst?

VOGEL Welchen Einfluß hast Du denn darauf?

FROHGEMUT Bevor ich Dir diese Frage beantworte, muß ich wissen, ob Du heute abend trotz Deiner Verabredung, Elsa, mich und den Verleger ins Esplanade einladen willst.

VOGEL Ob ich ...? Wie heißt eigentlich Dein Verleger?

FROHGEMUT Was tut das denn zur Sache?

VOGEL Ich bin abergläubisch.

FROHGEMUT Ich auch.

VOGEL Wann kommt er denn hierher?

FROHGEMUT Eigentlich müßte er schon hier sein.

VOGEL Ach, so!

FROHGEMUT Was meinst Du damit?

VOGEL Nun, wenn er sowieso kommt, warum soll ich Euch denn dann noch einladen? Das wäre doch Verschwendung.

ELSA Pfui!

FROHGEMUT Gut, dann werde ich ihn draußen erwarten und ihm sagen, Du wärest leider nicht zu Hause. *Er tut, als ob er gehen wollte.*

VOGEL *hält ihn fest* Warte noch eine Sekunde, mir kommt da gerade eine Idee.

FROHGEMUT Nun?

VOGEL Stört mich bitte jetzt nicht, ich muß mich sammeln, damit meine Idee hervorbricht.

ELSA Das ist ja fauler Zauber, er will nur Zeit gewinnen, und inzwischen ist der Verleger schon da.

VOGEL Ich denke doch nach!

FROHGEMUT *eilt zur Tür* Wir wollen ihn nicht stören, komm Elsa, ich werde den Verleger inzwischen abbestellen.

VOGEL *hält ihn am Ärmel fest* Nun sei nicht so ungeduldig.

FROHGEMUT *öffnet die Tür* Wir verzichten auf Deine Ideen, August!

ELSA *geht mit zur Tür* Wir verzichten auch auf Deine Einladung, August!

VOGEL *aufgeregt* Sie ist schon da, die große Idee!

ELSA Wollen wir ihn noch eben anhören, August? *Bleibt stehen.*

VOGEL Also ich habe mir überlegt, August, ich werde Dich zusammen mit dem Verleger einladen, was braucht eigentlich Elsa dabei zu sein?

ELSA Pfui Teufel!

FROHGEMUT Das wäre grundfalsch. Bedenke doch, wir wollen den großen Verleger für uns interessieren, August, dabei ist die schöne Dame die Hauptperson. Ohne Elsa geht es heute nicht.

VOGEL Gut, dann lade ich eben Elsa und den Verleger ein, das ist mir einerlei, und wenn Du mitgehen willst, dann mußt Du für Dich selbst bezahlen.

ELSA Aber ich denke nicht daran, mitzukommen, wenn Du nicht auch August Frohgemut einladest. Denkst Du etwa, ich will mich den ganzen Abend mit Dir allein langweilen? *Geht mit Frohgemut zur Tür.* Komm, August, dem Manne ist nicht zu helfen.

VOGEL *hält sie am Arm zurück* Noch einen kleinen Augenblick bitte, man wird doch wohl noch überlegen dürfen! Der Mensch hat doch bekanntlich hinterher stets seine besten Gedanken, wenn er zunächst vorher gründlich nachgedacht hat. Und mir kommt soeben ein ausgezeichneter Plan, ich werde Euch voraussichtlich alle drei zu heute abend einladen, allerdings nicht ins Esplanade, sondern nach außerhalb. Hat Dein Verleger ein Auto?

FROHGEMUT Dumme Frage!

VOGEL Gut! Kannst Du Dich noch an unsern ehemaligen Freund von der Akademie, den Baron Schweighelm von Braun erinnern, August?

FROHGEMUT Sehr gut, habe allerdings lange nichts von ihm gehört. Hatte der nicht früher den Mordsbetrieb, immer Geld und viele Freunde aus den besten Kreisen? Arbeiten habe ich zwar nie von ihm gesehen, aber man sagt, sie sollen sehr gut sein.

VOGEL Ganz recht. Er soll ein Genie sein, wie es nur einmal

in fünfhundert Jahren vorkommt. Ich denke dabei an Leute etwa wie Vermeer van Delft oder Velazquez. Ich habe es zwar nur gehört, aber er soll ganz groß sein.

FROHGEMUT Und was ist mit ihm?

VOGEL Wir besuchen ihn mit unserem Verleger. Unterbrich mich bitte jetzt nicht. Das hat nämlich seine Gründe: Erstlich: einmal wird unser Verleger dankbar sein, daß wir ihm die Bekanntschaft eines so bedeutenden Künstlers vermittelt haben, und zweitens kostet es uns nichts, denn der Verleger wird uns doch zu der Autofahrt in seinem Luxuswagen einladen, und der Baron bewirtet uns.

FROHGEMUT August, Du bist doch das geborene Finanzgenie! Das ist wirklich eine ganz g r o ß e Idee. Den müssen wir mit unserm Verleger bekannt machen, das kann nur nützen. Amerikaner lassen sich sowieso leicht bluffen, wenn einer Baron ist, und auftreten kann der wie ein Genie, und dabei ist er ein wirklich vornehmer Mensch. Das muß einen ganz großen Eindruck auf unsern Verleger machen. Aber glaubst Du, daß der uns überhaupt empfangen wird?

VOGEL Wie kannst Du das überhaupt anders erwarten, August! Ich rechne sogar bestimmt damit, daß er uns f ü r s t l i c h empfangen wird.

FROHGEMUT Ja, ich muß Dir da vollkommen recht geben, der Mann lebt wie ein kleiner Fürst, er hat eine große Art zu leben, ein hohes Niveau, unser Freund der Schweighelm.

VOGEL In drei Autostunden sind wir da, und eine wundervolle Fahrt da hinaus.

ELSA Der Plan ist großartig.

FROHGEMUT Ja wirklich, August, Dein Plan ist genial. Schweighelm von Braun, das ist unser Mann. Der wird uns standesgemäß zu empfangen wissen. Das Einzige, was mir dabei leid tut, ist, daß Du alter Geizhals dabei so gut wegkommst. Aber das Telegramm an Braun mußt Du übernehmen!

VOGEL Das ist doch ganz selbstverständlich, August. Ich freue mich daß ich Euch auch mal etwas bieten kann. Wir können es ja knapp fassen, man erzählt sich dann ja doch alles andere mündlich. Wir haben uns doch seit unserer Studienzeit nicht wieder gesehen, mußt Du bedenken. *Er geht zum Kommödchen.* Dann werde ich meinen kleinen privaten Geldschrank erst einmal wieder verschließen. *Er tut es.* Dagegen habt Ihr doch wohl nichts einzuwenden oder?

FROHGEMUT *nimmt ein Papier und will schreiben* Was soll ich denn nun aufsetzen?

VOGEL *springt zu und entreißt ihm das Papier* Um des Himmels willen, der Mensch nimmt ein neues Papier! Verschwender! Hier hast Du einen alten Briefumschlag.

ELSA *reicht Frohgemut Vogels vornehme Schreibmappe* Das Papier stifte ich.

VOGEL Bist Du verrückt geworden? Meine neue vornehme Schreibmappe?

FROHGEMUT *schreibt* Ich bin so frei, jetzt ist sie ja sowieso ruiniert. Armer August, wirst Du das lebendig überleben können? Aber bedenke doch, ein Telegramm an einen so vornehmen Herrn, wie der Baron Schweighelm von Braun, das muß schon auf rosa Papier entworfen sein. Siehst Du das ein, August?

VOGEL Also nun schreib schon.

FROHGEMUT Lieber, guter, alter Freund Schweighelm von Braun!

VOGEL *entreißt ihm die Mappe* Länger konntest Du wohl die Anrede nicht abfassen? *Streicht alles durch.* Anreden auf Telegrammen sind sowieso unfein. *Er schreibt auf die Rückseite und liest.* Kommen Besuch, August.

FROHGEMUT *reißt ihm das Manuskript wieder weg* Vollkommen unverständlich! *Schreibt und liest.* Wir vier kommen heute gegen abend mit sehr, sehr vornehmem Besuch zum Abendessen. Tausend herzliche Grüße August und August. *Es klingelt, Elsa geht hinaus.*

VOGEL Das ist viel zu viel Text, der Witz liegt beim Telegramm in der Kürze.

SMITH *tritt mit Elsa ein* Oh, aber Sie sain raizend, very nice, indeed! *Zu Vogel und Frohgemut.* Guten Morgen, maine Herren ich sain die grosse Verleger Edward Smith aus America.

FROHGEMUT Guten Morgen, Mister Smith!

ELSA *leise für sich* Ein entzückender Mensch!

VOGEL Freue mich sehr, Mister Smith!

SMITH Aber ich willen zuvor die Dame kennen gelernt haben.

VOGEL Darf ich Sie meiner Braut, Fräulein Klein, vorstellen?

SMITH Ouh, ich sähen das gut, Sie sain Klein, ich sain die *große* Verleger.

ELSA Ganz recht, Mister Smith, aber seine Braut bin ich nie gewesen. Ich bin nur sein Modell.

FROHGEMUT *scherzend* Elsa ist nämlich *meine* Braut.

SMITH Ouh! Elsa heißen Du? I say. Die baiden Herren straiten sich mit aiander, wessen die entzückende klaine Braut ist! Topp! Ich willen die Strait schlichten, Fräulein Elsa sain maine Braut.

ELSA Ich wäre schon einverstanden, Mister Smith.

SMITH Aber nicht zu scherzen, Fräulein Klain, bai uns in America scherzen man nicht mit das Ehe, und bai uns in America sain wir aine Mann von aine Wort. Ich lieben die Namen Lohengrin, Du sain maine Elsa und dürfen mir nicht fragen. Ich suchen eine entzückende klaine Lebensgefährtin aus die Land mainer Väter, topp, dann sain wir verlobt.

ELSA Das kann ich ja gar nicht so schnell fassen!

SMITH Ich schärzen nicht. Wir sain verlobt. Wenn wir geouesen sain wären bai uns in America, dann wären wir now schon getraut. Küsse mir Elsa und nenne mir Edward!

ELSA *zögert* Aber ich liebe nicht sehr den Namen Edward.

SMITH Nenne mir, wie Du willen, aber küsse mir, das muß!

ELSA *küßt ihn schüchtern und ungläubig* Eugen!

*Die beiden August stehen verduzt.* Ich bin ja soo glücklich!

SMITH *küßt sie feierlich* Bai uns in America lieben wir mit aine große Genuß diese große Moment von aine erste Kuß. Ich sain sehr fröhlich, daß auch Daine frühere Bräutigam dabai sain. Haißen ich now Eugen, nennen ich Dir Kitty!

ELSA My sonny boy!

VOGEL *blaß* Aber das soll doch wohl alles nur ein Scherz sein, Mister Smith! Aber bei uns in Deutschland ist das kein guter Scherz!

FROHGEMUT Das geht tatsächlich etwas weit, Mister Smith!

VOGEL Elsa, hör mir jetzt mit diesem Spiel auf!

ELSA Bist Du eifersüchtig, fein? Jetzt gönnt mir dieser Geizhals nicht einmal, meinen Verlobten zu küssen!

SMITH Well, Kitty sain main Braut, sie dürfen mir küssen, soviel ich willen, and when Sie das nicht willen, können wir ja gehen. Komm Kitty!

VOGEL Ich will Ihnen den Spaß nicht verderben, Mister Smith, für heute tun Sie, als ob Elsa Ihre Braut wäre. Morgen gehört sie mir wieder.

ELSA Das könnte Dir wohl so passen, August! Herr Vogel, wir sind geschiedene Leute!

VOGEL Du wirst noch zu mir zurückkommen!

ELSA Als Dein Modell? Niemals! *Leise zu Smith.* Er kann leicht jähzornig werden.

SMITH Well, Mister Bird, damit sie nicht werden jähzornig, – ouh, was sain das für aine schwierige Wort in Ihre deutsche Sprache, ich nur willen spielen main Roll bis to-morrow. Aber nun willen wir gehen.

FROHGEMUT *spielt* Darf ich gratulieren, Elsa?

ELSA *übertrieben* Ich bin ja s o o glücklich, August! Ich danke Dir!

VOGEL Dumme Scherze sind das!

FROHGEMUT Spiel doch auch mit, August!

VOGEL *beherrscht sich schwer* Darf ich Ihnen jetzt vielleicht einige Grabsteine zeigen, Mister Smith? Man nennt mich hier den besten Grabbildhauer. *Er deutet auf die Denkmalsentwürfe.*

SMITH Aber die sain für America zu traurig! Bai uns in America lieben wir aine lachendes Grabdenkmal, keep smiling! Aber wir willen nicht sähen aine trauriges Grabdenkmal an die Tag von unsere Verlobung!

VOGEL Aber Sie sind doch gar nicht verlobt!

SMITH Ich nicht verlobt! Sain Sie schon gezüchtigt mit aine Blindheit. Bai uns in America kennen wir noch aine Liebe auf aine erste Blick! Wenn die klaine Herz puckert in das Brust! Komm Kitty lassen wir ainander küssen.

ELSA *küßt ihn noch befangen* Mein Eugen!

VOGEL Sieben Jahre kenne ich Elsa nun schon, und mich hat sie niemals so geküßt! Von mir wollte sie nur immer Geld haben.

ELSA Weil ich weiß, daß das Dir Freude macht, August.

VOGEL Denkst Du vielleicht, mir eine Freude zu machen, indem Du den Americaner küßt?

ELSA Ich kann küssen, wen ich liebe, Du hast es nicht verstanden, meine Liebe zu erwerben. Das wird Dir genügen, August.

FROHGEMUT Spielt sie nicht ausgezeichnet, August?

VOGEL *verzweifelt* Nun hör endlich mit den dummen Scherzen auf, Elsa! Das kann doch nicht Dein Ernst sein!

ELSA *spielt, als ob sie spielte* Armer, kleiner August! *Streichelt ihn.* Sieh mal, der große Herr Verleger aus America, mein Verlobter, soll Deine Grabsteine veröffentlichen. Nun sei doch einmal vernünftig. Ich will Dir doch nur helfen, ich versuche ihn doch nur bei guter Laune zu erhalten, und Du begreifst das nicht. Denk an Deine traurigen Figuren und laß mich in Frieden!

SMITH Well, Kitty sprechen das Wahrhait! *Reicht ihm die Hand.* Schlagen Sie ain! Wenn Sie an diese Tag aine brave Mann gewesen sain werden, ich werden viellaicht morgen Ihre Grabstainen besichtigen.

VOGEL *indem er einschlägt* Aber wollen Sie nicht vielleicht wenigstens einen einzigen Blick .....?

SMITH Oh no! Ich wissen, daß Ihre Kunst traurig sain, das genügt mich. Aber wie viele tausend Dollar zahlen Sie für aine Veröffentlichung im voraus?

VOGEL Ich soll etwas zahlen? Ich habe gar kein Geld.

SMITH Bai uns in America zahlt aine Künstler für aine Veröffentlichung. Mister Frohgemut hat mich gesagt, daß Sie Geld haben, aber den nicht herausgeben willen. Komm, Kitty, lassen wir uns gehen.

FROHGEMUT August, Du denkst doch nicht, daß in Amerika jemand Dein Werk aus Begeisterung abbildet, weil es ihm gefällt. Du mußt natürlich dafür etwas zahlen. Aber dafür wirst Du große Aufträge erhalten, und dann kommt das Geld zehnfach wieder zurück.

VOGEL *verstimmt* Ihr wollt mich alle schröpfen!

FROHGEMUT Nun dachte ich, Du würdest Dich riesig freuen, daß ich Dir eine so billige Veröffentlichung in America verschaffen kann, und Du sagst, ich wollte Dich schröpfen! Du bist wirklich undankbar! Ich an Deiner Stelle hätte gesagt: »Dreitausend Dollar ist mir der Spaß wert, und das Werk meines Freundes August Frohgemut wird natürlich gratis mit veröffentlicht.«

SMITH Das tun ich schon aus Dankbarkait für Sie von selbst, wail Sie mich das Bekanntschaft mit diese interessante Grabsteinbildhauer vermittelt haben, Mister Frohgemut!

VOGEL Das ist eine ganz große Unverschämtheit!

FROHGEMUT Daß er mich abbilden will? Und Du willst mein Freund sein?

ELSA *geht zum Kommödchen* Soll ich das Geld eben holen? Nimmst Du auch deutsches Geld, Eugen?

VOGEL Halt! *Sie bleibt stehen.*

SMITH Ich nehme natürlich gern deutsches Geld!

VOGEL Gleich platze ich.

ELSA *streichelt ihn* Wolltest Du nicht uns doch alle vier zu heute abend einladen, Liebling?

VOGEL *plötzlich wieder ruhig* Mister Smith, mir kommt da eben eine große Idee, würden Sie meinen Freund und mich gratis veröffentlichen, wenn ein dritter für uns alle drei bezahlte?

SMITH Natürlich gern. Wer sain die Dritte?

VOGEL Das wird sich finden. Zuvor müssen Sie uns mit Ihrem Auto zu einem Freunde fahren, der sehr wohlhabend ist und sich ein Vergnügen daraus machen wird, für uns alle drei zu bezahlen. Lassen Sie mich das nur fingern. Mit Ihrem Auto sind wir in drei Stunden da.

SMITH Topp! das sain aine ganz große Idee, Ich stellen maine neue Wagen gern zur Verfügung. Sain das aine aalgemain aanerkaante große Künstler?

FROHGEMUT Ein ganz bedeutender Künstler ist er, Mister Smith. Ich hatte selbst schon daran gedacht. Nur wird es sich empfehlen, die Verhandlungen vorsichtig zu führen, da er sehr, sehr vornehm ist.

SMITH Ich wissen Bescheid. Wenn er nur zum Schluß wird zahlen.

VOGEL Da ist kein Zweifel, ich kenne doch seine großzügige Art. Wer so reich ist, wie der ...

SMITH Nain, das sain indeed aine ganz großes Idee, aine aalgemain aanerkaante große Künstler besuchen. Bai uns in America lieben wir aine jede aanerkaante große Künstler. Topp! Maine Wagen steht vor das Tür.

FROHGEMUT Wir wollen jetzt das Telegramm aufsetzen. Vielleicht gehen Sie schon mit Elsa voraus.

SMITH Well! Komm Kitty! *Mit Elsa ab.*

VOGEL *hat inzwischen geschrieben und liest*
»Kommen mit sehr, sehr vornehmem Besuch zum Diner, August und August.« Ich hoffe, das wird genügen.

FROHGEMUT Vollkommen. Ich glaube doch, daß wir einen Bombenerfolg haben werden.

VOGEL Ich bedaure nur, daß Elsa sich so von uns abgewendet hat.

FROHGEMUT Deine Schuld. Du verstehst es wirklich nicht, die kleinen Wünsche einer kleinen Frau zu achten! Aber vielleicht . . .?
*Vorhang.*

### II. AUFZUG

Dachkammer. Schweighelms Atelier

*Es ist das Wohnatelier von Schweighelm von Braun, der Raum ist sehr klein, ärmlich, schräg, fast leer. Einzige Möbel: ein ehemaliger Schreibtisch als Tisch, ein windschiefes Bett mit geblümtem rosa Bezug, dito geblümter lila Vorhang zum Verstecken der wenigen Anzüge, zwei alte ehemalig elegante Lederkoffer, ein Stuhl mit vier, einer mit nur drei Beinen, wenig aber verschiedenartiges Geschirr auf dem kleinen Kanonenofen und auf dem Schreibtisch.*
*Schweighelm allein, liest die Zeitung.*

SCHWEIGHELM *liest* Wieder ein Mädchenhändler gesucht! Das ist ja interessant. *Betrachtet die Abbildung.* Der sieht doch gar nicht so gefährlich aus, ganz sympathisch sogar.
*Es klopft.*

SCHWEIGHELM *liest still weiter.*

STIMME DRAUSSEN Machen Sie auf, Herr Baron, ich höre Sie doch schon.

SCHWEIGHELM *öffnet die Tür* Ach, Herr Meyer! Guten Morgen, Herr Meyer! Eigentlich bin ich zwar nicht zu sprechen, aber was verschafft mir denn die große Ehre?

MEYER Ehre? Spotten Sie nicht! Sie wissen es ganz genau, ich komme, um meine Miete zu holen.

SCHWEIGHELM Leider . . .

MEYER Reden Sie nicht, ich weiß schon, Sie haben wieder kein Geld. Seit sechs Monaten haben Sie keinen Pfennig bezahlt.

SCHWEIGHELM Seit sechs Monaten. Das ist doch undenkbar. Ja, gibts denn sowas?

MEYER *wiederholt ironisch* Ja, gibts denn sowas? – Mein Herr, ich werde Sie pfänden lassen!

SCHWEIGHELM Lieber Herr Meyer, es ist mir ja soo peinlich, aber Sie sehen doch, ich habe leider gar nichts zum Pfänden da. Aber darf ich Ihnen nicht wenigstens einen Stuhl anbieten? *Gibt ihm den Stuhl, bei dem ein Bein fehlt.*

MEYER Danke ergebenst, den Stuhl kenne ich. – Unverschämt! Bin schon wiederholt damit umgefallen.

SCHWEIGHELM Ach, wie kann man nur so vergeßlich sein! Das ist ja der Stuhl mit dem fehlenden Bein. – *Naiv.* Sie waren also der Herr, der seinerzeit damit umgefallen ist. Oh, das tut mir aber schrecklich leid, das ist mir außerordentlich peinlich. Wie oft sind Sie eigentlich schon damit umgefallen?

MEYER Das geht Sie gar nichts an! – Also wollen Sie jetzt zahlen, oder nicht?

SCHWEIGHELM Wollen? Gern, welche Frage! Natürlich sehr gern sogar. Ich will sehr gern alles mit Zinsen und Zinseszinsen bezahlen, das ist bei meiner guten Herkunft wohl selbstverständlich, nur bin ich im Augenblick nicht dazu in der Lage.

MEYER Darauf falle ich nicht mehr herein! Sie werden nie zahlen! Sie arbeiten ja gar nicht. Wann haben Sie denn Ihr letztes Bild gemalt, Sie Faulenzer? Haben Sie überhaupt schon einmal gemalt? Wo sind Ihre Arbeiten?

SCHWEIGHELM Sie bringen mich da wirklich in Verlegenheit, darüber kann ich Ihnen keine Auskunft geben. Sie können mir doch nicht vorschreiben wollen, diese oder jene Arbeit zu verrichten, wenn Sie auch mein Hauswirt sind, Herr Meyer.

MEYER Ich wette, Sie haben überhaupt niemals Bilder gemalt, Sie können überhaupt nicht malen. Mit welchem Recht nennen Sie sich denn dann überhaupt Künstler?

SCHWEIGHELM Herr Meyer, ich beantworte Ihnen gern jede Frage, aber das sind meine Privatangelegenheiten, Ihre Fragen sind persönlich.

MEYER Ja mein Gott, wie kann sich denn jemand Künstler nennen, wenn er niemals etwas gemalt hat? Auf die Leistung kommts an.

SCHWEIGHELM Herr Meyer, diese Frage ist gewissermaßen unpersönlich, die kann ich Ihnen beantworten.

MEYER Nun?

SCHWEIGHELM Also ganz allgemein gesprochen, es wäre denkbar, daß sich jemand mit Recht Künstler nennt, wenn er auch nie etwas gearbeitet hat, das optisch in die Erscheinung tritt. Denken Sie doch zum Beispiel an die Wissenschaftler, die studieren jahrzehntelang, und Sie sehen und hören nichts, denn sie speichern alles in sich auf, werden sogar Professoren und können dabei nichts vorzeigen. Meinen Sie etwa, diese Leute leisteten nichts?

MEYER Dann wollen Sie scheinbar auch Professor werden. Aber das ist doch alles Schwindel! Ein Maler ohne Bilder ist doch kein Maler?

SCHWEIGHELM Jetzt wollen Sie wieder persönlich werden, Herr Meyer, darauf kann ich natürlich als feiner Mann nicht antworten. Aber an sich wäre es doch immerhin denkbar, daß jemand auf der Kunstakademie wie ein Student jahrzehntelang studiert, sozusagen die ganze Atmosphäre der Kunst in sich aufnimmt und nun mit Recht Künstler genannt werden kann, auch ohne Bilder zu malen.

MEYER Aber was tut denn solch ein Künstler?

SCHWEIGHELM Er konzentriert sich.

MEYER *wiederholt ironisch* Er konzentriert sich! Und was nützt das? Und wovon wollen Sie Ihre Miete bezahlen, Herr von Braun? Mir kommts auf die Miete an.

SCHWEIGHELM Das lassen Sie nur meine Sorge sein, Herr Meyer, Bilder würden Sie ja sowieso nicht nehmen.

MEYER Stimmt. Aber verraten Sie mir, womit wollen Sie eigentlich Geld verdienen? Bitte sagen Sie nicht schon wieder, ich würde persönlich, antworten Sie mir einmal direkt, ohne auszuweichen.

SCHWEIGHELM Herr Meyer, ich bin noch nie jemand etwas schuldig geblieben. Woher ich das Geld nehme, das ist mein Geheimnis, ich habe da so ein gewisses System. Aber um Sie zu beruhigen, will ich Ihnen verraten, wenn es ganz unter uns bleibt, ... *Zögert.* Kann ich damit rechnen, Herr Meyer?

MEYER Ich bin verschwiegen wie ein Grabstein.

SCHWEIGHELM Gut, ich habe Ihr Wort. Ich bin nämlich einem schweren Verbrecher auf der Spur, einem Mädchenhändler, den ich sicherlich bald haben werde, und auf dessen Festnahme hunderttausend Mark gesetzt sind.

MEYER Donnerwetter! Wer ist denn das?

SCHWEIGHELM Sie werden es verstehen, Herr Meyer, daß ich darüber aus gewissen Gründen leider noch schweigen muß. Ein Mädchenhändler ist er, mehr kann ich zur Zeit noch nicht sagen.

MEYER Ach so! Das verstehe ich natürlich. Jetzt wird mir doch vieles klar. Sie sind also gewissermaßen Detektiv, und gar kein Künstler? Wie interessant!

SCHWEIGHELM Nennen Sie mich, wie Sie wollen. Detektive sind wir Künstler ja alle.

MEYER Das ändert natürlich die Sache grundlegend. Also dann machen Sie sich wegen der Miete bitte nur keine Sorgen, Herr Baron. *Es klopft.* Herr Baron ist heute morgen nicht zu Hause!

SCHWEIGHELM Das ist aber nett von Ihnen, Herr Meyer, daß Sie mich verleugnen.

STIMME VON DRAUSSEN Er ist nie zu Hause, wenn er da ist, das kennt man schon. Darf ich dann Sie vielleicht eben sprechen, Herr Meyer.

MEYER Ich bin hier nicht zu sprechen.

SCHWEIGHELM *öffnet die Tür* Ach guten Morgen, Herr Kommissar Mayer, ich erkannte Sie doch gleich an Ihrer Stimme. Nett, daß Sie kommen.

MEYER Woher wissen Sie eigentlich, daß ich Meyer heiße? Sind Sie etwa auch ein Detektiv?

GERICHTSVOLLZIEHER Gewissermaßen, Gerichtsvollzieher. Ich rede übrigens alle mir unbekannten Menschen »Herr Meyer« an, weil das meistens stimmt.

SCHWEIGHELM Sie kommen vermutlich, um zu pfänden, Herr Kommissar, aber leider ...

MEYER Sie wollen pfänden? Das gibts hier nicht, die Möbel haften mir für meine Miete. Und wäre sonst was da, haftete auch dieses für meine Miete.

GERICHTSVOLLZIEHER Ich weiß. Ich muß aber der Ordnung halber feststellen, daß hier nichts zu pfänden ist.

MEYER Schweigen Sie! Ihre Ordnung halber ist mir gleichgültig. Hier gilt es nur, wer den Vorzug hat, Sie oder ich.

GERICHTSVOLLZIEHER Natürlich habe i c h den großen Vorzug, einen Hauswirt wie Sie kennengelernt zu haben.

SCHWEIGHELM Aber meine Herren, bitte veruneinigen Sie sich doch nicht meinetwegen. Sie können es sich doch denken, wie unangenehm das m i r sein muß, zumal da doch keine Haftung da ist. Sie haben beide Ihre Vorzüge, meine Herren. Aber Sie meinen nicht Vorzug, Herr Meyer, sondern Vorrang. Den Vorrang haben Sie als Hauswirt. Ob Ihnen das zwar etwas nützen wird? ...

MEYER Das laß ich mir nicht bieten! *Ab.*

SCHWEIGHELM Auf baldiges gesundes Wiedersehen, Herr Meyer. *Zum Gerichtsvollzieher.* Wollen Herr Kommissar nicht bitte nähertreten? Wenn ich auch leider momentan doch nichts zum Pfänden da habe.

GERICHTSVOLLZIEHER Daß nichts da ist, ist doch eine Selbstverständlichkeit bei Ihnen. Bei Künstlern ist leider oft nichts zum Pfänden da. Aber manchmal finden sie dann wieder schnell einen Mäzen, und dann ist plötzlich manchmal was da, manchmal auch nicht.

SCHWEIGHELM Übrigens habe ich früher einmal eine gute Zeit gehabt, Herr Kommissar. Meine Glanzzeit war, als ich noch jung und Student der Kunstakademie war. Gearbeitet habe ich nie, denn ich war stets der Ansicht, daß nur d e r malen soll, der wirklich etwas Neues zu sagen hat. Aber ich hatte von Haus aus viel Geld und immer gute Freunde, und da fiel mir nichts Neues ein.

GERICHTSVOLLZIEHER Sie haben sehr lobenswerte Grundsätze, Herr von Braun. Ich schätze Sie darum als Künstler sehr hoch, wissen Sie das? Leider habe ich nie Werke von Ihrer Hand gesehen.

SCHWEIGHELM Ich habe auch keine. Ich habe meine Grundsätze befolgt. Es wäre grundfalsch für mich, zu malen. Sehen Sie, so wie Sie, schätzt mich jeder als großer Künstler, ich kann mir meinen Ruf nur verderben, wenn ich zu malen beginne, und auf den Ruf kommt es an.

GERICHTSVOLLZIEHER Das sind wirklich sehr lobenswerte Grundsätze, Herr von Braun! Sie könnten es noch zu etwas bringen und sehr reich werden.

SCHWEIGHELM Wir Künstler sind immer reich, daher schätzen wir den Reichtum des Geldes nicht mehr, als er wert ist. Der innere Reichtum das ist es, worauf es beim Künstler stets ankommt. Darum wenn wir Geld haben, geben wir es aus, um etwas zu erleben und an innerem Wert zu gewinnen. Geld lieben wir nur, um es wieder weggeben zu können. Das war einmal, und darauf kommts nicht an. Wären Sie zum Beispiel vor zehn Jahren zu mir gekommen, als ich noch Geld hatte, dann hätte ich Sie zu einem ganz großen Frühstück eingeladen, doch jetzt esse ich selber trockenes Brot. Es ist eine Ironie des Schicksals, daß es gerade einen so ausgesprochenen Künstler der Zunge wie mich mit trockenem Brot abspeist. Sie ahnen es ja nicht, Herr Kommissar, welche Talente da verkümmern müssen! Aber wollen der Herr Kommissar nicht bitte Platz nehmen? *Bietet ihm den dreibeinigen Stuhl an.*

GERICHTSVOLLZIEHER Danke verbindlichst, Herr Baron, aber ich kenne doch diesen Stuhl aus Erfahrung, ich weiß doch, daß er nur drei Beine hat. Ich möchte nicht gern noch einmal damit umfallen.

SCHWEIGHELM Ach bitte verzeihen Sie, Herr Kommissar, wie kann man nur so vergeßlich sein. Eigentlich ist das ja mein Lieferantenstuhl.

GERICHTSVOLLZIEHER *lacht* Verstehe, verstehe, wirklich zu originell, wer mehrere Male drauf hereingefallen ist, der bleibt in Zukunft mit seinen Rechnungen zu Hause. Sie sind wirklich ein ganz großer Lebenskünstler, Herr von Braun, wissen Sie das?

SCHWEIGHELM Herr Kommissar, Sie glauben es nicht, wie oft es mir peinlich ist, meine Rechnungen nicht immer bezahlen zu können, aber der Mensch gewöhnt sich wirklich an alles. Ich bedaure meine Gläubiger wie ich meine eigene kritische Lage bedaure, aber ich kann doch nichts daran ändern, jetzt wenigstens noch nicht. Ich glaube aber trotz allem fest an meinen guten Stern. – Aber halte ich Sie auch nicht auf, Herr Kommissar?

GERICHTSVOLLZIEHER Durchaus nicht, Herr von Braun, ich unterhalte mich so gern mit einem Künstler, besonders mit Ihnen. Ein Künstler, besonders, wenn er in Not ist, ist für uns einfache Menschen immer interessant. Oft sage ich zu mir, daß doch eigentlich ein Künstler in Not sein muß, um richtig schaffen zu können.

SCHWEIGHELM Man sagt das oft so, doch ist es grundfalsch. Ein wirklich großer Künstler sollte nie in Not kommen, damit er nicht zum Arbeiten verleitet wird, denn aus Not kann niemand schaffen, auch nicht der Künstler.

GERICHTSVOLLZIEHER Sie sagen immer so interessante Dinge, Herr von Braun, ich könnte Ihnen den ganzen Tag so zuhören, Sie sind doch der reinste Philosoph! Manchmal denke ich so über Sie nach, und dann denke ich so in meinem Laienverstande, müssen Sie wissen, sollte nicht ein geschickter Kunsthändler gerade aus Ihnen ein Genie machen können? Bei ihnen fehlt doch eigentlich nichts, was dazu gehört. Sie sind adelig, waren einmal schwerreich, leben jetzt in ärmlichen Verhältnissen und werden voraussichtlich, wenn Sie ein großer Meister geworden sind, im größten Luxus weiterleben. Sie haben eine Karriere, wie sie nur ganz auserlesene geniale Menschen machen. Sie werden dann Geld, Ruhm, Macht, Frauen, kurz alles haben, was man erstrebt.

SCHWEIGHELM Recht haben Sie Herr Kommissar, aber, aber. Sie

definieren den Begriff des Genies nicht ganz richtig, nicht auf persönlichen Adel und Reichtum kommt es an, nicht der beispiellose Aufstieg von Armut zu Luxus, Ruhm, Macht, Frauen ist wichtig für das Genie, sondern nur das innere Wachsen. Das Genie irrt sich nicht, auch wenn es sich einmal irrt. Das Genie erkennt das Wesen aller Dinge; ihre Belanglosigkeit. Wo fände ich den Mäzen, der mich erkennt und auf den banalen Ausdruck meiner Gefühle im Kunstwerk verzichtet? Die blöde Masse will ja heute immer noch beim Künstler das Werk sehen und bewundern und nicht ihn selbst. Aber ich kann mich nicht entschließen, das, was in mir arbeitet, im Bilde festzuhalten. Ich verzichte auf die Ausführung meiner großen Gestalten, da ich das rein Handwerkliche im Bilde verachte.

GERICHTSVOLLZIEHER Eigentlich begreife ich nicht, weshalb der Künstler überhaupt arbeiten soll? Ist es nicht viel wichtiger, daß die Presse gut über ihn schreibt? Ist es nicht viel wichtiger, daß er einen großen Verleger findet, der immer wieder aus seinem interessanten Leben der staunenden Menschheit die unerhörtesten Einzelheiten berichtet? Was kümmert den Betrachter eigentlich das Lebenswerk selbst, genügt es nicht zu wissen, daß der Künstler emsig daran arbeitet? Oder, daß der Künstler mit den und den hervorragenden Frauen Umgang pflegt? Darauf kommt es doch am meisten an. Sehen Sie, und davon könnten Künstler und Verleger beide gut leben, und der Gerichtsvollzieher würde unnötig werden. Das Publikum müßte sich nur daran gewöhnen, statt des Werks von Zeit zu Zeit den Künstler selbst gegen Eintritt zu besichtigen. *Er setzt sich aufs Bett.* Haben Sie eigentlich keine Freunde?

SCHWEIGHELM Ich Freunde? Herr Kommissar, Sie sind zur Zeit mein einziger männlicher Freund. Ich habe nur noch eine arme Freundin, Sie kennen doch das Sprichwort von den Freunden in der Not.

GERICHTSVOLLZIEHER Ich sehe hier nämlich gerade auf Ihren Frühstückstisch, Herr von Braun.

SCHWEIGHELM Darf ich Ihnen vielleicht etwas anbieten, Herr Kommissar?

GERICHTSVOLLZIEHER Danke nein, so wars nicht gemeint. Aber wir kennen uns nun schon manches Jahr, leider zwar immer nur dienstlich, und ich komme gern zu Ihnen, weil Sie so menschlich zu mir reden, wenn ich auch nur ein Gerichtsvollzieher bin. Herr Baron, wenn ich kein Beamter, sondern ein freier Mensch wäre wie Sie, ich würde Sie um Ihre Freundschaft bitten. Jetzt aber bleibt mir leider nichts anderes übrig, als Ihnen mein kleines, bescheidenes Butterbrot anzubieten. Wollen Sie es nicht bitte mit aufessen?

SCHWEIGHELM Herr Kommissar, das rührt mich!

GERICHTSVOLLZIEHER *reicht ihm das Butterbrotpaket* Bitte!

SCHWEIGHELM *indem er ißt* Herr Kommissar, Sie sind ein wahrhaft edler Mensch. Sie sind mein erster Mäzen. Sie wollen mir helfen, Sie sollen dazu Gelegenheit erhalten. Mein Freund sind Sie schon lange, das ist ja selbstverständlich. Zu Ihnen, Herr Kommissar habe ich das vollste Vertrauen. Ich könnte Ihnen sogar eine Bitte aussprechen, die ich bei anderen Menschen nicht einmal zu denken wagen würde.

GERICHTSVOLLZIEHER Sie machen einen einfachen Menschen glücklich, Herr von Braun. Welche Bitte wollen Sie mir bitte aussprechen?

SCHWEIGHELM Herr Kommissar, würde es Sie sehr beschweren, wenn ich Sie bitten würde, mir zwanzig Mark zu leihen?

GERICHTSVOLLZIEHER Nicht im geringsten, Herr von Braun, ich freue mich immer sehr, wenn ich einem Manne wie Ihnen gefällig sein kann. Aber leider habe ich nur zehn da.

SCHWEIGHELM Dann muß das erst einmal genügen, Herr Kommissionsrat, ich wäre Ihnen für jeden Betrag dankbar und würde ihn selbstverständlich prompt zurückzahlen.

GERICHTSVOLLZIEHER Machen Sie sich deshalb bitte keine Sorgen, Herr von

Braun. Sie beschämen mich. Ich kenne ja leider Ihre Verhältnisse zu genau. Können Sie vielleicht auf zwanzig Reichsmark zurückgeben?

SCHWEIGHELM *nimmt das Geld und steckt es in sein Portemonnaie* Leider nicht, Herr Kommissar, ich denke aber, Ihnen dann das ganze Geld auf einmal zurückzuzahlen.

GERICHTSVOLLZIEHER *gibt sich zufrieden* Man soll die Kunst unterstützen.

SCHWEIGHELM Mein Mäzen Mayer! Empfangen Sie meinen allerherzlichsten Dank. Sie sollen nicht auf Rückzahlung zu warten brauchen. *Es klingelt.* Bin nicht zu Hause. *Es klingelt weiter.* Wie oft soll ich denn noch sagen, daß ich nicht zu Hause bin?

GERICHTSVOLLZIEHER Herr von Braun ist nicht da, hören Sie es denn nicht?

STIMME Aufmachen, hier ist der Gerichtsvollzieher!

GERICHTSVOLLZIEHER Das dürfte wohl nicht stimmen, der zuständige Gerichtsvollzieher bin ich.

STIMME Machen Sie doch auf, hier g u t e r Mensch.

SCHWEIGHELM *öffnet* E i n g u t e r M e n s c h, das muß man gesehen haben, denn das ist sehr selten.

REISENDER *tritt ein, öffnet seinen Musterkoffer und breitet aus. Dann beginnt er plötzlich äußerst schnell zu reden* Das gibt es noch, meine Herren, einen guten Menschen, das gibt es noch. *Stellt sich auf.* Meine Herren, wie Sie mich hier so vor sich sehen, bin ich der Herr Vertreter der Weltfirma Fafafa. Die Firma Fafafa ist die alleinige Herstellerin der einzig echten Fafafa-Farben. Ich stotottere nicht, wenn ich zu Ihnen Fafafa-Farben sage, denn die heißen so. Wenn Fa gut ist, ist Fafa besser und Fafafa ist beste Qualität. Und jetzt werden Sie ermessen können, wie gut die Fafafa-Farben sein müssen. – Lassen Sie mich ausreden! – Darüber hinaus hat nun meine Firma das Fafafa-Leileileinen eingeführt, welches auf Fafafa-Rararahmen gespannt und mit Fafafa-Bibibildern für tatatalentvolle Künstler gezeigezeigezeitigt hat. – Auf die Menge kommt es an. Unterbrechen Sie mich nicht! – Sie denken nun, daß ich Ihnen die Fafafa-Fabrikate verkaufen will, mitnichten, meine Herren ä – Lassen Sie mich weiterreden! – Die Firma Fafafa wendet sich nun an die allerbegabtesten und allertalentiertesten Genies der Welt, darauf kommt es an. Nur Prominente kommen in Frage. Ja, sowas gibt es noch! – Unterbrechen Sie mich nicht, ich bin gleich zu Ende! – Die Firma Fafafa erlaubt sich dem Herrn Kunstmaler Braunhelm von Schweig, Wilhelm von Braunschweig, Verzeihung, Schweighelm von Braun ein Mustersortiment Fafafa gratis anzubieten. Schweigen Sie weiter, Herr Helm! – Sie brauchen nur einen Revers zu unterschreiben, daß Sie von allen Bildern, die Sie in Zuzuzukunft fafafakaufen, der Firma Fafafa zwanzig Prozent des Erlöses abgeben. Ist das christlich? Sehen Sie mich mal an, gibt es noch gute Menschen? – Nun reden Sie! – Nun reden Sie bitte!

SCHWEIGHELM Aber ich, ich mamamale ja gar nicht!

REISENDER Jetzt stototottern Sie! – Aber das schadet nichts, tut nichts zur Sache, darauf kommts nicht an, ich bin es gewohnt, Widersprüche zu fafascheuchen. Daß Sie nicht malen, schadet nichts, denn das Material der Fafafa malt automatisch von ganz alleine. Sie werden sozusagen Fafafa-Fabrikant, der in Paris neuste Künstlertyp, und leben von Ihrer Rente als Fafafazist.

SCHWEIGHELM Fafafabelhaft? Das ist ja ganz fafamos! Nur weiß ich nicht ob ich nun fafafasziniert oder fafafarrückt bin?

REISENDER Fafafarrückt – sind Sie nicht!

GERICHTSVOLLZIEHER Ein ganz fafafluchter Kerl, ich komme mir wie von allen Geister fafafalassen vor!

REISENDER Sind der Herr vielleicht auch ein Prominenter?

GERICHTSVOLLZIEHER Jawohl, ein prominenter Vollziehungsbeamter des Gerichts.

REISENDER Das ist mir einerlei! Malen Sie, Herr Vollzugsrat, malen Sie, Sie werden mit den automatischen Fafafarben, während Sie selbst Ihrem Vollzug nachgehen, die schönsten Ölgemälde fafafabrizieren, auf die Qualität kommt es an.

GERICHTSVOLLZIEHER Das ist ja entsetzlich, noch mehr Ölgemälde in die Welt zu setzen! Es kommt doch nicht auf die Menge an! Selbst bei qualitätvollen Kunstwerken ist die Menge belanglos. Ich danke Ihnen sehr, Herr Rat, Herr Kommissionsrat, Ihr Angebot ehrt mich, aber ich muß jetzt gehen. Auf Wiedersehen allerseits! *Während er geht, kommt gleichzeitig Friederike herein.*

FRIEDERIKE Guten Morgen, Schweighelm, was ist denn hier los? Ich höre immer Fafafa?

SCHWEIGHELM Das ist der Herr von Fafafa. – Aber wenn Sie jetzt nicht mamamachen, daß Sie rauskommen, dann papapassiert noch was! – Rrraus! Sagen Sie nicht, daß ich kein höflicher Mensch wäre, aber stottern kann ich nun einmal nicht leiden!

REISENDER Stototottere ich denn etwa?

SCHWEIGHELM *laut werdend* Raus! *Er sieht so bedrohlich aus, daß der Reisende geht.*

REISENDER *hinausgehend* Die Uuuuuuu unterschrift!

SCHWEIGHELM Ra ra ra ra ra raus! *Reisender geht, Schweighelm setzt sich erschöpft auf den Vierbein.*

FRIEDERIKE Was ist denn los, mein Guter?

SCHWEIGHELM *mit erhobener Stimme* Was los ist? Der Mann da will mich zum Arbeiten verleiten! Ich soll Bilder malen! Das ist unmoralisch! Das ist Kitsch! Dazu ist mir meine Kunst zu heilig!

FRIEDERIKE *begütigend* Nun beruhige Dich doch, Schweighelmchen!

SCHWEIGHELM Ich könnte jetzt alles kakaputtschlagen! – *Beruhigt sich etwas.* Sei mir nicht böse, Friederike, daß ich ausfallend geworden bin, aber mir ist die Geduld gerissen.

FRIEDERIKE Wenn Du keine größeren Sorgen hast, sei froh!

SCHWEIGHELM *wieder aufgebracht* Was willst Du?

FRIEDERIKE Hör mich doch einmal ruhig an! – Nicht so große Augen machen! – Vielleicht hat der böse Herr Fafafa doch nicht ganz so unrecht! Schweigi, sieh mich nicht so durchdringend an, ich meine es doch gut mit Dir!

Aber wie willst Du zu Geld kommen, ohne zu arbeiten?

SCHWEIGHELM Du redest, wie Du es verstehst! Bist Du der Hauswirt Meyer?

FRIEDERIKE Hör mich doch einmal ruhig an! Ich kenne ja Deine Prinzipien, Du willst nur malen, wenn Du es besser kannst als Deine Kollegen, und da Du Dir nur zutraust ebenfalls Mittelmäßiges zu malen, verzichtest Du ganz darauf. Ist es nicht so? Aber dafür mußt Du eben hier ärmlich weiter leben. Du, der geboren ist, ein großes Leben zu führen. Es kommt darauf an, seinen Stil zu leben. Hatte der Herr Fafafa nun so Unrecht?

SCHWEIGHELM *verschmitzt* Und er hatte doch Unrecht, denn ich habe Glück.

FRIEDERIKE *ärgerlich* Glück? – Glück nennst Du das? Sieh Dich doch einmal hier um, ist das etwa Glück? Da steht ein Stuhl mit nur drei Beinen, da steht eine Tasse ohne Henkel, essen kannst Du nur zweimal am Tage, und dann nur das Allerbilligste, und das soll Glück sein?

SCHWEIGHELM Und ich habe d o c h Glück. Habe ich nicht Dich? Sieh nicht weg, Friederike, in Deinen Augen wohnt mein Glück, und auf das Glück kommt es an. – So, nun zeig mir, daß das Glück auch auf Deinen Lippen wohnt. *Er küßt sie.* Und wenn das nun so weitergeht, werden wir bald viele Stühle mit vielen Beinen haben. Wir werden die besten Tassen mit den geschmackvollsten Untertassen haben, in einem Palast wohnen und nur noch Menüs mit galonierten Dienern essen. Was sagst Du nun?

FRIEDERIKE Phantast!

SCHWEIGHELM Kein Phantast, ich habe heute zum Beispiel w i r k l i c h Glück. *Er winkt mit dem Zwanzigmarkschein.* Was ist das hier?

FRIEDERIKE Z w a n z i g M a r k ! – Z w a n z i g Mark?

SCHWEIGHELM Es sieht fast so aus.

FRIEDERIKE Und was machen wir damit?

SCHWEIGHELM Einkaufen.

FRIEDERIKE Ich soll einkaufen?

SCHWEIGHELM Was Du willst!

FRIEDERIKE Ich wüßte schon was, Gänseleberpastete.

SCHWEIGHELM Was Du willst, das Geld gehört Dir.

FRIEDERIKE Nein, uns gehört es.

SCHWEIGHELM Nein, Dir allein!

FRIEDERIKE Ich gehe jetzt, für uns einkaufen.

SCHWEIGHELM Geh nur schnell, bevor der Traum zerrinnt.

FRIEDERIKE *erschreckt* Ja, ist denn das etwa nur ein Traum? – Rüttle mich, Schweighelm, zieh mich am Ohre, ich muß wissen, ob ich träume! – *Sie zieht sich selbst am Ohre.* Au! Das tut ja weh! – *Jubelnd.* Ich träume nicht, das Geld ist . . .

SCHWEIGHELM Unecht!

FRIEDERIKE Erschreck mich nicht so, es kann nicht unecht sein! Wetten, daß es echt ist? Ich kaufe dafür echte Sachen! *In der Tür.* Was meinst Du zu Moselwein? *Ab.*

SCHWEIGHELM *setzt sich verzückt auf den Dreibein, welcher mit ihm umfällt. Resigniert.* Das muß gerade mir passieren! Das ist der Fluch des Geldes! Der Lieferantenstuhl! *Er lacht. – Es klingelt, Schweighelm steht wieder auf.*

STIMME DRAUSSEN Eiltelegramm!

SCHWEIGHELM Eiltelegramm? *Eilt zur Tür und öffnet.* Da muß ich eilen.

BOTE Zwanzig Pfennig Bestellgebühr!

SCHWEIGHELM *sucht nach Geld. Wird aufgeregt, wirft dabei den Rest Geschirr um, welches zerbricht.* Ich bitte vielmals um Entschuldigung, aber ich kann nichts finden!

BOTE Beeilen Sie sich bitte, ich habe keine Zeit.

SCHWEIGHELM Und ich habe kein Geld!

BOTE Das wußten Sie doch schon vorher, nehmen Sie doch meine Zeit nicht so in Anspruch, sonst nehme ich das Telegramm gleich wieder mit.

SCHWEIGHELM Ich beschwöre Sie, lassen Sie es hier. Es ist vielleicht wichtig für mich, eine Einladung oder eine Erbschaft. Sie werden einsehen, daß ich da aufgeregt bin.

BOTE Ich bin Telegraphenbote, ich sehe nichts ein.

SCHWEIGHELM *versucht, es ihm zu entreißen* Geben Sie es her, ich muß es haben.

BOTE *hält es fest* Das ist Widerstand gegen die Staatsgewalt, wissen Sie das? Auf Aufruhr ruht Todesstrafe.

SCHWEIGHELM *fällt auf die Knie* Verschonen Sie mich bitte und geben Sie einem unglücklichen Künstler das an ihn gerichtete Telegramm! Ich werde Ihnen ein Denkmal setzen lassen! Mein alter Freund ist Grabbildhauer.

BOTE *kalt* Ich habe meine Vorschriften.

SCHWEIGHELM *steht auf* Nehmen Sie ein Pfand?

BOTE Bin ich ein Leihhaus? Ich darf keine Pfänder annehmen.

SCHWEIGHELM Dann leihen Sie mir doch bitte die 20 Pfennig!

BOTE Bin ich ein Bankhaus? Wer garantiert mir für Rückzahlung?

SCHWEIGHELM Ach bitte nehmen Sie doch Platz! *Bietet ihm den Stuhl mit den drei Beinen an.*

BOTE Das gibt einen Unfall, das sehe ich schon jetzt. Danke sehr!

SCHWEIGHELM Was beabsichtigen der Herr denn zu tun?

BOTE Die Auskunft darf ich Ihnen nicht verweigern. Das Telegramm geht heute abend zur Post zurück und liegt dort für Sie zur Abholung morgen früh ab 9 Uhr bereit. Dann kostet es nichts mehr.

SCHWEIGHELM *verzweifelt* Was nützt mir das?

BOTE Das entzieht sich meiner Kenntnis. Aber meine Zeit ist jetzt um. *Will weiter.*

SCHWEIGHELM Ach, warten Sie doch bitte nur noch 5 Minuten – 2 Minuten – eine Minute. Dann kommt meine Braut mit Geld zurück.

BOTE *setzt sich auf den dreibeinigen Stuhl, ohne umzufallen* Man ist ja gern gefällig!

SCHWEIGHELM Sie sind als Beamter wirklich ein reizender Mensch!

BOTE Erstens liebe ich keine Komplimente für korrekte Pflichterfüllung, zweitens bin ich unbestechlich, und drittens ist es mir lieber, Sie unterhalten sich mit sich allein. *Es vergeht eine stille Minute, niemand sagt etwas. Bote balanciert auf dem Stuhl, ohne umzukip-*

*pen. Schweighelm geht aufgeregt um ihn herum und knirscht mit den Zähnen.*

FRIEDERIKE *kommt schnell zurück, ohne den Boten zu bemerken* Die Gänseleberpastete, der leichte Mosel, -- *Sie stellt die Sachen immer auf den alten Schreibtisch und bemerkt auch Schweighelms Aufregung nicht.* Eau de Cologne ist übrigens teurer geworden. Hier, diese reizenden Nachtschuhe habe ich für mich gekauft. *Der Bote beginnt zu zittern.* Für Dich einen warmen Schlafrock. Habe ich das wohl fein gemacht?

SCHWEIGHELM Endlich komme ich auch einmal zu einem Wort! Hast Du zufällig 20 Pfennig da?

FRIEDERIKE 20 Pfennige? Nein, ich habe bis auf 10 Pfennige alles ausgegeben.

BOTE *steht auf* Dann kann ich wohl gehen?

SCHWEIGHELM Geben Sie es denn nicht für 10 Pfennige ab? Sie sind doch gern gefällig.

BOTE Bitte mich nicht zitieren zu wollen! Außerdem tut es mir unendlich leid, daß ich als Vertreter des Staates nicht in der Lage bin, mich auf Verhandeln einzulassen.

SCHWEIGHELM Also Herr Obertelegraphendirektor, können Sie mir denn nicht für 10 Pfennige das halbe Telegramm aushändigen?

BOTE *überlegt kurz* Jawohl, dazu fühle ich mich voll berechtigt. Wünschen der Herr die linke oder die rechte Hälfte?

SCHWEIGHELM Bitte die obere.

BOTE *öffnet das Telegramm, knickt es sauber in der Mitte durch, nimmt ein Messer aus der Tasche und zerschneidet es in der Mitte, dann gibt er gegen das Geld Schweighelm die obere Hälfte ab und geht schnell.*

SCHWEIGHELM *liest* »Kommen mit sehr, sehr vornehmen Besuch zum Diner.« Die Unterschrift hat der Kerl gerade abgeschnitten.

FRIEDERIKE Wer kann denn das sein? *Nimmt das Telegramm und liest ebenfalls:* »Kommen mit sehr, sehr vornehmen Besuch zum Diner.«

SCHWEIGHELM Morgen kann ich mir die Unterschrift von der Post abholen, aber dann sind sie längst hier gewesen.

FRIEDERIKE Wenn wir nur wüßten, wer kommen wird! Ahnst Du es denn nicht?

SCHWEIGHELM Sicher sind es gute, alte Freunde von mir, die mich einmal wieder sehen wollen. Friederike, ich habe heute meinen Glückstag.

FRIEDERIKE Ich freue mich ja so, Schweighelm, daß wir die guten Sachen eingekauft haben.

SCHWEIGHELM Aber Du denkst doch nicht etwa, daß wir mit Eau de Cologne unsere vornehmen Gäste bewirten können? Da werde ich schon im Fürstenhof ein gutes Diner für uns bestellen müssen.

FRIEDERIKE Denkst Du denn auch daran, wer es bezahlen wird?

SCHWEIGHELM Ich sicherlich nicht, natürlich meine Freunde. Ich kenne doch meine Freunde!

FRIEDERIKE Dann werde ich jetzt das Frühstück für uns machen?

SCHWEIGHELM Lieber nicht. Dafür bin ich jetzt viel zu aufgeregt. Wir beiden werden unsern Lunch ebenfalls im Fürstenhof einnehmen. Willst Du mir bitte eben meinen Frack geben?

FRIEDERIKE *holt den grün gewordenen Frack hinter dem geblümten Vorhang hervor.* Hier ist der Frack.

SCHWEIGHELM *probiert ihn über, der Frack sieht sehr abgetragen und etwas komisch aus.* Famos, wie in alten Zeiten. Sag mal, eigentlich sieht der Frack doch noch sehr gut aus und sitzt mir wie angegossen!

FRIEDERIKE Sehr gut. Und wie er Dir steht! Einfach vornehm!

SCHWEIGHELM Das Glück ist heute über uns gekommen! Siehst Du, daß es doch auf das Glück ankommt?

FRIEDERIKE Das Glück, ja, das Glück!

*Vorhang.*

III. AUFZUG

Tanzdiele im Fürstenhof

*Die Tanzdiele ist vollkommen neu hergerichtet, elegant, aber kalt, sieht aus wie eine große Marmorbadewanne.*
*Wenn der Vorhang sich hebt, ist die Bühne leer. Draußen hört man Amadeus, den Geschäftsführer, mit Braun sprechen, zuerst undeutlich, dann klarer werdend, bis beide eintreten.*

AMADEUS Aber gewiß! – – – Selbstverständlich – – – Kann ich verstehen – – – *Zuerst hört man nur ihn, weil er die lautere Stimme hat.*

SCHWEIGHELM *noch draußen* Wo sollen wir Platz nehmen?

AMADEUS *mit Schweighelm und Friederike eintretend* Vielleicht hier in der Tanzdiele, die ist gerade heute frei.

SCHWEIGHELM Können Sie verstehen, Herr Geschäftsführer, daß ich sehr aufgeregt bin?

AMADEUS Aber selbstverständlich, Herr Baron, das kann ich gut verstehen.

SCHWEIGHELM Also Sie können sich kein Bild von meiner Aufregung machen.

AMADEUS Vielleicht kein klares Bild, aber ich begreife es immerhin und bemerke es an Ihnen ein wenig.

SCHWEIGHELM Ich bin lange nicht so aufgeregt gewesen wie heute.

AMADEUS Begreiflich, wenn man unvorbereitet so sehr, sehr vornehmen Besuch erwartet.

SCHWEIGHELM Wenn ich den Fürstenhof nicht hätte, ich wüßte mir tatsächlich nicht zu helfen. Ich kenne doch meine Freunde. Das Beste ist ihnen noch immer nicht gut genug. Ich kenne sie doch. Dafür haben wir lange genug in Freundschaft miteinander gelebt. Wie manchen guten Tropfen haben wir nicht zusammen ausgetrunken. Immer die besten Weine! Wie manches gute Diner haben wir nicht zusammen aufgegessen, immer in den vornehmsten Hotels. Ich kenne doch meine Freunde.

AMADEUS Und sich selbst sicherlich auch. Sie sind ein Mann, der sicherlich auch nur beste Weine trinkt und nur in besten Hotels diniert. Man kennt doch seine Leute sofort. Darin habe ich nun doch Erfahrung gesammelt. Wenn man 25 Jahre lang Geschäftsführer des Fürstenhofes ist, dann hat man einen Blick für Menschen und Menschen gewonnen. Auf die Erfahrung kommt es an. Wenn hier manchmal Leute kommen, und sind noch so fein angezogen, und tun gar, als ob sie zur vornehmen Gesellschaft gehörten, dann pflege ich nur den Oberkellner zu schicken, das genügt. Aber bei Ihnen komme ich selbst, der Fall ist mir viel zu interessant.

SCHWEIGHELM Sie verstehen sich doch auf Ihre Menschenkenntnis.

AMADEUS Ein Künstler ist immer eine besondere Persönlichkeit. Ich bedaure nur, daß sie heute nicht mehr in Samtjacke und mit Schlapphut gehen, die Herren Künstler, die Haare im Winde flatternd. Ja, kommt es nicht darauf an, daß man ihnen den Künstler gleich ansieht. Jede bessere Familie sollte sich ihren Hauskünstler leisten und sich an ihm bilden. Statt dessen fahren diese Menschen im Auto in minderwertigen Gegenden herum, treiben Sport und baden gar. Ja, das Baden ist der Gipfel der Gemeinheit. Ein Volk, welches badet, kann nie hohe Kultur erlangen.

SCHWEIGHELM Recht haben Sie, Herr Geschäftsführer, der Mensch soll nur seine Seele baden. Dazu soll er aber fleißig essen.

AMADEUS Wie fein Sie überzuleiten wissen. Verzeihen sie, daß ich abgeschweift war.

SCHWEIGHELM Oh, jetzt bin ich betrübt über mich selbst. Ich muß es doch sehr plump gesagt haben, daß Sie es gleich verstehen. Sehen Sie, so etwas kann ich mir schwer verzeihen. Der Mensch soll stets fein reden, durch Vornehmheit unterscheidet er sich vom Tiere. – Aber nun zu Ihrer ausgezeichneten Küche. Sie werden begreifen, daß ich für meine Freunde etwas Großes haben muß, etwas Außerordentliches, etwas ganz Großes, denn meine Freunde kennen meinen auserlesenen Geschmack. Meinst Du nicht auch, Friederike?

FRIEDERIKE Nun komm doch schon bald aus Deiner Vorrede heraus! Von Worten werden Deine Freunde nicht satt werden.

AMADEUS Ganz recht, gnädiges Fräulein. Aber Sie sollen alle zufriedengestellt werden, unsere Küche ist anerkannt gut.

SCHWEIGHELM Dafür sind Sie ja auch nicht gerade billig!

AMADEUS Ein angesehener Künstler wie Sie, Herr Baron, kann aber seinen Freunden nichts Billiges vorsetzen. – Also, Sie wollen heute abend bei uns dinieren. Dann müssen wir wissen, wann, wieviele Gänge und wieviele Personen.

SCHWEIGHELM Das ist leichter gefragt, als beantwortet. Allenfalls könnten wir schon jetzt die Zahl der Gänge bestimmen, ich dachte etwa zehn. Aber die Zahl der Personen muß natürlich freibleiben. Kann Ihnen zum Beispiel irgend ein regierender Fürst schon des Morgens angeben, mit wievielen Personen und wann er zu Abend speisen will?

AMADEUS Sie haben ja durchaus Recht, Herr Baron, meine Frage war unüberlegt. Aber darf ich vielleicht wegen der Auswahl unsern Küchenchef hinzuziehen?

SCHWEIGHELM Ich bin durchaus Ihrer geschätzten Ansicht, Herr Geschäftsführer, würde aber darüber hinaus noch bitten, auch die Herren Oberkellner und den Herrn Servierkellner zur Konferenz mit hinzuzuziehen. Ich bin stets für ganze Arbeit.

AMADEUS Ich begreife Sie sehr gut, Herr von Braun, ich werde die Herren sofort holen lassen.

SCHWEIGHELM Einen Augenblick noch. Ich habe nämlich zufällig heute den ganzen Tag Zeit. Wenn es Ihnen Recht ist, werde ich mit meiner Braut gleich hier bleiben, wir trinken dann vielleicht eine kleine Flasche Wein, essen eine Kleinigkeit und überwachen dabei das ganze Diner vom ersten Vorentwurf bis zur Zubereitung und zum Servieren. Meinst Du nicht auch Friederike?

FRIEDERIKE Ich meine auch. Oh ja, das macht mir viel Spaß.

AMADEUS Dann darf ich meine Leute jetzt wohl eben benachrichtigen?

SCHWEIGHELM Noch einen Augenblick bitte, Herr Geschäftsführer, ich möchte noch einmal betonen, daß meine Freunde es allerbestens gewohnt sind. Unsere ganze Sorge muß sein, es so gut wie irgend möglich zu machen.

AMADEUS Das ist ja unser Geschäftsprinzip überhaupt, Herr Baron.

SCHWEIGHELM Und noch einen Augenblick, ich möchte mich nämlich nur der Ordnung halber nach dem Preise erkundigen.

AMADEUS Der Preis? Ja, der Preis ist natürlich variabel. Aber Sie werden doch für Ihre vornehmen Freunde ein Diner, das trockene Gedeck für rund 30 Mark pro Person schon bestellen müssen.

SCHWEIGHELM Ganz recht, Herr Geschäftsführer, an etwas der Art dachte ich selbst.

AMADEUS *ab*

FRIEDERIKE Ja, um Himmels willen, wer soll denn das alles bezahlen, Schweighelm?

SCHWEIGHELM Ich kenne doch meine Freunde, die zahlen doch alles, ganz gleich, was es kostet.

FRIEDERIKE Aber Du weißt doch gar nicht, wer es ist?

SCHWEIGHELM Das ist hier ganz gleichgültig, meine Freunde sind einer wie der andere.

AMADEUS *mit seinen Leuten eintretend* So, da sind wir zurück. Das ist der Herr Küchenchef, hier unser erster Koch, hier der Herr Oberkellner, dort der Herr Servierkellner, hier der Herr Kellermeister und da die Dame vom Blumenstand.

SCHWEIGHELM Wundervoll, jetzt können wir endlich beginnen.

AMADEUS Und nun überlasse ich Sie Ihrem Schicksal.

SCHWEIGHELM Ich denke, wir werden schon fertig werden, nicht wahr, meine Herren.

AMADEUS Ich stehe natürlich jederzeit gern zu Ihrer Verfügung. *Ab.*

SCHWEIGHELM Bevor wir beginnen, bitte ich Sie, wie heißen Sie doch? . . .

SERVIERKELLNER Hans.

SCHWEIGHELM Also Hans, bringen Sie uns eine sehr gute Flasche Wein zum Frühstück und etwas zum Essen für zwei Personen, etwas Originelles.

SERVIERKELLNER Wünschen der Herr eine garnierte Platte oder warmes Essen; vielleicht auch milden Hummer?

SCHWEIGHELM Ganz recht, milden Hummer, das wollte ich schon lange mal essen, ich bin gespannt, was das ist.

OBERKELLNER Milder Hummer, das ist gewissermaßen künstlich mild gemachter Hummer. Man pflegt ihn zu essen mit Radieschen in Öl garniert. Dazu trinkt man am besten Mosel.

SCHWEIGHELM Sehr gut. Ausgezeichnet! Sie werden schon das Rechte zu treffen wissen. *Servierkellner ab.*

AMADEUS *kommt zurück* Sind die Herrschaften schon etwas weitergekommen mit dem Gesamtplane für das Diner?

SCHWEIGHELM Offengestanden nein, wir haben soeben das Frühstück komponiert.

AMADEUS *mit Notizbuch* Dann erlauben Sie mir vielleicht, Ihnen zu raten.

SCHWEIGHELM Aber gern. – Ich dachte, wie gesagt, an zehn Gänge.

AMADEUS *notiert* Zehn Gänge. – Dann stelle ich Ihnen natürlich den Kaisersaal zur Verfügung, den geben wir schon von acht Gängen aufwärts.

SCHWEIGHELM Daran dachte ich selbst schon. Also wir beginnen mit einem Appetittropfen.

AMADEUS Es ist sehr vornehm, den Appetitstropfen im Stehen zu trinken.

SCHWEIGHELM Natürlich, nur im Stehen.

AMADEUS *notiert und meldet seinen Leuten* Portwein, Sherry, Pantelleria im Stehen zu servieren und zwar Kaisersaal, linke Fensternische.

SCHWEIGHELM Geben Sie bitte dazu je drei Rocksbonbons.

AMADEUS Originell! Wirklich sehr originell! Ein Künstler muß schon etwas Besonderes bringen.

SCHWEIGHELM Es folgen die Zigaretten mit Boxerbildern.

AMADEUS *notiert* Ich bin ganz Ihrer geschätzten Meinung. Zu einem originellen Diner passen nur Boxerbilder.

SCHWEIGHELM Dann kommt das Blumenfräulein und reicht den Herren einen Syringestrauß, den Damen eine bittersüß riechende Orchidee. A propos, die Tafel darf nur mit Palmenwedeln und Sumpfdotterblumen dekoriert werden.

AMADEUS *notiert* »dekoriert werden«, ganz recht, »werden«!

SCHWEIGHELM Jawohl, man soll stets Blumen sprechen lassen.

AMADEUS Sumpfdotterblumen sprechen lassen. – Welche Sprache bitte?

SCHWEIGHELM Sumpfdotterblumen sprechen sozusagen niedersächsisch, weil sie in Niederungen wachsen.

SERVIERKELLNER *mit Mosel* Bitte der Mosel. *Wieder ab.*

SCHWEIGHELM *trinkt* Zum glücklichen Gedeihen, und Dir zum Wöhlchen, Friederike!

FRIEDERIKE Zum Wöhlchen, Schweigi, aber sieh nur zu, daß Du weiterkommst, sonst kommen Deine Freunde, bevor es fertig ist. – Also nun mach schon!

SERVIERKELLNER Der äußerst milde Hummer! *Er serviert, dann ab. Geheimrat Bohne und dessen Frau treten ein.*

SCHWEIGHELM Das trifft sich ja ausgezeichnet, Friederike, das ist ja ganz wundervoll, sind das nicht meine lieben Freunde, Geheimrat Bohne und seine liebe Frau Elsika? Kennen Sie eigentlich meine Braut schon, Friederike Noltemeyer?

BOHNE Das ist ja eine große Überraschung! Sie hier im Fürstenhof zu treffen, Herr Baron. Ich freue mich sehr, Sie wieder munter zu sehen, gewissermaßen wieder liquide.

SCHWEIGHELM Meine Freude, Sie gerade heute hier zu treffen, ist unbeschreiblich, Frau Elsika, ich darf Sie doch noch so nennen? *Küßt ihre Hand.* Sie sind natürlich heute meine Gäste. *Ruft.* Hans, bitte noch zwei Portionen von dem komischen milden Hummer und eine Flasche Mosel dazu.

HANS Sehr wohl. *Ab.*

ELSIKA Mit großem Vergnügen, Herr Baron. Früher, als es Ihnen noch besser ging, da waren wir doch wirklich gut mit einander befreundet. Sie glauben es nicht, wie oft ich und mein Mann von Ihnen sprechen. Wir leben noch in Ihrer besseren Zeit, als Sie uns so oft einluden. Ja, damals legten Sie noch Wert auf unsere Bekanntschaft.

HANS *bringt Wein, dann ab.*

FRIEDERIKE Übrigens irren Sie sich, gnädige Frau, Herrn Baron geht es immer noch sehr gut.

ELSIKA Man freut sich, das zu hören.

BOHNE Ja, ja, die Zeiten sind schlecht.

AMADEUS *tritt ein* Entschuldigen Sie, wenn ich störe. Darf ich fragen, ob Herr Baron inzwischen das Menü zusammengestellt haben? Ich brauche nämlich, wenn Sie gestatten, meine Leute wieder.

SCHWEIGHELM Leider sind wir noch nicht weitergekommen, aber ich habe zu Ihnen, Herr Amadeus, das vollste Vertrauen, Sie kennen ja jetzt so ungefähr meinen Geschmack.

AMADEUS Ihr Vertrauen ehrt mich. *Zu seinen Leuten.* Sie können also abtreten, meine Herren! *Alle außer Amadeus ab.*

ELSIKA Es ist ja auch keine Schande, zu verarmen, und wir haben es uns ja gleich gedacht, daß das so kommen mußte, bei dieser Lebensführung. Ein Künstler kann sich das eben nicht leisten.

FRIEDERIKE Wer der Kunst lebt, wird nie große Reichtümer sammeln.

ELSIKA *lacht* »Wer der Kunst lebt«! Daß ich nicht lache. Sie kennen ihn doch auch, Fräulein, er ist doch ein ausgesprochener Faulpelz.

BOHNE Elsika!

FRIEDERIKE Erstens bin ich nicht Fräulein, sondern Fräulein Noltemeier, zweitens ist Schweigi durchaus kein Faulpelz, und drittens geht es Sie den Dreck an.

SCHWEIGHELM Friederike!

BOHNE Elsika, mußte das sein?

ELSIKA Das geht mich wohl »den Dreck an«! Ich war schon

lange mit dem Baron befreundet, als dieses Fräulein Noltemeyer noch in den Windeln lag.

FRIEDERIKE Nicht wahr, es ist doch traurig, daß man älter wird!

ELSIKA Ihre lose Zunge möchte ich auch mal haben, Fräulein Noltemeyer.

FRIEDERIKE Seien Sie beruhigt, Ihre ist ja erheblich viel loser.

SCHWEIGHELM Immer vornehm bleiben!

ELSIKA Gilt das etwa mir?

FRIEDERIKE Immer, wer sichs anzieht.

HANS *bringt das nachbestellte Frühstück, dann ab.*

SCHWEIGHELM Wir wollen erst einmal zusammen frühstücken, meine Herrschaften, ich freue mich wirklich, Sie wieder einmal bewirten zu können. Bitte, Frau Elsika!

ELSIKA Und wer bezahlt das, denn daß Sie kein Geld haben, . . .

BOHNE Elsika, nun hör aber auf, Du beleidigst ja den Baron.

FRIEDERIKE Sie werden es jedenfalls nicht zu bezahlen brauchen, von Ihnen möchten wir uns gar nicht einladen lassen.

ELSIKA Oh!

SCHWEIGHELM Meine Freude, Sie wiederzusehen, ist so groß, . . .

ELSIKA Mit Freude können Sie nicht bezahlen.

SCHWEIGHELM Machen Sie sich doch bitte keine unnötige Sorge um meine Bezahlung, gnädige Frau, meine vornehmen Freunde . . .

ELSIKA Ach so, ich verstehe. – Übrigens der Hummer ist schlecht.

FRIEDERIKE Wieso, ich finde ihn tadellos.

ELSIKA Der ist viel zu hart.

FRIEDERIKE *lacht* Ja, wenn Sie die ganzen Scheren mitessen wollen. Sie haben wohl noch niemals Hummer gegessen?

BOHNE *erhebt sich und sein Glas* Darf ich zum Zeichen dieser entzückenden Weihestunde, die uns diese geistreiche Unterhaltung mit unserm guten alten Freunde Schweighelm von Braun beschert hat, auf unsern reizenden Gastgeber und seine charmante kleine Braut trinken?

SCHWEIGHELM Danke, lieber Freund, es ist zu liebenswürdig.

ELSIKA Der Wein ist sauer und viel zu warm.

FRIEDERIKE Wenn man es gewohnt ist, Malzkaffee zu trinken, kann man Wein schlecht beurteilen, das kann Ihnen niemand übelnehmen.

ELSIKA Ich habe Sie nicht gefragt, Fräulein!

FRIEDERIKE *steht auf* Übrigens möchte ich nicht verfehlen, auf das besondere Wohl unserer bezaubernden Gäste zu trinken.

ELSIKA Man dankt.

BOHNE Ja, die Zeiten sind schlecht!

SCHWEIGHELM Davon merke ich eigentlich nichts, lieber Geheimrat!

ELSIKA Wenn er nichts zu sagen weiß, sagt er immer: »Die Zeiten sind schlecht!« Ja, sollen denn etwa die Leute denken, Du hättest nichts zu tun? Zu albern ist das!

BOHNE Aber Elsika! . . . .

SCHWEIGHELM Wir zweifeln nicht daran, daß Ihr Herr Gemahl voll beschäftigt ist, gnädige Frau. – Dürfen wir vielleicht erfahren, was Sie gerade bearbeiten, Herr Geheimrat?

ELSIKA Wie taktlos!

SCHWEIGHELM Natürlich nur, wenn Sie darüber sprechen w o l l e n.

BOHNE Aber sehr gern, lieber Baron! Sie wissen, ich bin Privatdetektiv.

SCHWEIGHELM Ich weiß.

BOHNE Sie wissen auch, daß ich gern die schwierigsten Fälle bearbeite.

ELSIKA Das ist nicht zuviel gesagt. Mit einfachen Fällen gibt sich Bohne nicht ab.

SCHWEIGHELM Das ist ja bei seiner ungewöhnlichen Begabung selbstverständlich.

BOHNE Danke sehr! – Hinzu kommt, daß die schwierigsten Fälle natürlich auch mehr einbringen.

SCHWEIGHELM Ganz recht, auf die Einnahme kommt es an.

ELSIKA Meinem Manne nicht, der kämpft für die Sache.

SCHWEIGHELM Das ist ja gewissermaßen selbstverständlich.

BOHNE Augenblicklich bearbeite ich da einen sehr interessanten, aber auch besonders schwierigen Fall.

SCHWEIGHELM Da bin ich ja gespannt.

BOHNE Ich verfolge einen Mädchenhändler.

SCHWEIGHELM Donnerwetter!

ELSIKA Es ist ein schwerer Junge, der sehr viel von sich hat reden gemacht. Er tritt als Amerikaner auf und spricht in gebrochenem Deutsch den Mädchen, die er verfrachten will, von Liebe auf den ersten Blick. Natürlich fällt darauf jedes Mädchen herein.

FRIEDERIKE Vielleicht wenn eine älter wird?

ELSIKA Natürlich unreife Gänse nicht.

SCHWEIGHELM Denken Sie, auf den bin ich auch scharf, ich kenne den Fall aus der Zeitung, es stehen hunderttausend Mark auf seine Ergreifung, feine Sache!

ELSIKA Sie sind jetzt auch Detektiv? Ach so! – Haben Sie denn schon eine Spur?

SCHWEIGHELM Natürlich, zwei sogar. Die eine führt mich direkt hierher in den Fürstenhof.

ELSIKA Wie interessant! Darf man wissen . . .

SCHWEIGHELM Bedaure unendlich, gnädige Frau, das ist Berufsgeheimnis.

BOHNE So so, aber irren Sie sich nicht, das könnte sehr unangenehm für Sie werden.

SCHWEIGHELM Als Künstler hat man das so im Gefühl, man durchdringt die Menschen gewissermaßen mit seinem Blick.

BOHNE Haben Sie schon Erfolg gehabt? Ich meine, haben Sie schon Verbrecher entlarvt?

FRIEDERIKE Ein halbes Dutzend mindestens.

BOHNE Ja, dann sind wir ja Kollegen!

SCHWEIGHELM *trinkt ihm zu* Das muß begossen werden.

BOHNE Haben Sie eine Methode?

SCHWEIGHELM Natürlich. Aber es wird Sie vielleicht langweilen.

ELSIKA Durchaus nicht, Herr Baron, was Sie uns erzählen, ist immer interessant.

FRIEDERIKE Sag nicht zuviel, Schweigi!

SCHWEIGHELM Meine Methode kann ich doch wohl sagen, denn für den Detektiv kommts auf das Erkennen und nicht auf die Methode an. Erkennen kann man nicht mitteilen, das sowieso.

ELSIKA Wir sind doch sehr gespannt, Herr Baron!

SCHWEIGHELM Also, wenn ich vermute, irgend jemand wäre der Gesuchte, dann . . .

AMADEUS *tritt ein* Entschuldigen Herr Baron bitte diese eine Störung noch, mein Küchenchef drängt mich, er kann nicht arbeiten, wenn er nicht ungefähr einen Zeitpunkt hat, zu dem er das Diner richten kann.

SCHWEIGHELM Tut mir außerordentlich leid, aber ich kann Ihnen da wirklich nichts sagen. Bereit sein, ist alles.

AMADEUS Selbstverständlich, verstehe, dann wird das Diner warm gesetzt. *Ab.*

BOHNE Sie wollten uns eben erzählen, Herr Baron, wie Sie einen Verbrecher zu entlarven pflegen.

SCHWEIGHELM Ach ja! Ich gehe also auf den Verbrecher zu, fasse in meine rechte Rocktasche, damit der Verbrecher denkt, ich hätte einen Revolver und nenne ihn beim Namen.

ELSIKA Eine ganz neue Idee!

BOHNE Wirklich geistreich!

SCHWEIGHELM Ist das dann der Richtige, den ich suche, dann zuckt er zusammen.

ELSIKA Und wenn er nun nicht zusammenzuckt?

SCHWEIGHELM Ich nenne ihn so lange beim Namen, bis er zusammenzuckt. Dann ist er entlarvt und läßt sich willig fesseln.

BOHNE Fabelhaft, das Mittel sollte man auch mal anwenden.

SCHWEIGHELM Aber herzlich gern, es ist mir eine große Ehre sogar, wenn ein allgemein anerkannter Detektiv wie Sie sich meines Mittels bedient. Sie brauchen den also Gefesselten dann nur irgend einem Beamten zu übergeben, ein Bahnwärter genügt.

ELSIKA Jetzt scherzen Herr Baron!

BOHNE Nein, jetzt scherzt er nicht, ein gewöhnlicher Gerichtsvollzieher ist zum Beispiel schon berechtigt, Verbrecher in Haft zu nehmen.

ELSIKA Und Sie sagen, eine Spur führte hierher?

SCHWEIGHELM Ja, das kann wohl sein.

ELSIKA Sagen Sie, Herr Baron, Sie bereiten doch ein kostbares Diner vor?

SCHWEIGHELM Richtig, das haben Sie also schon gemerkt. Dann läßt es sich ja nicht mehr verheimlichen. Ich erwarte heute noch sehr, sehr vornehmen Besuch, gute alte Freunde von mir.

ELSIKA Wie interessant!

SCHWEIGHELM Jawohl, sie sind sehr reich, beide, und kunstliebend, prachtvolle Menschen, wir sind schon seit unserer Jugend miteinander innig befreundet.

BOHNE Das muß herrlich sein.

SCHWEIGHELM Ja, wenn man seit seiner frühsten Jugend sich kennt und liebt und sich jeden Wunsch von den Augenpaaren absieht! Wenn es Ihnen vielleicht Vergnügen machen sollte, meine Freunde kennenzulernen, würden Sie mich sehr erfreuen mit Ihrer Frau Gemahlin meine Gäste zu sein?

ELSIKA Wenn ich nur was anzuziehen hätte!

BOHNE Wir werden schon etwas finden! Wir dürfen es Herrn Baron von Braun jetzt nicht abschlagen, das mußt Du verstehen, Elsika!

SCHWEIGHELM Sie machen mich glücklich, Herr Geheimrat!

ELSIKA Dann müssen wir eilen, uns umzuziehen. Seien Sie uns bitte nicht böse, Herr Baron!

SCHWEIGHELM Durchaus nicht, gnädige Frau! *Geheimrats verabschieden sich und gehen ab.*
Was meinst Du, Friederike, sollen wir nun den Herrn Kommissar auch noch einladen?

FRIEDERIKE Wenn Du meinst, daß es nicht zuviel wird für Deine Freunde, die das doch alles bezahlen müssen!?

SCHWEIGHELM Das tun sie gern, je mehr Gäste, je mehr Ehre. *Er klingelt.*

AMADEUS Bitte, Herr Baron?

SCHWEIGHELM Richten Sie bitte das Diner etwa auf zwölf Personen!

AMADEUS Gern, Herr Baron!

*Vorhang.*

IV. AUFZUG

Kaisersaal im Fürstenhof

*Vornehme, dekorative, geschmacklose Einrichtung. Tafel mit viel Blumenschmuck, wie vorgesehen. Wenn die Tür sich öffnet, sieht man in den Speisesaal hinein, in dem gegessen wird. Kellner servieren. Schweighelm, Friederike und Amadeus treten ein, alle sehr vornehm angezogen.*

SCHWEIGHELM Wie findest Du denn den Raum, Friederike? Werden wir meine Freunde hier würdig zu empfangen wissen?

FRIEDERIKE Ganz wundervoll. Die Blumen gefallen mir sehr. Ich liebe Sumpfdotterblumen.

AMADEUS Nicht wahr, Sie sind bei uns bestens bedient!

SCHWEIGHELM Ich bin einfach entzückt. *Amadeus ab.*

GERICHTSVOLLZIEHER *tritt ein, in Zivil, sieht schäbig und subaltern aus* Guten Abend, Herr Baron, wer hätte das heute morgen je gedacht?

SCHWEIGHELM Guten Abend, mein lieber Mäzen, ich hoffe, Sie werden sich hier bei uns wohl fühlen.

SERVIERKELLNER *kommt stumm, schaltet rosa Licht ein, und geht ab.*

GERICHTSVOLLZIEHER Prächtige Beleuchtung, das! Aber nun sagen Sie mir nur, Herr Baron, was denn heute eigentlich los ist?

SCHWEIGHELM Das ist sehr einfach, meine alten Freunde haben sich wieder einmal gemeldet. Jetzt beginnt wieder meine gute, alte Zeit.

GERICHTSVOLLZIEHER *gerührt* Und daß Sie sich dabei gleich an mich erinnert haben!

SCHWEIGHELM Meinen besten Freund sollte ich vergessen? Ich dachte natürlich gleich an Sie, als der Telegraphenbote kam, Sie waren eben fort.

SERVIERKELLNER *schaltet noch rotes Licht ein und geht wieder.*

GERICHTSVOLLZIEHER Ist das nun nicht ein richtiges Künstlerschicksal, wie es im Buche steht?

SCHWEIGHELM Keine Frage, daß jetzt mein Aufstieg wieder beginnt.

GERICHTSVOLLZIEHER Wie Sie das so einfach zu sagen wissen! Etwa, als ob Sie sich entschlossen hätten, ein halbes Pfund Salz zu kaufen.

SCHWEIGHELM Wahre Größe liegt immer in der Einfachheit.

GERICHTSVOLLZIEHER Das kann man sich mal merken.

*Bohnes kommen.*

SCHWEIGHELM Da kommen auch schon meine lieben alten Freunde. Herr Geheimrat darf ich Ihnen . . .

BOHNE Nicht nötig, ich kenne Herrn Kommissar Mayer auch schon seit langen Jahren.

FRIEDERIKE Sie auch?

ELSIKA Guten Morgen, Herr Kommissar, sind Sie auch so gespannt auf Herrn von Brauns neue Freunde, oder sagt man hier alte?

AMADEUS *tritt ein* Die Herrschaften sind soeben vorgefahren. *Bleibt stehen.*

VOGEL *mit Frohgemut eintretend* Ach sieh da, mein lieber, alter, guter Freund Schweighelm. Du hast Dich wenig verändert, und Du hast es Dich ja was kosten lassen! *Es wird von draußen grünes Licht mit eingeschaltet.*

FROHGEMUT Ich bin froh, Dich gesund zu sehen, ich meine gewissermaßen wirtschaftlich gesund, mein lieber Schweighelm!

SCHWEIGHELM Ach, Ihr seid es? *Er begrüßt sie.*

VOGEL Donnerwetter, das grüne Licht ist ja fabelhaft schön! Und die vielen Blumen, so etwas hätte ich nun doch nicht vermutet. *Schüttelt Schweighelm heftig die Hand.* Alter Junge, meiner Freundschaft darfst Du stets gewiß sein.

FROHGEMUT *schüttelt Schweighelm ebenfalls die Hand* Meiner auch, das ist ja selbstverständlich!

BOHNE Da darf ich wohl erwähnen, wir waren immer gute Freunde, Herr Baron, und werden es immer bleiben, nicht wahr?

GERICHTSVOLLZIEHER Herr Baron, Sie wissen es ja selbst, was Sie von meiner Freundschaft zu halten haben.

SCHWEIGHELM Ich weiß es. Sie sind mein einziger wahrer Freund.

VOGEL Ich etwa nicht auch? Das ist ja fast . . .

FROHGEMUT Und ich?

ELSIKA Und wir?

SCHWEIGHELM Natürlich! Es ist nett, daß Ihr alle gekommen seid!

VOGEL Aus alter Anhänglichkeit ...

FROHGEMUT ... zu einem wahren Freunde!

VOGEL Nein, Deine Vorbereitungen für unsern Besuch sind wirklich großartig!

*Mister Smith tritt mit Elsa ein. Das rote Licht wird stärker, draußen beginnt eine leise schmalzige Musik.*

Wir sind übrigens nicht allein, da ist der große Verleger, Mister Smith und meine Braut, Elsa Klein.

SMITH Aber Sie irren sich, Elsa sain maine Braut!

ELSA *schmeichelt* Mein Eugen!

SCHWEIGHELM *reicht Smith die Hand* How do you do, Mister Smith?

BOHNE *sich vorstellend* Bohne, und meine Frau Elsika. Ich bin Geheimrat.

SMITH Aine schöne Titel in Ihre Deutsches Reich, das Geheimrat. How du you do?

BOHNE *beiseite zu Elsika* Ist das nicht ...?

ELSIKA *beiseite* Große Ähnlichkeit ... Wir werden ihn beobachten.

BOHNE *beiseite zu Elsika* *Laß Dir nichts merken!*

SCHWEIGHELM *zu Smith* Darf ich Sie bekannt machen mit meiner Braut, Fräulein Noltemeyer, und mit Herrn Kommissar Mayer?

SMITH In Ihre Deutsches Raich sain viele Meier, in aine jäde Form. Aber ich haben noch nicht gefunden so aine schwierige Meier, aine Noltemeyer. Aine sähr schwierige Meyer! Indeed. How do you do, Fräulein Noltemeyer, I am very glad to see you!

FROHGEMUT Der Verleger Smith interessiert sich für Deine Arbeiten, Schweighelm.

VOGEL Deshalb sind wir gekommen.

SMITH *zu Schweighelm* Ouh, Sie sain die große Genie?

SCHWEIGHELM Ihr werdet lachen, aber ich habe ja gar keine Arbeiten!

SMITH Oh, das sain sähr gut! Sie sain doch aine aalgemein aanerkaante große Künstler?

GERICHTSVOLLZIEHER Der Herr Baron ist allgemein anerkannt als großer Künstler, und ich gelte als sein Mäzen.

SMITH Topp, ich willen Ihre Werk bekanntgeben bai uns in America, ohne ihr zu sähen.

SCHWEIGHELM Aber das Werk ist ja gar nicht da, welches Sie bekanntgeben wollen! Ich habe ja gar kein Werk geschaffen.

SMITH Aber Sie sain zu beschaiden, in Ihre Deutsches Raich, Herr Baron! Bai uns in America lieben wir gern aine jäde große aanerkaante Künstler, but we don't like to regard his pictures. Wir lieben äs nicht, zu betrachten saine Bilderen. Auf das große Persönlichkeit kommt es an, nicht auf die pictures. Die maiste aanerkaante Künstleren malen viele zu viel pictures. Die große neue Typ in das Kunst sain die große Genius, die sehr wenige pictures malt. Sie sain die größte Genie von diese neue Typ. Sie sain die Maister von alle moderne Künstleren, f a s t ohne pictures!

SCHWEIGHELM Ganz ohne pictures. Ich muß Sie leider enttäuschen, Mister Smith, ich habe im ganzen Leben überhaupt noch kein Bild gemalt.

SMITH *besinnt sich* Well, ich wissen Bescheid. Dann sain Sie aine g a n z g r o ß e Genie, Sie sain größer als Rembrandt und noch größer als Ihre Kaulbach, Sie sain aalgemein aanerkaant, ohne zu malen aine Bild, das sain wahres Kunst, wahres Größe. Ich haben entdeckt die größte Genie von das Jahrtausend. Ich haben äs entdeckt, meine Damen und Herren, Ladies and Gentlemen, Sie mussen mir beglückwünschen!

GERICHTSVOLLZIEHER Ein großer Tag, man sieht doch, Beharrlichkeit führt zum Erfolg!

BOHNE Mister Smith, ich bewundere Sie und habe fast Ehrfurcht vor Herrn Baron. Woher nehmen Sie dieses Kunstverständnis?

SCHWEIGHELM Danke! *Alles Licht wird plötzlich intensiv blau. Die Musik spielt: Hoch soll er leben.*

AMADEUS Ich lasse jetzt Wein reichen. *Er winkt.*

SERVIERKELLNER *reicht Wein herum.*

AMADEUS Ein Gläschen Wein, im Stehen zu trinken. *Musik spielt Tusch.*

SMITH Wir willen jetzt trinken auf das größte Mensch, die unter uns lebt in diese traurige Zait! *Stoßen an und trinken.*

ALLE *gesungen* Hoch soll er leben, dreimal hoch!

SMITH Sie mussen mich folgen nach America, Mister Baron, Sie werden bewohnen in die größte Wolkenkratzer von die Wält allain! Sie werden kaine Menschen herainlassen außer mich, Ihre große Freund und Ihre große Verleger. Dann werde ich beginnen.

Zuerst werden ich schraiben über Ihnen mit das große Presse, denn nicht die Künstleren machen aine Kunst, das Kunst machen die Kunstschriftstelleren. Wir werden nicht zaigen Ihre pictures, wir werden gegen aine hohe Aintritt zaigen Ihnen selbst. Sie werden treten auf, wie Sie das sain gewöhnt, mit aine große Fuß, in aine großes Luxus, Sie werden geben aine große Fest gegen aine hohes entrée, Sie werden machen aine große Raisen auf aigenen Jacht mit viele Bewunderers, die dafür zahlen aine große Summe Gold, Sie mussen reden von hohes Kunst, von Stimmung und sauberes Ton, aber Sie durfen nie malen aine Bild. – Ich sain topp.

SCHWEIGHELM Aber Herr Smith, das sind ja große Aussichten.

BOHNE Ein wirklich verblüffender Erfolg! *Lacht hämisch.*

GERICHTSVOLLZIEHER Ich bin ja so glücklich, daß ich das miterleben durfte!

SCHWEIGHELM Aber ich will nicht, oh no, Mister Smith! Ich kenne meine Grenzen.

SMITH Ich sain p l a t t!

SCHWEIGHELM Sie wollen m i c h geschwollen machen, damit S i e nicht platt zu werden brauchen.

SMITH So aine großes Künstler und willen das nicht. – Sie sain aine schlechtes Geschäftsmann in Ihre Deutsches Raich! – So aine großes Künstler und willen nicht werden berühmt! Ouh, jetzt sähen ich das gut, Sie fürchten das Ausgabe.

VOGEL Mein lieber Schweighelm! Der große Verleger Smith denkt jetzt wirklich, Du fürchtetest die zehntausend Dollar, die Du ihm für Deine Lancierung geben mußt. Er ahnt ja nicht, welche märchenhaften Gelder Dir zur Verfügung stehen. Er weiß auch nicht, wie Du in Geldangelegenheiten großzügig bist. Sag Du ihm, daß es darauf nicht ankommt.

SCHWEIGHELM In gewissem Sinne gebe ich Dir Recht, August, es ist mir gleichgültig, ob ich zehn Pfennige oder zehntausend Dollar dafür ausgeben soll. Aber ich will nicht.

FROHGEMUT Ich versteh Dich allerdings nicht Schweighelm, ein so günstiges Angebot!

SCHWEIGHELM Ja, es ist mir zu günstig, offen gestanden. Kennt mich denn Mr. Smith überhaupt, er weiß doch nicht einmal, für wen er sich so rührend einsetzt!

SMITH Ouh, ich sähen das gut! Sie mussen nicht denken, daß ich handeln ouhne Unüberlegtheit. Wie das Mensch kann finden aine Liebe auf aine ärstes Blick, so kann aine großes Verleger erkennen aine Genie auch auf aine erstes Blick. Sie sain das große Genie, auf Ihnen wartet aine ganzes Volk bai uns in America! – Topp – Ich willen nicht machen aine großes Geschäft mit Ihnen, ich willen sain Ihre Mäzen ouhne aine Vorschuß.

VOGEL *beiseite zu Frohgemut* Und wer wird für uns bezahlen?

FROHGEMUT *beiseite* Das wirst Du jetzt übernehmen müssen.

SCHWEIGHELM Herr Smith, wir sind ja noch länger zusammen, ich werde es mir überlegen und Ihnen später Bescheid sagen.

BOHNE *zu Smith* Sie erinnern mich lebhaft an einen Jugendkameraden noch von der Schulzeit her. *Steckt eine Hand in die Tasche.*

SMITH Ouh, das sain interessant, aber wir schweifen davon!

BOHNE Nein, nein, ich schweife nicht ab. Der wollte immer mit mir Marken tauschen und gab mir immer wertlose Stücke für meine guten Tauschmarken.

*Alle murmeln.*

SMITH Oh, dies großes Unterschied. Ich sain in business lauter wie aine klares Gold! Ouhne aine jädes Risiko, and die Baron sain aine klaine Fürst von das Kunst.

BOHNE Sie erinnern mich sehr an einen Herrn, den ich bald hier, bald da getroffen habe. *Bewegt die Hand in der Tasche.*

SMITH Wir laider kennen uns nicht, Mister Viehbohne. *Steckt ebenfalls die Hand in die Tasche.* Sie täuschen sich Ihnen. – Aber was wimmeln denn Sie immer in das Tasche? Sain das modern?

SCHWEIGHELM Oh yes, Mister Smith, jetzt will ich. Ich habe es mir überlegt. *Reicht Smith die Hand und hält sie fest, indem er sie schüttelt.*

GERICHTSVOLLZIEHER Ein großer Augenblick.

ELSIKA *ironisch* Ein rührendes Einvernehmen zwischen Verleger und Künstler!

BOHNE Solch eine Blamage! So mußte es kommen.

SMITH Also Sie willen?

SCHWEIGHELM *immer die Hand schüttelnd.* Ich will. Ich bin Ihnen sehr dankbar, Mister Smith! Denn ich weiß, daß ich etwas leiste, wenn auch nur in der Idee. *Läßt die Hand los.*

SMITH Sie übertreffen in Ihre Idee die Werken von all Ihre Kollegen. *Zu Vogel und Frohgemut.* Sie mussen entschuldigen.

BOHNE *zu Elsika* So, jetzt werde ich ihn bald haben.
*Geht auf Smith zu und schüttelt die Hand in der Tasche.* Mister Smith, ich bin Privatdetektiv.

SMITH Das sain aine koumische Mensch, mit saine Hand in das Tasche. *Macht die Bewegungen nach.*

BOHNE Ich bin einem Mädchenhändler auf der Spur.

SMITH Ouh, was sain das?

ELSIKA *zu Schweighelm* Merken Sie etwas?

SCHWEIGHELM Dem bin ich doch a u c h auf der Spur, wie Sie wissen.

ELSIKA Heilige Einfalt!

SCHWEIGHELM Ganz recht, gnädige Frau!

BOHNE Dieser Mädchenhändler ist berüchtigt, weil er seinen Opfern von Liebe auf den ersten Blick redet.

SMITH Ouh, wie interessant. Elsa, das sollen man nie tun, weil man laicht kommt in aine schiefe Verdacht.

ELSA Aber ich bin doch so froh, daß Du es mir heute morgen gesagt hast.

ELSIKA Interessant. Herr Smith hat Ihnen von einer Liebe auf den ersten Blick gesprochen?

ELSA Warum nicht? Er liebt mich wirklich und will mich heiraten.

ELSIKA Man kann sich verdammt irren.

ELSA Aber erlauben Sie, gnädige Frau!

SMITH *küßt Elsa* Ich irren mir nie. Aber was sain das für aine unsympathische Waib?
Bai uns in America sain das aine Satan!

ELSIKA Oh, Herr Mädchenhändler, jemand wie Sie kann mich gar nicht beleidigen.

SMITH Jetzt ich mussen lachen, Sie haben mir erkannt, Sie dummes Gans!

ELSIKA Ich bin empört!

SMITH Now Sie sain doch belaidigt, Sie Schaf!

ELSA Gnädige Frau, unsere Liebe lassen wir uns nicht schmähen! Es gibt wirklich so etwas wie eine Liebe auf den ersten Blick, ich selbst hätte es nicht geglaubt, wenn ich es nicht an mir selbst heute erlebt hätte. Als ich Eugen sah, wußte ich, daß das mein Mann ist. Und er wußte es auch, daß wir, und nur wir beiden zusammengehören.

SMITH Well!

ELSIKA Aber merken Sie denn nicht, daß das Schwindel ist?

SMITH Ich sain eine höfliche Mensch, aber wenn Sie werden aine Lügnerin, ich werden Ihnen zermürben!

BOHNE Sagen Sie, Herr Finderkegel, weshalb geben Sie sich eigentlich so große Mühe, schlechtes Deutsch zu sprechen?

SMITH *lacht laut auf* Was sagen Sie da zu mich, »Finde .. Finde«. I don't understand, Ich sain kaine Finde. Sie sain aine Finde, nicht ich.

BOHNE Sie weichen mir aus. Ich frage Sie, Herr Finderkegel, aus welchem Grunde Sie gebrochen deutsch sprechen.

SMITH Nehmen Sie die Finde sofort zurück, ich sain kitzlig! Das sollen aine Belaidigung sain?

BOHNE Das kann ich nicht zurücknehmen, denn es ist mir klar, daß Sie der Mädchenhändler Finderkegel sind.

SMITH Nehmen Sie den zurück, main Geduld ist topp!

BOHNE *zu Mayer* Jetzt beauftrage ich Sie dienstlich, den Mädchenhändler Karl Finderkegel festzunehmen.

GERICHTSVOLLZIEHER Tut mir leid, Herr Geheimrat, daß ich es Ihnen abschlagen muß, denn erstens sind Sie nicht mein Vorgesetzter, und zweitens irren Sie sich, und ich will mich nicht a u c h blamieren.

BOHNE Ich kann mich ja auch mal irren, aber in diesem Fall ist ein Irrtum ausgeschlossen.

FRIEDERIKE *ist unbemerkt hinausgegangen und kommt mit einer Zeitung zurück* Der Finderkegel ist in Berlin festgenommen!

SCHWEIGHELM Festgenommen?

FRIEDERIKE Auf frischer Tat ertappt.

BOHNE Auf frischer Tat ertappt?

SMITH Ouh, dann ich sain nicht diese Herr Finde?

BOHNE Man kann doch nicht vorsichtig genug sein!

ELSIKA Kasiel, reg Dich nicht auf, hinterher bekommt Dir das Essen nicht.

SCHWEIGHELM Gnädige Frau denken doch nicht etwa, daß Ihr Herr Gemahl nach dieser Blamage hier bleiben möchte?

BOHNE Ich möchte schon!

SMITH Aber Sie können das nicht, dann mussen ich gähen.

ELSIKA Wie taktlos!

SCHWEIGHELM Gnädige Frau haben mit großem Feingefühl erkannt, daß es für Ihren Herrn Gemahl taktlos wäre, jetzt noch hier zu bleiben.

ELSIKA Wenn Sie uns hinauswerfen wollen, wo es so gemütlich war . . .

SMITH Ja, ja, ja ich willen das. *Drängt sie zur Tür.* Jetzt gähen Sie hinaus, Sie Laternenpfahl!

ELSIKA Ooh! *Ab. Smith drängt sie hinaus und geht mit.*

BOHNE Ich verlasse diesen Kreis ungebildeter Menschen. *Ab.*

VOGEL Endlich sind wir unter uns. Armer Schweighelm, ich mußte Dich bedauern.

AMADEUS *tritt ein* Wann wünschen die Herrschaften mit dem Diner zu beginnen?

SCHWEIGHELM Bevor ich Ihnen antworte, wäre die Frage zu klären, wer es bezahlen wird.

VOGEL Ich denke, Du?

SCHWEIGHELM Du täuschst Dich über meine Möglichkeiten, August, ich nahm nach dem Telegramm an, daß Ihr es bezahlen würdet.

VOGEL Wir?

FROHGEMUT Du wärest der geeignete Mann dazu, Du hast genug Geld, August.

VOGEL Jetzt soll ich das Diner bezahlen, damit der Baron von dem Amerikaner lanciert wird? Ich denke nicht daran. Schweighelm, ich war immer Dein Freund, wie konntest Du mich in diese Verlegenheit bringen, es tut mir außerordentlich leid, aber ich lasse meine Freundschaft nicht ausnutzen. *Ab.*

SCHWEIGHELM Der wahre Freund gibt freiwillig, wenn er kann. Wer möchte übrigens jetzt noch gern nach Hause gehen?

FROHGEMUT Lieber Schweighelm, es liegt mir nicht, Dich jetzt im Stiche zu lassen. Ich bin zwar schlecht bei Kasse, und das Diner hier wird sicherlich nicht billig sein, aber . .

GERICHTSVOLLZIEHER Herr Baron, Sie wissen, ich bin Ihr erster Mäzen. Ich stelle Ihnen gern mein Erspartes zur Verfügung.

SMITH *kommt zurück* Ouh, das sain aine Bestie von aine Frau.

ELSA Gut, daß Du zurückkommst, Eugen, die Herren streiten sich, wer das Diner bezahlen will.

SMITH Die Herren straiten ainander? Aber ich willen das bezahlen. Ich haben gefunden das Frau, das main Herz verlangt, ich haben gefunden das größte Genie von das Kunst, ich haben alles, was ich gebrauchen. Nun ich willen geben aine ganz großes Diner. Halloh, wieviel Gangen sind das?

AMADEUS Wir haben uns auf zwölf Gänge eingerichtet.

SMITH Das sain zu knapp. Sie mussen geben draißig.

AMADEUS Sehr gern *Ab.*

SMITH So, nun willen wir faiern unseres Verlobung. Komm, Kitty, setzen wir ainander.

ELSA *setzt sich* Ich bin glücklich.

SCHWEIGHELM Herr Kommissar, Sie sitzen neben mir.

*Mayer setzt sich.*

SMITH Wo sain das Piepvogel mit saine Grabstaine geblaibt?

FROHGEMUT Er hatte eine wichtige Verabredung.

SMITH Well, dann ich nähmen nur Ihnen mit.

FROHGEMUT Danke sehr, Mister Smith! *Setzt sich neben ihn.*

SCHWEIGHELM Dann feiern wir jetzt ebenfalls unsere Verlobung, Friederike.

FRIEDERIKE *küßt ihn und setzt sich mit ihm* Nun ist doch das Glück zu uns gekommen.

*Vorhang.*

1927–1930

# Karlchen, warum hast Du das getan?

*Ein gesellschaftliches Lustspiel*

PERSONEN

EGON MEIER, Generaldirektor
HILDA, seine Frau
HANNS FRANZEN, Direktor
ANITA, seine Frau
KURT GROSSKURTH, Kommerzienrat
FRÄNZCHEN, seine Frau
KARLCHEN, Bettler
HANNES, Bettler und Einbrecher
EDUARD PIEPVOGEL, allgemeiner und vorbestrafter Verbrecher
MIEZE, loses Mädchen
FRIEDA, Dienstmädchen bei Meiers, Miezes Freundin
MICHAEL und GOTTLIEB, Beamte der Irrenanstalt
KLAMMER, Faktotum in dem Restaurant Jagdglück
Geheimpolizisten
Schutzleute
Wirt in dem Restaurant Jagdglück
Kellner
Diener bei Großkurth
Passanten
Gäste bei Großkurth

## I. AUFZUG

Arbeitszimmer des Herrn Generaldirektors

*Es ist gut möbliert und liegt im Hause des Herrn Generaldirektors, welches im ganzen zwar teuer, aber nicht gerade mit viel Geschmack eingerichtet ist. Links vorn Tür zum Vorplatz, dahinter Tür zu Frau Meiers Zimmer; rechts Tür zu Meiers Schlafzimmer; hinten anschließend Veranda, von dort kleine Treppe (unsichtbar) zum Garten; Gartengitter, dahinter Straße; Tür im Gitter. Man sieht Leute vorbeigehen, von Zeit zu Zeit auch Wagen und Autos, keine Straßenbahn. Gegenüber, gemalt, kitschige, aber reiche und geschmacklose Villen in Gärten, dahinter Hügellandschaft. Mitten im Zimmer, freistehend, der Schreibtisch, der abnorm groß ist.*

MEIER *sitzt vor dem Schreibtisch, liest und schreibt. Er ist gutbürgerlich angezogen, Alltagsanzug.*

KARLCHEN *kommt draußen vorbei, bleibt stehen und blickt interessiert in den Garten. Dann pfeift er auf den Fingern. Er ist ein wenig zerlumpt und dreckig angezogen.*

MEIER *durch das Pfeifen aufmerksam geworden, steht auf und späht.* Halloh! – Sie, kommen Sie mal rein!

KARLCHEN *hört auf zu pfeifen und sieht Meier verständnislos an.*

MEIER Ja, Sie sind gemeint. Kommen Sie doch mal rein!

KARLCHEN Ich soll mal reinkommen?

MEIER Jawohl, Sie meine ich; Sie sollen bitte mal reinkommen.

KARLCHEN *kommt näher* Was ist denn los?

MEIER Kommen Sie nur erst näher. Kommen Sie nur!

KARLCHEN *ins Zimmer tretend* Ich bin so frei. Was ist gefällig?

MEIER *setzt sich wieder hin* Kommen Sie nur dichter heran! Treten Sie an meinen Schreibtisch!

KARLCHEN *tritt an ihn heran* Ich trete schon!

MEIER *betrachtet ihn* Lassen Sie sich einmal richtig betrachten. Das paßt nicht schlecht.

KARLCHEN *dreht sich wie ein Mannequin nach allen Seiten* Vielleicht auch von der anderen Seite, oder von hinten?

MEIER Ausgezeichnet, ausgezeichnet, danke sehr.

KARLCHEN Gefall ich Ihnen? *Beiseite.* Ich glaube, der Olle ist leicht meschugge!

MEIER Jawohl, das paßt gut, sehr gut. Sie haben so ungefähr die gleiche Größe wie ich, sind auch ebenso stark. Die Ärmel sind reichlich kurz, aber das muß wohl so sein.

KARLCHEN Ich kanns nicht beurteilen, Herr.

MEIER Kurz, wollen Sie mir Ihren Anzug geben?

KARLCHEN Schenken oder leihen?

MEIER Danke, ich bin Generaldirektor, ich lasse mir nichts schenken. Ich will ihn kaufen.

KARLCHEN Und ich bin Karlchen, ich verkaufe ihn nicht.

MEIER Warum nicht, wenn ich fragen darf?

KARLCHEN *beiseite* Was will denn der damit? *Laut.* Wenn ich den verkaufen wollte, da hätte ich ihn schon längst verkaufen können, aber ich wollte nicht.

MEIER Ich brauche Ihren Anzug.

KARLCHEN Ich gebe ihn aber nicht los.

MEIER Dann danke ich Ihnen, auf Wiedersehen.

KARLCHEN *geht auf die Tür zum Garten zu* Auf Wiedersehen. *Dreht sich um.* Was geben Sie denn?

MEIER Lassen Sie mal sehen, was ist er denn wert? *Karlchen kommt wieder heran.* Fünf Mark vielleicht?

KARLCHEN Der ist unter Brüdern mehr als hundert wert.

MEIER Wenn Sie den Hals so weit aufreißen, kann aus dem Geschäft nichts werden. Was wollen Sie äußerst haben?

KARLCHEN Äußerst? Fünfundneunzig, das ist mein letztes Wort.

MEIER Seien Sie klug und bleiben Sie auf der Erde!

KARLCHEN Herr, es ist mein bester!

MEIER Ich mache Ihnen einen Vorschlag, vertauschen Sie ihn gegen einen Anzug von mir.

KARLCHEN Vielleicht, wenn der noch nicht so abgetragen ist.

MEIER Sie sollen ihn erst sehen. *Klingelt. Frieda tritt ein.* Frieda, holen Sie mal meinen Smoking! *Frieda ab.*

KARLCHEN Ich trage aber nie Smoking.

MEIER Warum nicht? Es ist doch ein so feiner Anzug!

KARLCHEN Darauf bin ich nicht eingearbeitet, damit hat unsereins nur seine Scherereien. Ich glaube aus dem Geschäft wird nichts.

FRIEDA *bringt den Smoking und bleibt stehen* Hier ist der Smoking!

KARLCHEN *geblendet* Donnerwetter, der ist ja fabelhaft! Vielleicht hebt der doch das Geschäft.

MEIER Ja, nicht wahr, Sie sind einverstanden? Was für ein Geschäft haben Sie denn?

KARLCHEN Allgemeiner Bettler. Aber mit diesem Anzug kann ich mich auf heruntergekommene Eleganz spezialisieren.

MEIER Wundervoll, einfach wundervoll.

KARLCHEN Aber haben die feinen Herrens nicht dabei ein weißes Hemd an?

MEIER Natürlich, mit geplätteter Heldenbrust. So können Sie es natürlich nicht tragen. Frieda, liefern Sie dazu ein Manschettenhemd, einen Eckenkragen, ein Paar schwarze Socken und ein Paar Lackschuhe. *Frieda will abgehen.*

KARLCHEN Bleiben Sie nur hier, Fräulein, es kann aus dem Tausch doch nichts werden. Wenn ich meinen guten Anzug, echt englischer Stoff, hergeben soll, so muß dabei sein 3 Hemden, 6 Paar Socken, 2 Paar Schuhe und ein Dutzend Eckenkragen, sonst wird das nichts.

MEIER Also holen Sie das alles, bitte Frieda. *Frieda ab.*

KARLCHEN Natürlich vorausgesetzt, daß mir der neue Anzug paßt und gefällt, und dann muß ich natürlich um etwas Betriebskapital bitten.

MEIER Darüber läßt sich nachher reden.

FRIEDA *bringt die Sachen* Wo soll ich es hinbringen?

MEIER In meine Kammer. *Frieda ab.* Wie heißen Sie eigentlich?

KARLCHEN Einfach: ›Karlchen‹. Mehr heiße ich nicht. Und Sie?

MEIER Generaldirektor Meier. *Steht dabei auf.*

KARLCHEN Sie können ruhig dabei sitzenbleiben, Herr Meier.

MEIER Das heißt aber: »Herr Generaldirektor«. Ich bin es gewohnt, stets tituliert zu werden.

KARLCHEN *steht militärisch stramm* Jawoll, Herr Generaldirektor! Und was darf ich nun weiter?

MEIER Sie ziehen sich wohl in meinem Zimmer eben um, ich muß Ihren Anzug sofort haben, Herr Karlchen.

KARLCHEN Mir brauchen Sie nicht zu titulieren, ich bin kein Herr, ich bin einfach Karlchen.

MEIER Gut, Karlchen, und fragen Sie Frieda nach dem Bade, Sie können auch vorher ein Bad nehmen.

KARLCHEN Ich bin so frei. *Ab. Meier arbeitet weiter, draußen wird geflötet.*

FRIEDA *kommt wieder herein* Der Herr nimmt ein Bad, ist das richtig?

MEIER Das habe ich ihm gesagt.

FRIEDA Darf ich vielleicht fragen, warum geben Sie dem Herrn den guten Anzug?

MEIER Das geht Sie gar nichts an. *Frieda zieht ein Maul.* Sehen Sie, seit gestern ist die Mode gewechselt, man trägt die Aufschläge jetzt 4 Millimeter breiter, und die kann ich nicht breiter machen lassen, darum ist das Stück nicht mehr tadellos. Ich als Generaldirektor kann das nicht mehr tragen.

FRIEDA Die vier Millimeter ...

MEIER Ja, das sagen Sie so. Man macht sich in der Gesellschaft leicht unmöglich, und das ist nie wieder gut zu machen.

FRIEDA Sie haben ja recht, der Herr kann das noch sehr gut tragen. Aber was wollen Sie nur mit seinem Anzug?

MEIER Darum machen Sie sich bitte keine Sorgen, Frieda!

FRIEDA Ich will mal sehen, ob er mit dem Ankleiden allein fertig wird. *Ab.*

MEIER *beginnt wieder zu arbeiten, da kommt Hilda aus ihrem Zimmer.*

HILDA Darf ich stören?

MEIER Du störst ja schon. Müssen diese ewigen Störungen sein? Was willst Du denn schon wieder?

HILDA Wegen heute abend.

MEIER Das weiß ich doch. Weshalb sagst Du mir alles 10mal?

HILDA *pikiert* Weil ich eben so gründlich bin. Das ist meine Natur.

MEIER Als ob ich etwa nicht gründlich wäre.

HILDA Du sollst doch nicht vergessen, daß wir heute abend bei Großkurths eingeladen sind.

MEIER Bin ich ein Idiot? Vergesse ich alles? Wofür hältst Du mich?

HILDA Es kann doch mal vorkommen. Und ich komme vielleicht nicht vorher nach Hause zurück.

MEIER Gott sei Dank! Auch das weiß ich. Du bist zum Kaffee eingeladen, wirst dort viel reden, Herrgott, was soll ich alles wissen! . . .

HILDA Es ist gut. Ich wollte Dich doch nur erinnern, daß Du die Gesellschaft nicht verpaßt, sie ist wichtig.

MEIER Das kannst Du doch nicht beurteilen. Aber natürlich verpasse ich sie nicht, mag da kommen, was will, denn bei Großkurths ist es immer recht gemütlich. Bin ich ein Baby?

HILDA Du bist heute so unangenehm!

MEIER Du merkst aber auch alles!

HILDA Dann kann ich ja wieder gehn.

MEIER Ich habe Dich nicht gerufen.

HILDA Du solltest Dich doch ein wenig mehr beherrschen gegen mich, Egon.

MEIER *steht auf* Nun habe ich es satt! Ich habe es einfach satt, ewig gestört und ewig bemuttert zu werden. Schaff Dir doch Kinder an. *Setzt sich.*

HILDA *geht ohne weitere Worte ab und wirft die Tür hinter sich zu.*

KARLCHEN *kommt unbeholfen im Smoking herein. Die Stiefel sind ihm zu eng, er humpelt. Er sieht ziemlich verboten aus, unrasiert und mit viel Haar. Frieda kommt bewundernd hinterher. Er hat im Arm ein Paket mit den eingetauschten Doubletten.*

MEIER *geht auf ihn los und um ihn herum* Donnerwetter, tadellos. Das ist sehr schick. *Streicht ihm über die Schulter.* Wie angegossen sitzt das Stück. *Verbeißt sich ein Lachen.* Sehr schick, wirklich, sehr schick. Sie sollten sich noch etwas rasieren und die Haare etwas schneiden lassen, dann ist der Kavalier fertig. Man sieht doch, Kleider machen Leute. Was meinen Sie, Frieda?

FRIEDA Der Herr sieht sehr fein aus, finde ich.

KARLCHEN *geschmeichelt, sucht einen Spiegel* Finden Sie das wirklich, Fräulein?

MEIER Sie findet das bestimmt, wie ich sie kenne. Sie würde auch sicherlich sich freuen, mit dem neugebackenen Kavalier heute abend auszugehen.

KARLCHEN *legt seine Pakete auf den Schreibtisch* Habe für so eine feine Dame keine Pinke.

MEIER Stimmt, Sie erhalten ja noch das Geld als Entschädigung. Sind Sie mit 10 Mark einverstanden?

KARLCHEN Kommt überhaupt nicht in Frage. Zweihundert.

MEIER Sagen wir mal hundert, das wird genügen.

KARLCHEN Und zwanzig fürs Auto. Wer einen Smoking hat, muß Auto fahren.

FRIEDA Hundertzwanzig genügen, wir sind bescheidene Leute.

MEIER Das geht Sie überhaupt nichts an.

FRIEDA Er will doch mit mir ausgehn!

KARLCHEN Wenn Sie das nicht wollen, ist es mir auch einerlei, dann geht der Tausch wieder rückgängig.

MEIER Aber mit Vergnügen, Karlchen, hier sind hundertzwanzig Mark.

KARLCHEN Hundert und dreißig.

MEIER Ziehen Sie den Smoking wieder aus, ich will ihn behalten.

KARLCHEN Einverstanden, hundertundzwanzig. Darf ich vielleicht gelegentlich mal wieder vorbeikommen?

MEIER Das tut mir nun sehr leid, es ist eine einmalige Abfindungssumme. Mehr kann ich nicht ausgeben.

KARLCHEN Der Himmel lohn es Ihnen, Herr Generaldirektor, ich bin ja auch man ein Mensch, und meine Kräfte sind unzulänglich.

MEIER Ich bedaure, aber ich habe jetzt leider wenig Zeit. Sie werden mich vielleicht entschuldigen!

KARLCHEN Darf ich noch eben mit Fräulein wegen den kleinen Ausflug die nötigen Abmachungen treffen?

MEIER Bitte!

KARLCHEN Haben Sie heute abend halb neun Ausgang, Fräulein?

MEIER Wenn sie keinen hat, dann kriegt sie ihn eben.

FRIEDA Danke sehr, Herr Generaldirektor! Ich bin also frei.

KARLCHEN Kennen Sie die Ecke Roßstraße und Roßmarkt?

FRIEDA Wo die beiden Bäume stehn?

KARLCHEN Das ist immer unsere Treffecke. Also um halb neun unter dem ersten Baume.

FRIEDA Welches ist denn der erste? Es kommt doch darauf an, von wo man kommt.

KARLCHEN Ganz recht, dann treffen wir uns eben unter dem zweiten.

FRIEDA Abgemacht. *Frieda ab.*

MEIER Noch eine kurze Frage, Karlchen, ich interessiere mich, wie würden Sie sich wohl benehmen, wenn Sie in einer eleganten Abendgesellschaft eingeladen wären.

KARLCHEN Wie immer.

MEIER Ja, ich meine, wie.

KARLCHEN Ich werde ja doch nicht eingeladen.

MEIER Ich meine ja nur, wenn Sie nun doch vielleicht irgendwie eingeladen würden.

KARLCHEN Das kommt ja gar nicht in Frage, denn da werde ich nicht eingeladen.

MEIER Und wenn es nun doch der Fall wäre?

KARLCHEN Wollen Sie mich vielleicht einladen?

MEIER Um Gottes Willen, so war es nicht gemeint.

KARLCHEN Dann brauchen Sies ja nicht zu wissen.

MEIER Doch, ich muß es wissen, aus einem ganz bestimmten Grunde.

KARLCHEN Sie müssen es wissen? Gut, wenn ich in einer feinen Gesellschaft eingeladen wäre, dann müßte erst einmal der Smoking ran.

MEIER Nein, das käme für mich nicht in Frage. Ich meine, wenn Sie nun keinen Smoking hätten.

KARLCHEN Wenn ich keinen Smoking haben täte, dann liehe ich mir einen, oder ich fände irgendwo einen, oder ich besorgte mir irgendwo einen, wo ich wüßte, daß einer ist, man weiß das doch auch einen Abend vorher.

MEIER Nein, Sie sollen mit Ihrem gewöhnlichen Anzug hinkommen.

KARLCHEN Wohin?

MEIER Ach, Sie verstehen mich nicht, ich meine, irgendwohin.

KARLCHEN Dann würde ich mir sehr genieren.

MEIER Das ist ja einfach zum Verzweifeln. Aus dem Kerl ist nichts herauszukriegen.

KARLCHEN Nein, so leichte nicht, ich bin sehr diskret.

MEIER Also, passen Sie mal auf! Wenn Sie sich in irgendeinem Anzug, welcher ist gleichgültig, in irgendeiner feinen Gesellschaft bewegen würden, was würden Sie da tun?

KARLCHEN Kanns denn auch meine alte Kluft sein?

MEIER Das meine ich ja gerade.

KARLCHEN Dann fällt man aber zu sehr auf.

MEIER Interessant. Das ist die erste vernünftige Antwort. Also passen Sie noch einmal auf. Wenn Sie in irgendeiner Gesellschaft eingeladen wären und wären in Ihrer alten Kluft erschienen, und aus irgendeinem Grunde fiele das gar nicht besonders auf, daß Sie so anders angezogen sind, als die feinen Herren und Damen, ...

KARLCHEN Das soll nicht auffallen? Das fällt jedem auf.

MEIER Sie können einen Menschen aus der Ruhe bringen.

KARLCHEN Also Sie meinen, wenn ich unbeobachtet wäre.

MEIER Ja, endlich, das ist es.

KARLCHEN Ja, warum sagen Sie denn das nicht gleich?

MEIER Mensch, machen Sie mich nicht rasend. Ich will wissen, was Sie dann täten.

KARLCHEN Klauen.

MEIER Endlich. Und was würden Sie nehmen?

KARLCHEN Alles.

MEIER Was bezeichnen Sie mit: »Alles«?

KARLCHEN Nun, was man so unbemerkt kriegen kann, z. B. Löffel, Ringe, Broschen, Uhren, das ergibt sich so aus der Gelegenheit.

MEIER Also endlich. Aber offengestanden, das habe ich mir selber schon gedacht. Aber noch eine Frage, wie machen Sie denn das?

KARLCHEN Ganz einfach, man nimmt es hin.

MEIER Unmöglich, das wird doch bemerkt.

KARLCHEN Das ist Übungssache.

MEIER Wie soll ich mich denn da üben?

KARLCHEN Das lernen Sie doch nicht so leicht.

MEIER Nennen Sie mir einen Trick!

KARLCHEN Machen Sies immer anders.

MEIER Dann machen Sie mir einmal einen Trick vor.

KARLCHEN Das habe ich längst getan, Sie merken ja nichts.

MEIER *springt auf* Wo ist meine Uhr?

KARLCHEN Hier ist sie, ich gebe sie Ihnen wieder zurück.

MEIER Danke, wie haben Sie das bloß gemacht? Gerade, wo wir uns unterhalten haben?

KARLCHEN Dabei gehts am besten.

MEIER Danke für den Tip. Ich werde es versuchen, zu lernen. Und nun Adieu, das Leben treibt Menschen zusammen und treibt sie wieder auseinander. Adieu.

KARLCHEN Adieu, Sie wollen mich nicht wiedersehen. Karlchen kommt auch nicht wieder. Haben Sie keine Bange. Aber Sie haben einen einfachen Menschen sehr erquickt. Danke sehr. *Geht durch den Garten ab.*

MEIER *winkt hinterher, dann klingelt er.*

FRIEDA *eintretend* Gnädiger Herr?

MEIER Frieda, was meinen Sie wohl, wie ich in dem Anzug des Herrn Karlchen aussehen würde?

FRIEDA Sehr gut, glaube ich, wie ein Vagabund.

MEIER Glauben Sie das bestimmt?

FRIEDA Bestimmt, Kleider machen Leute.

MEIER Wird mir der Anzug passen?

FRIEDA Bestimmt, Karlchen hat ja die gleiche Figur wie der Herr Generaldirektor, und er sieht Ihnen auch etwas ähnlich.

MEIER Wieso? Das glaube ich ja nun nicht gerade.

FRIEDA Wie er so in seinem Smoking dastand, der geborene Herr Generaldirektor, dachte ich, allein die Haltung! . . .

MEIER Das finde ich ja nun nicht gerade. Aber ich fürchte auch fast, ich werde in Karlchens Anzug doch nicht wie ein echter Vagabund aussehen, man wird mich doch erkennen.

FRIEDA Machen Sie sich keine Illusionen, Herr Generaldirektor.

MEIER Wie meinen Sie das nun wieder?

FRIEDA Ich meine, daß jeder Generaldirektor wie ein Vagabund aussieht, wenn er nur das nötige Zeug dazu hat.

MEIER Das meine ich ja auch, und das habe ich gerade zu Franzen gesagt, der wollte es mir nicht glauben. Aber etwas anderes: glauben Sie, daß in dem Stück Läuse sind?

FRIEDA Bestimmt sind Läuse drin, aber die machen ihn um so echter.

MEIER Ich kann aber die ewige Lauferei auf meiner Haut nicht haben.

FRIEDA Dann müssen Sie den Anzug schon reinigen lassen, wenn Sie ihn auftragen wollen.

MEIER Frieda, lassen Sie alles liegen und stehen, und eilen Sie zur Reinigungsanstalt. Sagen Sie, dieser Anzug sollte zwar nicht gereinigt werden, aber die Läuse und Bazillen müßten raus. Verstehen Sie, ich will die Flecken gut erhalten haben, auch den geringen Erdgeruch. Vielleicht dämpft man ihn, oder bespritzt ihn mit irgendetwas, ich kann es nicht sagen was, ich kenne mich da nicht aus.

FRIEDA Also, Sie wollen ihn einfach desinfizieren lassen. Dann wandern die Läuse schon ab, und der Dreck wird steril.

MEIER Sie verstehen mich. Das Stück muß gegen drei Uhr wieder im Hause sein. *Steht auf und geht zur Tür.* Gehen Sie fix, fix. Ich komme gleich zurück. *Ab.*

FRIEDA *legt die Lumpen auf den Tisch, betrachtet sie kopfschüttelnd, dann tippt sie mit dem Finger gegen ihre Stirn und blickt in der Richtung, in der Meier fortgegangen ist.*

HILDA *eintretend* Egon – – darf ich stören? – – – Egon!

FRIEDA Der Herr Generaldirektor ist schon fortgegangen.

HILDA Was haben Sie denn da für ein Gelumpe?

FRIEDA Das ist das Zeug von Karlchen.

HILDA Wer ist Karlchen?

FRIEDA Ein Herr.

HILDA Nehmen Sie die Lumpen sofort vom Schreibtisch und aus dem Hause. Man kann ja Wanzen kriegen! Wie kommt das denn überhaupt hierher?

FRIEDA Der Herr Generaldirektor hat es eingetauscht gegen seinen Smoking, mehrere Hemden, Kragen, Socken, Schuhe und hundertzwanzig Mark.

HILDA Ich verstehe kein Wort von alledem.

FRIEDA Ja, ich begreife es auch nicht ganz. Der Herr Generaldirektor machte heute überhaupt einen ganz merkwürdigen Eindruck.

HILDA Finden Sie das auch?

FRIEDA Ja, das finde ich auch. So aufgeregt.

HILDA Frieda, begreifen Sie, weshalb der Herr Generaldirektor diese Lumpen gegen seinen guten Smoking eingetauscht hat?

FRIEDA Offen gestanden, nein. Aber ich habe da ja kein Urteil. Mir hat er gesagt, es ginge mich gar nichts an. Unsereins muß sich ja viel gefallen lassen.

HILDA Ich zähle etwa nicht? Frieda, wenn Sie gehört hätten, wie ungezogen mein Mann heute zu mir gewesen ist. Da muß etwas nicht ganz stimmen. Finden Sie nicht auch?

FRIEDA Das Gefühl hatte ich auch. Da stimmt etwas nicht ganz.

HILDA Wenn ich nur wüßte, was es ist. Er muß krank sein. Übrigens, die

Lumpen da sollen sofort verbrannt werden. Stecken Sie sie sofort in den Ofen, Frieda.

FRIEDA Das darf ich nicht tun, gnädige Frau. Herr Generaldirektor hat mir aufgetragen, das Stück desinfizieren zu lassen. Die Flecken und der Geruch sollen sauber geschont werden.

HILDA Da komme ich nicht mit. Ich verstehe es einfach nicht. Glauben Sie, Frieda, daß es möglich ist, daß ein Mensch plötzlich seinen Verstand verliert?

FRIEDA Das kann schon vorkommen, es kommt sogar vor. Aber das kann ja geheilt werden.

HILDA O Gott, wenn mein Mann plötzlich verrückt geworden wäre!

FRIEDA Verrückte können gefährlich werden.

HILDA Wie soll ich mich da schützen?

FRIEDA Am besten ist es, man ist so freundlich wie möglich, damit man den Irrsinnigen nicht reizt, sonst kann er plötzlich toben und wüten.

[Fragment]

1927–1930

# Der Zoobär

ERSTES SPIEL

*Im Hause des Kaufmanns Griem. Zimmer banal, bequem und geschmacklos möbliert. Links Tür zum Vorplatz, hinten Blick in den Wintergarten und Tür von dort zum Garten, rechts vorn Tür zum Zimmer Mister Bärs, dahinter breites Fenster.*

*Lies und Bär eintretend.*

BÄR Ich muß jetzt fort in meinen Käfig, zurück zum Zoo, aus dem ich entsprungen bin.

LIES *entsetzt* Du fort?

BÄR Fort.

LIES Erklär mir das genauer, ich begreif Dich nicht.

BÄR Ich muß fort.

LIES Warum? Du hast noch niemals so gesprochen. Hat Dich jemand beleidigt?

BÄR Ich hab es einfach satt, ich hab genug von den Menschen.

LIES Aber ich laß Dich nicht.

BÄR Das ist es gerade, Zwang und wieder Zwang. Im Käfig bin ich frei.

LIES *lacht* Du dummer Bär, da bist Du doch grade gefangen. Bei uns bist Du frei. Mein Mensch ahnt, daß Du hier bist, und wenn sie Dich kennenlernen, werden sie nicht mehr vermuten können, daß Du der Zoobär bist, der vor 3 Jahren entsprungen ist. Du hast gut zugelernt.

BÄR Hier werde ich wie ein Verbrecher gehalten. Wenn Menschen kommen, muß ich in mein Zimmer, ich darf nicht tanzen für Zucker, ich darf nicht brüllen, nicht beißen, was darf ich denn eigentlich?

LIES Immer schön gesittet sein, das darfst Du, und wenn Du schön artig bist, darfst Du mir die Hand küssen.

BÄR Da liegt mir auch viel dran!

LIES Bär, Du vergißt immer, daß Du zuerst lernen mußt, wie sich ein Kavalier benimmt, und wenn Du es kannst, dann darfst Du alles.

BÄR *küßt ihr die Hand* Das kann ich längst. Und nun stell mich den Menschen aus der Gesellschaft vor.

LIES Gemach, gemach, kommt alles noch. Erst wenn ich sicher bin, daß man Dich nicht wiedererkennt als Bären.

BÄR Du meinst, wenn ich genügend dressiert bin. Das erniedrigt einen Bären von Ehre. Du hättest mich im Käfig lassen sollen. Warum hast Du meinen Wärter bestochen, daß er mir aufschließt? Den armen Mann hätte es beinahe den Hals gekostet, daß ich plötzlich verschwunden war.

LIES Ich wollte Dich haben.

BÄR Du wolltest mich haben. Das ist kein Grund, einen Bären und einen Wärter so aufzuregen. Du wolltest mich haben. Du hast doch einen Mann, den Du quälen kannst.

LIES Und außerdem bist Du freiwillig und gern mitgegangen, als ich Dich dazu aufforderte.

BÄR Ganz recht. Damals fand ich Dich interessant. Du warst der erste Mensch, mit dem ich mich unterhalten konnte, und ich hatte mir das alles so ganz anders vorgestellt.

LIES Und ich mußte Dich mitnehmen, weil Du mich plötzlich in deutscher Sprache anredetest. Ich war so verblüfft darüber, ich glaube, ich bin ganz rot geworden.

BÄR Um Gottes Willen, so fängt ja bei Euch Frauen die Liebe an.

LIES Ja, ich liebe Dich auch. Ich glaube, ich bin wieder rot geworden.

BÄR Reden wir von was anderem.

LIES Du hast Recht, Du bist noch nicht so weit. Sag mir, wie kam es überhaupt, daß Du sprechen konntest?

BÄR Das hört man doch. Es kommen so viele Menschen am Käfig vorbei, die schwatzen und schwatzen. Und ich konnte ja auch nur gebrochen Deutsch. Was fehlte, habe ich ja hier lernen müssen.

LIES Und Du sollst noch viel lernen.

BÄR Das hasse ich.

LIES Stell Dich hierher.

BÄR Nein.

LIES Wirst Du gehorchen oder nicht?
BÄR Bin ich Dein Freund, oder Dein Hund?
LIES Bitte lieber Bär, stell Dich hierher.
BÄR Danke, ich bin so frei. *Tut es.*
LIES Nun knie nieder – – – – bitte tu es.
BÄR *tut es* Du läßt ja doch nicht nach.
LIES Nun faß um meine Hüften und sieh mir ins Auge.
BÄR *tut es* Das ist was Neues.
LIES Was fühlst Du jetzt?
BÄR Mir ist es, als ob ich Dich ganz sanft im Gesicht fressen müßte, und dabei möchte ich Deine Beine zu Mus drücken.
LIES Dann bedien Dich bitte. Aber sanft. Frauen sind zart.
BÄR *umarmt und küßt sie leidenschaftlich*
LIES Aaa
BÄR *springt schnell auf* Jetzt wirst Du mich züchtigen?
LIES Bär, Du bist reizend. Heute warst Du zum ersten Male lieb zu mir.
BÄR *umarmt sie noch leidenschaftlicher*
Dann küsse ich Dich noch einmal. *Küßt sie.*
LIES *ohne ihn loszulassen* Das tut gut.
FRITZ *eintretend* Also so weit ist es gekommen!
BÄR *springt auf und will fliehen.*
LIES Bleib doch hier, Bär! Das war doch alles nur zur Übung. Er soll sich doch als echter Kavalier zu benehmen wissen.
FRITZ Mir scheint, er kann es schon recht gut.
BÄR Auf Bärenehre, Herr Griem, es war das erste Mal in meinem Leben, daß mir die Gelegenheit geboten wurde.
FRITZ Also Du hast es ihm angeboten?
LIES Fritz, Du begreifst nichts. Das ist doch alles zur Übung.
BÄR Sag noch einmal, daß es Übung war, und ich beiße Dir die Gurgel durch, Du infames Weib. So etwas übt ein Bär nicht, das tut er.
FRITZ Und wenn Du noch einmal so ausfallend wirst, Bär, und wenn ich Dich noch einmal mit meiner Frau ertappe, dann fliegst Du in Deinen Käfig im Zoo, für immer. Verstehst Du?
BÄR Jetzt weiß ich wenigstens, wie ich in meinen Käfig zurückkomme. *Küßt Lies noch einmal heftig.*
FRITZ Du infames Lausevieh! *Telefoniert.* Ist da Direktor Ahl-

born? Ach kommen Sie doch bitte schnell auf einen Sprung herüber, Herr Direktor, ich kann Ihnen ...

LIES *reißt ihm den Hörer aus der Hand*
Also kommen Sie schnell auf einen Sprung herüber, Herr Direktor, wir haben interessanten Besuch aus Amerika, ein Mister Bär, spricht aber gut Deutsch. – – – – – – Schiemecke? Ist das der Polizeipräsident? – – – – – – Ja, dann bringen Sie Herrn Schiemecke doch gleich mit. – – – – – – Also auf bald, ich freue mich drauf.

FRITZ Häng doch nicht an, ich will noch ... In meinem eigenen Hause kann ich nicht ruhig telefonieren.

LIES Du wärest imstande zu sagen, wir hätten den entlaufenen Bären hier.

FRITZ Das werde ich sogar tun.

BÄR Endlich.

LIES Untersteh Dich. – – – Übrigens, Du kannst tun, was Dir gefällig ist, denkst Du etwa, daß Direktor Ahlborn Dir das glauben wird? Dazu sieht Bär zu menschlich aus, nachdem er rasiert und gepflegt ist, und spricht auch zu gut.

FRITZ Dem Bären tun wir nur einen Gefallen, wenn wir ihn in sein Element zurückbringen.

LIES Er kennt gar nicht den Umgang mit anderen Menschen, er kennt kein Theater, kein Reisen, – – –

FRITZ Keine Nachtlokale: Panzerkneipe diebessicher –

LIES Du kannst das Spotten doch nicht lassen. Ich wollte nur sagen, wenn er mit Menschen verkehrt, auch besonders aus der Gesellschaft, so wird er sich nicht mehr langweilen und gern hierbleiben.

BÄR Sind das heute Leute aus der Gesellschaft? Ich freue mich doch, den alten Chef, den Ahlborn wiederzusehen.

LIES So alt ist der noch gar nicht. Er ist ein stattlicher Mann.

MÄDCHEN *eintretend* Die Herren Direktor Ahlborn und Polizeipräsident Schiemecke.
*Ahlborn und Schiemecke treten ein.*

LIES Darf ich den Herren Mister Bär vorstellen, Herr Direktor Ahlborn und Herr Polizeipräsident Schiemecke.

BÄR Der alte Trottel.

AHLBORN Was meinen Sie?

BÄR Ich spreche schlecht Deutsch, ich meinte, mir scheint es, wir kennen uns schon.

AHLBORN Soweit ich denken kann, nicht, Mister Bär. Das heißt, Ihr Name brachte Erinnerungen die mich an eine unliebsame alte Angelegenheit erinnerten.

SCHIEMECKE Ja, lieber Freund, es ist ganz recht, wenn Sie den entsprungenen Bären nicht wiederschaffen, kann ich Sie verhaften lassen.

LIES Sie belieben zu scherzen, Herr Polizeipräsident.

SCHIEMECKE Nein, ich scherze nicht. Wer die Öffentlichkeit fahrlässig in Gefahr bringt, kann angezeigt, und auch ohne Anzeige festgenommen werden. Wir sprachen eben unterwegs davon. Der Name Bär erinnerte uns an den vor etwa 3 Jahren entsprungenen Bären.

BÄR Wenn ich den Herren damit einen Gefallen tue, werde ich in meinen Käfig zurückkehren.

AHLBORN *klopft auf seine Schulter* Sie scherzen ganz reizend, Mister Bär, das heißt wir haben angefangen, da uns Ihr Name an die dumme Geschichte erinnerte.

FRITZ Er scherzt nicht, er ist es.

BÄR Ich bins, Sie alter Ziegenbock!

AHLBORN Charmant, charmant. Wie entzückend klingt doch die deutsche Sprache im Munde eines Ausländers.

FRITZ Untersuchen Sie ihn genau!

SCHIEMECKE Ohne Beweise glauben wir so etwas nicht.

BÄR Gut, ich werde es Ihnen beweisen. Mein Wärter ------

LIES Um Gottes Willen, Halt!

SCHIEMECKE Gnädige Frau spielen Ihre Rolle ganz ausgezeichnet. Charmant, charmant, indeed.

BÄR Und ich sage es doch.

LIES Charmant, charmant!

BÄR Charmant, charmant. Ich werde Ihnen meinen Käfig zum Beweise beschreiben. Es war der vorletzte von den Bärenkäfigen. Gegenüber lag der Alpenfelsen mit den Gemsen, blöde genug. Dahinter, ohne daß ich es sehen konnte, der Musikpavillon.

AHLBORN Aach, darauf fallen wir nicht herein. Das hat Ihnen Frau

Griem erzählt, und Sie ziehen uns nun an der Nase herum, wie einen Bären.

SCHIEMECKE Offenbar hat man uns nur hierhergelockt, um diesen Spaß mit uns zu machen. Gehen wir doch auf alles ein, Herr Direktor.

FRITZ Es ist blutiger Ernst.

AHLBORN Gerade daran sehe ich, daß es Spaß ist.

BÄR Ich stehe für Fragen zur Verfügung.

AHLBORN Gut, damit Sie uns nicht für blöde halten. Wie hieß denn der Wärter?

BÄR Ahrens.

AHLBORN Fabelhaft. Das haben Sie gut gelernt. Und wie nannte man den Bären?

BÄR Anton. Sie selbst nannten mich Toni, aber sonst niemand.

AHLBORN Schau an. Erinnere mich, das neulich der gnädigen Frau erzählt zu haben. Gut behalten, gnädige Frau.

LIES Nicht wahr?

BÄR Ich kann Ihnen übrigens noch erzählen, daß in der Mauer vorn von innen ein halber Stein fehlte.

AHLBORN Das ist allerdings eine erstaunliche Beobachtung, denn man kann das von außen nicht sehen.

BÄR Ich war ja auch immer innen.

AHLBORN Sie denken jetzt, mich zu haben. Aber jetzt begreif ich alles. Sie sind ein ausgezeichnetes Medium, Mister Bär. Sie sollten auftreten.

FRITZ Tanzen kann er gut, und gegen Zucker tut ers.

SCHIEMECKE Jetzt will ich mich doch mal erkundigen, ob Mister Bär eigentlich gemeldet ist.

BÄR Sparen Sie sich die Mühe, Herr Präsident, ich bin nicht gemeldet.

SCHIEMECKE Ich würde Ihnen aber raten, tun Sie es bald, um Weitläufigkeiten zu vermeiden.

BÄR Nun tut mir einen Gefallen, macht das Spiel zu Ende, und ---- *In dem Moment tritt Anne ein.*
Wer ist das Weib?

AHLBORN Charmant, charmant, Mister Bär! Darf ich den Herrschaften meine Braut vorstellen, Fräulein Anne Rössler. Wie kommst Du denn hierher?

ANNE Ich hörte, daß Du hier bist, Liebster, und da ich heute wenig Zeit habe, – – –

BÄR Liebster, Liebster – – – charmant, charmant! *Kniet vor ihr nieder, faßt um ihre Hüften und sieht ihr ins Auge.*

AHLBORN Charmant, charmant, Mister Bär scherzen sehr reizend, wirklich, sehr reizend.

BÄR Ich scherze nicht. Dieses ist das herrlichste Weib, das ich je gesehen habe! *Brüllt laut.*

ANNE *ohne zu erschrecken, nimmt seinen Kopf zwischen die Hände und sieht ihn lange an.*

BÄR *steht auf und küßt sie heftig und lange* Das war der erste Kuß.

AHLBORN Mister Bär, Sie werden zu dreist!

ANNE *Zum Bären* Du mein Liebling!

AHLBORN Was? Sie nennt ihn Liebling?

LIES Es ist der Zoobär, ich beschwöre es, nehmt ihn fest!

BÄR *steht furchtbar auf* Keiner rühre mich an, ich beiße alle tot! *Alle stehen in Angst.*

SCHIEMECKE *telefoniert* Überfall!

LIES Rette Dich, Geliebter! Wenn Du nicht sofort fliehst – – – –

BÄR *küßt Lies kurz* Dank Dir für alles Gute. Euch allen bin ich nicht Feind, aber ich bin ein Bär! Wißt Ihr, was das heißt? Komm, Liebling! *Er hebt Anne auf und trägt sie aus dem Wintergarten in die Dunkelheit.*

*Alle stehen einen Augenblick entsetzt und ohne sich zu rühren.*

MÄDCHEN *eintretend* Draußen ist das Überfallkommando!

LIES Lassen Sie eintreten!

*Vorhang.*

ZWEITES SPIEL

## Berghotel

*Große Halle mit Blick auf Berge, Orte, Meer, Dämmerung. Später sieht man draußen alles dunkel, und in den Orten Lichter und die Reihen von Straßenlaternen.*
*Bär und Anne vorn, hinten schafft ein Kellner, sonst niemand an den vielen Tischen.*

BÄR Anne, Du bist nicht böse, daß ich Dich hierher gestohlen habe?

ANNE Was fragst Du immer? Willst Du immer wieder hören, wie glücklich ich bin, wie ohne Ende ich Dich liebe?

BÄR Anne, ein Bär kann es gar nicht oft genug hören, daß er geliebt wird.

ANNE Ach, Du großes großes Kind!

BÄR Du auch Kind.

ANNE Zwei glückliche kleine Kinder im Berghotel.

BÄR Große Kinder.

ANNE Du bist ein Oberlehrer.

BÄR Bei uns Bären nennt man das Oberstudienrat. Aber der Beruf ist unbeliebt, und ich bins auch nicht.

ANNE Was bist Du denn? Wie würden Dich die Bären nennen?

BÄR Ein Durchschnittsbär, sonst nichts. Ich habe weder studiert, noch geerbte Titel und bin auch nicht Offizier geworden, ich bin nichts.

ANNE Wie traurig! Aber wie hast Du uns denn hier eingetragen?

BÄR Als Dr. Dreyer und Frau aus Amerika.

ANNE Aber das bist Du doch nicht!

BÄR Bärenlist. Wir Bären sind helle.

ANNE *neckend* Herr Doktor!

BÄR Du bist leicht verrückt. Hast Du je gehört, daß eine Frau ihren Mann Herr Doktor nennt?

ANNE Bär, ich bin ja so glücklich, so reich in Deiner Liebe.

BÄR *küßt sie* Du bist die schönste Bärenbraut der ganzen Welt.

ANNE Hast Du je gehört, daß ein Bär seine Frau eine Bärenbraut nennt?

BÄR Bei uns ja.

ANNE Du willst mir einen Bären aufbinden!

BÄR Eigentlich ist das ein komischer Ausdruck.

ANNE Du hast recht, ganz richtig ist er nicht. Es müßte heißen einen Bären zum Manne geben.

BÄR Was Du nicht sagst! Einen Bären aufbinden heißt doch betrügen, und Du meinst, Du wärest mit Deinem Manne betrogen?

ANNE Du weißt ja, daß ich es so nicht meine.

BÄR Du hast nur gesprochen und meinst überhaupt nichts. Aber ich finde den deutschen Ausdruck einen Bären aufbinden fast beleidigend für einen Bären, denn wir Bären sind gerade das biederste und ehrlichste Volk der Erde.

ANNE Du spielst mit Worten. Nennst Du das bieder und ehrlich, wenn einer einem Zoodirektor seine Braut entführt?

BÄR Jawohl, das ist bieder, und das ist ehrlich. Wir Bären reden nicht lange herum, wir handeln.

ANNE Und das ist es, was mir gerade so gut an Dir gefällt.

BÄR Gefall ich Dir?

ANNE Jetzt sag ichs nicht, Du willst immer dasselbe hören.

BÄR Dann lügst Du. Wer nicht sagt, was er denkt, der lügt.

ANNE Das ist doch keine Lüge.

BÄR Ihr Menschen lügt immer, Ihr merkt es gar nicht mehr. Ich kann nicht lügen.

ANNE Küß mich und rede nicht so dummes Zeug.

BÄR Du bist jetzt meine Bärin. *Küßt sie.* Wo ist sie, die ich lieben müßte, die Bärin? Findest Du es nicht auch sonderbar, Du bist ein Menschenweib, und ich ein Bär, wir lieben uns wie 2 Menschen oder 2 Bären?

ANNE Ich finde es ganz natürlich, ich liebe Dich, und nur Dich, und da frage ich gar nicht.

BÄR Ich sehe aus, wie Ihr Menschen, ich rede wie Ihr, aber ich denke und fühle, wie ein Bär, ich bin ein Bär und muß wie ein Mann lieben.

ANNE Aber Du liebst mich doch, und wir sind glücklich.

BÄR Ja, glücklich, doch manchmal denke ich, ich kenne ja noch nicht mal eine Bärin, ich hab noch nie ein Bärenweib gesehen. Gibt es denn eine Bärin? Vielleicht im Zoo? Oft denk ich, es wäre doch im Zoo vielleicht besser als hier.

ANNE Und ich?

BÄR Sieh mich doch nicht so traurig an! Ich liebe Dich doch, ich liebe niemand mehr, und doch, ich kenne viele tausend Menschen, Du bist die Schönste, Sie haben mir Zucker gegeben, die Frauen hatten rote Hüte auf, die Kinder schrien fürchterlich, aber wo gibt es eine Bärin?

ANNE *streichelt seinen Kopf* Du armer Bär, wenn ich doch eine Bärin wäre.

BÄR Und wenn ich den Zucker gern haben wollte, dann mußte ich tanzen. – – – Soll ich Dir mal etwas vortanzen?

ANNE *erschreckt* Bleib lieber bei mir sitzen.

BÄR Ich will ja keinen Zucker haben, nur weil ich so gern tanze.

ANNE Was wird der Kellner von Dir denken?

BÄR Wir Bären tun, was uns gefällt, und kümmern uns nicht darum, was andere Leute wohl denken werden.

ANNE Nicht tanzen, bitte, mir zu Liebe nicht!

BÄR Ich weiß nicht, warum ich Dir eine Liebe erweise, wenn ich jetzt nicht tanze. Die Kinder gaben mir Zucker, wenn ich tanzte, und Du fühlst Dich dabei beleidigt, wenn ich Dir etwas vortanzen will.

ANNE Ich bin doch gar nicht beleidigt, ich mag es nur nicht.

BÄR Wenn Du eine Bärin wärest, würdest Du glücklich sein, wenn ich tanze. Wenn Du eine Bärin wärest, würdest Du dazu singen.

ANNE Das kann ich nicht. Ich kann es nicht. Dann sing Du wenigstens selbst dazu.

BÄR Gut. Ich werde singen. *Stellt sich zurecht und singt.*
Seht so und so
Muß der Bär sich drehn.
Seht so und so,
Wenn er Zückerchen will.
Dann kommen die Damen mit den roten Hüten,
Dann schreien die Kinder und brüllen laut,
Dann lachen die Herren und Damen,

Dann sagen sie ›Bravo‹ und klatschen dazu,
Und rufen ›Da capo‹ und geben ihm Zucker.
Doch der Bär nimmt es nicht,
Denn er tanzt nicht für sie,
Denn er tanzt für die Bärin,
Die er liebt und nicht kennt.

KELLNER *ist herangekommen und hat einige Stühle fortgenommen, damit Bär besser tanzen konnte. Er steht bewundernd da.* Wie ein richtiger Bär. Sind Sie Schauspieler, Mister Dreyer?

BÄR Nein Bär.

ANNE *lacht gezwungen* Glauben Sie ihm nicht, er scherzt, er ist ein großer Schauspieler.

KELLNER Das war ein trauriges Lied dazu. Das kommt auch im Menschenleben manchmal vor, man liebt und weiß nicht wen. *Lacht.* Sind Sie auf der Hochzeitsreise, Mister Dreyer?

ANNE So ungefähr.

KELLNER Verstehe, verstehe. *In seine Ecke zurück.*

DER FREMDE GAST *eintretend* Guten Abend! --- Einen roten Wein bitte.
*Kellner ab. Der fremde Gast beobachtet erst aus Langeweile Bär und Anne.*

ANNE Jetzt benimm Dich aber, Bär, es ist ein Gast gekommen.

BÄR *in Erinnerung* Denn er tanzt für die Bärin, die er liebt und nicht kennt.

KELLNER *setzt den Wein auf den Tisch* Der Herr drüben ist Schauspieler.

DER FREMDE GAST Hab ich mir gleich gedacht.

KELLNER Der hat eben aus einer Oper einen Bärentanz gesungen und dazu getanzt, einfach meisterhaft.

DER FREMDE GAST So einfach zum Vergnügen?

KELLNER Um seiner jungen Frau zu gefallen.

DER FREMDE GAST So.
*Kellner ab.*

BÄR Anne, Du bist schön.

ANNE Und Deine unbekannte Bärin? *Der Gast merkt auf.*

BÄR Aber Schneewittchen über den Bergen, bei den sieben Zwergen, die ist noch viel tausendmal schöner als Du.

ANNE Großartig, Du kennst Dich aus im deutschen Märchenschatz.

DER FREMDE GAST Herr Ober!

KELLNER Zu Diensten? . . . .

DER FREMDE GAST *leise* Wie heißt das junge Paar?

KELLNER Sie haben sich unter dem Namen Dreyer eingetragen.

DER FREMDE GAST Sonderbar!

BÄR Anne, Du bist doch schön.

ANNE Also Du liebst mich doch?

BÄR *küßt sie* Du bist die schönste Bärenbraut der Welt.

ANNE Sei vorsichtig!

DER FREMDE GAST Ober, betrachten Sie mal diese Abbildung, sehen die zwei nicht diesem Paare ähnlich?

OBER Wie aus dem Gesicht geschnitten.

DER FREMDE GAST Fünftausend Mark Belohnung, ich muß schnell telefonieren. *Ab. – Kellner beobachtet und vergleicht mit dem Steckbrief.*

KELLNER Wie aus dem Gesicht geschnitten.

BÄR *singt leise*
Dann kommen die Damen mit den roten Hüten,
Dann schreien die Kinder und brüllen laut,
Dann lachen die Herren und Damen,
Dann sagen sie ›Bravo‹ und klatschen dazu,
Und rufen ›Da capo‹ und geben ihm Zucker.

DER FREMDE HERR *wieder eintretend* So.

BÄR Doch der Bär nimmt es nicht,
Denn er tanzt nicht für sie,
*Es kommen jetzt mehr und mehr Menschen und besetzen die Stühle, bis zuletzt alles besetzt ist. Alle beobachten scharf den Bären.*

BÄR *immer noch leise*
Denn er tanzt für die Bärin,
Die er liebt und nicht kennt.

EINE FRAU *wiederholt*
Denn er tanzt für die Bärin,
Die er liebt und nicht kennt.

EIN MANN Sonderbar.

KELLNER Ein berühmter Schauspieler.

VIELE STIMMEN Ein berühmter Schauspieler . . .

DER MANN Wie heißt er?

KELLNER Mister Dreyer.

BÄR *laut* Da ist ja die Frau mit dem roten Hut! Und die Menge lärmt wieder. Ihr wollt mir wohl Zucker geben, Ihr wollt, daß ich tanze? *Alle lachen.*

EINE DAME Wir wissen, daß Sie ein großer Schauspieler sind und gut singen. Bitte singen Sie ein recht schönes Liebeslied, eine Arie.

BÄR Doch nicht, um Ihnen zu gefallen, schöne Frau.
*singt*
Wen soll der Bär denn lieben?
Die schönen Frauen, die geputzt und lecker sind?
Die Mädchen, die sich in den Hüften wiegen?
Sie alle tragen meine Liebe nicht.
Wo ist die Bärin, die ich lieben könnte?
Wo haltet Ihr die Bärin mir versteckt?
Wenn ich sie finde, wehe allen, die mich stören,
Und weh dem Weibe, das ich liebe,
Denn Bären beißen wenn sie lieben.

ALLE *klatschen in die Hände* Bravo, Bravo!

BÄR Was heißt denn Bravo? Hab ich denn für Euch gesungen? Die Blume blüht, ich singe.
*plötzlich sich beobachtet fühlend* Was wollt Ihr? – – – Weshalb seht Ihr mich alle so an? – – – Bin ich ein wildes Tier? – – – – Geht jetzt zurück, ich will tanzen!
*Man geht zurück, der Bär wirft die Stühle und Tische zur Seite und tanzt und singt. Es treten Bewaffnete ein.*

BÄR Hei, lustig ist der Bär!
Da weiden die Schafe,
Da plätschert das Wasser,
Da schnellen die Fische,
Da tanzt der Bär.
Da blitzen die Waffen,
Da zeigt er die Zähne,
Da wirft er die Tische,
Da würgt der Bär.
Hei, lustig ist der Tanz!

SCHIEMECKE *tritt ein. Er steht unbeweglich in Betrachtung des Tanzes versunken. Bär bemerkt ihn und bricht plötzlich ab.*

BÄR Was wollen Sie denn hier, Herr Präsident?

SCHIEMECKE *unbeweglich* Sie festnehmen.

ANNE *stellt sich vor ihn* Ich gebe ihn nicht frei!

SCHIEMECKE Sie werden müssen, Fräulein Rössler. *Er winkt den Bewaffneten, die den Bären ergreifen wollen.*

BÄR Hinweg! Keiner fasse mich an!

ANNE *versucht den Bären zu schützen, sie wird von 2 Bewaffneten festgenommen.*

BÄR *schleudert beide zur Seite und will mit Anne fliehen. Der Präsident verstellt ihm den Weg. Da läßt er Anne los und würgt den Präsidenten, der wie tot umfällt. Alle stehen entsetzt und an die Wände gedrängt. Anne schreit und ist einen Augenblick ohne Besinnung. Jetzt bedrängen die Bewaffneten wieder den Bären.*

BÄR Ich werde Euch zerbeißen! *Er beißt und stößt sich einen Weg ins Freie. Ab. Man schießt draußen mehrere Male, Anne erwacht wieder.*

ANNE Wo ist Bär?

BEWAFFNETER Geflohen!

ANNE *will hinterher, man verstellt ihr den Weg.*

BEWAFFNETER Das gnädige Fräulein wird doch nicht allein bei Nacht in die unwirtsamen Berge hinausgehen wollen!

*Vorhang.*

## DRITTES SPIEL

*Verrufenes Nachtlokal im Keller, großer Raum ohne Fenster. Man kommt durch die hintere Eingangstür direkt von einer Treppe aus, die sichtbar wird, sobald sich die Tür öffnet. Rechts ein Ausschank mit Hockern wie in einer Bar; dahinter Tür zur Wohnung des Inhabers. Links mehrere Nischen für verliebte Pärchen mit roten Lampen. Viele Tische in der Mitte, Lampen gelb, grün und weiß. In der Ecke zwischen dem Ausschank und der Außentür Bänke, auf denen die Dirnen sitzen.*

*Hinter dem Ausschanktisch Mia, ein fesches Buffetmädchen, auf der Bank 10 Dirnen, in der Ecke gegenüber, zwischen Ausgangstür und Nischen eine Kapelle von 3 Musikern, die von Zeit zu Zeit Tänze spielen oder Gesänge aus dem Publi-*

*kum begleiten. Vorträge verschiedener Art, Bär ist Conférencier geworden und hat seinen Platz bei den Dirnen. Vorn Tanzplatz. Bär in Unterhaltung mit den Dirnen. 3 Nischen sind besetzt. Der Kellner kommt gerade aus einer heraus und bringt nach kurzer Zeit Champagner hinein. Wenn sich der Vorhang öffnet, spielt die Kapelle gerade nicht. Es kommen von draußen Herr mit Zylinder und 2 Damen.*

ERSTE DIRNE Und was sollen wir dann verdienen? Der bringt sich gleich 2 Damen mit.

BÄR Ihr habt doch festen Lohn.

ERSTE DIRNE Meinst Du, es machte Spaß, immer zuzusehen, wie andere geliebt werden? Und wenn sich die Herren ihre Damen mitbringen, werden wir doch entlassen, und dann die Trinkgelder. Nein nein.

*Der Herr mit den 2 Damen nimmt Platz vorn. Sie hängen ihr Zeug über den Platz und bestellen. Kellner bringt später Mokka.*

*Ein Herr kommt allein im Schlapphut und Mantel. Alle 10 Dirnen stellen sich um ihn im Kreise auf und tun recht schön. Beliebt ist es, die Zunge zu verrecken. Der Herr wählt nach seinem Geschmack und sucht eine Nische. Die anderen 9 Dirnen kehren an ihren Platz zurück.*

KELLNER Bitte den Herrn hier Platz zu nehmen, die Nischen sind leider besetzt.

DER HERR Warum ›leider‹, Sie freuen sich doch, wenn der Laden geht.

KELLNER Das schon, aber ich dachte für den Herrn.

DER HERR Zu gütig, aber ich bin nicht schüchtern, und dann bezahlt man ja. *Nimmt Platz.*

BÄR *zu den Dirnen* Wir müssen wohl wieder mal was machen. *Besteigt das Podium.* Unsere Kapelle spielt den Erinnerungstango.

*Dabei wird das Licht auf Halbmast geblendet, und es tanzen 4 Paare aus den Nischen, darunter auch als fünftes der Herr mit Zylinder. Bär steht bei der Kapelle und singt dazu.*

BÄR Rund um den gelben Bärenkäfig
Steht eine Mauer aus Beton.
Nach vorne sind die Eisenstäbe,

Von oben blickt der blaue Himmel,
Die Mädchen stehn auf dem Balkon.
Dann heißt es: ›Tanze, Bärlein, tanze‹,
Wir geben Zucker, Früchte, Brot,
Seht, wie er drollig sich gebärdet,
Hier oben sind wir nicht gefährdet,
Das braune Bärlein tanzt sich tot.
Und drüben ist das Hochgebirge,
Die Gemsen klettern drauf herum.
Sie teilen sich mit Mähnenschafen,
Mit denen sie zusammen schlafen,
Zum Klettern ist das Schaf zu dumm.
Im Restaurant spielt die Kapelle.
Dreimal die Woche ist Musik.
Dann gibts besonders reichlich Zucker,
Weil Menschen ihn nicht essen mögen,
Sie bringen ihn vom Kaffee mit.
Man läßt den Bär für Zucker tanzen
Und gibt ihn nicht dem Wirt zurück.
›Tanz Bärlein, Zucker, tanze, Zucker,
Hier ist ein kleines Stückchen Zucker,
Das ist genug für einen Tanz.‹
Am frühen Morgen kommt die Rettung,
Das Gitter fällt, der Bär ist frei.
Er flieht in eine neue Ordnung,
Kultur und Sitte lernt er kennen,
Wird freier Mensch und bleibt der Bär.

DER HERR MIT ZYLINDER Wie traurig der Conférencier singt, man wird ja schwermütig.

SEINE DAME Ruf ihn doch an unsern Tisch.

DER HERR Conférencier, wollen Sie sich nicht etwas zu uns setzen?

BÄR Mit Vergnügen, meine Herrschaften. *Setzt sich.*

*6 Herren treten ein und bleiben nahe den Dirnen stehen, die sich aufstellen.*

EIN HERR Singt Euer Lied!

DIE DIRNEN *singen*
Schlanke Finger, bleiche Hände,
Rote Lippen voller Glut,

Knappe aber stramme Hüften,
Und der kleine zacke Busen,
Alles wartet auf den Mann.
Denn wir Mädchen hier vom Keller,
Ausgesuchte Engelein,
Sind dressiert und schaffen schneller,
Darum Männer kommt herein,
Laßt uns harmlos glücklich sein!
Ehefrauen, trübe Mädchen,
Ohne Saft und ohne Blut,
Sendet uns die müden Männer,
Daß wir sie mit Liebe tränken,
Euch zu nutzen, uns zur Ehr.
Denn wir Mädchen hier vom Keller,
Ausgesuchte Engelein,
Sind dressiert und schaffen schneller,
Darum Männer kommt herein,
Laßt uns harmlos glücklich sein.

EIN HERR Famos, famos! Die haben wohl eine ideale Auffassung von ihrem schweren Beruf!

ZWEITER HERR Wirklich zack. Komm Mia, ich bin treu.

MIA Gern Onkelchen, woll Dich mal'n bißchen aufpumpen.

*Die 2 gehen lachend vorbei in eine Nische. Die anderen verständigen sich auch schnell, 2mal gehen 2 Damen mit einem Herrn. Inzwischen setzt sich die Unterhaltung zwischen Bär und den Dreien fort. Der Bär spricht besonders mit Midia, während die andere Dame mit ihrem mitgebrachten Kavalier redet.*

BÄR Aber Ihr seid doch gar keine Dirnen?

MIDIA Wir Dirnen? Da muß ich doch schrecklich lachen. Kann denn nicht eine solide Bürgerfrau auch mal in dieses Lokal kommen?

BÄR Sie müssen etwas erlebt haben, sonst würden Sie es nicht tun.

MIDIA Erlebt ist zu viel gesagt, nur ich bin meinem Manne zur Last.

BÄR Wie meinen Sie das?

MIDIA Mein Mann hat Geschäftssorgen, und wenn er frei ist, dann bin ich ihm zu schwer, er braucht dann die schnelleren Mädchen.

BÄR Und was versprechen Sie sich von einem Besuch dieses Lokals?

MIDIA Ich wollte mich nur mal überzeugen, wie harmlos es im Grunde ist. Jetzt kann ich eigentlich wieder gehen.

BÄR Sie dürfen mich jetzt nicht verlassen. Gerade Sie erinnern mich an die Bärin, die ich nicht kenne.

MIDIA Das finde ich sehr komisch, was suchen Sie nur immer eine Bärin?

BÄR Weil ich ein Bär bin.

*2 Mädchenhändler kommen herein. Die letzte Dirne kommt und stellt sich ohne große Fisimatenten auf.*

LOUIS Schönen Dank, Du genügst uns heute. Nehmen wir Platz.

EMIL Wo ist der Conférencier?

ELSE Da sitzt er bei der fremden feinen Dame.

EMIL Das paßt großartig, halt ihn im Auge, Louis.

LOUIS Die Sache ist so gut wie geschmissen.

ELSE Und welcher Herr zahlt für die kleine Dirne?

LOUIS Beide.

ELSE *umarmt beide* Dann teile ich mich.

EMIL Ein strammes Mädchen. Aber verstehst Du, wir sind sozusagen Künstler, wir haben andere Sorgen. Wenn wir Dir einen Wink geben, läßt Du uns unauffällig frei.

ELSE Verstehe vollkommen. Darf ich dann gleich um Kasse bitten, daß das nicht hinterher aufhält.

LOUIS Mit der kann man Geschäfte machen. Du kannst mehr Geld verdienen, Else, wenn Du auf unser Büro kommst, morgen früh um ä . . .

STÜLPNER *kommt hereingepoltert und sucht vergeblich nach einer Dirne, da alle vergeben sind* Was ist denn das hier für eine grandiose Schweinerei! Wo sind die Dirnen? *Keiner antwortet.*

MIDIA *zum Bären* O Gott, retten Sie uns, das ist mein Mann!

BÄR *geleitet die drei unauffällig zum Privatzimmer rechts.*

STÜLPNER Wo ist Mia?

MIA Bin besetzt.

STÜLPNER Mia, Du gehörst mir?

MIA Mein Kavalier zahlt doppelt.

STÜLPNER Ich zahle dreifach, komm!

MIA Ich kann hier nicht plötzlich abbrechen, komm morgen wieder!

STÜLPNER Zum Donnerwetter, wo ist denn der Conférencier hier?

BÄR Hier!

DER KAVALIER

DER MIA *kommt vor* Das ist wirklich zack! Glauben Sie, Sie hätten mehr Rechte, als andere, Sie grober Klotz?

STÜLPNER Erlauben Sie, Sie Minuskel, Sie Zwerg, Sie Insekt!

DER KAVALIER Seien Sie doch vernünftig. Wenn ich nun wieder schimpfe, dann gibt es Blut.

STÜLPNER Ich will Mia haben!!!!!

BÄR Es tut uns außerordentlich leid, aber alle Dirnen sind besetzt.

STÜLPNER Ich will nicht alle, ich will eine, ich bin treu.

BÄR Brüllen Sie nicht so, wie ein Bär, Herr Stülpner, trinken Sie einen Likör, bis dahin wird sich was finden.

STÜLPNER Das ist unsittlich!

MIDIA *kommt plötzlich ganz ruhig vor* Dann nimm mich.

STÜLPNER Wie kommst Du denn hierher? Ich wollte ....

MIDIA Ich habe alles mit angehört, komm, wir können uns zu Hause gemütlicher unterhalten.

MIA Das ist doch stark, die nimmt uns die Kundschaft aus dem Lokal. *Kommt vor.* Haben Sie denn eine Berechtigung, den Beruf auszuüben, Fräulein?

MIDIA Ich bin seine Frau.

*Alle lachen.*

STÜLPNER Du machst mich hier ja lächerlich! Was fällt Dir ein? *Beide ab.*

EMIL Auf ein Wort, Conférencier!

BÄR Was steht zu Diensten?

EMIL Setzen Sie sich zu uns an den Tisch. So, nun frage ich Sie: »Wollen Sie viel Geld ohne große Mühe nebenbei verdienen?«

BÄR Mit Vergnügen. Was solls sein? Erfordert es Mut oder Kraft?

EMIL Beides. Wie denken Sie von Frauen?

BÄR Etwas minderwertig, aber dabei können nur sie uns das Leben erträglich machen.

EMIL Bravo, so wollte ich es haben. Sie meinen auch, daß man der

Frau, da sie minderwertig ist, kein großes Unrecht tut, wenn man ihr in gewissen Dingen Zwang auferlegt?

BÄR Durchaus nicht, denn oft will sie es gerade so.

EMIL Und hielten Sie es für unbilligen Zwang, wenn man eine Frau dazu zwingen würde, den Mann zu lieben, der sie liebt?

BÄR Kann ich als Mann gut verstehen.

EMIL Dann kann ich Ihnen alles erklären. Wir zwei sind nämlich Mädchenhändler. Nur Qualitätsmädchen kommen für unsere Kundschaft in Frage.

BÄR Und was soll ich?

EMIL Nur ein kleiner Nebenverdienst. Sie sollen uns helfen, das edle Wild zu jagen. Sie sind ein Frauentyp, Sie können ...

BÄR Niemals.

EMIL Dann nicht, liebe Tante, es war nur ein Vorschlag, Sie hätten etwas Geld nebenbei verdienen können.

BÄR Gehn Sie doch nicht gleich fort, man kann doch überlegen.

EMIL Dann überlegen Sie gut und schnell. Während Sie überlegen, könnten Sie die Frau schon überlistet haben.

BÄR Ich kann nicht.

EMIL Also komm Louis, wir suchen einen anderen. Hast Du schon einmal einen Idioten gesehen, der heutzutage eine einträgliche Arbeit ausschlägt aus moralischen Bedenken?

BÄR Ich schlage sie ja gar nicht aus, ich überlege noch, und dann weiß ich ja gar nicht, was Ihr wollt.

LOUIS Dazu wollen wir mal ins Privatzimmer zusammen gehn, es spricht sich ungenierter.

*Während die drei ins Privatzimmer gehen, fällt der Vorhang.*

## VIERTES SPIEL

*Schlafzimmer Midia Stülpners. Es ist groß und übersichtlich eingerichtet, ein wenig zu rosa. Hinten großes Fenster in einen Park, links Eingangstür, sonst nur Wände und viele liebe Sachen. An der Wand rechts das Porträt Stülpners. Man sieht aus dem Fenster Baumgipfel und hinten Häuser, und es ist zu erkennen, daß das Zimmer hoch liegt. Das Zim-*

*mer ist mit einfachen Nickelmöbeln so geschmackvoll möbliert, daß es schon wieder geschmacklos wirkt.*
*Wenn sich der Vorhang öffnet, ist das Zimmer leer. Dazu spielt eine große Kapelle Eingangsmusik, etwa 5 Minuten. Inzwischen kommt ein Kammerkätzchen, Eva, und macht das Bett auf. Sie rückt auch einige Dinge im Zimmer zurecht und blickt auch mal aus dem Fenster. Dann verschwindet sie wieder. Nach 5 Minuten tritt Midia ein in eleganter Toilette. Sie ruft hinaus:*

MIDIA Also schlaf Du schön, Heinrich.

STÜLPNER *von draußen fern* Danke Dir mein Engel!

MIDIA *zur Tür zurück* Kommst Du noch mal rein?

STÜLPNER Wie fragst Du komisch?

MIDIA Weil ich sonst abriegeln wollte.

STÜLPNER Das kannst Du ruhig tun, ich muß vielleicht noch in den Klub.

MIDIA Also gute Nacht.

STÜLPNER Nacht, Liebling.

*Midia gähnt und reckt sich, schließt die Tür zu und geht ans Fenster. Dann beginnt sie sich etwas gelangweilt auszuziehen, dabei beginnt eine Musik, die rosa wirkt. Als sich Midia bis zum Höschen ausgezogen hat, klopft es draußen.*

MIDIA Wer ist draußen?

STÜLPNER Ich bins, mach auf.

MIDIA Warte einen Augenblick. *Zieht sich das Nachthemd über.* So. *Schließt auf.*

STÜLPNER *tritt ein* Was ist denn los? Warum muß ich denn warten? *Tritt ans Fenster.* Sternenklar heute. Aber der Mond scheint nicht.

MIDIA Was hast Du nur?

STÜLPNER Ach mir ist so komisch, ich weiß nicht was los ist. Ich mußte noch einmal nachsehen, ob Du auch da bist.

MIDIA Wie oft gedenkst Du noch nachzusehen, ob man mich auch nicht gestohlen hat? *Steigt ins Bett.*

STÜLPNER Sag das nicht so, es kommen gerade in diesen Tagen wiederholt Fälle vor, daß Frauen gestohlen werden, und der Mann muß ein teures Lösegeld bezahlen, wenn er sie wieder haben will.

MIDIA Du siehst Gespenster bei sternenklarem Himmel. Wer soll hier heraufkommen? Unter mir schläfst Du, dann läuft der Hund ums Haus, und schließlich, wer mich holt, der bringt mich wieder, was wollten die Diebe wohl mit mir anfangen?

STÜLPNER Und wenns nur wegen des Lösegeldes wäre.

MIDIA Wie kommst Du darauf, weißt Du Bestimmtes?

STÜLPNER Es arbeitet hier eine Bande. Jede Nacht wird eine Dame aus der Gesellschaft verschleppt und muß in Paris oder London gegen ein hohes Lösegeld wieder eingelöst werden. Man sagt, der Conférencier aus jenem Nachtlokal, wo ich Dich einmal traf, wäre ihr Anführer.

MIDIA Das interessiert mich. Weiß man Näheres?

STÜLPNER Man weiß nur, daß er seit einigen Wochen fort ist, und man weiß nicht wohin. Da nun die Spur nach den berüchtigten Mädchenhändlern auch gerade in jenes Lokal weist, und man ihn am letzten Abend mit ihnen zusammen dort hat sitzen sehen, Du kannst Dir die Kombinationen denken, die wir Detektive uns machen.

MIDIA Das regt mich ja richtig auf.

STÜLPNER Nicht wahr, das hättest Du auch nicht gedacht, als er so harmlos mit Dir sprach?

MIDIA Du willst mich schrecken oder ausfragen, Ihr Detektive seid für uns Laien undurchschaubar.

STÜLPNER Das ist doch so furchtbar einfach, ich warne Dich vor einem berüchtigten Menschen. Jetzt scheint es mir fast, als ob Du ihn näher kennst, als Du es immer sagst, denn welches Interesse hättest Du an ihm?

MIDIA Ich habe ihn einmal gesehen, im Nachtlokal, und er war nett zu mir, das ist alles.

STÜLPNER Aber ich will Dich nicht aufregen, vielleicht ist er ganz unschuldig. Es ist vielleicht ein Zufall, daß er seit jenem Tage verschwunden ist. Wir suchen ihn noch nicht einmal, denn wir haben keinen triftigen Grund etwas zu vermuten. *Tritt ans Fenster.* Auffallend sternenklar ist die Nacht.

MIDIA Was mag wohl auf den vielen anderen Sternen sich bei so hellen Nächten ereignen?

STÜLPNER Kindskopf!
Schlaf schön! *Küßt sie und geht.*
*Midia legt sich zurecht und deckt sich warm zu, es scheint als*

*ob sie schliefe. Die Musik beginnt wieder leise und wird manchmal schwärmerisch. Nach etwa 2 Minuten sieht man, daß von außen eine Leiter ans Fenster gestellt wird. Midia bemerkt es nicht. Vorsichtig nach den Takten der Musik steigt Bär ins Fenster ein, die Leiter wird wieder fortgenommen. Bär nähert sich leise dem Bette, in dem Midia schläft. Mit einem Ruck schließt die Musik, und Midia springt plötzlich zum Sitz im Bette hoch. Bär hält ihr den Mund zu.*

BÄR Nicht schreien! Midia! – – –

MIDIA Du!

[Fragment]

1934

# Wer nennt es?

*Ein Stück ohne Titel*

PERSONEN

MAMA (Elisabeth Mus)
PAPA (Heinrich Mus)
FRIEDCHEN MUS
DER HERR REFERENDAR (Otto Steinbrück)
KARL MUS, ein Taugenichts
ZIKAKA, seine Braut
BABABA, das Dienstmädchen

MAMA ist ein Teufel, taktlos, zänkisch, launisch, ungerecht und sehr selbstsüchtig, dabei von ihrem Wert überzeugt und ehrgeizig.

PAPA ist ein alter Trottel, Pedant, kleiner Beamter, ganz von Mama abhängig.

FRIEDCHEN ist lieb und eingeschüchtert.

DER HERR REFERENDAR ist ein Menschenfreund. Er glaubt an die Menschheit und hält den Menschen für gut. Daher wird er überall bespöttelt.

KARL MUS ist brutal und dumm. Er bringt es zu nichts.

ZIKAKA ist ein Huhn, rafft und legt gern Eier.

BABABA ist wie ihr Name, Bababa.

## Die Geschichte davon

Mama hat der Familie eine Stellung verschafft, indem sie auf die Direktion Einfluß gewonnen hat. Papa hat Schiebungen unterstützen müssen, und darauf ist er befördert worden. Ihr Ehrgeiz zielt darauf ab, daß er Direktor wird. Gelingt das nicht, will sie die Direktion stürzen und die Schiebungen bekanntgeben. Daß sie selbst dabei auch hereinfällt, daran denkt sie nicht.
Ihren Sohn will sie bei der Fabrik unterbringen, aber man lehnt ihn ab, und Karl ist es lieb, weil er dann faulenzen kann. Karl stiehlt ihr Geld und vergeudet es. Mama bewundert ihn, weil er immer Geld hat. Zikaka muß immer Geld von Karl haben und reizt ihn zum Stehlen. Friedchen will nichts als Frieden, sie will, daß man sie zufrieden läßt. Der Herr Referendar liebt sie, er kommt, um sich bekannt zu machen und sie kennenzulernen.

## I Eßzimmer im Hause Mus

*Der Raum ist dunkel, die Einrichtung verschnörkelt und schreiend farbig, aber dunkle Farben. Alles Überflüssige ist da. In der Mitte großer Eßtisch. Daran sitzen nach vollendeter Mahlzeit Mama, Papa, Friedchen und Karl.*
*Papa will aufstehen.*

MAMA Warum willst Du aufstehen, Mus? Du bleibst sitzen! – Schweig. – Wenn ich mit Dir zu reden habe, bleibst Du sitzen. – Ihr auch. Ich habe mit Euch nämlich zu reden.

BABABA *tritt ein*

MAMA *zu Bababa* Raus!

BABABA Ich wollte . . .

MAMA Raus, bis ich Sie rufe!

BABABA *ab.*

MAMA Zuerst zu Dir *Wendet sich an Mus.*

KARL Dann kommen wir also auch noch!

MAMA *zu Karl* Schweig! – *Zu Mus.* Du willst ein Mann sein? Aber was bist Du? Ein Waschlappen! – Schweig! – Was wärest Du, wenn ich nicht wäre? Was wäre aus Dir geworden, wenn ich Deinen Ehrgeiz nicht angetrieben hätte? Schreiberseele! – Warum redest Du nicht?

PAPA Ich soll doch schweigen!

MAMA Sprich! – Du säßest noch auf Deinem Drehschemel und machtest Arbeiten, die meines Namens nicht würdig sind, wenn ich nicht wäre.

PAPA Und wäre vielleicht Emissär.

KARL *steht auf* Wann wirst Du einmal aufhören, uns alle zu beschimpfen, Mama?

MAMA Setz Dich hin! *Er tut es.* Sobald ich Euch zu selbständigen Menschen erzogen habe. Aber Ihr seid alle Schafe, und das muß ich Euch sagen. Was sollte aus Euch werden, wenn Ihr Eure Mama nicht hättet?

KARL Mama . . .

MAMA Schweig! *Zu Papa.* Aber nun denkst Du, du wärest etwas Richtiges geworden, weil Du Prokurist bist. Aber ich will Frau Direktor werden, das sage ich Dir. Und wenn Du nicht in 14 Tagen Direktor bist, dann sollst Du mal sehen, was passiert.

PAPA Aber ich . . .

MAMA Sei still! Du weißt natürlich nicht, wie Du es machen sollst. Du weißt nie etwas. Aber Du hast den Generaldirektor in der Hand. Du verstehst.

PAPA Ich verstehe nichts.

MAMA Solch ein Auerochse, solch ein Rindvieh, Du dämlicher Schreiber! Du weißt von den Schiebungen der Direktion, und Du weißt nicht, wie Du Direktor werden kannst? Ich glaube, nächstens muß ich Dich noch anziehen, die Krawatte kannst Du ja sowieso nicht allein binden.

PAPA Aber ich kann doch nicht . . .

MAMA Du kannst nicht? Selbstverständlich kannst Du. Du mußt!

KARL Aber Mama, er kann doch nicht . . .

MAMA Ja, soll ich denn allein alles besorgen? Ich sage Euch, er kann, er soll und er wird!

PAPA Also gut, ich werde.

MAMA Daß Du Dich nicht unterstehst! Erst fragst Du mich, was Du tun mußt, denn Du bist zu dämlich!

FRIEDCHEN Mama, dürfen wir aufstehen?

MAMA *ironisch* Nein, mein Kind! Ich werde Dir schon sagen, wann Du aufstehen kannst.

KARL Wir kommen alle noch dran!

MAMA Jawohl, Ihr kommt alle noch dran!

BABABA *tritt ein mit Tablett*

MAMA *zu Bababa* Habe ich Sie gerufen? Raus! *Bababa ab. Zu Papa.* Du bist immer zu plump. Selbstverständlich darfst Du nicht alles direkt sagen, immer fein bleiben. Man muß immer die Dinge fein andeuten, die man sagen will, dann bleibt man ein feiner Mann und kann sich wenden, wohin man will. Zuerst kommt Karl.

KARL Jetzt komme ich.

MAMA Jawohl, mein Liebling, Du kommst jetzt, denn Du wirst immer vergessen. Der arme Junge ist nun schon 22 Jahre und hat noch keine Stellung. *Zu Papa.* Warum verschaffst Du ihm keine?

PAPA Ich kann doch nicht . . .

MAMA Ich habe Dir schon einmal gesagt, Du kannst, Du sollst und Du mußt. Wenn Du der Direktion fein anbringst, daß Karl Deinen gegenwärtigen Posten besetzen muß, weil Du Direktor wirst und weil er der nächste ist, dann ist da kein Zweifel mehr, er hat einen guten Posten und kann heiraten. *Zu Karl.* Man muß immer klein anfangen, mein lieber Sohn, Direktor wird man erst später.

KARL *küßt ihr die Hand* Mutter, ich bin ja so gerührt!

MAMA Ja, Du bist dankbar, mein lieber Sohn! *Zu Friedchen.* Aber Du, mein Kind, guck nicht so!

FRIEDCHEN Ja, was soll ich denn? Soll ich etwa lachen, daß Du so schreckliche Dinge sagst?

MAMA Jetzt wirst Du auch noch frech! Ich verbitte mir, in diesem Ton mit mir zu reden. Ich bin Deine Mutter, und Du bist mein Kind, vergiß das nie. Mein Wunsch ist Dir Befehl. Widerworte sind ein für allemal ausgeschlossen. *Friedchen will reden.* – Schweig! – Eine Tochter soll stets zu ihrer Mutter aufsehen. Du aber möchtest sie am liebsten in den Dreck ziehen! Jawohl, sag nicht, ich kenne Deine Gesinnung. Ich sorge für Euch alle, wie nur eine Mutter sorgen kann, und Ihr alle seid undankbar.

KARL Mutter, ich auch?

MAMA Du bist ausgenommen, Karl. Du weißt, was Du an Deiner Mutter hast.

KARL Das wollte ich aber auch meinen.

MAMA Und den Herrn Referendar mußt Du Dir aus dem Kopf schlagen, Friedchen, der ist nichts, der kann nichts und der wird auch nichts.

KARL Tatütata! Habe ich das nicht immer gesagt?

MAMA Der ist kein feiner Mensch.

FRIEDCHEN Weil er rechtlich denkt!

KARL Frechheit!

MAMA Rechtlich denkt? – Denken wir etwa nicht alle recht? Bitte! Lächerlich einfach! Sage mir einmal, was ist denn rechtlich, wenn man sich in seinem ganzen Leben für das gute Recht einsetzt? Ja, ist es etwa nicht rechtlich, daß ein Mann von Qualitäten, als Gatte einer hochbegabten Frau, eine Position einnehmen muß, die seiner würdig ist. Ist das etwa nicht rechtlich? – Aber dieser Herr Referendar ist ein Schnösel, weiter nichts.

KARL *zitiert* »Ich bin ein Werkzeug der Ordnung, die das Gute im Menschen stärken will.« *Lacht.*

FRIEDCHEN *will gehen* Ich gehe jetzt.

KARL *zitiert weiter* »Ich weiß, daß viele Unregelmäßigkeiten den Menschen in Versuchung führen, aber ich möchte ihn kräftigen, daß er allen Versuchungen widersteht.«

FRIEDCHEN *empört* Ihr spottet noch über ihn! Es stände sicherlich besser um die Menschheit, wenn es viele Menschen gäbe, die so vom Recht denken wie er.

MAMA Er ist ein Protz, weiter nichts. Und ich sage Dir, dieser Mensch kommt nicht in unsere vornehme Familie herein.

KARL Tatütata!

FRIEDCHEN Gut! *Will gehen.*

BABABA *tritt ein.*

MAMA Raus!

BABABA *meldet* Der Herr Referendar Steinbrück ist im Salon. *Ab.*

MAMA *verzweifelt* Um Gottes Willen! *Zu Friedchen.* Du hast ihn jetzt anzuweisen, daß er nie wiederkommt, verstehst Du?

FRIEDCHEN Ich denke nicht daran.

MAMA Die Männer raus!

PAPA Ihr könnt doch in den Salon gehen!

KARL Der ist ja leer, da sind ja keine Stühle drin, weil Mama wieder einmal gründlich reingemacht. Komm Vater! *Beide ab.*

MAMA *öffnet die Tür zum Salon* Ich lasse bitten.

REFERENDAR *tritt ein* Guten Morgen, gnädige Frau, guten Morgen, Fräulein Friedchen!

MAMA Nehmen Sie Platz. – Nun nehmen Sie schon Platz! – Wenn Sie schon immer in unserer Familie herumschnüffeln müssen!

FRIEDCHEN *empört* Mama!

STEINBRÜCK Ich danke Ihnen verbindlichst. *Setzt sich.*

MAMA Was Sie sich immer bei uns herumzutreiben haben, wenn Sie nicht schnüffeln wollen, begreift weder mein Mann noch ich; Friedchen begreift es auch nicht.

FRIEDCHEN Mama!

STEINBRÜCK Ich hoffe, daß Fräulein Friedchen den Zweck meiner Besuche leichter begreifen wird als Sie, gnädige Frau, und ich hoffe, Sie werden ihn billigen.

FRIEDCHEN *nickt unauffällig.*

MAMA Ach so? Aber lassen Sie sich eins gesagt sein, Herr Referendar, an Schnüffler gebe ich meine Tochter nicht.

FRIEDCHEN Mutter, Du zerstörst alles!

MAMA *wiederholt* An Schnüffler gebe ich sie nicht, niemals! Ich weiß gar nicht, was Sie hier eigentlich zu suchen haben, Herr Referendar.

STEINBRÜCK Wenn ich es in Worte fassen könnte, würde ich es gerne tun und der Natur dankbar sein, daß sie uns die Sprache als ein Instrument gegeben hat, unsere Gefühle auszudrücken. Jedoch kann ich sie nicht preisen, denn arm ist unsere Sprache an Wörtern, wenn stark wir fühlen.

MAMA Man kommt sich vor, als ob man unter Idioten geraten wäre.

FRIEDCHEN Mama, Du beleidigst ja Herrn Steinbrück.

MAMA Ich will ihn auch beleidigen, er soll es merken, daß er ungelegen kommt. Aber der Mensch hat ein dickes Fell. Nun gehen Sie doch, Herr Referendar, mit Leuten Ihresgleichen kann die Frau eines Direktors leider nicht verkehren.

STEINBRÜCK Da darf ich gratulieren!

MAMA Danke schön, danke schön. Auf Wiedersehen, Herr Referendar! *Reicht ihm die Hand.* Komm Friedchen. *Zerrt die Widerstrebende hinaus.*

FRIEDCHEN Seien Sie mir bitte nicht böse, ich kann . . .
*Sie wird hinausgezogen.*

STEINBRÜCK *steht allein* Es ist doch toll! --- *Faßt sich an den Kopf.*

ZIKAKA *tritt ein* Hallo! Wo ist Karl? Ach, ein fremder Herr? Oder kennen wir uns schon? Entschuldigen Sie bitte.

STEINBRÜCK Ich bin Referendar Steinbrück.

ZIKAKA Ach, der sind Sie? Ich habe schon viel von Ihnen gehört.

STEINBRÜCK Lassen Sie doch diese konventionellen Phrasen. *Geht ab.*

KARL *tritt ein* Zikaka! *Begrüßt sie herzlich.*

ZIKAKA *abkühlend* Ja, Zikaka! Hast Du Geld?

KARL Jetzt nicht.

ZIKAKA Ich brauche Geld, unbedingt Geld. Warum hast Du nichts? Du wolltest mir etwas besorgen.

KARL Ich kann doch nicht ...

ZIKAKA Du kannst immer nicht. Ich brauche Geld, und zwar heute noch.

KARL Zikaka, ich bitte Dich ...

ZIKAKA Sieh zu, wo Du es nimmst, Du weißt doch, wo es liegt.

KARL Ich kann nicht. Warte doch noch einige Tage, bis ich meine Stellung habe.

ZIKAKA Es tut mir sehr leid. Entweder Du besorgst mir das Geld heute, oder – – –

KARL Nur wenige Tage, Zikaka.

ZIKAKA Nein, ich kann nicht immer Rücksicht nehmen, und ich will es auch nicht.

[Fragment]

1934

# Eine Stunde Aufenthalt

*Kleines Schauspiel in 2 Aufzügen*

PERSONEN Der Mann: FRITZ ERNEMANN
Der Freund: FRANZ MÜLLER
(Das heißt, der Freund ist nur Geschäftsfreund)
Die Frau: LINA ERNEMANN

## I. AUFZUG

Kontor des Reisenden Herrn Fritz Ernemann

*Wände weiß und nüchtern, mit Stadtplan, Landkarten, Kalendern und Reklameplakaten dekoriert. Büromöbel unpersönlich, Stahl, gelb lackiertes Holz. Auf einer Staffelei mit unmöglichen Schnitzereien ein Bild Linas. Das Bild ist schlecht und unähnlich, aber süß. Fürchterlich prunkvoller Goldrahmen.*

FRITZ . . . und was das schlimmste ist, sie kennt nur noch diesen einen Gedanken, und weiter nichts.

FRANZ Dann steht sie also den ganzen Tag am Fenster?

FRITZ Nein, sie steht nicht, sie sitzt. Sie sitzt am Fenster, den ganzen Tag, ist gegen alles gleichgültig und wendet keinen Blick vom Bahnhof gegenüber, als wollte sie die Züge zählen. Und kommt ein Zug . . .,

FRANZ Dann springt sie auf, natürlich . . .

FRITZ Ja, dann springt sie auf und zittert am ganzen Körper. So wartet und wartet sie von Tag zu Tag.

FRANZ Also bildet sich Deine Frau richtig ein, der Mann, der sie einst lieben würde, der Mann, der für sie das große Glück bedeuten würde, käme mit irgendeinem Zuge auf jenem Bahnhof an.

FRITZ Ja, sie bildet es sich ein.

FRANZ Ja, wie soll ich sagen, war denn Eure Ehe vorher nicht glücklich?

FRITZ Nicht glücklich? Wir waren das glücklichste Paar von der Welt.

FRANZ Ich kenne ja Deine Frau nur nach jenem Bilde. *Zeigt auf das Por-*

*trät auf der Staffelei.* Gesehen habe ich sie nie, und wenn ich sie so richtig betrachte, kann ich mir gar nicht denken, ...

FRITZ Ja, das Bild da ist nicht ganz ähnlich geworden. Aber Du kannst es Dir auch nicht denken, Du kannst es nicht. Ich will Dir lieber erzählen. Wir hatten ein Jahr glücklich zusammen gelebt. Wir sahen uns jeden Wunsch am Auge ab. Mir war es ein großes und unbeschreibliches Glück, und Lina schien ebenfalls sehr glücklich zu sein. – Nun wollten wir den Tag unserer Hochzeit allein feiern, denn wir waren ja immer allein zusammen, das ganze erste Jahr unserer Ehe. Das ganze Jahr war für uns wie Flitterwochen gewesen. – Und nun saßen wir am Abend in unserer Wohnstube und tranken eine Flasche Champagner zur Feier des Tages. Das heißt, wir hatten sie schon getrunken und saßen zusammen.

FRANZ Dabei kommt man doch in beste Laune, wenigstens geht es mir immer so.

FRITZ Wir waren auch in bester Stimmung und tauschten liebe Erinnerungen aus. – Plötzlich steht Lina auf, geht ans Fenster, so: ... *Er macht so gut er kann ihren Gang nach, wie sie von einer Vision erfüllt tastend schreitet.* Genau so, wie ich es Dir zeige. – Du, Franz, das ist nicht lächerlich, sie ging nicht etwa, wie wir gehen, sondern wie ich es Dir gezeigt habe, mir schien es, ohne Ziel.

FRANZ Sonderbar.

FRITZ Nun waren doch die Vorhänge zu. Da schlug sie sie wie zufällig auseinander, aber doch war es, wie wenn sie unter einem Zwange handelte. Dann blickte sie hinaus und deutete mit feierlicher Geste auf den Bahnhof da gegenüber, indem sie mit großem Pathos dazu sagte: »Siehst Du den Bahnhof da, Fritz?« *Er imitiert ihr Pathos.* Ja, Du lächelst, aber es war durchaus nicht lächerlich. Ich war verwirrt und wußte nicht, was ich darauf antworten sollte. Da fragte sie noch einmal. – »Natürlich, lieber Schatz«, sagte ich da, »natürlich seh' ich den Bahnhof, aber ich weiß doch, daß da ein Bahnhof ist«. Da sagt sie prophetisch und mit gehobener Stimme: »Von dort wird einst kommen der Mann, dem ich werde gehören an.« – Sie sagte das alles verdreht.

FRANZ Unerklärlich!

FRITZ Mir war es anfangs auch vollkommen unerklärlich, weil wir doch so glücklich zusammen waren.

FRANZ Wieviele Kinder habt Ihr?

FRITZ Leider haben wir keine. – Ach, Du denkst wohl, das wäre der Grund? – Sie hat ja niemals Kinder haben wollen.

FRANZ Von Dir nicht. Sei mir nicht böse, Fritz, aber ich glaube, Deine Frau hat Dich nie geliebt.

FRITZ Das stimmt nicht. Es besteht kein Zweifel, daß sie mich sehr geliebt hat, bis zu jenem unglücklichen Augenblick. – Ich habe mich dann hingestellt *macht seine Pose nach, die Hände in die Seiten gestemmt,* und habe Lina fürchterlich ausgelacht. Aber das war falsch, sie wurde sehr ernst und verbot mir, zu lachen.

FRANZ Ich glaube, Du verstehst Deine Frau nicht ganz.

FRITZ Mag sein.

FRANZ Sonderbar, ...

FRITZ Was findest Du sonderbar?

FRANZ Das Du das alles mir erzählst.

FRITZ Du denkst jetzt sicherlich, ich erzählte allen meine Geschichte. Aber das stimmt nicht. Dir kann ich es erzählen, denn erstens kennst Du meine Frau nicht, und zweitens waren wir zwei schon in der Schule befreundet. Und wäre ich nicht in dieses elende Nest gekommen, dann hätten wir uns bestimmt öfter gesehen. Aber wer kommt hierher? Und nun freue ich mich, daß Du mich aufgesucht hast, daß Du Dich meiner noch erinnerst, und da ich vermute, daß Du also Anteil nimmst an meinem Geschick, so erzähl ich es Dir. Du bist der Einzige, der davon weiß.

FRANZ Sonderbar, ich komme doch sonst nie in diese Gegend. Und wie ich heute hier vorbeifahre, sehe ich von weitem diese Stadt und frage den Schaffner nach dem Namen. Der sagt mir, daß es Neustadt ist, und da fällt mir sofort mein Freund Fritz Ernemann ein. Ich wußte nicht, weshalb, aber ich hatte das Gefühl, ich mußte Dich wiedersehen. Und nun erzählst Du mir das alles.

FRITZ Es ist gut, daß Du ausgestiegen bist, denn man muß doch einmal die Last loswerden, die man mit sich trägt. Einmal muß der Mensch sich aussprechen können, das sieht man ja auch bei den Mördern, sie müssen einmal ihr Geheimnis sagen.

FRANZ Wenn ich wüßte, wie ich Dir helfen könnte. Aber Du mußt Dich da selbst durchfressen. Außerdem *sieht nach der Uhr* muß ich fort, denn in fünf Minuten fährt mein letzter Zug. Ich habe nämlich genau eine Stunde Aufenthalt, und wenn ich den Zug nicht erreiche, dann komme ich nicht mehr nach Hause.

FRITZ Aber es fahren doch mehr Züge? . . .

FRANZ Nicht in unserer Richtung, und meine Frau erwartet mich.

FRITZ Aber ich kann Dich jetzt nicht fortlassen, Du siehst doch, wie aufgeregt ich bin. Ich habe das Gefühl, Du kannst mir helfen, es gibt sicherlich ein Mittel, vielleicht ist es sogar sehr einfach. Aber man überlegt und überlegt, und wird ganz dumm dabei, und man kommt nicht darauf.

FRANZ Und nun meinst Du, ich könnte das Mittel finden?

FRITZ Ja, das meine ich. Zu Dir habe ich viel Vertrauen, Du wirst es finden.

FRANZ *reicht ihm die Hand* Dein Vertrauen ehrt mich, aber ich muß jetzt wirklich fort. Mein Zug geht.

FRITZ *hält ihm die Hand fest* Ich lasse Dich nicht fort, Du bleibst hier und hilfst uns.

FRANZ Ja, mein Gott, ich kann Euch doch nicht helfen.

FRITZ Dann hör wenigstens zu. Ich muß weiter erzählen.

FRANZ Also gut, ich bleibe, wenn Du es unbedingt willst. Ich telegrafiere an meine Frau, . . .

FRITZ Später. Jedenfalls danke ich Dir, daß Du bleibst. Ich will eben Lina anrufen. *Nimmt den Hörer ab.*

FRANZ *legt ihn wieder hin* Später.

FRITZ Gut. – Was soll ich nun sagen, ich dachte zuerst, sie wäre etwas betrunken von dem Sekt, darum habe ich sie gründlich ausgelacht. Ich selbst hatte ja auch etwas viel getrunken. Dann wollte ich sie küssen. Da hat sie mich mit der Hand ins Gesicht geschlagen.

FRANZ *wiederholt* Mit der Hand! –

FRITZ Anfangs dachte ich mir nichts Böses dabei und hielt es für eine zwar etwas sonderbare Neckerei, für einen schlechten Scherz, verstehst Du. Aber wie Lina nun unverwandt weiter zum Bahnhof stiert, da wird es mir zuviel. Einmal reißt jedem der Faden der Geduld. Da sage ich streng: »Nun kommst Du sofort zurück an den Tisch, Lina«, und füge noch scherzhaft hinzu: »Der junge Mann wird doch nicht ausgerechnet in diesem Augenblick kommen.«

FRANZ Und dann kam sie?

FRITZ Nein, sondern sie sagte mit einem Pathos, das ich bisher überhaupt noch nicht kannte: »Ich weiß weder Zeit noch Stunde, da mein Geliebter wird kommen«. Jetzt wurde ich richtig zornig und brüllte sie an. Da begann sie zu heulen, nannte mich brutal, kam aber nicht.

FRANZ Ja, das mußte ja so kommen.

FRITZ Da fragte ich sie, ob sie mich denn nicht mehr liebte, und sie antwortete, sie hätte mich überhaupt niemals geliebt, sie hätte zwar geglaubt, mich zu lieben, aber das wäre ein Irrtum gewesen. Jetzt sähe sie den großen Irrtum ihres Lebens ein und könne nur noch den lieben, der da mit dem Zuge auf dem Bahnhof ankommen würde.

FRANZ Ja, das finde ich lächerlich. Merkt denn Deine Frau nicht, daß die ganze Angelegenheit lächerlich wirkt?

FRITZ Nein, sie merkt es nicht. Sie hält es für eine Sendung, für eine große Aufgabe, die sie zu erfüllen hat, wenn sie da am Fenster sitzt und wartet.

FRANZ Hast Du denn einmal den Arzt zu Rate gezogen?

FRITZ Einmal? – Viele Male haben wir den Arzt gefragt. Aber die Ärzte können nicht helfen. Zuletzt habe ich ganz diskret einen Nervenarzt um seine Hilfe gebeten. Der hat nicht etwa meine Frau untersucht, sondern mich, verstehst Du das, mich???

FRANZ Jedenfalls war er gründlich.

FRITZ Ja, gründlich hat er mich untersucht, als ob ich krank wäre. Und zum Schluß gab er mir auf Grund seiner Untersuchung sogar die ganze Schuld an der Krankheit meiner Frau. Verstehst Du das???

FRANZ Ja, das kann man nicht so sagen. Gedacht habe ich mir auch schon, daß Du sie nicht recht behandelst. Aber der Grund ist vielleicht noch viel einfacher, es ist die Wohnung. Wenn man an einem Bahnhof wohnt und so Tag für Tag die Züge ein- und ausfahren sieht, da muß man ja melancholisch werden. Ihr müßt einfach die Wohnung wechseln.

FRITZ Das Mittel habe ich versucht. Aber da ist sie rein wild geworden. Sonst war sie immer so sanft, und jetzt hat sie drei kostbare Vasen nacheinander zertrümmert. Sie hat sie mir direkt vor die Füße geworfen, nur weil ich den Vorschlag gemacht hatte. So etwas möchte ich nicht noch einmal erleben.

FRANZ Und wenn Du noch einmal bei passender Gelegenheit an Euer früheres glückliches Eheleben erinnertest? Natürlich ganz vorsichtig, mehr fragend, nicht etwa plump. Sie selbst muß es mehr herausfühlen, und denken, daß sie selbst sich an früher erinnerte.

FRITZ Wenn ich nur die geringste Andeutung mache, dann wird sie rasend. Das ist vollkommen ausgeschlossen. Dann sagt sie ganz offen, zwischen uns wäre es eben aus, sie hätte keinen Funken Liebe mehr für mich und betrachte es als unmoralisch, zu einem Manne freundschaftlich zu sein, den sie nicht liebe. Und dann fängt sie wieder mit dem Fremden an.

FRANZ *deutet auf das Bild* Deine Frau ist schön.

FRITZ Noch schöner, als das Bild. Ich liebe sie immer noch wahnsinnig.

FRANZ Wenn man das alles so hört, dann kann man sich glücklich schätzen, wenn man mit seiner Frau eine glückliche Ehe führt, die nicht durch solche Krankheit gestört ist. Denn Deine Frau ist krank, sicherlich krank, sonst bildet man sich nicht so etwas ein. Oder meinst Du etwa, sie ahnte Dinge, die ein gewöhnlicher Mensch nicht ahnen kann? – Auf alle Fälle wirkt sie lächerlich, weil man ihren Empfindungen nicht folgen kann.

FRITZ Auf mich wirkt sie tragisch.

FRANZ Sie handelt gewissermaßen unter einem Zwang, oder in einem Wahn, kann man vielleicht sagen. Wenn sie nun aber einmal aus diesem Wahne aufwachte und sähe selbst einmal von fern ihre Einbildungen objektiv, ich sollte denken, daß sie dann das Lächerliche selbst empfinden und ihre Phantastereien aufgeben würde.

FRITZ Das leuchtet mir ein. Du bist ein nüchtern denkender Mensch, Franz. Was Du da sagst, ist durchaus logisch. Aber gibt es für Frauen denn Logik? Für Lina jedenfalls nicht. Wie oft habe ich es ihr klarzumachen versucht, daß es solche Zusammenhänge nicht gibt, wie sie sie sucht. Man kann doch nicht mit Zufällen rechnen. Dann behauptet sie einfach, mir fehlte der Sinn für feinere Zusammenhänge, und gerade diese feineren Zusammenhänge machten den Sinn der Welt aus. Natürlich hat sie diesen Sinn und kann nun in die Zukunft sehen. Weißt Du, ich könnte verzweifeln.

FRANZ Du hast mich nicht richtig verstanden, Fritz. Ich meine natürlich nicht, daß Du ihr von Logik sprichst. Wenn ich jemand Gardinen verkaufen will, so fange ich nicht von Gardinen an, sondern von der Sonne. Die scheint so schön, aber trotzdem bleicht sie die Farben auf der teuren Saloneinrichtung. Man kann sich dagegen schützen, wenn man Gardinen kauft. Natürlich müssen es gute Gardinen sein. Unser Haus führt gute Gardinen. Sieh, dann kaufen die Leute Gardinen.

FRITZ Gut, vielleicht kann ich Gardinen brauchen. Aber was bedeutet das in diesem Falle?

FRANZ Ist das mit den Gardinen perfekt? Darf ich Dir Muster zeigen?

FRITZ Ach, ich will doch nichts von Gardinen wissen.

FRANZ Weshalb? Ich wette, Deine Gardinen könnten besser sein, und Du brauchst neue.

FRITZ Nun hör schon auf mit Deinen dämlichen Gardinen.

FRANZ »Dämlichen Gardinen?« Das kann ich mir als Reisender einer angesehenen Firma selbst von einem Freunde kaum bieten lassen. Sieh Dir einmal meine Muster an! *Zeigt sie.* Hier, ist diese nicht einfach goldig? Oder was meinst Du zu diesen Stores für Deinen Salon?

FRITZ Was kosten denn die?

FRANZ Für Dich natürlich sind sie billiger.

FRITZ Also gut, wenn sie meiner Frau gefallen, will ich sie nehmen.

FRANZ *reicht ihm die Hand* Abgemacht. Barzahlung ist natürlich unter Freunden selbstverständlich.

FRITZ Einverstanden. Wenn also die Gardinen meiner Frau gefallen, nehme ich sie. Jetzt bitte ich aber zu hören, wie Du meiner Frau Logik klarmachen willst, ohne von Logik zu sprechen.

FRANZ Ich würde zum Beispiel von der Bahn kommen, als ob ich der Mann wäre, auf den sie wartet, und würde ihr die schönsten Komplimente machen. Ich bin fest überzeugt, daß sie es glaubt, daß ich der lange ersehnte Liebhaber bin.

FRITZ Das ist eine großartige Idee. Du bist gescheiter, als 5 Ärzte zusammen. Ich komme dann dazu und kläre den Irrtum auf, und dann sieht sie plötzlich, daß alles Schwindel war.

FRANZ Bestimmt wird sie es sehen. Aber sie wird rasend werden, Dich mit der Hand wieder an den Kopf schlagen und sich erneut ans Fenster setzen und weiter warten.

FRITZ Da magst Du Recht haben. Aber wie soll ich es denn machen?

FRANZ Du sollst gar nichts machen, ich selbst muß zu geeigneter Zeit ihr erklären, daß ich um ihr zu helfen die Rolle des Liebhabers gespielt habe. Aber ich muß warten, bis sie es so fest glaubt, daß ich der erwartete Liebhaber bin, daß sie hinterher nicht wieder auf ihre Wahnidee zurückkommt.

FRITZ Du bist noch schlauer als ich, Franz. Und was muß ich dabei tun?

FRANZ Das ist eigentlich gleichgültig. Du kannst machen was Du willst, ich darf mich darum nicht kümmern. Das Einzige, was Du tun mußt, Du mußt uns eine Zeitlang allein lassen, und hinterher, wenn ich es sage, mir meine Gardinen abnehmen und bezahlen.

FRITZ Selbstverständlich, das mit den Gardinen kommt in Ordnung. Das Geld stecke ich gleich ein. *Nimmt sich Geld.*

FRANZ Dann wäre ja vorerst weiter nichts zu tun, als abzuwarten, wie sich Deine Frau dazu stellen wird.
*Vorhang.*

II. AUFZUG

Wohnzimmer der Familie Ernemann

*Musterzimmer für alle Stile, dazu Nippessachen und trockene Sträuße. Sehr schlechte Gardinen. An der Rückwand sind 3 große Fenster, durch die man den Bahnhof sehen kann. Da die Wohnung hoch liegt, sieht man über dem Bahnhofsgebäude hinweg und sieht die Züge ein- und ausfahren. Wenn es dunkel wird, sieht man auch die Signallampen, rot und grün. Oft tutet es, und oft pfeift es schrill. Türen an beiden Seiten. Stuhl am Fenster. Lina sitzt auf dem Stuhl am Fenster. Fritz tritt ein. Lina achtet nicht darauf.*

FRITZ Du bekleidest also wieder einmal Deinen Bahnwärterposten, Lina?

LINA Spotte nicht, Fritz.

FRITZ Sei doch vernünftig, Du kannst Dein ganzes Leben lang warten, und es kommt der Rechte doch nicht.

LINA Das sind nicht Deine Sorgen. Ich weiß, daß er kommt, sogar bald.

FRITZ Etwa heute?

LINA Ich will nicht, daß Du so über meine Liebe redest.

FRITZ Und was soll ich als Dein Ehemann tun, wenn er kommt?

LINA Du wirst ihn mit aller Achtung behandeln, denn er ist mein zukünftiger Mann.

FRITZ Dazu gehöre ich auch erst einmal.

LINA Selbstverständlich, Du wirst Dich scheiden lassen.

FRITZ Und wenn ich es nicht tue?

LINA Dann bist Du ein Mann, der auf seinem scheinbaren Recht besteht, das ihm aber nichts nützen wird.

FRITZ Wieso, was gedenkst Du zu tun?

LINA Mach Dir doch bitte nicht immer meine Sorgen, Fritz.

FRITZ Dann kann ich ja gehn.

LINA Wenn Du nur schon draußen wärest! *Fritz ab.*
*Lina steht auf, betrachtet durch das Fenster den Bahnhof, reißt das Fenster auf und winkt mit dem Taschentuch.*

LINA Jetzt denkt das Rindvieh, ich winkte für ihn. *Ruft laut.* Geh nur.

FRITZ *leise* Gott sei Dank, er geht. *Wie bei einer Vision.* Jetzt fährt der Zug in den Bahnhof. – Er steigt aus. – – – Da ist er. *Winkt lebhaft*– – –Er sieht mich! – *Winkt mit der Hand.* Komm doch herauf! – Da kommt er schon. *Geht zur Tür* – – – Ach, wie schrecklich lange das dauert! – *Geht hinaus und öffnet, für den Zuschauer unsichtbar, die Vorplatztür.* So, nun tritt ein. *Kommt zurück.* Ich darf wohl vorgehen, Du kennst die Wohnung nicht. Nun komm doch!

FRANZ *tritt ein, indem er sich dauernd im Zimmer umsieht* Ihre Gardinen sind schlecht, gnädige Frau!

LINA Du bist nun also da. Allerdings hätte ich mir Deine Begrüßung anders vorgestellt. Laß Dich einmal ansehen. *Faßt ihn am Arm und dreht ihn mehrere Male um.*

FRANZ Um auf die Gardinen zurückzukommen, gnädige Frau, . . .

LINA Nun hör schon auf mit Deinen dämlichen Gardinen!

FRANZ Komisch, dieselbe Redewendung.

LINA Wieso?

FRANZ Ich dachte an etwas. Also, gnädige Frau, ich komme von der Firma Rosenstock, die Ihnen wohl bekannt sein dürfte, Gardinen ersten Ranges.

LINA Also Deine Gardinen interessieren mich vorerst überhaupt nicht. Und dann hör einmal auf, mich ›gnädige Frau‹ zu nennen, ich heiße Lina.

FRANZ Ich heiße Müller.

LINA Das ist schon sehr interessant. Dann werde ich also Frau Müller heißen.

FRANZ Wieso?

LINA Du wirst mich doch heiraten. Ohne Trauung gehe ich nicht mit Dir. Das mußt Du Dir ein für alle Male sagen. – Küß mich!

FRANZ Wohin?

LINA Wohin küßt der Mann die Frau, wenn er sie liebt und heiraten will?

FRANZ Auf den Mund. Aber Lina, wenn ich Sie so nennen darf, Sie irren sich in mir grundsätzlich. Ich bin Reisender in Gardinen und habe hier eine Stunde Aufenthalt und wollte Ihnen schnell gute Gardinen verkaufen, Sie brauchen unbedingt gute neue Gardinen. *Weist auf die alten, schlechten.*

LINA Du lieber kleiner dummer Mann! *Streichelt ihn.* Du denkst noch immer, Du kämest, um mir Gardinen zu verkaufen. Du ahnst noch nicht, daß das Schicksal Dich für mich bestimmt hat, und daß Du deshalb hier ausgestiegen bist. Ahnst Du es wirklich noch nicht? – – –

FRANZ Offen gestanden, nein.

LINA Du bist gekommen, wie ich es erwartet hatte, Du siehst aus, wie ich Dich im Traume gesehen habe, und daß Du Reisender in Gardinen bist, das wußte ich längst schon. Deinen Namen kannte ich nicht, ich weiß nur, daß Du Franz mit Vornamen heißt.

FRANZ Donnerwetter, woher wissen Sie das?

LINA Ich weiß es, wie ich dieses alles gewußt habe. Aber nun nenn mich endlich einmal ›Du‹, wie sich das gehört.

FRANZ Du!

LINA Und nun will ich Dir Zeit lassen, Dich zu besinnen. Zeig mir mal Deine Muster.

FRANZ *packt Muster aus und belegt damit ungefähr die ganze Einrichtung* So, es sind die neusten Plauener Dessins. Ich wette, daß Dir etwas davon gefallen wird.

LINA Reizend, wirklich reizend.

FRANZ Nicht wahr, dieses Muster ist reizend.

LINA Nein, Du bist reizend. *Küßt ihn auf den Mund.*

FRANZ *sehr erschreckt, macht sich los* Was wird Dein Mann dazu sagen?

LINA Er weiß, daß er kein Recht mehr auf mich hat, außer dem Recht, sich scheiden zu lassen.

FRANZ Ich weiß nicht, was ich dazu denken soll.

LINA Gar nicht denken. Ihr Männer denkt viel zu viel, das ist Euer Unglück. Ihr denkt Euch immer etwas aus, und es kommt ganz anders. Wir Frauen aber wissen, was kommt, wir denken nicht, sondern handeln. So, nun suche ich aber eine Gardine aus, mein jetziger Mann soll sie noch bezahlen.

FRANZ Gefällt Dir dieses Muster?

LINA Gut, um es kurz zu machen, es gefällt mir, aber es muß auch Dir gefallen, denn wir nehmen die Einrichtung mit, die gehört mir allein.

FRANZ Diese Gardine habe ich mir immer gewünscht, aber meine Frau mag sie nun einmal nicht.

LINA Wie?

FRANZ Meine Frau mag sie nicht.

LINA Du bist verheiratet?

FRANZ Ja, ich bin glücklich verheiratet. Wußtest Du das nicht?

LINA Ich wußte nur, daß da irgendeine Schwierigkeit sein würde, ohne sie genau zu sehen. Aber das ist ja nun vorbei, ich mag sie, und wir werden sie in unserem Wohnzimmer aufhängen.

FRANZ Was soll denn aus meiner Frau werden, Lina?

LINA Du kannst Dich doch ebensogut scheiden lassen, wie ich.

FRANZ Aber ich sagte Dir doch, daß ich glücklich verheiratet bin.

LINA Das kann sich schnell ändern. Ich war auch glücklich mit Fritz, bis ich in Deinen Bann kam.

FRANZ Lina, hör auf, so zu reden. Ich bin ein nüchtern denkender Mensch, ich glaube nur an Dinge, die ich sehen und fühlen kann. An Gardinen glaube ich, aber nicht an Zusammenhänge. Gardinen sind Vorhänge für Fenster, während – – –

LINA Sag es nur, Zusammenhänge sind Fenster für Vorgänge. Die Fenster sind es, die uns zusammenführen.

FRANZ Mir ist schwindelig.

LINA Dann trink ein Glas kaltes Wasser. *Reicht ihm Wasser.*

FRANZ *trinkt* Das tut gut. *Faßt sich an den Kopf.* Ist das mein Kopf?

LINA *lacht* Du bist wirklich reizend, Franz, die einfachsten Dinge begreifst Du manchmal nicht.

FRANZ Ich bin ein nüchtern denkender Mensch.

LINA Weil Du nicht richtig denkst, meinst Du, Du dächtest nüchtern. Ja, es ist nüchtern, Gardinen zu sehen, wenn man sein Glück sehen könnte, aber darum kommt das Glück doch, wann es will. Ihr Männer sollt nur das Denken ganz aufgeben.

FRANZ *taumelt* Ich kann Dir nicht zuhören.

LINA Warum?

FRANZ Mir laufen da fortwährend Deine Gedanken im Kopf herum, und das kann mich wahnsinnig machen.

LINA Du mußt Dich nur erst einmal daran gewöhnen.

FRANZ Ich muß nun gehen, leider, selbst wenn aus dem Kauf nichts wird.

LINA Geh nur, Du wirst schon zurückkommen.

FRANZ *geht zur Tür und sehrt wieder um* Ich kann nicht.

LINA So! *Triumphierend.* Jetzt merkst Du, daß Du auch in meinen Bann gekommen bist. Was steht zu Diensten?

FRANZ *versucht jetzt, seine Rolle zu spielen* Ich liebe Dich und bin gekommen, um Dich zu meiner Frau zu machen.

LINA Gut gespielt. Das glaube ich Dir jetzt nicht. Du bist zwar gekommen, weil Du in meinen Bann kamst, aber Du wußtest es nicht. Küß mich lieber noch einmal, statt viele Worte zu machen.

FRANZ *wie willenlos, geht auf sie zu, umarmt sie und küßt sie lange* Das muß ich sagen! Küssen kannst Du gut. –

LINA Also es hat geschmeckt. Fein!

FRANZ Darf ich noch einmal küssen?

LINA Warum fragst Du erst? So viel Du willst.

FRANZ *küßt wiederholt* Du bist eine Hexe!

LINA Ach, ich arme Frau, nun soll ich schon eine Hexe sein. Ich kann nicht hexen, ich bin selbst nur Werkzeug. .

FRANZ In der Hand des Teufels.

LINA Wenn die Liebe die Hölle ist, dann ja.

FRANZ *küßt sie wieder* Mir ist sie der Himmel.

LINA Dann bin ich ein Engel.

FRANZ *nimmt Abstand* So, Du meinst also wirklich, ich wäre der Mann, auf den Du gewartet hast?

LINA Da habe ich gar keinen Zweifel.

FRANZ Und wenn Du Dich nun getäuscht hättest, wenn es sich herausstellte, daß ich mit Dir nur Theater spiele?

LINA Deine Gedanken führen Dich nur auf Irrwege. Das ist einfach unmöglich.

FRANZ Weshalb?

LINA Mein Gefühl hat mich noch nie getäuscht.

FRANZ Und wenn es Dich zum erstenmale täuschte?

LINA Dann müßte ich sterben. Ich lebe, weil ich mich so sicher auf mein Gefühl verlassen kann.

FRANZ Und hast Du Dich nicht bei Fritz getäuscht?

LINA Sonderbar, Du kennst den Namen meines Mannes? – Nein, getäuscht habe ich mich bei meiner ersten Ehe nicht. Ich wußte nur noch nicht, daß das Glück auch für mich einmal kommen würde. Ich wußte nicht, daß die Ehe mit Fritz einmal aufgehoben werden müßte, weil ein größeres Glück mich mit Dir verbinden würde. Und so heiratete ich ihn aus Liebe, wie man das so nennt. In Wirklichkeit aber wußte ich noch gar nicht, was Liebe ist. Nun weiß ich es. *Umarmt Franz.*

FRANZ Dann erzähl Du mir einmal, wie es alles gekommen ist.

LINA Gern. Setz Dich zu mir.

*Er tut es. Lina setzt eine Flasche Sekt und zwei Gläser auf den Tisch.*

Genau so, wie wir jetzt sitzen, saßen Fritz und ich und feierten den Jahrestag unserer Ehe. Wir tranken eine Flasche Sekt zusammen, zur Feier, wie wir es jetzt tun werden, zur Feier unserer Verlobung. *Schenkt Sekt ein.*

FRANZ Ich dachte gar nicht, daß ich heute noch Sekt trinken würde, ich habe eigentlich nur eine Stunde Aufenthalt.

LINA Aber ich wußte es, genau wie ich weiß, daß Du Deinen Aufenthalt weit überschritten hast. Damals war es mein erster Sekt, inzwischen habe ich keinen getrunken, und heute trinke ich ihn zum letzten Male. – Also wir hatten Sekt zusammen getrunken, und als ich den letzten Tropfen genommen hatte, sah ich in das leere Glas und sah darin sich den Bahnhof spiegeln. Dabei hörte ich auch, daß es tutete und pfiff auf dem Bahnhofe, was ich sonst nicht mehr hörte. Dann sah ich Fritz an, und da wußte ich, – – –

FRANZ Was wußtest Du? *Er ist aufgeregt.*

LINA Ich wußte zunächst bestimmt, daß es zwischen mir und Fritz aus war. Darum trat ich ans Fenster, und da mußte ich wieder den Bahnhof sehen und wußte nun, daß das Glück für mich von dort kommen würde.

FRANZ Ja, wußtest Du denn auch, wer es war?

LINA Zuerst nicht, erst später, als ich von Dir geträumt hatte. Da kannte ich Dich. Und nun wartete ich auf Dich am Fenster. Übrigens habe ich Dich gestern schon gesehen. Ich habe gewinkt, Du hast auch das Haus groß angesehen, dann bist Du in die Bahnhofsstraße gegangen und hast einen Verkehrsschutzmann angesprochen.

FRANZ Das stimmt. Ja, wenn jemand am Bahnhof wohnt und immer am Fenster sitzt.

LINA *nimmt den Stuhl vom Fenster* Von jetzt ab werde ich nicht mehr am Fenster sitzt!

FRANZ *listig* Aber Du hättest doch nicht heute morgen am Fenster zu sitzen brauchen, da Du wußtest, ich war schon in der Stadt.

LINA Da Du nicht zu mir heraufgekommen warest, war es selbstverständlich, daß Du erst zum Bahnhof zurückkehren mußtest, nun hat mich mein Mann heute morgen mit so viel Geschwätz aufgehalten, daß ich Dich nicht in den Bahnhof zurückgehen sah, aber ich fühlte es. Da hast Du gewartet, bis der nächste Zug einfuhr, dann bist Du herausgekommen, als ob Du mit jenem Zuge gekommen wärest. Dann bist Du auf dieses Haus zugegangen, da Du wußtest, daß es das richtige war, und hast auch sofort zu mir hinaufgesehen.

FRANZ Stimmt. Aber jetzt kann ich es Dir nicht länger verheimlichen, ich muß Dir ein Geständnis machen.

LINA Das kannst Du Dir sparen. Meinst Du denn etwa, ich hätte nicht längst bemerkt, daß Du gestern bei meinem Manne gewesen bist und mit ihm ein Theaterspiel verabredet hast? *Franz ist äußerst verblüfft.* Zwar ist das Spiel vorher ausgedacht, und nicht schlecht ausgedacht, aber das Schicksal geht oft wunderbare Wege.

FRANZ Laß mich ... –

LINA Nein, ich will Dir weiter erzählen. Ihr habt gedacht, mit mir zu spielen, und das wäre zwar möglich, aber mit dem Schicksal kann man nicht spielen, denn das Schicksal spielt mit uns. Ihr wolltet mir vormachen, daß Du der Mann wärest, auf den ich warte, und dann wolltet ihr mir plötzlich sagen, daß es Schwindel ist. – Laß mich weiter reden. – Aber da hätte ein anderer kommen müssen, und der andere hätte auch keinen Erfolg gehabt, da ich sofort gewußt hätte, daß er nicht der Richtige ist. *Lacht grell auf.* Das Schicksal hat mit Euch gespielt. Es hat gerade Euch zu seinen Werkzeugen gemacht, als Ihr mit ihm spielen wolltet.

FRANZ *fällt in Linas Arme und küßt sie ohne Besinnung*
Da bin ich.

FRITZ *tritt ein* Also da ist der Auserwählte?

LINA Du vermutest ganz richtig, Fritz.

FRITZ Willst Du mich mit dem Herrn nicht wenigstens bekannt machen, Lina?

LINA Das ist wohl nicht nötig, Du kennst doch Franz Müller.

FRANZ Entschuldige, Fritz, daß ich Lina küsse.

LINA Das ist doch Dein gutes Recht. Du brauchst Dich bei ihm nicht zu entschuldigen.

FRITZ Bislang entschuldige ich. Aber nun hört das Spiel auf. Hat es Lina Dir also geglaubt, daß Du ihr Geliebter wärest?

LINA Du Esel, ich habe es sogar gewußt.

FRITZ Dann muß ich Dir doch gestehen, daß alles Schwindel war.

LINA Das weiß ich lange. Franz ist Dein Jugendfreund, und Ihr habt mich narren wollen, um mich zu heilen. Aber hast Du nicht einmal darüber nachgedacht, weshalb Franz eigentlich hier ausgestiegen ist? Doch nicht, um Dich zu besuchen, sondern weil er von einem unerklärlichen Gefühl dazu gezwungen wurde. Er wußte, daß er nur eine Stunde Aufenthalt hatte. Überschritt er diesen Aufenthalt, so konnte er nicht mehr zurück. Trotzdem hat er ihn überschritten und ist zu mir gekommen. Meinst Du nun, daß er zurück kann?

FRITZ Dann frage ich Dich, Franz, war es Spiel oder Ernst?

FRANZ Vorher frage ich Dich, willst Du die Gardine kaufen, oder nicht?

FRITZ Wenn Sie meiner Frau gefällt, habe ich abgemacht.

LINA Sie gefällt mir.

FRANZ Darf ich um Barzahlung bitten?

FRITZ Nachher, erst ... –

FRANZ *umarmt und küßt Lina* Dann antworte ich Dir auch nachher.

FRITZ *zieht die Geldtasche* Was kostet sie?

FRANZ 300 Mark, bitte.

FRITZ Bitte quittiere. *Gibt ihm Geld und vorgeschriebene Quittung.* Das Geld gilt gleichzeitig für Deinen Freundschaftsdienst.

FRANZ *quittiert, steckt Geld ein* Dann will ich Dir also sagen, es war Spiel.

LINA Das wagst Du?

FRANZ Wir dachten es uns als Spiel. Aber es ist Ernst daraus geworden. Ich liebe Lina und werde sie heiraten. *Küßt sie.*

LINA Besten Dank auch für die Gardinen, Fritz, denn ich nehme doch selbstverständlich meine Einrichtung mit.

FRITZ Und ich?

LINA *reicht ihm die Hand* Aufrichtig, Fritz, Du bist ein braver Kerl, aber mein Mann kannst Du nicht länger sein.
*Küßt ihn auf die Stirn.* Das ist mein Abschiedskuß, wir wollen in Freundschaft scheiden.

FRITZ *will sie umarmen.*

LINA *reißt sich los, streckt Fritz aber doch ihre Hand hin*
Du gehst zu weit, Fritz. Aber laß uns Freunde bleiben. Hier, nimm die Hand.

FRITZ *nimmt sie nach Zögern* Gut.

LINA Wir werden uns schreiben, und wenn einige Zeit vergangen ist, dann darfst Du uns auch mal besuchen. Nun gib Franz auch die Hand.

FRITZ *gibt Franz die Hand* Sie macht mit uns ja doch, was sie will.

FRANZ Sei mir nicht böse, Fritz, ich wollte Dir helfen, und ... –

FRITZ Du hast mir auch geholfen. Denn eine reine Freude ist es auch doch nicht, eine Frau zu haben, die auf einen anderen wartet. – Aber was soll ich nun allein anfangen?

FRANZ Wenn ich Dir raten darf, heirate meine Frau, dann ist sie auch gleich gut untergebracht.

LINA Eine glänzende Idee. Manchmal haben Männer doch auch gute Gedanken.

FRITZ Und dann machen wir alle 4 zusammen eine Hochzeitsreise. Das könnte Euch so passen!

*Vorhang.*

1930–1938

# Der dritte Acker

*Ein Trauerspiel*

PERSONEN
TOBIAS MARTIN, Bauer
FRIEDERIKE, seine Frau †
VERENCHEN, seine Tochter, 17 Jahre alt
HEINRICH MANZ, Bauer, Nachbar von Martin
BERTA MANZ, dessen Frau
SALI MANZ, dessen Sohn
WENDOLF*, der schwarze Geiger
FRITZ PONK, der Landstreicher
WILHELM MEIER, Fuhrmann, fährt alle Fuhren
WILHELM HENNIES, Wirt einer kleinen Kneipe
DORA, dessen Frau

* bei Manz aufgezogen. Dessen Großvater war der ehrbare Bauer Ponk. Sein Vater Fritz Ponk hatte mit einer Zigeunerin ein Kind gehabt, das Kind ist Wendolf.

## I. AUFZUG

*Kleine Kneipe. Im Keller. Schmutzige, unordentliche, geschmacklos eingerichtete Spelunke. Braun und dunkel. Daher erscheinen die Fenster hell. Dreckige Scheiben, durch die man den Verkehr auf der Straße undeutlich sehen kann. Anfangs scheint die Sonne grell auf die Straße, hinterher wird es draußen auch trübe. Dann wird eine alte Petroleumlampe mit Hängeprismen angezündet, aber sie erhellt den Raum nur spärlich. Die Straße liegt hoch. Man steigt eine kleine Kellertreppe herunter, wenn man hereinkommt.*
*Hennies und Frau kramen und packen, keiner redet. Draußen fährt mit Gepolter ein Wagen vor. Dann undeutliches Reden. Meier und Wendolf treten ein. Die Tür kreischt dabei.*

MEIER Da bin ich.
HENNIES *packt weiter* Wir sind gleich fertig.

MEIER Ich habe Zeit. Der Fuhrmann Meier hat immer Zeit. – *Pause.* – Du Wilhelm, ich habe wen mitgebracht! –

HENNIES *packt weiter* Ich habe es bemerkt.

MEIER Du Wilhelm, es ist Dein letzter Gast, Du solltest höflich sein!

HENNIES *dreht sich um und schlägt mit der Hand auf den Tisch*
Er soll sich zum Teufel scheren! – *Zu Meier.* Willst Du mein Freund sein, Meier? Dann wirf ihn hinaus! – *Wiederholt Meiers Tonfall.* »Mein letzter Gast!« – Pfui, ist es christlich, so zu spotten?

MEIER Dein Freund will ich nicht sein. Der Fuhrmann Meier ist niemandes Freund, der Fuhrmann Meier fährt alle Fuhren, für Christen und für Bösewichte. Und Du, Wilhelm, hast es gerade nötig, dich mit ›christlich‹ aufzuspielen! – *Zuckt die Achseln.*

HENNIES *versucht ihn mit Gesten zu beschwichtigen.*

MEIER *ohne Rücksicht darauf zu nehmen* Man sollte ja beinahe denken, Du bereust, hier fortzugehen. Hast Du nicht diesen lumpigen Kram mit dem sauren Wein gut verkauft, Hennies?

HENNIES *gibt ihm zu verstehen, daß er aufhören soll, darüber in Gegenwart Wendolfs zu sprechen.*

MEIER Ich bemerke wohl, daß ich nicht weiter reden soll. – Das ist mir aber einerlei. Es dürfen alle wissen, daß Du ein Gauner bist, der die Not eines armen Mannes, weil er sein Eigentum verloren hat, benutzt, um ihm für seine letzten paar Groschen eine wertlose Spelunke zu verkaufen.

HENNIES *holt Wein, um etwas zu tun, und setzt ihn Wendolf vor* Also hier ist Wein; mein letzter Gast soll nicht trocken sitzen. *Dora packt weiter.*

WENDOLF *schiebt den Wein beiseite* Danke! –

MEIER *sieht sich in der trostlosen Spelunke um* Der arme Manz!

WENDOLF *merkt auf* Wer ist das? Wer hat die Kneipe hier gekauft? Ich höre »Manz«? – Ist das der Heinrich Manz?

MEIER Ganz recht, mein Sohn, der Heinrich Manz, das wird Dich freuen.

WENDOLF *lacht grell auf* Der Heinrich Manz, mein Pflegevater, da muß ich lachen, der betrogene Betrüger.

HENNIES *interessiert, setzt sich zu Wendolf* Du kennst ihn, daß Du ihn einen Betrüger nennst?

WENDOLF Ob ich ihn kenne! Ist er doch mein Pflegevater gewesen!

HENNIES *sehr gespannt* Sprich weiter, schwarzer Mann!

WENDOLF Ob ich ihn kenne! Hat er doch mir mein Gut, mein Erbteil, nehmen helfen!

HENNIES *voller Aufmerksamkeit* Was sagst Du da? Der Manz ist ein Betrüger?

WENDOLF Ich kann es nicht beweisen, doch ich weiß es, daß er und der Martin mir meine Felder gestohlen haben.

MEIER Man soll nichts wissen, was man nicht beweisen kann, das kann gefährlich werden.

WENDOLF Einen Schein des Rechtes haben s i e, sie habens nicht gestohlen, sie haben es gekauft. Doch wußten sie, daß ich der Erbe bin, aber n u r sie im Dorf wissen es, und sie haben es nicht gesagt, sie haben geschwiegen und auf mein Feld gewartet, das dritte Feld. – Ja ja, erst mußte es unbebaut liegenbleiben, Jahr um Jahr, dann brachten sie den Antrag ein, daß es versteigert werden sollte, weil kein Erbe da wäre, und die Gemeinde hat es gern versteigert, weil sie den Erlös dafür einstecken konnte. Ich war der Erbe, ohne es zu wissen.

HENNIES Das dritte Feld! *Lacht.* Ganz nett eigentlich, um einen schönen Besitz damit abzurunden!

WENDOLF Doch unrecht Gut gedeihet nicht!

HENNIES Der Manz hat nun nicht mehr viel zu verlieren.

MEIER *spottend* Und dieses wenige h a t er schon verloren durch seinen schlechten Kauf. *Sieht sich in der Kneipe um.*

HENNIES *ohne darauf zu achten* Aber woher weißt Du, daß Du der rechte Erbe bist, schwarzer Mann?

WENDOLF Das weiß man; und außerdem hat es mir die Frau des anderen Lumpen, die Frau des Martin, Verenchens Mutter, erzählt, als sie sterben wollte. – *Meier horcht auf.* Jawohl, Verenchens Mutter hat es mir erzählt. Doch sie ist nun tot, sie kann nicht mehr sprechen.

MEIER Was hat sie Dir denn erzählt, Wendolf?

WENDOLF Alles. – Warum soll ich es erzählen? Das gibt ein großes Geschwätz, und ich kann nichts beweisen, sie ist tot.

DORA *bindet ihre Schürze ab und setzt sich interessiert an den Tisch, indem sie aufhört zu packen.*

HENNIES Daß Frauen immer so neugierig sein müssen!

WENDOLF Aber ich erzähle es jetzt gar nicht! –

DORA Gerade wo es interessant wird, hört dieser Mensch zu erzählen auf.

HENNIES Verstehst Du nicht, er kann es doch nicht beweisen, und Frauen klatschen gern.

DORA *beleidigt* Ich will es auch gar nicht wissen. *Packt weiter und geht bald hinaus.*

HENNIES Also Wendolf, so nannte Dich der Fuhrmann Meier eben, erzähle weiter.

HENNIES Es bleibt unter uns?

WENDOLF Abgemacht.

WENDOLF Es bleibt unter uns.

MEIER Gut, ich habe Euer Wort. Ich weiß es noch wie heute. Ich war damals, laßt mal sehen, ... *Denkt nach.* Jawohl, ich war 10 Jahre alt, an einem Sommerabend, die Sonne ging rosig unter, und der Himmel war voller Glut, und wir 3 Kinder, Sali, Verenchen und ich, hatten auf dem Heuboden gespielt, weil wir leise sein mußten, weil doch Verenchens Mutter sehr krank war, da rief mich Verenchens Vater, ich sollte allein zu Verenchens Mutter kommen.

MEIER Die arme Frau, sie hat früh sterben müssen, ich habe sie begraben.

WENDOLF Ich trete in ihre Schlafkammer ein, die Mütze unterm Arm, die Vorhänge waren dicht verhängt, sie liegt im Bett und ist matt und krank. Ich stehe einen Augenblick, dann sagt sie: »Sind alle Türen zu, Wendolf?« Ich sage: »Ja.« – »Das Fenster auch?« – »Ja«, sage ich. Dann muß ich mich zu ihr setzen, weil sie nicht so laut reden konnte, dann sagt sie, indem sie meine beiden Hände in ihre kalten Hände nimmt: »Wendolf, höre zu, mein Junge, Dir ist ein Unrecht geschehen, Wendolf, das dritte Feld, das heute versteigert worden ist, ist dein!«

MEIER Das hat sie Dir gesagt?

WENDOLF So wahr ich lebe, und so wahr, daß Manz und Martin mich betrogen haben.

HENNIES Doch hat sie es nicht irgendwie begründet, die Frau Martin?

WENDOLF Das hat sie getan. Mein Vater, sagte sie, der lebte noch, fern in der Fremde, und der alte Erwin, was mein Großvater ist, der damals schon gestorben war, der hatte ihn enterbt und vom Hofe gejagt, also bin ich doch der Erbe.

MEIER Erwin Ponk, der ist Dein Großvater? Ja, dann bist Du natürlich der Erbe.

WENDOLF Aber ich kann es doch nicht beweisen.

MEIER Und wer war Deine Mutter?

WENDOLF Sie soll eine Zigeunerin gewesen sein, die mich geboren hat und weiter in die Welt gezogen ist. Und dann hat dieser Manz mich aufgezogen, der mir die Hälfte meines Erbes gestohlen hat. Mein Vater ist fort, mein Großvater tot, und wo meine Mutter war, das wußte niemand mehr, und die, die alles wußten, die sprachen nicht. Nur

Verenchens Mutter, als sie sterben wollte. Sie sagte dann, wenn ich groß wäre, dann würde man mir mein Erbteil geben. Doch keiner denkt daran. Und der Manz weiß es, der Martin weiß es, und Tante Berta weiß es, und keiner deckt den Schwindel auf, den sie gemeinsam gegen mich begangen haben.

MEIER Sie sind doch untereinander verfeindet, da sollten sie doch reden!

WENDOLF Untereinander verfeindet sind sie, um das Land, weil sie sich nicht darüber einigen können, aber sie reden doch nicht. Und wenn einer redet, dann würde es mir doch nicht helfen. Denn es glaubt einem niemand, gerade, weil sie verfeindet sind.

HENNIES Ja ja, unrecht Gut gedeihet nicht, der Manz hat nun schon sein Krämchen verloren.

MEIER Spiel Dich nicht auf, Du Gauner.

WENDOLF Und es fehlt nicht viel, dann ist der Martin auch vom Hof vertrieben.

HENNIES *horcht auf* Interessant.

WENDOLF *ohne darauf zu achten* Sie haben ihm schon alle Felder gepfändet, er hat nur noch einen Acker, das 3. Feld.

HENNIES Interessant! Gerade das unrechtmäßig Erworbene.

WENDOLF Jawohl, mein Feld.

DORA *kommt herein und zündet die Petroleumlampe an. Draußen fährt ein schwerer Wagen vor.*

HENNIES *sieht hinaus* Da kommen sie schon. Sieh mal an, was für eine Fuhre, diese vornehmen Herrschaften!

MANZ *eintretend* Guten Abend!

HENNIES Guten Abend, Manz, wir sind bald fertig.

MANZ *zu Wendolf* Dich sieht man also auch einmal?

WENDOLF Jawohl, Manz, mich siehst Du auch einmal. Du wirst mich vielleicht noch öfter mal sehen.

MANZ Wie meinst Du das?

WENDOLF Er tut doch, als ob das böse Gewissen aus ihm spräche.

MANZ Daß ich nicht wüßte.

WENDOLF Dann wüßte ich auch nicht, warum Ihr mich nicht öfter mal sehen solltet, später einmal, wenn sich Fragen vielleicht geklärt haben werden.

MANZ Was soll sich später klären?

WENDOLF Ich meine nur so, irgend etwas.

HENNIES Vielleicht denkt er an den 3. Acker.

MANZ Das geht ihn gar nichts an, und Dich auch nichts. *Berta tritt ein.*

MEIER Die Leute sprechen so manche Dinge, Manz.

BERTA Wirst Du mir nicht vielleicht helfen einzuladen?

MANZ Was sprechen denn die Leute?

MEIER Man sagt so, wie das so die dummen Leute sagen, Du hättest Dein Unglück verdient, weil ungerechtes Gut keinen Segen bringt.

MANZ Wer sagt das? Und was nennen diese Leute denn Unglück, daß ich hier jetzt Wirt in einer gutgehenden Wirtschaft werde etwa?

BERTA Und wer erlaubt sich, über unsere Verhältnisse zu reden? Das sind allein unsere Sachen.

MEIER Gutgehende Wirtschaft, das ist vielleicht reichlich übertrieben; ich kenne doch diesen Ausschank.

WENDOLF Aber es kommt sicher noch besser.

BERTA Was meinst Du damit?

WENDOLF Ich meine, daß Ihr vielleicht später einmal noch mehr herunterkommen werdet.

BERTA Nimm das zurück! Du bringst ja Unglück über unsere neue Wirkungsstätte!

WENDOLF Ich denke nicht daran, etwas zurückzunehmen. Wer hat denn je an mich gedacht? Es macht mir große Freude zu sehen, wo Ihr angekommen seid, und jedes Kind kann sehen, daß das das Ende noch nicht ist.

MANZ Werft ihn hinaus, den ungebetenen Gast! *Geht auf Wendolf zu.*

WENDOLF Ich gehe schon, doch Ihr werdet später von mir hören. *Geht.*

MANZ Hinaus!

MEIER Es ist nicht sehr geschickt von Euch, den einzigen Gast, den Ihr heute habt, hinauszuwerfen.

BERTA Um Gäste mache ich mir keine Sorge, Meier. *Deutet auf das Fenster, durch das neugierige Leute sehen.* Da stehen sie schon und warten, daß wir hier eröffnen.

[Fragment]

1930–1938

# Fried Berger

PERSONEN FRIED BERGER, junger Mann
ANJA BERGER, seine Mutter
KALLMORGEN, Kontorchef in der Firma Berger & Sohn
ROSTFREI, Sekretär in der Firma Berger & Sohn
ANNA MEIER, Angestellte in der Firma Berger & Sohn
UNGEHOBELT, Zeitungsreporter
ADELHEID VON HEIDEL, eine junge Dame (Luma)
EVA STRAND, ein häßliches Mädchen

I.
Im Privatkontor von Fried Berger

*Fried Berger sitzt am Tisch und arbeitet. Telefon.*

FRIED BERGER Jawohl, kaufen Sie, soviel Sie davon kaufen können. Ich höre, dem König geht es gut.

KALLMORGEN *eintretend*

FRIED BERGER Kallmorgen!

KALLMORGEN Ich habe die Zeitungen gelesen. Die Wirtschaft steht gut, glänzend sogar, riesige Verkäufe in der Messe, man kann kaum die Ware liefern.

FRIED BERGER Verständlich. *Telefoniert.* Aluminiumaktien abstoßen.

ROSTFREI *aufgeregt eintretend* Der König ist leicht erkrankt.

FRIED BERGER *legt den Telefonhörer auf und steht auf* Was?

ROSTFREI Es steht in den Zeitungen. *Reicht eine Zeitung.*

FRIED BERGER *liest* Eine leichte Grippe. *Telefoniert.* Lotosaktien kaufen, so viel sie können.

ROSTFREI Und wenn seine Majestät stirbt?

FRIED BERGER Dann sofort Lotosaktien abstoßen, natürlich. Veranlassen Sie das! Aber zu hohem Kurse, sie werden dann gefragt werden.

ROSTFREI *ab*

KALLMORGEN Herr Berger, was sollen wir bei dem Rohstoffmangel beginnen? Wir können nicht mehr arbeiten.

FRIED BERGER Das ist alles Schwindel, Schwindel ist es! Die Wirtschaft steht glänzend, die Messe verkauft, und wir haben keine Rohstoffe. Das ist ja wie im Kriege.

KALLMORGEN Das Ausland rechnet mit dem Ableben Seiner Majestät, durch Krankheit . . .

FRIED BERGER Ich weiß es, es ist vor 3 Jahren vorausgesagt. Darauf habe ich mein Geschäft ebenfalls aufgebaut. Wann wird Seine Majestät sterben?

KALLMORGEN Nach der Voraussage übermorgen um ³/₄ 5 Uhr am Morgen.

FRIED BERGER Fatal. Kann Seine Majestät nicht besser gegen 11 Uhr sterben, das wäre zum Abwickeln unserer Geschäfte förderlicher gewesen.

KALLMORGEN Wir wollen es hoffen.

FRIED BERGER Ich bitte, daß Herr Ungehobelt vom Tagblatt mich baldigst aufsucht.

KALLMORGEN Ich werde es besorgen. *Ab.*

ROSTFREI *eintretend* Der König befindet sich auf Besserung. Zwei Ärzte bewachen seine Gesundheit.

FRIED BERGER Um so besser. Zwei Ärzte werden den Patienten schon bald erledigen. Seine Majestät hat übermorgen um 11 Uhr zu sterben.

ROSTFREI Nein, um $^3/_4$ 5.

FRIED BERGER So will es die Vorhersage, aber nicht unser Geschäft. Verbreiten Sie in den Zeitungen, daß die Vorhersage verkehrt mitgeteilt gewesen ist. Geben Sie Seiner Majestät 30 Stunden länger Leben.

ROSTFREI Es wird besorgt. *Ab.*

ANJA BERGER *aufgeregt eintretend* Der König ist krank geworden. Grippe.

FRIED BERGER Das wußte ich schon vor 3 Jahren.

ANJA BERGER Aber das ist schrecklich, unsere Familie ist immer so königstreu gewesen. Meine Vorfahren waren sämtlich Offiziere!

FRIED BERGER Das hat doch damit nichts zu tun. Stirbt ein König, so wird er prunkvoll begraben.

ANJA BERGER Du bist herzlos. Laß doch bitte in den Zeitungen verbreiten, daß er nur leicht erkrankt wäre und wieder besser würde.

FRIED BERGER Was würde es nützen, Mutter, er stirbt und wird sterben, ob wir das schreiben oder nicht, aber unsere Firma ist dann ruiniert.

ANJA BERGER Wie kann man so herzlos sein? Warum soll unsere Firma nicht auch vom Leben Seiner Majestät in Gesundheit profitieren können?

FRIED BERGER Weil wir unser Geschäft auf seinen Tod übermorgen aufgebaut haben. Da ist nichts mehr zu ändern, er oder wir.

ANJA BERGER *verdeckt ihr Gesicht in den Händen* Unser guter König!

FRIED BERGER *kabelt*

ANNA MEIER *tritt ein*

FRIED BERGER Fräulein Meier, ich bestelle für übermorgen abend auf Luxusdampfer Erika eine 1. Klasse für mich nach dem Norden.

*Anna Meier ab.*

ANJA BERGER *sich aufrichtend* Du willst verreisen?

FRIED BERGER Wie Du hörst.

ANJA BERGER Und das Geschäft?

FRIED BERGER Stirbt der König, so sind wir Milliardäre, lebt er, so sind wir pleite; aber er stirbt.

ANJA BERGER Willst Du alleine reisen?

FRIED BERGER Gott sei Dank. Ich habe es so satt!

ANNA MEIER *eintretend* Herr Ungehobelt vom Tagblatt ist da.

FRIED BERGER Er soll eintreten.

UNGEHOBELT *eintretend* Was steht zu Diensten, Herr Berger?

FRIED BERGER Hören Sie, Ungehobelt, der König muß sterben, das wissen Sie.

UNGEHOBELT Ich weiß es.

FRIED BERGER Es steht in unserem Interesse, daß es das Publikum nicht richtig weiß. Man muß ihm noch 30 Stunden länger geben. Ich brauche die Zeit für meine Geschäfte.

UNGEHOBELT Es soll besorgt werden. Wenn aber seine Majestät dann früher stirbt, ist das Ansehen unseres Blattes ruiniert.

FRIED BERGER Daran habe ich gedacht. Sie erhalten dafür von meinem Kontorchef Kallmorgen eine passende Entschädigung. Wollen Sie bitte mit ihm verhandeln.

UNGEHOBELT Es ist recht. *Ab.*

ANJA BERGER Was willst Du im Norden? Du bist so verwöhnt.

FRIED BERGER Gerade deshalb. Ich suche die Einfachheit. Ich habe die Überkultur satt. Ich will Blumen.

ANJA BERGER Kannst Du nicht Blumen kaufen, so viele Du willst?

FRIED BERGER Du verstehst mich nicht. Ich will nicht die Blumen aus der Gärtnerei, aus den Treibhäusern der Kultur, ich will die kleinen, unscheinbaren, einfachen Blumen des Bodens.

ANJA BERGER Hast Du mit Adelheid gesprochen?

FRIED BERGER Sie braucht es nicht zu wissen, daß ich reise.

ANJA BERGER Als ich jung war, und verlobt, wußte ich stets, was Hermann vorhatte, das war selbstverständlich.

FRIED BERGER Wir sind nicht verlobt.

ANJA BERGER Es würde für unsere Firma sehr gut sein, Du würdest es endlich tun.

FRIED BERGER Immer für die Firma, ich habe es satt, nur für die Firma zu leben.

ANJA BERGER Die Firma ernährt Dich, sie ernährt Dich fürstlich, vergesse das nicht.

FRIED BERGER Die Firma lebt von mir, von meinem Blut, von meinen Gefühlen, sie erledigt mein Leben, und nur wenige freie Zeit bleibt für mich, daß ich einmal Mensch sein kann. Denn ich will nicht mein Privatleben bestimmen lassen von der Firma. Denn was ist überhaupt eine Firma? Sie sollte für uns sein, nicht wir für sie.

ANJA BERGER Das eine mußt Du noch für die Firma tun, die Verbindung mit Luma, die nur durch Adelheid kommen kann. Und sie liebt Dich.

FRIED BERGER Sie liebt mich wie sie ihren Tennisschläger liebt, damit sie Bälle durch mich werfen kann.

ANNA MEIER *eintretend* Fräulein von Heidel.

ANJA BERGER Wir lassen bitten. *Anna Meier ab.*

ADELHEID Guten Morgen, wie schön daß ich Sie hier einmal treffe, Frau Berger.

ANJA BERGER Es ist für mich stets wie Sonntag, wenn ich in Ihre hellen Augen gesehen habe, Adelheid.

FRIED BERGER Wie schön Ihr Komplimente machen könnt. Was steht zu Diensten?

ADELHEID Ich beabsichtige, eine Reise zum Norden zu machen. Hättest Du nicht Zeit, und Lust, mitzufahren?

FRIED BERGER Nein!

[Fragment]

1930–1938

# Feuerschein

PERSONEN

1 HINDRIK VERMEULEN, Landwirt
2 EVA VERMEULEN, seine Frau
3 ISIDORA VERMEULEN, seine Mutter
4 SOHILFMIRDOCH VERMEULEN, sein Vater
5 RANGETÖTTEN, ein Allerweltsmann
6 DER JAGDMEISTER
7 GROSSKNECHT
8 DER HERR PASTOR
9 ANNELIESE
10 DER GENDARM
11 DER UNTERSUCHUNGSRICHTER
12 EGGEDOSIS, Knecht
Knechte, Mägde

## I.
## Gut Schulzenhof

*Mittelalterliches Bauernhaus, es ist windschief und brüchig. Der Auftritt findet statt im Wohnzimmer, neben der Diele, zu der eine Tür führt. Weißgescheuerter Tisch, darum Holzbänke, bäurische Möbel. Hinten Fenster, durch die man eine wackelige Scheune sieht. Hindrik, Eva, Isidora, Sohilfmirdoch. Isidora hat soeben eine längere Ansprache gehalten.*

HINDRIK Darum bist Du also gekommen, Mutter?
ISIDORA Darum.
HINDRIK Dann hättest Du lieber zu Hause bleiben sollen.
EVA So ganz Unrecht hat Deine Mutter nicht.
HINDRIK Wie kannst Du so etwas sagen. Ich möchte es nicht einmal denken.
EVA Sieh mal, wenn zum Beispiel ...
HINDRIK So lange ich lebe, geschieht es nicht.

ISIDORA Nun höre mir einmal ruhig zu, mein Sohn. Ich bin immer gerecht gewesen und werde es immer bleiben.

HINDRIK Mutter, das ist nicht gerecht.

ISIDORA Laß mich ausreden. Aus welchem Grunde bezahlst Du denn jahraus, jahrein die Feuerversicherung? Doch nur, damit sie Dich bezahlt, wenn einmal alles abbrennt.

HINDRIK Aber doch nicht, wenn wir den Hof selbst angezündet haben.

ISIDORA *mit erhobenen Händen* Still, still, mein Sohn! Soviel weiß ich auch aus der Rechtspflege. Wer sagt denn, daß Du oder ich oder Ihr ihn anzünden sollt.

EVA Mutter hat nicht so unrecht, Hindrik.

SOHILFMIRDOCH Es kann ja auch der Blitz einschlagen.

ISIDORA Sohilfmirdoch, Du weißt, daß Du nicht mitzureden hast!

SOHILFMIRDOCH Ich weiß.

ISIDORA Dann schweig.

HINDRIK Ihr wollt Rangetötten bestellen.

ISIDORA Aber mein Sohn, wer hat das gesagt? Ich etwa? Oder Deine Frau? Du weißt, sie ist mir unsympatisch, Deine Eva, aber in diesem Fall hat sie ganz richtige Instinkte.

EVA Sympathisch oder unsympathisch, das scheidet hier aus, wenn so etwas auf dem Spiele steht. Ich finde Mutters Ideen sehr gut, wenn ich auch oft nicht ganz ihrer Ansicht bin.

HINDRIK Und was sind Mutters Ideen? Willst Du sie mir bitte einmal ganz klar auseinandersetzen?

EVA Gern, wenn Du es noch nicht begreifst. Die Sicherungen müssen natürlich ganz in Ordnung sein, denn es könnte eine vom Brand verschont bleiben, und dann sitzen wir drin. Kurzschluß ist immer eine faule Sache.

ISIDORA Ja, Kurzschluß darf es auf keinen Fall sein. Er muß ein Gewitter abwarten.

EVA Das ist vollkommen harmlos.

HINDRIK Harmlos oder nicht; man kann doch nicht eine so

schwere Sünde auf sich laden, wie ein Haus anzuzünden, um die Versicherungsgelder zu erpressen. Das ist Betrug und obendrein kann ein Mensch dabei umkommen, dann hat man einen Mord begangen.

ISIDORA Wer redet denn von anzünden?

HINDRIK Oder anzünden lassen. Ich kenne das doch. Der Jagdmeister hat doch auch Rangetötten bestellt.

EVA Wer redet von bestellt? Und ist nicht alles gut gegangen beim Jagdmeister? Hat er nicht ein schönes neues Haus? Meinst Du, ich will hier in dieser Bruchbude mein ganzes Leben lang wirtschaften?

HINDRIK Warte einmal. Du sagst, selber anzünden kommt nicht in Frage, bestellen auch nicht, ja meinst Du denn wirklich, der Blitz würde einschlagen, wenn Du es nur wünschst?

ISIDORA Wer redet von Blitz einschlagen, mein Sohn? Während eines Gewitters kann der Blitz natürlich jede Sekunde einschlagen, das ist doch logisch. Du mußt nun auch gerecht sein! Und uns Frauen würde es nie einfallen, den Rangetötten etwa zu bestellen. Das ist Ehrensache, und es ist auch zu gefährlich. Aber wer kann ihn hindern, das Haus in Brand zu setzen, wenn gerade der Blitz einschlägt? Die alten Balken sind so trocken, die warten ja schon geradezu darauf.

HINDRIK Aber Ihr gebt ihm doch Geld.

EVA Christus hat schon gesagt, daß die Rechte nicht wissen muß, was die Linke tut. Wenn wir ihm oder irgend jemand Geld geben, dann geschieht das natürlich aus reiner Menschlichkeit, und dann braucht niemand anderes irgend etwas zu erfahren. Man läuft doch nicht herum und preist seine guten Taten überall an.

HINDRIK *wütend* Ich mache nicht mit! Das ist ein elendes Ziel. Ich will nicht, daß mein Haus brennt, ich will mich nicht unrechtmäßig bereichern, indem ich eine Sünde auf mich lade. Das kann kein Glück bringen. Gottes Segen ruht nicht auf bösen Menschen.

SOHILFMIRDOCH Amen.

EVA Du tust, als wenn Du der Herr Pastor selber wärest. Ein Landwirt muß zuerst Ökonom sein.

HINDRIK Ein schöner Ökonom. Solch ein Ökonom ist reif fürs Zuchthaus.

ISIDORA Rede noch so laut, mein Sohn, daß alle es hören. Die Wände haben Ohren!

HINDRIK Und die Ohren sollen aufbrennen? Nein, ich verbiete Euch solch ein Verbrechen.

EVA *lacht* Du erhältst wohl Provision von der Feuerversicherung?

HINDRIK *schlägt auf den Tisch, daß die Teller klirren* Aus! Jetzt ist es aus! Schluß mit dem Gewäsch!

ISIDORA Aber mein Sohn, so kenne ich Dich ja gar nicht!

HINDRIK Ihr habt mich genug damit gequält! *Ruhiger.* Bedenke doch, Mutter, wir nehmen ein Geld, das uns nicht gehört, wir betrügen die Versicherung und alle, die an sie zahlen, damit. Verstehst Du das nicht?

ISIDORA Das ist kein Betrug, wir bezahlen doch pünktlich unsere Prämie.

HINDRIK Aber doch nur für einen evtl. Brand, den wir nicht verhindern können, nicht für einen bestellten Brand.

EVA Und wir können es nicht verhindern, wenn irgendwer, etwa Rangetötten, etwa um uns einen Schabernack zu spielen, das Haus anzündet.

HINDRIK Ich werde Rangetötten der Staatspolizei anzeigen.

EVA Das tu Du nur. Wer ist überhaupt Rangetötten? Kennst Du ihn? Wer hat ihn jemals gesehen? Willst Du eine Anzeige gegen einen Unbekannten erheben? Man wird Dich für wahnsinnig halten.

HINDRIK Ich zeige Euch an.

EVA Weil wir uns erzählt haben, daß das Haus gut brennen würde, wenn einmal der Blitz einschlüge?

HINDRIK *in höchster Wut* Ich verachte Euer Werk, ich verachte alle, die damit zu tun haben.

ISIDORA Sachte, sachte, mein Sohn, uns triffst Du damit nicht. Wir haben mit einem so unedlen Gewerbe wie etwa Brandstiftung nichts zu tun.

HINDRIK *wütend* Es wird nur Unglück geben, Zank und Streit,

Unfrieden, Haß, Verleumdung, aber alles übertüncht von christlicher Liebe.

ISIDORA Ja, die Liebe, mein Sohn, die Liebe!
*Vorhang.*

## II.

*Vor dem Wohnhaus des Schulzenhofes; eine Bank, ein Garten, eine Laube mit Bohnen. Hinten eine Scheune und ein Backhaus.*
*Eva sitzt mit Großknecht in der Laube.*

EVA Geh jetzt, er kommt.

GROSSKNECHT *steht auf, förmlich* Kann die Frau Bäuerin mir sagen, wo der Herr ist?

EVA *gezogen* Da kommt er soeben. Das ist ja komisch. *Lacht.*

HINDRIK Immer treffe ich Dich zufällig bei meiner Frau, Großknecht!

GROSSKNECHT Ich fragte nach Ihnen, Herr! Sollen wir weiter Heu einfahren?

HINDRIK Du sollst weiter Heu einfahren und nicht immer bei meiner Frau sitzen, verstanden?

GROSSKNECHT Ich soll Heu einfahren. *Steht verlegen.*

HINDRIK Ab! Was stehst Du da?

GROSSKNECHT *ab*

HINDRIK *zu Eva* Ich kann es nicht leiden, wenn der Großknecht bei Dir ist.

EVA *kommt aus der Laube* Ich auch nicht.

HINDRIK Das lügst Du.

EVA Fängst Du schon ebenso an, wie Deine Mutter?

HINDRIK Darin hat meine Mutter recht, Du solltest etwas Entfernung halten.

EVA Da sieht man, daß Du kein Bauer bist. Auf dem Lande ist es üblich, daß Herr und Dienerschaft freundlich miteinander stehen, wie Kameraden.

HINDRIK Du mißverstehst mich absichtlich. Ich will das nicht länger leiden!

EVA Du und Deine Mutter, Ihr haltet zusammen wie Pech und Schwefel, wenn es gilt, mir etwas Unangenehmes zu sagen.

HINDRIK Also gibst Du es zu, daß es Dir unangenehm ist, vom Großknecht zu lassen.

EVA Das habe ich doch gar nicht gesagt. Es ist mir unangenehm, daß Du Dinge erfindest, die nicht existieren.

HINDRIK Du betrügst mich.

PASTOR *der Herr Pastor mit langer Pfeife kommt vorbei*
Guten Abend, meine lieben Freunde.

HINDRIK Guten Abend, Herr Pastor; wollen Sie nicht bitte Platz nehmen?
*Deutet auf die Bank.*

PASTOR *setzt sich* Es ist immer so nett bei Ihnen. Wo Friede herrscht, und wo die Liebe waltet, da läßt es sich gut sein.

EVA Recht, Herr Pastor, recht.

PASTOR Wie geht es Ihrer lieben Frau Mutter, Herr Vermeulen?

HINDRIK Danke, ich habe gute Nachrichten.

PASTOR Und Ihrem lieben Herrn Vater?

HINDRIK Danke, er fühlt sich immer wohl, wenn er tun kann, was Mutter will.

PASTOR Das soll man auch. Es soll immer Liebe und Friede in der Familie herrschen, und der eine soll tun, was der andere wünscht. Er soll ihm den Wunsch am Auge ablesen.

HINDRIK Ganz recht, Herr Pastor.

PASTOR Sie haben eine gute Frau, Herr Vermeulen, ich kenne sie schon als kleines Mädchen und habe sie immer gern gehabt.

EVA Danke schön, Herr Pastor.

PASTOR Ich weiß es, in diesem Köpfchen kann nichts Arges entstehen, nicht einmal ein böser Gedanke, viel weniger eine böse Tat.

HINDRIK Sie haben meine Frau ganz richtig eingeschätzt, Herr Pastor.

PASTOR Und Ihre Frau Mutter ist so lieb und menschenfreundlich, Herr Vermeulen, und dabei geradeaus und ehrlich. Ich erinnere mich, wie sie einmal wörtlich zu mir sagte: »Ich bin immer gerecht gewesen und werde es immer bleiben.« Ich liebe stolze Frauen, die so etwas von sich sagen können.

HINDRIK In aller Demut, Herr Pastor.

PASTOR Natürlich. Der Mensch soll nicht sich etwas auf seine Güte einbilden. Alles, was der Mensch besitzt, ist ein Geschenk Gottes, seine Güte, seine Stärke, seine Talente.

HINDRIK Und seine Demut, Herr Pastor.

EVA Und die bösen Eigenschaften, die auch bei den Menschen vorkommen?

PASTOR Ja, leider kommen auch böse Eigenschaften bei Menschen vor, sie stammen natürlich aus der Hölle. Aber die Gnade Gottes in seiner großen Güte sieht lange über sie hinweg.

EVA Damit der Mensch Gelegenheit hat, sich zu bekehren.

PASTOR Das ist jedenfalls der Wille des Himmels.

EVA Nehmen Herr Pastor vielleicht eine Erfrischung, etwas kalten Kaffee vielleicht, es ist sehr schwül heute, oder Limonade?

PASTOR Am liebsten ein Gläschen Wein.

EVA Gut, Herr Pastor. *Ab.*

PASTOR Der Pfarrer soll nämlich immer mit gutem Beispiel vorangehen, und da es nicht schön ist, wenn der Mensch unmäßig trinkt, so habe ich mir vorgenommen, nur mäßig zu trinken.

HINDRIK Das ist ein schöner und edler Standpunkt, Herr Pastor!

PASTOR Haben Sie eigentlich einmal daran gedacht, Herr Vermeulen, wenn dieser alte Kasten hier einmal aufbrennen würde?

HINDRIK Wie meinen Sie das?

PASTOR Nun, es kann doch mal brennen.

HINDRIK Offen gestanden, wenig, Herr Pastor. Natürlich kann es mal brennen; dafür aber bin ich versichert.

PASTOR Sind Sie denn hoch genug versichert?

HINDRIK Natürlich, Herr Pastor. Seit es beim Jagdmeister gebrannt hat, und das ganze Haus und alle Stallungen brannten nieder, habe ich meine Versicherung erhöht.

PASTOR Ja, merkwürdig war das. Der Blitz muß gleichzeitig in drei Gebäude geschlagen haben, denn die Gebäude stehen bei ihm so weit auseinander, daß das Feuer kaum überspringen kann. Und dann brannte es ja auch gleichzeitig.

EVA *mit Wein und 3 Gläsern* Da ist der Wein. Nun wollen wir auf eine gute Ernte trinken, Herr Pastor.

PASTOR Merkwürdig war auch, daß der Jagdmeister 8 Tage vorher seine Möbel und Wertsachen zu mir brachte. War es nicht merkwürdig? Er sagte zu mir: »Herr Pastor, ich habe so eine Ahnung, als ob es bei mir brennen würde.« Und seine Ahnung ist eingetroffen.

HINDRIK Sehr merkwürdig, Herr Pastor.

PASTOR Warum haben Sie eigentlich Ihre gute Wäsche zu Ihrer Mutter in die Stadt geschickt?

HINDRIK Davon weiß ich nichts.

PASTOR Der Großknecht fuhr doch damit vor einigen Tagen an meinem Garten vorbei, und als ich ihn fragte, sagte er, die käme zu Ihrer Mutter, und dabei lachte er.

EVA Meine Schwiegermutter wollte sie gerne haben, Herr Pastor, im Sommer haben wir oft Gewitter, und es kann mal der Blitz einschlagen, dann ist wenigstens die Wäsche gerettet. Aber wollen wir nicht anstoßen?

PASTOR Ja, darauf, daß das Geschick es gut mit uns allen meint.

EVA *lacht* Und mit der Wäsche, Herr Pastor! *Stößt an.*

PASTOR Da zieht ein böses Gewitter herauf, ich fühle es an meinem Rheumatismus.

HINDRIK Ich hoffe, es geht vorbei.

PASTOR *trinkt* Sagen Sie mal, Herr Vermeulen, haben Sie einmal etwas von einem namens Rangetötten gehört?

HINDRIK *schweigt*

PASTOR Das ist ein Allerweltskerl. Er soll schon unglaubliche Dinge gemacht haben. Da ist einmal in einer Gemeinde in der Nähe von Salzungen eine sehr geizige Mutter gewesen, deren Tochter heiraten wollte. Die gab ihrer Tochter keine Aussteuer mit. Und 14 Tage später war eines Morgens kein Stück Wäsche mehr im Hause der Mutter, und alles war bei der Tochter. Man sagt, Rangetötten hätte das besorgt.

EVA Das ist doch wohl eine sagenhafte Gestalt, dieser Rangetötten, Herr Pastor.

HINDRIK Ich will nicht, daß das Haus brennt.

PASTOR Wie meinen Sie das? Wie kommen Sie darauf, Herr Vermeulen?

HINDRIK Ja, man sagt ja diesem Rangetötten auch Brandstiftung nach. Ich will nicht, daß es brennt!

EVA Sei doch still mit Deinem Geplärr!

HINDRIK Herr Pastor, ich will nicht, daß es brennt.

EVA Er brennt ja gar nicht.

PASTOR Ich begreife Sie wirklich nicht, Herr Vermeulen, Ihre Frau hat ganz recht, es brennt ja gar nicht.

HINDRIK Es soll auch nicht brennen, es soll kein Gewitter kommen, es soll kein Blitz einschlagen, ich will es nicht!

PASTOR Gottes Wege sind wunderbar.

HINDRIK Herr Pastor, ich will nicht, daß es brennen soll!

PASTOR Lieber Hindrik, ich zweifle nicht daran, daß Sie das nicht wollen. Aber was das Schicksal bestimmt hat, geschieht. Soll es brennen, so brennt es trotzdem, auch wenn Sie es nicht wollen, und soll es nicht brennen, so können Sie hundert von der Art des Rangetötten bestellen, und es brennt nicht.

HINDRIK *schreit fast* Herr Pastor, ich will nicht, daß es brennt, ich will nicht, ich will nicht!

EVA Geh Du zu Bett, Hindrik, Du bist überreizt. *Zum Pastor.* Sein altes Kriegsleiden. Manchmal schreit er in der Nacht: »Die Feinde kommen!« oder »Rette mich, es brennt.«

HINDRIK Ich will nicht, daß es brennt, Herr Pastor!

PASTOR Sie sollen sich zu Bett legen, Herr Vermeulen, die Hitze und der Wein bekommen Ihnen schlecht. Haben Sie kein Mittel, Frau Eva?

EVA Luminal, Herr Pastor.

HINDRIK Ja, gib mir Luminal, eine große Portion. Es geht mir nicht gut, ich sehe Flammen, die das Haus ergreifen, und mich ergreifen, und Dich vernichten, und Mutter vernichten, und alles vernichten. Komm, ich gehe zu Bett, gib mir Luminal, ich will nicht, daß es brennt.

PASTOR Soll ich gehen, Frau Eva?

EVA Nein, Herr Pastor, durchaus nicht, ich bringe meinen Mann eben zu Bett, und dann plaudern wir noch ein bißchen zusammen und trinken ein Glas Wein, nicht wahr?
*Vorhang.*

## III.

*Die gleiche Stelle vor dem Schulzenhof am nächsten Tag. Hof und Scheune sind abgebrannt, und es raucht. Das Backhaus und die Laube stehen noch. Möbel und Geräte stehen im Hintergrund unordentlich. Großknecht versucht, etwas zu ordnen. Ganz hinten sieht man die Knechte und Mägde, die schlafend auf dem Boden liegen.*
*Eva, einen Kleiderbügel in der Hand, starrt in die rauchenden Trümmer*

PASTOR *kommt eilig* Frau Eva!

EVA *wendet sich wie erschreckt um* Herr Pastor, Herr Pastor!

PASTOR Welche Veränderung, Frau Eva, in so kurzer Zeit. Wer hätte das gedacht, gestern abend, als wir hier gemütlich Wein tranken.

EVA *weint*

PASTOR Was ist mit dem Vieh, alles gerettet?

EVA Ja.

PASTOR Und Hindrik, Dein Mann?

EVA Haben Sie es nicht gehört, Herr Pastor? Oh, es ist schrecklich!

PASTOR Ist er tot?

EVA Verbrannt.

PASTOR *steht zu einem stummen Gebet. Dann legt er seine Hände auf Evas Schulter* Junge Frau, wir Menschen können oft schwer erraten, warum ein Schicksal uns straft. Ich weiß, man kann Sie nicht trösten.

EVA Immer und immer wieder lief er in das brennende Haus hinein, rettete zuerst Anneliese, dann die Pferde, dann das andere Vieh, dann Möbel, und der Großknecht ebenso. Aber er war zu unvorsichtig. *Weint.*

PASTOR Wie kam es denn plötzlich?

EVA Herr Pastor, es war wegen einer Markensammlung. Ihm fiel plötzlich ein, daß seine Markensammlung, die er schon als Kind gehabt hatte, oben im Fremdenzimmer lag. Und da sagte er plötzlich: »Ich hole meine Markensammlung noch.« »Herr, das Haus trägt Sie nicht mehr«, sagte der Großknecht. Aber da war er schon fort. Er erreichte sie auch noch, und wir sahen ihn im Rauch durch das Fenster. Und plötzlich ... *Weint wieder.*

PASTOR Und plötzlich?

EVA Und plötzlich gab es einen ohrenbetäubenden Krach, und das Haus stürzte in sich zusammen, und er war ... *Weint.*

PASTOR Unter den Trümmern?

EVA Verschüttet.

PASTOR Haben die Knechte ihn nicht retten können?

EVA Es war nicht möglich, an die Stelle heranzukommen,

überall brannte es, überall Rauch und Flammen. Oh, es ist trostlos.

PASTOR Ihr Kind ist gerettet?

EVA Anneliese ist mein einziger Trost.

PASTOR Und sonst ist nichts passiert? Ich meine, den Knechten und Mägden ist nichts passiert?

EVA Sie sind alle gerettet; nur mein Mann, mein Mann mußte dabei umkommen. Wegen einer Markensammlung!

PASTOR Gottes Wege sind wunderbar, junge Frau!

ISIDORA *kommt eilig, weit hinterher Sohilfmirdoch.*

ISIDORA *von weitem* Was ist passiert, was ist passiert?

PASTOR Liebe gute Frau Vermeulen, der Mensch steht oft vor seinem Schicksal und fragt, warum, der Mensch sieht nicht den Grund.

ISIDORA Was stehst Du da mit Deinem Kleiderbügel? Wo ist Hindrik?

EVA Hindrik?

ISIDORA Ja, was ist denn passiert?

PASTOR Er hat gerettet, was er konnte, das Vieh, die Möbel...

ISIDORA Was ist passiert?

PASTOR Ihr Sohn ist tot, Frau Vermeulen. *Isidora sinkt in seinen Arm. Eine kurze Pause.*

SOHILFMIRDOCH Das ist doch nicht wahr? Hindrik tot?

EVA Verschüttet.

SOHILFMIRDOCH Mein Sohn, mein einziger Sohn.

PASTOR Es ist hart. Jetzt begreife ich auch, weshalb er gestern abend so sonderbar sprach. Es war eine Vorahnung seines Todes.

ISIDORA *ist wieder zu sich gekommen* Was sagte er? *Bricht aus.* Oh mein guter Sohn.

PASTOR Er wiederholte immer wieder: »Ich will nicht, daß es brennt«, ganz ohne Zusammenhang.

ISIDORA Oh Gott, mußte das kommen?

EVA Wegen seiner Markensammlung.

ISIDORA Und die Feuerwehr, konnte sie ihn nicht retten?

EVA Es kam ja alles so schnell, die Feuerwehr war noch nicht da.

ISIDORA Denk nur nicht, daß Du nun alles erbst, Eva!

EVA Ich habe noch mit keinem Gedanken an so etwas gedacht, Mutter!

ISIDORA Sage nicht ›Mutter‹ zu mir, ich bin nicht Deine Mutter. Und den Hof erbt Anneliese, Dein Kind.

EVA Anneliese, mein Kind.

ISIDORA Du kannst hierbleiben und für sie arbeiten, wenn Du willst, und wenn nicht, dann komme ich.

EVA Zu gnädig, Frau Schwiegermutter, ich weiß selbst, was ich zu tun habe.

PASTOR Bedenken Sie, meine Lieben, wo Eintracht herrscht, da blüht das Glück.

EVA Ja, Eintracht hat unsere liebe Frau Mama nie gekannt.

ISIDORA Ich habe einen ausgeprägten Familiensinn und ein tiefes Gerechtigkeitsgefühl.

EVA Zu tief, liebe Schwiegermutter!

*Gendarm und Untersuchungsrichter kommen.*

UNTERSUCHUNGSRICHTER Guten Morgen, ich bin der Untersuchungsrichter von der Staatsanwaltschaft.

EVA *stellt sich vor* Frau Vermeulen. Das sind meine Schwiegereltern und das der Herr Pastor.

UNTERSUCHUNGSRICHTER Können Sie veranlassen, Frau Vermeulen, daß alle Bewohner Ihres Hofes sich hier versammeln? *Er breitet sein Buch in der Laube aus.*

EVA Sofort, Herr Untersuchungsrichter! *Ruft.* Großknecht, sammle hier alle Leute. *Alle kommen.*

UNTERSUCHUNGSRICHTER Haben Sie keinen Mann, Frau Vermeulen?

EVA *weint*

PASTOR Er ist in den Flammen geblieben.

ISIDORA Mein armer, armer Sohn!

UNTERSUCHUNGSRICHTER Mein herzlichstes Beileid, ich begreife Ihren Schmerz. Sind alle versammelt, die hierher gehören?

EVA *überblickt alle* Ja.

UNTERSUCHUNGSRICHTER Dann erzählen Sie, Frau Vermeulen, wie es zuging.

EVA Wir schliefen und hatten das Fenster offen, weil es sehr schwül war. Mein Mann hatte Luminal genommen, weil er gestern wieder so einen Anfall hatte, und ich selbst schlief auch fest, obgleich es sehr schwül war, weil es gestern ein schwerer Tag gewesen war.

UNTERSUCHUNGSRICHTER Das gehört nicht zur Sache.

EVA Doch, Herr Untersuchungsrichter, es war nämlich sehr schwül, und da muß wohl ein Gewitter sich über unserem Hofe zusammengezogen haben.

UNTERSUCHUNGSRICHTER Es ist mir bekannt, daß in der Nacht ein Gewitter war.

EVA Plötzlich höre ich einen riesigen Krach, als ob der Donner einschlägt.

ISIDORA Der Blitz, meinst Du.

UNTERSUCHUNGSRICHTER Das gehört nicht zur Sache.

ISIDORA Natürlich, Herr Untersuchungsrichter, der Donner kann nicht einschlagen.

UNTERSUCHUNGSRICHTER Hat irgendeiner von den Anwesenden den Donner gehört? *Wartet.* Niemand?

KNECHT Ich, Herr Untersuchungsrichter.

UNTERSUCHUNGSRICHTER Sie haben den Donner gehört?

KNECHT Nein, ich habe ihn nicht gehört.

UNTERSUCHUNGSRICHTER Das gehört doch nicht zur Sache.

KNECHT Doch, Herr Untersuchungsrichter, ich schlief nämlich nicht, sondern stand mit Liese in der Scheunentür, weil es eine so schöne Nacht war, und ich habe nichts gehört. Ja, ein Gewitter war wohl in der Ferne, aber es hatte noch nicht einmal zu regnen angefangen, da brannte das Haus schon.

EVA Die trockenen Schläge sind die schlimmsten.

UNTERSUCHUNGSRICHTER Besinnen Sie sich einmal, Sie haben keinen Donner gehört?

KNECHT Nein, Herr Richter, ich sagte noch zur Liese: »Du, da schleicht einer wie Rangetötten«, sagte ich, und da brannte das Haus auch schon.

UNTERSUCHUNGSRICHTER So, Sie haben jemand schleichen sehen?

PASTOR Das ist die aufgeregte Phantasie, Herr Untersuchungsrichter, Sie wissen doch, dieser Rangetötten ist eine sagenhafte Gestalt.

UNTERSUCHUNGSRICHTER Er ist der Polizei hier gut bekannt, Herr Pastor, wenn man auch nicht weiß, wie er aussieht und wo er sich aufhält.

PASTOR Sie können jedenfalls nichts mit einer Person beweisen, die nicht in den Meldebüchern der Polizei steht, Herr Kommissar, das gehört nicht zu Ihrer Sache. Mich als Pastor interessiert es weit mehr, wie da gewisse Ahnungen vorhanden sind. Das unterbewußte Gefühl: ›Es wird bald brennen‹ hat bei dem Knecht Eggedosis sich versteigert und in der sagenhaften Gestalt des Rangetötten ihren Niederschlag gefunden.

UNTERSUCHUNGSRICHTER Ich schließe mich Ihrer Ansicht an, Herr Pastor. *Zum Gendarm.* Welchen Eindruck haben Sie, Herr Gendarm?

GENDARM Der Fall liegt doch klar; Frau Vermeulen bezeugt, einen Donner gehört zu haben, also hat der Blitz eingeschlagen, das ist doch wohl logisch.

UNTERSUCHUNGSRICHTER Hat sonst noch jemand etwas hierzu zu bemerken? *Es meldet sich keiner.* Dann liegt auch für mich die Sache klar: Brand durch Blitzschlag.

*Vorhang.*

## IV.

*Das neue Haus steht im Rohbau fertig.*

[Fragment]

um 1933

# Johanna Paulsen: vom Morgen bis Mittag

Dichter unbekannt

PERSONEN OBERST PAULSEN
FRAU FRANZISKA PAULSEN
JOHANNA PAULSEN, deren Tochter
DIREKTOR GEORGI
DIREKTOR HÜHNLEIN
FRIEDA
THEA
THEKLA
KURT WERTE
ISAAC ROTWEIN, Händler
LENE (bei Georgi)
IDA, Dienstmädchen bei Paulsens

## I
*Haus Paulsen*

Johanna, Oberst und Frau Franziska sitzen beim Morgenkaffee. Johanna übermütig, die Eltern ernst. Sie erzählt, daß Kurt sie heute besuchen will. Er werde sie fragen, ob sie seine Braut werden will. Was soll sie sagen? Sie liebt ihn. Die Eltern fragen, ob ihr eine Trennung erträglich wäre. Warum fragen sie so sonderbar? Sie dankt ihnen viel, alles. Sie wird stets da sein für sie, aber wenn man doch heiratet, muß man doch seine eigenen Wege gehen. Sie geht schließlich, da sie ins Büro muß. Die Eltern reden über sie, das arme Mädchen. Heute wird sie es erfahren.
Du hättest nicht darüber sprechen sollen. Man hat es in den Akten nachgeforscht.

II

*Büro, Vorzimmer zu Direktor Hühnleins Arbeitszimmer.*
*Frieda, Thea, Thekla*

Sie plappern über ihre Liebsten. Johanna tritt ein, lacht darüber. Ja hast Du einen Liebsten etwa? Das ist doch etwas ganz anderes. Nein, das ist alles dasselbe. Isaac Rotwein kommt herein, bietet Papiere an. Direktor Hühnlein kommt gerade. Er bedauert sehr, er kann nichts kaufen, hat strenge Restriktionen, nichts mehr von Juden zu kaufen. Rotwein ist fassungslos. Wo soll er verkaufen, er hat stets für Behörden geliefert.

III

*Arbeitszimmer Direktor Georgi*

Direktor Georgi sitzt am Schreibtisch und klingelt. Lene erscheint. Sie soll Fräulein Paulsen holen. Inzwischen kommt Rotwein, unangemeldet. Wer läßt hier Leute unangemeldet herein? Lene konnte nicht anders, sie war ja nicht im Vorzimmer. Da Rotwein nun einmal da ist, kann er reden. Rotwein ist zerbrochen, daß er nicht mehr liefern soll, Juden dürfen nicht mehr liefern. Nationale Front verlangt es. Sehen Sie, die Juden haben sich an alle leitenden Stellen gedrängt. Wir müssen uns wehren. Sie fürchten ihre Stellung zu verlieren, nehmen Sie es mir nicht übel, ich kann nicht anders, es ist Bestimmung. Johanna kommt herein. Entschuldigen Sie mich, Sie sehen, ich habe andere Arbeit. Rotwein ab. Georgi kündigt Fräulein Johanna. Sie versteht es nicht. Erfährt keinen Grund. Es müssen Veränderungen vorgenommen werden. Sie soll nicht fragen, in ihrem eigenen Interesse.

IV

Rotwein besucht Frau Paulsen. Ida meldet, daß ein Herr seinen Namen nicht sagen will. Rotwein kommt schon herein. Paulsen entsetzt. Wie bist Du hereingekommen? Ich kam, da ich sonst nicht vorgelassen wäre. Du sollst mir helfen, ich kann nicht mehr leben. Wir haben doch abgemacht, daß wir uns nie wiedersehen werden.

[Fragment]

1930–1940

# Der Durchschnittsmensch

PERSONEN ELSA
MATHILDE, ihre Mutter
WERNER GRAF, ihr Vater
AXEL, ihr Jugendfreund
HANS MEIER, der Durchschnittsmensch

## I

ELSA Gib Dir keine Mühe, Mutter, ich nehme keinen Durchschnittsmenschen, ein für allemal. Was heißt Hans? Was heißt Meier? Geld hat er nicht, Namen hat er nicht, Beruf hat er nicht, was bietet er mir denn?

MUTTER Er ist ein flotter Kerl.

ELSA Dann heirate Du ihn doch.

MUTTER Du solltest ihn sehen, Du würdest Dich in ihn verlieben.

ELSA Kommt nicht in Frage, ich denke nicht daran.

MUTTER ...

[Fragment]

1939

# Wahrheit

PERSONEN RASMUS MOEN, Organist
HELGA MOEN, dessen Frau
PASTOR ANDERSEN, deren Vater
OLE VIG, der Herausgeber der ›Post‹
JACOBSEN, Polizeihauptmann
FREDRIC MYHRE, Fischer
NORA MYHRE, dessen Frau
GEORGE MALON, Kunstmaler
THEODOR OLSEN, Organist der benachbarten Kirchengemeinde, blind
EVA OLSEN, seine Frau

Ort der Handlung: Moby, eine kleine Provinzstadt im Norden und die nahe Insel Oen.

I

*Im Hause des Organisten Moen. Zimmer mit Aussicht auf einen Fjord und die Schneeberge. Schreibtisch, Klavier, Webstuhl, Balkontür.*

*Rasmus am Klavier, komponiert, steht auf und sieht aus dem Fenster. Helga hantiert im Zimmer. Rasmus setzt sich wieder und komponiert weiter. Es klingelt. Helga ab und kommt zurück mit Briefen.*

HELGA Rasmus, weißt Du, wer geschrieben hat? Jacobsen. Er bewundert Deinen Artikel in der Post und wünscht Glück. *Sie liest.* »Ihr Artikel sieht das Christentum vom menschlichen Standpunkt aus. Ich bin ein alter Kirchenvorbeigeher, weil ich das Gezeter nicht hören mag. Würde nach Ihren Grundsätzen in der Kirche gepredigt, so würde ich mit Vergnügen kommen.«

OLE VIG *Es klingelt. Helga öffnet und kommt zurück mit Ole Vig.*
Ihr Artikel hat wirklich eingeschlagen. Von überall, auch weit über unsere Gemeinde hinaus, bekommen wir begeisterte Zuschriften. »Ein Weg zurück zum Christentum für Lässige«, schreibt ein Bauer aus Trondlag. *Zeigt einen Packen Briefe.* Dabei ist allerdings auch ein Brief von einem Pastor aus Strande, der schreibt: »Ein kluger Artikel, aber man sieht, daß der Schreiber kein amtlicher Vertreter der Kirche ist.«

RASMUS Er soll nur ruhig sein, ein amtlicher Vertreter ist ebenso befangen in den gelernten Richtlinien, daß er das wahre Christentum nicht versteht. Ich habe als Organist in unserer Kirche viele Kirchenfeste erlebt, an denen hohe Geistliche gepredigt haben. Das meiste waren Bußpredigten. Ich kenne die Aufnahme ihrer Bußpredigten beim Volk. »Ja, haben wir denn nur schlechte Eigenschaften?«, sagt mir ein Fischer. Eine Frau, die selten in der Kirche fehlt, fragte mich, ob denn nur die Priester den rechten Weg Gottes gingen? Ich sagte, sie versuchten es wenigstens. Aber oft habe ich die Ansicht gehört, daß die Predigten den gewissenhaften Menschen allen Glauben und Mut nahmen. Entweder sie verzweifeln an sich selbst und ihrer Leistung im Diesseits, und dadurch wird dann ihre Leistung schlecht, oder sie verzweifeln an den Lehren der Kirche und bleiben fort, und das ist es, was ich persönlich am traurigsten finde.

OLE VIG *sagt, seine Zeitung stände für eine beliebige Menge von Artikeln gleicher Art zur Verfügung.*
Wir wollen den Kampf gegen die amtlichen Vertreter der Kirche zugunsten des Christentums aufnehmen.
*Rasmus drückt ihm stumm die Hand. Durch die Balkontür kommt George Malon.*

GEORGE MALON Ich muß Dir gratulieren zu Deinem Artikel. Eine wirklich mutige Tat. Nur solltest Du einen Schritt weitergehen.

RASMUS Vielen Dank, mein Freund Malon, aber wie Du das meinst, weiß ich schon.

GEORGE MALON Du bist eben ein Ketzer, und ich ein Heide. Darüber sind wir uns schon oft klar geworden.

RASMUS Dabei habe ich Dir oft gestanden, daß Deine Art Heidentum christlicher ist als die Handlungsweise und vor allen Dingen die Predigten der meisten, sagen wir vieler, offizieller Vertreter Christi.

GEORGE MALON Ich weiß nicht, ob Sie das interessiert, Herr Vig?

OLE VIG Lebhaft! Ich würde es sogar sehr begrüßen, auch von Ihnen einen Artikel über Ihre Ansicht zu den Dingen in der Post abdrucken zu können.

GEORGE MALON Ich bin kein Schriftsteller, ich bin Kunstmaler. Mein Gottesdienst, wenn ich das Wort gebrauchen will, ist die Anbetung der Natur. Ich weiß, daß die Natur nicht Gott, sondern nur sein Geschöpf ist. Aber da es mir versagt ist, Gott zu erkennen, bete ich zu der Natur, in die er die weisen Gesetze der Physik und Chemie hineingelegt hat, die er so wunderbar mit Farben ausgestattet hat, und die so einfach und doch mannigfaltig ist, daß kein sterbliches Wesen ein annähernd gewaltiges Werk schaffen kann, wie es jeder beliebige Ausschnitt aus Gottes Schöpfung ist.

OLE VIG Und Sie wollen Heide sein?

GEORGE MALON Ja, ich bin Heide, denn ich kümmere mich nicht um den Schöpfer. Wenn ich hier zum Beispiel in Moby oder auf meiner kleinen Insel vorn sitze, so kümmere ich mich um ein kleines Ereignis, etwa, daß eine tote Möwe angeschwemmt ist, mehr als um ein großes in Oslo oder vielleicht New York. Und ich würde mich um ein Ereignis in Oslo wiederum mehr kümmern als um ein viel wichtigeres auf dem Mond, etwa daß sich der ein Horn an der Venus abstößt.

OLE VIG Das ist natürlich ungewöhnlich, denn 1. hat der Mond keine Hörner und 2. kommt er nie in die Nähe der Venus.

GEORGE MALON Sie sehen, ich bin recht unbegabt für alles, was in einiger Entfernung ist, daher bin ich absoluter Egoist.

HELGA *kommt mit Wein* Wir wollen auf den Schreck hin einen trinken.

RASMUS Es lebe die Kirche!

HELGA Ich schließe dem mich an.

GEORGE MALON Es lebe der gesunde Egoismus!

OLE VIG Es lebe der muntere Kampf!

GEORGE MALON Ich will Ihnen erklären, was ich unter gesundem Egoismus verstehe. Der Mensch kennt sich selbst am besten, wenn man sich auch da nicht auskennt. Man kennt seine Bedürfnisse, und manche kennen auch ihre Pflichten. Nun sind wir Menschen untereinander mehr ähnlich, als verschieden. Daraus schließe ich, daß die anderen Menschen ähnliche Pflichten, aber auch ähnliche Rechte haben wie ich. Nehme ich nun zum Egoismus die Kameradschaft hinzu, so entsteht jener gesunde Egoismus, der aus der Kenntnis seiner eigenen Bedürfnisse auch die der anderen kennt und auch die Pflichten der anderen gegen sich selbst, auch seine Pflichten. »Behandle den anderen so, wie Du gern von ihm behandelt sein möchtest«, so ist die Grundregel des gesunden Egoismus.

OLE VIG Könnten Sie das einmal für die Post schreiben, Herr Malon?

GEORGE MALON Nein, das tue ich nicht; denn ich würde mißverstanden werden. Die uneingeschränkten Egoisten, von denen es so viele gibt, würden nur die Pflichten der anderen gegen sich erkennen. Nein, ich behalte meine Auffassung ganz für mich.

ANDERSEN *kommt durch die Balkontür* Guten Morgen, Kinder. *Umarmt seine Tochter.* Armes Kind, daß Du mit diesem hier verheiratet bist.

HELGA Ich bin glücklich.

ANDERSEN Davon wollen wir nicht reden im Augenblick. Auch ich habe meinen Schwiegersohn stets geachtet. Er ist ein sehr begabter Orgelspieler, abgesehen von seinen verrückten Ideen über neue Kirchenmusik, aber der Artikel in Ihrem Blatt, Herr Vig, hat mich höchst erregt.

OLE VIG Sie sollten sich darüber freuen, Herr Pastor Andersen.

ANDERSEN Wie soll ich das verstehen?

OLE VIG Der Artikel könnte eine Richtung für die Kirche bedeuten, er zeigt ihr den Weg, wie sie sich wieder verständlich machen könnte.

ANDERSEN Bin ich etwa unverständlich?

RASMUS Vater, ich habe nicht gewagt, irgend etwas gegen Dich zu schreiben, da ich weiß, daß Du ähnliche Grundsätze hast im Aufbau Deiner Predigt. Aber ich schreibe gegen die vielen Pastoren, die Predigt mit Buß-Predigt verwechseln und die über die Gemeinde weinen und dadurch ihre Anhänger oft für immer verlieren, denn der einfache Mensch versteht es gar nicht, weshalb er so sündig sein soll.

HELGA Komm Vater, stoß mit uns an.

ANDERSEN Es ist wohl nicht die richtige Gelegenheit dazu heute. Wenn ein Unberufener einen Artikel gegen die Kirche schreibt und, ohne seinen berufenen Vertreter zu fragen, ihn veröffentlicht, so muß ich das verdammen und meine Handlungen danach einrichten.

HELGA Er ist berufen, mehr als die sogenannten berufenen Diener der Kirche, die infolge ihres gelehrten Studiums einen oft großen Abstand von den einfachen Charakteren ihrer Gemeinde haben.

ANDERSEN Und das sagt mir mein Kind.

HELGA Vater, wir meinen Dich ja nicht. Wir kennen Deine Gutmütigkeit, Deine Hilfsbereitschaft für alle Mitglieder Deiner Gemeinde, die auch vor persönlichen Opfern nicht zurückschreckt, Du gehörst zu den Vertretern der Kirche, die beliebt sind. Aber trotzdem ist das Prinzip der christlichen Kirche, nur dem reuigen Sünder den Himmel zu öffnen, auch der Hintergrund Deiner Predigten.

ANDERSEN Daß Du das sagst, beweist, daß Du vom Christentum ebenso wenig verstehst, wie Dein Mann.

HELGA Christus hat gesagt: »Liebet Euch – – –«.

ANDERSEN Christus hat auch gesagt: »Das Gefühl, ein verdammter Sünder zu sein, der nur durch Gnade, und nicht aus eigener Kraft selig werden kann, entmutigt gerade die besten unter den Menschen so, daß sie ihre besten Fähigkeiten nicht voll entwickeln können.«

OLE VIG Das sind wohl Grundsätze, die Ihr von jenem Heiden angenommen habt. *Weist auf Malon.*

RASMUS Wenn Christus heute lebte, würde er jenen Heiden manchen Christen den Vorzug geben.

ANDERSEN Das sind sündige Reden.

GEORGE MALON Herr Pastor, ich verstehe zwar wenig von der Kirche, aber ich begreife immer nicht, weshalb Sie der Sünde den Vorzug gegenüber der Liebe geben. Damit Sie mich nicht mißverstehen, ich meine die Skala: Eigenliebe, Nächstenliebe, Menschenliebe, und wenn Sie wollen zum Schluß auch Liebe zu Gott.

ANDERSEN Umgekehrt auch etwas wert.

GEORGE MALON Umgekehrt, dann wäre ja die allgemeine Menschenliebe für den kirchlichen Menschen mehr wert als die Nächstenliebe. Das bedeutete, daß jemand gegen irgendwelche ihm fremde Menschen sehr gut sein müßte, während er seine Eltern oder Kinder schlecht behandelt.

ANDERSEN Ihre Skala stimmt weder von vorn noch von hinten.

OLE VIG Ich freue mich, daß der Artikel in meinem Blatt zu so fruchtbaren Diskussionen Anlaß gegeben hat, und da er überall, in Stadt und Land, diskutiert wird, so halte ich seine Idee mindestens für zeitgemäß.

ANDERSEN Das Gangstertum ist auch eine zeitgemäße Idee, und man schützt die Statistik vor, indem man die Herren Gangster beseitigt.

RASMUS Du wirst mich nun doch wohl nicht einen Gangster nennen, Vater, weil ich einen gut gemeinten Artikel zur Rettung der Kirche veröffentlicht habe.

ANDERSEN Deine Rettung braucht die Kirche nicht. Viele solche Rettungen würden die Kirche verderben. Und ich bin gekommen, um Dich zu warnen. Noch stehe ich als Schwiegervater vor Dir und ersuche Dich, keine weiteren Artikel folgen zu lassen. Dieser eine wird diskutiert werden, und folgen keine weiteren, wird er vergessen. Folgen aber mehr solche Artikel, so kann ich nicht mehr Rücksicht auf unsere persönlichen Beziehungen nehmen, dann muß ich als Pastor zum Schutz der Kirche, zum Schutz des Christentums handeln. Es ist meine Pflicht, und als Staatsbeamter habe ich meine Ehre auch gegenüber meinen nächsten Familienangehörigen zu verteidigen. Und nun überleg Dir das. *Geht durch die Balkontür ab. Die anderen stehen etwas verdutzt da.*

RASMUS Also wird es einen Kampf geben.

*Vorhang.*

II

*Dasselbe Zimmer. Rasmus. Helga kommt herein mit dem Polizeimeister.*

JACOBSEN Guten Morgen, Herr Moen, störe ich?

RASMUS Oh nein.

JACOBSEN Wenn ja, hier machen einem die Menschen das Leben nicht gerade leichter.

RASMUS Das sagen Sie?

JACOBSEN Wenn ich das sagte als Polizeimeister, der immer allerhand Händel mit den Menschen hat, Sie könnten es viel besser haben, wenn Sie sich auf Ihr Orgelspiel beschränkten, hier und da eine Melodie in üblicher Weise komponierten, von Zeit zu Zeit ein Konzert gäben. Bei mir aber ist es der Beruf, mit den Menschen in Streit zu leben.

HELGA Waren Sie es nicht, der einen begeisterten Brief schrieb, als der erste Artikel erschienen war, Sie würden ein fleißiger Kirchgänger werden, wenn in dem Sinn gepredigt würde?

JACOBSEN Das habe ich, und darum komme ich. Ich bin es nämlich nicht allein, der ohne die Kirche sein Leben einrichtet, es leben in unserer Gemeinde viele Heiden, wie ich, viele unter ihnen sehnen sich wie ich nach der Beschäftigung mit den letzten Dingen, aber in einer Form, die zu ihrer Weltanschauung paßt. Sie wollen und dürfen nicht in ihrem diesseitigen Leben zerbrochen werden, um dafür ein Jenseits zu erwerben.

RASMUS Ihre Aussprüche, Herr Polizeimeister, erfreuen mich sehr.

JACOBSEN Wir möchten uns auch mit den ewigen Wahrheiten beschäftigen. Sehen Sie, was ist denn für mich die Wahrheit? Sie resultiert aus dem von Menschen geschaffenen Gesetz, das durch Menschen ausgelegt wird, nach dem Menschen richten, aus Ruhe und Ordnung. Wenn ich es mit einem Wort fassen will, so ist die Wahrheit für mich der Paragraph des Gesetzes, ich bin mir dessen bewußt, daß Ruhe und Ordnung etwas von ewiger Wahrheit haben, die Ruhe ist der Friede Gottes, wenn sie mit der Ordnung gepaart ist. Aber das Gesetz, das in allen Ländern verschieden ist, das menschliche Mängel aufweist, das sich oft ändert, das menschlich aufgefaßt von Menschen ausgelegt wird, das Gesetz, nach dem ich mich zu richten habe, hat nicht viel vom ewigen Gott.

RASMUS Die Gesetze Gottes sind unwandelbar und ewig.

JACOBSEN Und Sie sehen, Herr Organist, ich habe über diese Dinge oft nachgedacht, über die ewigen Wahrheiten, ich brauche einen Führer zu ihnen hin, da die berufenen Führer der Kirche bei mir versagen. Kurz und gut: da ich nicht allein stehe in diesen

Bedürfnissen, da es viele in der Gemeinde gibt, so haben wir uns in meiner Privatwohnung zu einer Versammlung getroffen und wollten Sie bitten, ob Sie nicht uns alle so einmal versammeln würden und, sagen wir kurz, eine Predigt für uns halten.

RASMUS Das kommt mir vollkommen unerwartet, Herr Polizeimeister.

*Frau Andersen kommt durch die Balkontür. Begrüßt ihre Tochter, ihren Schwiegersohn, den Polizeimeister.*

FRAU ANDERSEN Gut, daß Sie hier sind, Herr Polizeimeister, Sie könnten mir helfen, meinen Schwiegersohn auf einen Weg zu bitten, den er zu gehen hat.

JACOBSEN Aber eben deshalb bin ich hier, Frau Pastor.

FRAU ANDERSEN Er soll aufhören, diese Artikel zu schreiben.

JACOBSEN Das ist auch meine Ansicht, Frau Pastor.

FRAU ANDERSEN Sie glauben es nicht, wieviele Schwierigkeiten mein Mann durch diese Artikel erfährt.

JACOBSEN Ich kann es begreifen, aber ich sehe, wir mißverstehen einander. Ich fürchte, ich werde Ihnen nicht in dem helfen können, wie Sie es meinen.

FRAU ANDERSEN Ja, verstoßen nicht diese Artikel gegen eine Ordnung, die das Gesetz gewollt hat?

JACOBSEN Sie können sich doch nicht auf ein menschliches Gesetz berufen, wenn es sich um Ideen über die Gottheit und den Weg zu ihr handelt. Sowohl die Kunst wie die Wissenschaft und die Religion sollten frei sein von allen durch die Menschen gemachten Gesetzen, die für diese Heilung als hemmende Fesseln wirken würden.

FRAU ANDERSEN Ja, aber wir haben Gesetze in unserem Land, für unser Land, zum Schutze unseres Landes und ihrer Bürger. Und ich bin überzeugt, wenn jemand die Ordnung in einem großen Komplex dieses Landes stört, wie es mein Schwiegersohn leider bezüglich des andächtigen Glaubens der frommen Christen tut, so müssen die Gesetze das Land vor ihm schützen.

JACOBSEN Ich bin nur ausführender Teil der andächtigen Gerechtigkeit, und was die Auslegung der Gesetze betrifft, so ist der Richter zuständig, nicht ich. Aber im Augenblick rufen mich andere Pflichten, Herr Moen, wir sehen uns bald wieder, hoffe ich. Adieu alle.

*Es klingelt. Helga öffnet. Olsen, blinder Organist in der Kirche in . . . kommt, gestützt von seiner Frau.*

OLSEN Störe ich? *Bleibt im Alkoven stehen, während die anderen im Hauptteil des Zimmers bleiben.*

RASMUS Sie kommen wegen der neuen Orgel?

OLSEN Sie wissen ja, daß unsere Kirche in – eine neue Orgel angeschafft hat. Ich bin erblindet, da kann ich als Organist mein Brot verdienen.

RASMUS Wie kommen Sie als Blinder eigentlich dazu, Orgel zu spielen?

OLSEN Ich bin nicht eigentlich Bauer, sondern Knecht. Aber ich habe immer des Sonntags ein wenig auf den Klavieren in den Hotels gespielt, Tänze und Schlager, um etwas Geld zu verdienen, ja, gelernt habe ich es eigentlich nur durch die Übung. Und als ich erblindete, ging ich zur Orgel über, weil unser Organist alt war, und ich hoffte, seinen Platz zu bekommen. Sehen Sie, jetzt verdiene ich mehr als je, und kann es mir leisten, bei Ihnen technischen Unterricht zu nehmen.

RASMUS Ich kenne mich nicht so gut aus auf der neuen Orgel. Aber niemand ist so befähigt wie Sie, der auf einer der kompliziertesten Orgeln unseres Landes zu spielen gewohnt ist, mir die Geheimnisse zu erklären. Wollen Sie das tun? Sie erhalten natürlich Bezahlung. Was verlangen Sie?

OLSEN Mit Vergnügen. Ich komme gern zu Ihnen hinaus. Vielleicht morgen? Wenn ich Ihnen helfen kann, zur Ehre Gottes die Orgelmusik erklären zu lassen, bin ich gern bereit. Ich hoffe, Sie spielen keine Schlager mehr?

RASMUS Nicht während der Kirchzeit, aber Sonntag nachmittags. Man will doch leben.

OLSEN Nun, das ist Ihre Sache, also morgen. .

RASMUS Also morgen. *Olsen ab.*

[Fragment]

1946

# Die Familiengruft

| PERSONEN | | |
|---|---|---|
| | NORA | soeben † |
| | EMIL, ihr Mann | † |
| | HANS, ihr ältester Sohn | † |
| | FRITZ, ihr 2. Sohn | † |
| | HEINRICH, ihr 3. Sohn | † |
| | WILHELMA, ihre Tochter | lebend |
| | AIDA, ihre Mutter | † |
| | WILHELM, ihr Vater | † |
| | KARL, ihr Stiefvater | † |
| | EILARDINE, Emils Mutter | † |
| | DER EMPFANGSENGEL | zwischen den Leben |
| | HÄSCHEN, Noras Freundin | lebend |
| | BÖCKCHEN, Noras Freundin | lebend |

## I
In der Familiengruft

*Es ist zwielichtig und einige Kerzen brennen noch von der Beerdigung Noras, die soeben stattgefunden hat. Rundherum, teilweise aufeinander, stehen die Särge der beigesetzten Toten. Mit der heutigen Beerdigung sind zahlreiche Kränze und Schleifen gekommen. Der neue Sarg mit Nora steht in der Mitte. In einer Ecke stehen Häschen und Böckchen, beobachtend, miteinander sprechend. Teilnehmer an der Beerdigung gehen hinauf, Wilhelma steht noch.*

WILHELMA *zu Häschen* Meine arme Mutter, wie mag sie sich unglücklich fühlen.

HÄSCHEN Sie hat alle Menschen unglücklich gemacht.

BÖCKCHEN Das war ihre unglückliche Natur. Sie fühlte sich nur wohl, wenn andere litten.

WILHELMA Aber haben sie nicht geheult, wie der Herr Pastor ihre gute Natur pries, was hat sie alles Gutes getan in ihrem Leben.

HÄSCHEN Ich habe ja immer gesagt, Nora hatte zwei Naturen.

BÖCKCHEN Ganz recht, zwei Naturen, mit der einen gab sie, mit der anderen nahm sie es in derselben Minute.

WILHELMA Aber sie hat nicht alle Leute von sich gestoßen durch ihre Grobheiten. Ihr beide seid zum Beispiel treue Freunde geblieben.

HÄSCHEN Wir sind es, wir werden immer ihre Freunde sein.

BÖCKCHEN Man kann Freund sein zu jemand, der auch schlechte Charaktereigenschaften hat. Vielleicht liebt man gerade ihn wegen seiner schlechten Eigenschaften. Wir waren ihr immer gute Freunde.

WILHELMA Die arme Mutter, wie mußte sie sich unglücklich fühlen. Hier hat sie keinen, den sie ärgern kann. Wie einsam muß sie sein.

BÖCKCHEN Man kann nie wissen. Wissen Sie, wie es nach diesem Leben ist? Wissen Sie?

WILHELMA Vielleicht hat man dann andere Wünsche, vielleicht freut sich Mutter jetzt, die Engel zu erfreuen.

HÄSCHEN So schnell geht das nicht. Der Mensch kann sich nicht einfach umstellen, wenn er stirbt. Er wird jede Gelegenheit nehmen, weiter so zu sein, wie er vorher war. Wer gelebt hat, um lebend zu intrigieren und aufzuregen, wird nach dem Tode sicherlich die Toten aufregen.

WILHELMA Aber das kann doch nur eine Übergangszeit sein, er muß doch auf die Ewigkeit vorbereitet werden, wenn er es nicht schon immer während seines Lebens ist.

BÖCKCHEN Ich stelle mir das Grab als solche Vorbereitung vor. Das Grab ist eine Übergangsstation. Ein Engel empfängt den Toten und prüft, ob er für die Ewigkeit würdig ist. Und ist er nicht würdig, erlöst zu werden, dann muß er warten. Hoffen wir, daß Mutter günstige Umstände findet.

HÄSCHEN Die wird sie sicher nicht finden. Sie wird sicher noch warten müssen.

WILHELMA Sie war gut und böse. Vielleicht wird ihr das Böse vergeben.

BÖCKCHEN Lassen wir nun die Toten allein, sie wollen allein sein.

WILHELMA Laß mich noch einen Blick auf die vielen Kränze und Schleifen werfen. Ist es nicht wundervoll? Wer hat so viele schöne Kränze, wenn er stirbt?

BÖCKCHEN Die kann man kaufen, wenn man genügend Geld hat.

WILHELMA Und die vielen Leidtragenden?

BÖCKCHEN Die waren sämtlich ängstlich vor ihr.

WILHELMA Ängstlich oder nicht, jedenfalls sind sie gekommen. Aber nun wollen wir uns losreißen. Die Toten haben weiter nichts als Ruhe, in diesem Übergangsleben.

*Wilhelma, Häschen und Böckchen gehen langsam hinaus, und es sind keine Lebenden mehr im Raum. Langsam, einer nach dem anderen, steigen die Toten aus den Särgen und versammeln sich. Als erster*

WILHELM Das ist eine Anstrengung, so lange eingesperrt zu sein.

AIDA *steigt heraus* Ja, es war lange, die Beerdigungen, die ich mitgemacht habe, waren sonst kürzer. Aber nun bin ich gespannt, wie Nora jetzt aussieht.

WILHELM Und wie sie spricht. Es ist lange her, daß wir sie gesehen haben.

KARL War es nicht Franzens Beerdigung, Wilhelm?

WILHELM Ich spreche nicht mit Dir, Du bist mir ein Greuel.

AIDA Aber Wilhelm, gib doch den ewigen Zank einmal auf. Karl hat in freundlichster Weise zu Dir gesprochen. Warum antwortest Du so unfreundlich?

WILHELM Ich unfreundlich? Ich war nicht unfreundlich. War es nicht viel unfreundlicher, was er getan hat?

KARL Was habe ich Dir getan?

WILHELM Du hast meine Frau geheiratet!

KARL Das ist gesetzlich absolut richtig, sie war Witwe.

WILHELM Und da gehst Du sofort hin und heiratest sie. Eine schöne Moral ... Und was wird aus mir in der Ewigkeit? Ich habe die Erlaubnis, in der Ewigkeit ihr erster Mann zu sein, ohne jede gesetzlichen Rechte, ich liege im Sarge unter Euch beiden und habe die schwerste Arbeit herauszukommen, wenn ich einmal an die Luft will.

AIDA Nun hab genug, Alter, Du weißt, wir haben Dich alle gern, und ich heiratete Karl mit Gedanken an Dich, für mich seid Ihr beide gleich. Du weißt, ich liebe Dich wie immer.

WILHELM Du warst mir untreu.

EMIL Ich kann es bald nicht mehr hören. Solange ich tot bin, sprecht ihr 3 dauernd und dauernd über die 2. Ehe.

WILHELM Danke gleichfalls. Meinst Du, es ist schön, fortdauernd über Nora sprechen zu hören, was für eine gute Frau sie ist.

EMIL Ja, sie war gut zu mir, sie war mir alles.

AIDA Weil Du ein Baby warst. Du hast sie zu dem gemacht, was sie war. Ein Mann, der immer ›ja‹ sagt, ist ein Schmeichler.

EMIL Nun, nicht ein Schmeichler, ein Mann, der sich geborgen fühlt in der Liebe seiner Frau ...

EILARDINE Schmeichler! Du bist ein Schwächling, mein Sohn. Du hast immer ›ja‹ gesagt, weil Du sonst die Hölle auf Erden hättest. Aber uns andere hast Du geopfert.

EMIL Mutter, erst durch meine diplomatischen Fähigkeiten habe ich Euch das Leben leichter gemacht.

EILARDINE Ich wollte, ich hätte einen Sohn gehabt, aber ich hatte einen Waschlappen als Sohn. Und wenn ich versuchte, Dich zu stärken, dann gingst Du auf die Seite Deiner Frau.

EMIL Mutter, Du solltest Deine Zunge hüten, Du weißt, wieviel Du Böses mit ihr angezettelt hast. Bedenke, wenn der Empfangsengel kommt, wird sie bei uns sein und ganz stramm einmal die Meinung sagen.

EILARDINE Ich werde ihr ins Gesicht spucken.

FRITZ Oma, das ist ein wenig zu viel. Mutter hat Dich immer gut behandelt.

EILARDINE Gut behandelt? Gut behandelt? Als ich kränker wurde und Medizin brauchte, hat die mir nicht die eine Mark gegeben, die ich brauchte. Und mein Bein wurde dicker und dicker, bis ich starb. Ich hätte noch einige Zeit auf Eure Elitegesellschaft spucken können. Sie hat mich auf dem Gewissen. Sie hat mich umgebracht.

FRITZ Oma Du weißt nicht, wie wir Kinder immer Angst vor Strafe hatten; wenn Du den Löwen machtest, warst Du gut mit Deinem einen Zahn, ein Löwe mit einem Zahn, aber wenn Du uns ansprachst oder Essen machtest, warst Du sehr unangenehm.

EILARDINE Ja, Du hast immer die Partei Deiner Mutter genommen.

FRITZ Ganz recht, weil Mutter besser war als Du.

EILARDINE Zu dir war sie besser, aber sie war eine fürchterliche Frau zu Hans und Heinrich.

FRITZ Oh, mach einmal den Löwen, Oma, den Löwen.

EILARDINE Den Löwen soll ich machen?

HANS Oh ja, Oma, wir wollen das Gruseln lernen.

WILHELM Wollt ihr Kinder denn gar nicht erwachsen werden, ärgerliche Brut! Tag für Tag muß ich dieses alberne Spiel mit anhören. Diese gebrechliche Alte, Häßliche soll den Löwen machen.

EILARDINE Höre auf, sonst mache ich den Löwen. Ich weiß, Du kreischst voller Angst, wenn ich ihn mache.

FRITZ Einen Löwen machen, das ist ganz groß! Oma, mach den Löwen.

DER EMPFANGSENGEL Guten Abend, liebe Kinder und Leute, ich bin der Empfangsengel. Ist hier ein neuer Toter angekommen. Mit dem Namen ›Nora‹?

WILHELM Jawohl, dort im Sarg unter einer Akazie liegt meine Tochter, Nora, sie ist noch im Schlafe des Todes.

ENGEL Ihr freut Euch alle gewiß, sie wieder bei Euch zu haben?

HANS und HEINRICH Unsere Mutter, unsere liebe Mutter.

FRITZ Mit geteilten Gefühlen.

EMIL Welch ein Glück, gleich wird sie bei uns sein.

WILHELM Ich bin der Vater, sie hat meinen Charakter geerbt.

AIDA Bilde Dir nur keine Schwachheiten ein, Trunkenbold.

DER EMPFANGSENGEL *tritt an den neuen Sarg heran* Nora, steh auf.

*Unter Blumen und Kränzen bewegt es sich, und Nora windet sich heraus.*

NORA *nimmt stramme Haltung an und hält den rechten Arm auf* Heil Hitler!

DER EMPFANGSENGEL Nora, ich bin der Empfangsengel der Übergangsstation. Hier wird nicht mit ›Heil Hitler‹ gegrüßt.

NORA Sie sind in der Engel-SA oder -SS? Sie können ruhig

›Heil Hitler‹ sagen. Dieses ist mein Erbbegräbnis und hier gilt nur der deutsche Gruß ›Heil Hitler‹.

DER EMPFANGSENGEL Bei uns im Himmel wird noch nicht ›Heil Hitler‹ gesagt.

NORA Das wird auch noch kommen, wenn unser Führer will.

DER EMPFANGSENGEL Nora, Du sollst Dich hier auf deinen Erlöser vorbereiten.

NORA Das tue ich auch, ich bin in der Frauenschaft.

DER EMPFANGSENGEL Im Himmel gibt es noch keine Frauenschaft.

NORA Ich werde sie einführen. Vorläufig ist das Frauenschaft-Erbbegräbnis genügend.

DER EMPFANGSENGEL Ich habe bald wieder zu gehen.

NORA Gehen Sie nur, wir können unsere Frauenschaft alleine auf die Beine stellen.

DER EMPFANGSENGEL Es handelt sich um Ihre beiden kleinen Kinder, wir haben sie sehr lange in der Vorbereitungsstation gelassen, damit Sie sie noch begrüßen können. Ich würde sie sonst mitnehmen.

NORA Oh, der Hans, und der Heinrich. Kommt zu Eurer lieben Mutter. Was habe ich um Euch getrauert, als Ihr gestorben wart. Keinen Tag habe ich vergehen lassen, ohne Euch Blumen ans Grab zu bringen. Ihr wart die ersten hier im Erbbegräbnis. Das Grab war eine Sehenswürdigkeit der Leute, welche fuhren zu Eurem Grabe, das ich so schön gemacht hatte. Damals hatte ich noch nicht so viel für die Partei zu tun. Nun wollen Sie die Kindchen mitnehmen?

DER EMPFANGSENGEL Ich bedauere, ich muß, ihre Zeit ist um. Und Ihren Herrn Gemahl will ich auch bald holen.

NORA Sie können ihn gleich mitnehmen. So etwas Uninteressantes, der schlief schon vor seinem Tode den ganzen Tag. Und immer hatte er Suppe im Bart.

EMIL Nora, ich habe für Dich gewartet. Mein Herz sehnt sich nach Dir.

NORA Du hast gewartet, aber in die Partei wolltest Du nicht. Immer Widerreden, und keine aufbauende Arbeit. Jetzt kannst Du noch ein paar Jahre im Himmel warten. Ich muß hier erst die Frauenschaft organisieren. Geh schön mit dem Engel und binde die Serviette beim Essen schön um. Aber Herr SS-Engel, warum nehmen Sie nicht meinen ersten Sohn Fritz auch mit?

DER EMPFANGSENGEL Er steht nicht auf der Liste.

NORA Dann setzen Sie ihn drauf. Er war ein tüchtiger und guter Mensch. Ich habe immer gesagt, wenn der lange genug gelebt hätte, dann wäre er Goebbels geworden. Ich hätte ihm das bißchen Reden schon beibringen können.

DER EMPFANGSENGEL Nein, er steht nicht auf der Liste. Aber Ihre Frau Schwiegermutter steht darauf.

NORA Die Eilardine, das muß ein großer Irrtum sein. Sie war zwar eine Kämpfernatur, aber ganz privat. Keine Schulung, keinen Sinn für das große Ganze. Nur an ihren Magen dachte sie, sie war kein Mensch, der Opfer bringen kann. Das einzige, sie konnte den Löwen machen, aber da waren keine Zähne, bloß ein Zahn, was hilft das? Eine Katze muß viele Zähne zeigen können.

DER EMPFANGSENGEL Tut mir leid, sie hätte viel an ihrem Charakter auszubessern, sie kommt mit.

HANS und HEINRICH Dann kann sie im Himmel den Löwen machen, jeden Tag, kann sie, Engel?

EILARDINE Ich habe mich eigentlich auf Nora gefreut. Was haben wir uns früher immer gezankt. Wie gern hätte ich es hier fortgesetzt. Aber später, wenn Nora in den Himmel kommen sollte, können wir es fortsetzen.

DER EMPFANGSENGEL Das müssen Sie ein für allemal aufgeben, gezankt wird im Himmel nicht.

EILARDINE Gut, ich bleibe im Erbbegräbnis.

WILHELM Wann wollen wir ausziehen? Das ewige Geplänkel kann ja keiner mit anhören.

DER EMPFANGSENGEL Nach ihren eigenen Aussagen muß ich die Dame hier lassen, und ausziehen können Sie nicht, Sie sind an Ihre Leichen festgebunden, bis wir Sie erlösen. Aber möglich, daß Sie auf Grund Ihrer Ehe freikommen später.

NORA Herr Engel, Sie nehmen meine Zeit zu viel in Anspruch. Ich habe konstruktive Arbeit zu leisten, ich habe unsere kleine NS-Stelle zu organisieren. Gehen Sie bitte mit Ihren Seelen ab, mit Hans, Heinrich, wer war es noch? Emil will nicht und Fritz wollen Sie nicht mitnehmen und Eilardine will nicht hierbleiben. Das ist wohl alles. Einstweilen ›Heil Hitler‹!

*Engel mit Hans und Heinrich ab.*

NORA So laßt mich Euch als Ortsgruppenleiterin der Frauenschaft Erbbegräbnis begrüßen. Zuerst die Frauen! Meine liebe Mutter Aida.

AIDA Das erstemal, daß Du mich liebe Mutter genannt hast. Aber ich habe keine Ahnung, was Frauenschaft ist.

NORA Deutschland, Du starbst, bevor Hitler uns führte. Wer von Euch hat schon einmal etwas von Hitler gehört? – – Keiner? Oh ja, mein Gatte, Emil. Warum bist Du nicht in der Hitlerjugend?

EMIL Ich war zu alt.

NORA Ich kann es Dir nicht verzeihen. Irgendein Amtsverwalter hättest Du werden können und werden müssen.

EMIL Ich war zu alt, um zuzulernen. In dem Deutschland, in dem ich lebte, gab es keinen Hitler, als er plötzlich kam, und alles ordnen wollte, da sagte ich: »Entschuldigt, ich kann nicht mehr umlernen.«

NORA Lieber Emil, Du hättest ganz etwas anderes erlebt, wenn ich nicht dagewesen wäre. Die Nazis glaubten Dir, daß Du zu alt wärest, weil ich für Hitler kämpfte. Und hier werde ich den Nationalgeist einführen, ob Ihr wollt oder nicht! Dieser wird zur Zelle Erbbegräbnis Emseder Friedhof der Deutschen NS-Frauenschaft ausgebaut.

AIDA Welchen Zweck hat das?

NORA Sieh einmal, liebe Mutter, wir schließen uns zusammen.

FRITZ Wozu?

NORA Du mußt einen anderen Posten haben, lieber Sohn, Dich können wir in der Frauenschaft nicht gebrauchen. Du kannst vielleicht Propagandachef unserer Frauenschaft werden. Ich werde Dich unterrichten.

KARL Vielleicht ganz interessant, einmal etwas anderes zu hören, als daß Aida geheiratet hat.

NORA Wir beiden, Mutter und Tochter, bilden sozusagen den Kern der Frauenschaft.

WILHELM Um den sich der Vater und Sohn gruppieren?

NORA Nein. Für Euch finden wir etwas anderes. Die neuen Mitglieder unserer Familie werden sich um uns gruppieren, wenn sie sterben.

FRITZ Das ist nur Wilhelma. Sie ist die einzige Lebende.

NORA Das genügt. Mehr als alles restlos zu erfassen brauchen wir nicht.

FRITZ Aber nun gib uns einige Einzelheiten.

NORA Wir setzen unser Leben und Tod ein für unseren Führer.

WILHELM Wer ist unser Führer?

NORA Adolf Hitler.

KARL Zu was führt er uns?

NORA Zu Größe.

FRITZ Was können wir dabei tun?

NORA Helfen.

AIDA Wie können wir ihm helfen? Wir haben keine Verbindung zur Welt des Lebens?

WILHELM Sie hat recht. Wie können wir ihm helfen?

FRITZ Ich hülfe sehr gerne, aber wie?

NORA Das ist ganz einfach. Wir sind eine vertraute kleine Schar, die hier im Erbbegräbnis die Fahne hochhält. Aber wir werden einmal auf uns gestellt sein. Was kann der einzelne tun? Nichts. Was haben die anderen im Erdenleben getan? So wenige es waren, sie haben den Geist getragen und die Moral unterwühlt. Wir sind die 5. Kolonne des Erbbegräbnisses Emsede.

FRITZ Und für was sind wir die 5. Kolonne?

NORA Für den Himmel. Wir werden die Moral der Engel unterwühlen, daß sie zusammenbricht. Anstelle Gottes wird man in unserem Himmel Hitler verehren, und Gott wird im Konzentrationslager enden. Heil Hitler.

II

*Dasselbe Erbbegräbnis. Wilhelma ist soeben beigesetzt worden. Häschen und Böckchen sind zurückgeblieben und sprechen miteinander.*

HÄSCHEN Die arme Wilhelma hat sehr viel unter den Nazis aushalten müssen, jeder, der die Freiheit liebte und die Tyrannei haßte, hat leiden müssen, besonders wenn er sah, wie sein Vaterland von den Nazis unterdrückt wurde.

BÖCKCHEN Wohl kaum einer hat den Sieg über die Nazis so sehnlich erwartet wie Wilhelma.

HÄSCHEN Und sie hat es mit ansehen müssen, wie durch die Schuld der Nazis das wundervolle Deutschland vollkommen vernichtet wurde.

BÖCKCHEN Hannover ein Haufen Ruinen. Berlin zertrümmert. Und sie durfte nicht sagen, wie sie fühlte.

HÄSCHEN Und nun kam die Befreiung, nun könnte sie reden, da hat der Tod ihrem Leben ein Ende gemacht.

BÖCKCHEN Möge sie Ruhe drüben finden in der anderen Welt. Sie hat jedenfalls die glückliche Gewißheit, daß der Nationalsozialismus vollkommen vernichtet ist.

BÖCKCHEN Liebe Wilhelma: Wir wünschen Dir eine wohlverdiente Ruhe und wohlverdientes Glück mit den Deinen im Himmel.

*Böckchen und Häschen gehen die Stufen hinauf. Einer nach dem andern kommen die Toten aus ihren Särgen.*

NORA Was für eine Trödelei! Frauen von Emsede, stellt Euch auf! Schneller, schneller, Eilardine!

EILARDINE Verzeihung, ich muß doch erst meine Knochen zusammenfinden.

NORA Du hast Dich gar nicht verändert, seit ich Dich kenne, führst Du Widerworte, gegen mich, nun gegen die Ordnung, die Hitler uns geschenkt hat. Hört meine Botschaft für heute: Wir alle verehren einen großen und genialen Führer, der uns, das deutsche Volk, aus Elend heraus zur Freiheit geführt hat. Vor ihm sinken alle Feinde in den Staub. Er hat Ruhm und Größe für Deutschland gebracht. Wir alle wollen mithelfen, mit allen unseren Kräften. Wir wollen ihm den Himmel gewinnen, durch Arbeit, und wenn es sein muß, im friedlichen Wege durch Macht. Heil Hitler! –

ALLE Heil Hitler – – –

*Fritz, Emil, Karl und Wilhelm kommen während dieser Rede langsam heraus.*

NORA Ihr hättet diesen Augenblick auch noch warten können, wenn hier eine kleine Hitler-Feier ist, muß man nicht stören.

FRITZ Jeden und jeden Tag dieselbe Parole. Ich warte nun auf meine Schwester.

DER EMPFANGSENGEL *kommt langsam herangeflogen* Liebe Leute. Schon wieder haben wir einen Neukommer, das ist unsere Wilhelma.

*Er öffnet den Sarg, Wilhelma kommt.*

NORA Achtung! *Die Frauen nehmen Haltung an und sagen* Heil Hitler!

WILHELMA Was höre ich da? Ich freute mich, daß ich endlich diesen Schlachtruf los bin.

NORA Mein liebes Kind, wir wußten nichts Besseres Dir zu sagen als Heil Hitler! Mit diesen Worten legen wir Dir unsere Seelen zu Füßen.

EILARDINE Du kannst es glauben.

AIDA Ich habe mich so auf Dich gefreut.

WILHELMA Du bist immer meine liebe Großmutter gewesen.

EILARDINE Ich etwa nicht?

WILHELMA Auch Du, ich habe nichts gegen Dich gesagt.

FRITZ Und war ich nicht Dein lieber Bruder? Wenn ich gelebt hätte, wäre ich Amtsverwalter geworden.

WILHELMA Du wärst mir lieber ohne diesen Titel.

NORA Helma, nimm Dich zusammen, man kann Dich hören! Was soll da Emil sagen?

WILHELMA Ich will es wiederholen, wenn er es nicht gehört hat.

NORA So warst Du immer, widerspenstig. Du weißt, was Hitler alles Gutes gestiftet hat, aber Du willst es nicht erkennen und trotzt.

WILHELMA Mutter, ich habe es Dir immer und immer wieder gesagt, daß Hitler ein Verderber nicht nur für Deutschland, sondern für die ganze Welt war. Ich habe nicht eine Minute an diesen Gangster geglaubt.

DER EMPFANGSENGEL Recht so, mein Kind, ein ehrlicher Deutscher kann auch nicht an Hitler glauben.

EMIL Ich habe auch nicht an ihn geglaubt.

WILHELM Wir haben erst von Hitler gehört, seitdem Deine Mutter tot ist. Ich kann Dir sagen, wir haben bald zuviel. Besonders als dieses Biest von Mann, der alles besser gemacht hat. Höre das mal von morgens bis abends, und dann das Marschieren im Erbbegräbnis, wo kein Raum dafür ist. Ich kann das Wort Heil Hitler schon nicht mehr hören!

WILHELMA Du bist ganz recht.

NORA Das sagt meine eigene Tochter.

WILHELMA Hitler ist tot.

NORA Tot? Ist das wahr? Warum wird er nicht zu uns ins Erbbegräbnis gebracht?

WILHELMA Er ist in Berlin begraben, halb verkohlt.

NORA Oh, welches Unglück, oder ist es ein Verbrechen?

WILHELMA Sein Verbrechen am deutschen Volk hat sich an ihm gerächt, und es wird sich an der Partei rächen. Sie warten auf ein Urteil in Nürnberg.

NORA Warum steht nicht das ganze Volk auf wie ein Mann?

WILHELMA Das Volk ist besiegt, und es ist glücklich, besiegt zu sein, denn der Sieg unserer Feinde macht das deutsche Volk glücklich, das Unglück der Nazis loszuwerden.

NORA Du wirst nicht sagen, daß die Nazis besiegt sind?

WILHELMA Sie sind besiegt, und Deutschland ist teilweise zerstört.

NORA Das kann nicht sein. Deutschland erwartete von Hitler eine 1000jährige Blüte.

WILHELMA Die ist zu Ende.

NORA Habe ich denn 1000 Jahre hier die Frauenschaft Emsede geleitet?

WILHELMA Nein, 1000 Jahre war nur ein Bluff. Hitler hat nur 13 Jahre lang Deutschland geknebelt. Jetzt ist es frei.

NORA Und wenn es kein Hitler-Deutschland mehr gibt, so gibt es eine Frauenschaft Emsede. Niemand kann sie vernichten, weil sie aus Toten besteht.

FRITZ Ich habe keinerlei Bindung an die Frauenschaft.

EILARDINE Ich habe es satt, nicht sprechen zu dürfen, wie ich will, ich trete aus.

EMIL Ich war nie ein Freund Hitlers.

AIDA Ich habe genug Dienst getan, laßt mich jetzt frei.

KARL Gott sei Dank, der Zwang ist zu Ende.

WILHELM Deine Frauenschaft – ohne mich.

NORA Gut, wenn es dann keine Frauenschaft mehr gibt, so gibt es ein Parteimitglied, das bin ich.

DER EMPFANGSENGEL Der Himmel freut sich über die mutigen Worte, die ihr alle gesprochen habt. Ihr kommt alle mit mir heute noch in den Himmel, außer ... ich muß leider sagen, unsere Nora.

NORA Ich will nicht in den Himmel, wenn ich nicht dort eine Ortsgruppe aufmachen kann. Ich kann das ewige Gesinge im Himmel nicht leiden.

ENGEL Besser singen und preisen als Heil Hitler rufen.

WILHELMA Mutter, Du wirst allein hier zurückbleiben, siehst Du, daß es eine lange Zeit für Dich sein wird?

NORA Lieber allein hier als mit Euch Verirrten zusammen im Himmel.

WILHELMA Wenn Du mich je geliebt hast, komm zu uns und gib eine Sache auf, die verloren ist.

NORA Eine Sache ist nur verloren, die man aufgibt.

WILHELMA Hitler ist tot.

NORA Ich auch.

DER EMPFANGSENGEL Auf was wartest Du noch?

NORA Ich habe Zeit, ich kann 1000 Jahre warten. Vielleicht 2000. Einmal kommt wieder ein Hitler, dann bin ich der erste Parteigenosse. Darauf warte ich.

**Anmerkungen**

KSA. = Kurt Schwitters Archiv, Oslo
GMs. = Manuskript in Gabelsberger Kurzschrift
HMs. = Handschriftliches Manuskript
MMs. = Maschinengeschriebenes Manuskript
* = Verweis auf die Seitenzahl

Die Datierungen gab Kurt Schwitters auf den Manuskripten an.

22* **Kümmernisspiele,** Ein dramatischer Entwurf Kurt Schwitters, ›Elementar. Die Blume Anna. Die neue Anna Blume‹, eine Gedichtsammlung aus den Jahren 1818–1922. Einbecker Politur Ausgabe (Berlin, Verlag Der Sturm, 1922), S. 29–30.
Kurt Schwitters, ›Anna Blume und ich‹, Die gesammelten Texte, hrsg. Ernst Schwitters (Zürich, 1965), S. 200–201.
›Dada. Eine literarische Dokumentation‹, hrsg. Richard Huelsenbeck, (Reinbek bei Hamburg, 1964), S. 177–178.
›Stücke der zwanziger Jahre‹, hrsg. Wolfgang Storch (Frankfurt, 1977), S. 91.

23 **Dramatische Szene,**
Kurt Schwitters, ›Elementar. Die Blume Anna. Die neue Anna Blume‹, S. 24–25.
Kurt Schwitters, ›Anna Blume und ich‹. S. 194.
›Stücke der zwanziger Jahre‹. S. 91.

24 **Schäferspiel,** MMs., 2 S., KSA.
›Eröffnungen 23/24 Kurt Schwitters‹, hrsg. Ernst Schwitters, Friedhelm Lach, H. F. Kulterer, 10. Jg. 1971, S. 12.
›Text und Kritik 35/36 Kurt Schwitters‹, Zeitschrift für Literatur, hrsg. Heinz Ludwig Arnold, Okt. 1972, S. 67–68.

26 **Schattenspiel,** MMs., Nr. 111, 3 S., KSA.
Der Numerierung nach ist der Text um 1925 geschrieben.

33 **Zusammenstoß,** Groteske Oper in 10 Bildern von Kurt Schwitters und Käthe Steinitz, 3. Fassung, datiert April 1927, MMs., 74 S. KSA. Auf dem Deckblatt ist vermerkt: »Prämie und lobende Erwähnung im Preisausschreiben des ›Anbruch‹ Dezember 1928«. ›Anbruch‹ ist eine Wiener Musikzeitschrift, die im Januar-Heft 1928 ein Preisausschreiben für Operntextbücher veranstaltete. Die beiden ersten Fassungen von ›Zusammenstoß‹ sind verlorengegangen. Eine 4. Fassung, datiert November 1929, wurde von Robert Bartlett Haas ins Englische übersetzt und in Kate Steinitz' Buch ›Kurt Schwitters. A Portrait from Life‹, (Berkeley/Los Angeles, University of California Press, 1968), S. 149–202, veröffentlicht.

Während die vorliegende Ausgabe im Druck war, veröffentlichte der Suhrkamp Verlag den ›Zusammenstoß‹ in ›Stücke der zwanziger Jahre‹, S. 59–89, – allerdings wurde die letzte Manuskriptseite versehentlich nicht abgedruckt und die von Kurt Schwitters festgelegte Szenenfolge nicht genau eingehalten.

Gedruckt ist im vorliegenden Band die 3. Fassung, sie hat Verbesserungen von Schwitters' Hand.
Varianten:
S. 35
Z. 12 Virmula beim Aufräumen vertieft
S. 46
nach Z. 18 ist folgender Text ausgestrichen: »Noll: Was hilft es uns?«
S. 51
Z. 27 und Z. 28 waren ausgestrichen und statt dessen war die Zeile: »Es gehen Dinge vor, die ich erleben muß« hinzugefügt. In einem späteren Arbeitsgang wurde die ursprüngliche Fassung wiederhergestellt.
S. 52
Z. 28 »gähnen« fehlte
S. 53
Z. 6, 34, 36 »gähnen« fehlte
S. 54
Z. 23/24 »Ernst gesprochen« fehlte
S. 74
unter der Bezeichnung »Neunte Szene« wurde vermerkt: »fehlt in der vorigen Fassung«.

Die 4. Fassung hat Veränderungen, die nicht aus Schwitters Hand stammen. Vgl. die Aussagen von Kate T. Steinitz, die über die Entstehung der grotesken Oper und ihre Mitarbeit in ›Kurt Schwitters. Erinnerungen aus den Jahren 1918 bis 1930‹ (Zürich, 1963), S. 88–92 schrieb.

Diese 4. Fassung, datiert 1929, MMs. 55 S. KSA., hat folgenden Wortlaut.

November 1929

**Zusammenstoß**
Groteske Oper von Kurt Schwitters und Kate Steinitz
(4. Fassung)

PERSONEN VIRMULA, Astronom
ALMA, seine Assistentin
MEISTERLICH, Oberordnungskommissar
ROMMEL, Astronomiediener
FRAU ROMMEL, seine Mutter
TAA, Tänzerin
PAULSEN, Kammersänger
FRANK, ein Dichter
ELLI, seine Geliebte
TEDDIBÄR
Die Direktrice
Der Veteran
SCHMIDT, der Ansager
Die Konfirmandin
Der Oberlehrer
2 Marsbewohner
ORDENTLICH, Führer der Ordnungspolizei

Zeitungsverkäufer, Ordnungspolizei, Passanten, Dorfbewohner, Schwere Jungens, Bürger, Schüler.

I. AKT ERSTE SZENE

Sternwarte in Berlin

*Niedriger Keller. In der Mitte schließt sich der Durchschnitt eines Turmes nach oben hin so. Unter der Mitte des Turmes ein Tisch. Links hinter einer vorspringenden Wand eine Treppe, rechts und längs der Hinterwand Tische mit Apparaten und Regalen. Nur am Tische helle Beleuchtung.*

*Virmula und Alma sitzen, hinten rechts Rommel beim Aufräumen mit einer kleinen Lampe.*

VIRMULA *rechnet gleichförmig*
Sinus, tangens, cotangens
Tango sinus asinus
22 23 25
28 31 35
ALMA *gleichzeitig mit 22.......35*
Sinus, tangens, cotangens
Tango sinus asinus
Tango sinus cotangens
VIRMULA *mit zunehmendem Schwung*
Tango sinus Sinai
35 42 54
69 86 100
ALMA *gleichzeitig mit 35........100*
Sinus, tangens, cotangens
Tango sinus Sinai
VIRMULA Es geht auf! Es geht auf!
ROMMEL *leise*
69 86 99
Es geht nicht auf!

VIRMULA U. ALMA Es geht auf, es geht auf!
ROMMEL Mir geht nichts auf!
Wie leicht wird man getäuscht!
VIRMULA Die Formeln täuschen nicht.
ROMMEL Der grüne Globus stößt auf unsre Erde.
ALMA Der grüne Globus stößt auf unsre Erde
ROMMEL *erschrickt*
..... auf unsre Erde?
VIRMULA Die Erde wird voraussichtlich ...
ALMA Die Erde wird voraussichtlich ...
ROMMEL Was wird sie denn?
VIRMULA Zusammenstoßen!
ROMMEL Zusammenstoßen?
VIRMULA Die Erde wird zusammenstoßen
und nach der Formel untergehn.
ROMMEL Die Erde ......
Das ist nicht gut.
ALMA Ich finde es gut!
ROMMEL Nicht gut! Feuer! Die Feuerwehr!
ALMA Ich finde es gut
ROMMEL Nicht gut. Ich geh nach Haus!
Es geht doch alles jetzt kaputt.
Ja was denn, was denn, was denn!
Die Feuerwehr!
Ich geh nach Haus. *Ab.*
ALMA Ich find' es gut –
Er hat den Untergang entdeckt
Mit ihm im Untergang zu leben
Ist große Lust
VIRMULA Und wenn die Erde doch nicht untergeht?
Und wenn der grüne Globus
die Erde nur berührte?
ALMA Dann küßte er die Erde, wie ich Dich.
*Küßt ihn.*
VIRMULA *liebevoll, aber etwas zerstreut*
Ich habe einen Stern entdeckt
Doch Du entdecktest mehr,
Denn Du entdecktest unser Herz
*Alma umarmt ihn.*
MEISTERLICH *eintretend*
Da komm ich grad im rechten Augenblick
Da darf ich gratulieren?
ALMA *weist auf Virmula*
Du darfst ihm gratulieren
Sein Ruhm ist jetzt begründet.
MEISTERLICH *plötzlich begreifend*
Du hast wohl einen Stern entdeckt?
VIRMULA Ich habe einen Stern entdeckt.
MEISTERLICH Da muß ich gratulieren
ALMA Ein ziemlich kleiner Stern
MEISTERLICH Wie jammerschade!
VIRMULA Nur wenig Kilometer rund
Ein Kügelchen im Weltenraum
MEISTERLICH Wie jammerschade
VIRMULA U. ALMA Ein Glück, daß er nicht größer ist ....
VIRMULA *rechnet gleichförmig*
Sinus, tangens, cotangens
Tango sinus asinus
22 23 25
28 31 35
ALMA *gleichzeitig mit 22 ....... 35*
Tango, sinus, cotangens
Tango sinus asinus
VIRMULA Sinus, tangens, contangens
Tango sinus Sinai
35 42 54
69 86 100
Es stimmt! Ich habe ihn errechnet und entdeckt.
Mein Ruhm reicht bis zu grünen Sternen!
MEISTERLICH Wie heißt der neuentdeckte Stern?
VIRMULA Der grüne Globus.
MEISTERLICH Laß sehn, wo ist er denn?
VIRMULA *zeigt den Stern im Spiegel des Fernrohrs*
Der kleine helle Punkt da unten.
MEISTERLICH So klein?
VIRMULA Du wirst ihn übermorgen größer sehen.
Hier in Berlin wirst Du ihn sehn.
MEISTERLICH Hier in Berlin?
VIRMULA Zusammenstoß steht kurz bevor.
ALMA Zusammenstoß.
MEISTERLICH Zusammenstoß?
Das kann nicht sein.
VIRMULA Es ist!
MEISTERLICH Was wird geschehen?
VIRMULA Die Erde wird voraussichtlich ...
ALMA Die Erde wird voraussichtlich ...
MEISTERLICH Die Erde wird voraussichtlich ...
VIRMULA Untergehn!
MEISTERLICH Untergehn?

Wo bleibt die Ordnungspolizei?
VIRMULA Geht unter.
MEISTERLICH Die Ordnungspolizei kann niemals untergehn!
VIRMULA Geht trotzdem unter.
MEISTERLICH Wird sie zerdrückt, wird sie verbrennen?
VIRMULA Voraussichtlich verbrennen.
MEISTERLICH Nein, nein, das kann nicht sein,
Nein, nein, das darf nicht sein!
*Song*
Man schlägt die Ordnung nicht in ihr Gesicht
Denn solches duldet die Fassade nicht.
Die Ordnung schützt seit vielen Jahrmillionen
Mensch und Kulturen, die darunter wohnen.

Der Mensch erstrebt ein ideales Ziel
Im Arm der Ordnung ist er frei und edel
Und nun treibt Untergang mit uns sein Spiel
Zusammenstoß zerspaltet uns den Schädel?
Das kann nicht sein,
Das darf nicht sein
Das widerspräche der Moral und Sitte
Ich halt nicht still
Weil ichs nicht will.
Das lassen wir uns nicht gefallen. Bitte!

VIRMULA Man schlägt der Ordnung wohl in ihr Gesicht
Und wenn auch diesmal die Fassade bricht
Weltuntergang wird die Kultur nicht schonen
Die dilettantisch blieb seit Jahrmillionen.

Der Mensch erstrebt ein impericktes Ziel.
Was schadet ihm ein wohlgespaltner Schädel?
Er treibt mit Ordnung und Gesetzen Spiel
Und selbst der Untergang macht ihn nicht edel.
Das kann schon sein,
Das wird schon sein.
Im Weltgeschehen ist es mal so Sitte
Es nützt nicht viel,
Man halte still –
Das müssen wir uns bieten lassen. Bitte!
MEISTERLICH Wir kämpfen dennoch gegen eine Welt.
*reißt den Telephonhörer ans Ohr und spricht laut in den Apparat*
Ausnahmezustand über ganz Berlin!
*zu Virmula*
Wo wird der grüne Globus landen?
VIRMULA Potsdamerplatz.
MEISTERLICH Und wann?
VIRMULA Schon übermorgen früh.
MEISTERLICH Dann muß er schnellstens umgeleitet werden.
VIRMULA Weshalb?
Er wird voraussichtlich die Erde doch verbrennen.
MEISTERLICH Der kleine Stern?
Er soll die Heizung kleiner stellen.
VIRMULA Hat keinen Zweck, dann wird er uns zerdrücken.
MEISTERLICH Der kleine Stern?
Dann muß er langsam landen.
VIRMULA Der kleine Stern wird übermorgen größer werden.
MEISTERLICH Das kann nicht sein, ich glaub es nicht.
VIRMULA Du wirst es glauben müssen.
MEISTERLICH *zweifelnd*
Die Ordnungspolizei wird untergehen?
*Erschüttert*
Die Polizei wird niemals untergehen!
*Stützt sich taumelnd auf den Tisch.*
*Entschlossen*
Ich will den Untergang organisieren,

Ich darf den Kopf jetzt nicht verlieren,
Sonst ist die Erde bald verloren
Zum Dienste bin ich auserkoren.

VIRMULA *rechnet inzwischen vertieft*
Sinus, tangens, cotangens
Tango sinus asinus
Tango sinus Sinai
22 23 25
28 31 35
54 86 100
Hunderteins

VIRMULA U. ALMA Hunderteins

VIRMULA, ALMA U. MEISTERLICH Hunderteins.

MEISTERLICH Was bedeutet das?

VIRMULA Es kann auch anders kommen.
Der grüne Globus wird voraussichtlich ...
Nicht landen, sondern ....
Vielleicht, wenn es das Glück gewollt
In sanfter Fahrt ganz dicht vorüberfahren.

MEISTERLICH In sanfter Fahrt ganz dicht vorüberfahren.
Wo wird das sein?
Der Platz wird polizeilich abgesperrt.

VIRMULA Am Tempelhofer Feld vielleicht ...

MEISTERLICH Ihr werdet von mir hören. *Ab.*

VIRMULA Die Formeln täuschen nicht.
Ich hab den Stern errechnet.

ALMA O letztes Glück,
O letztes Glück
In seiner Formel aufzugehn.

VIRMULA U. ALMA *gleichzeitig*
O letztes Glück
O letztes Glück
Den Stern entdeckt zu haben.
Hunderteins, hunderteins, hunderteins
Hundertzwei, hundertzwei, hundertzwei
Hundertdrei, hundertdrei, hundertdrei.
*Bei jeder Zahl fällt ruckweise der Vorhang.*

I. AKT ZWEITE SZENE

Radiozentrale

*Ein kleines viereckiges rot ausgeschlagenes nüchternes Zimmer. Von der Decke ein Mikrophon. An der Wand ein Lautsprecher.*

ANSAGER SCHMIDT *allein, hantiert an den Gerätschaften*
Und wenn die Welten untergehn,
So bleibt die Welle doch bestehn.
Das Radio erzählt Euch allen,
Was immer Neues vorgefallen.
Und funk ich hier ins Mikrophon,
Hört man im Weltall jeden Ton.
Und bis in die Unendlichkeit,
Erfährt man jede Neuigkeit.
Wir funken bis zum Untergang
Ins Weltall kilometerlang.
*Sieht auf die Uhr und ruft hinter die Szene.*
Herr Kammersänger Paulsen, siebzehn Uhr achtundfünfzig!

PAULSEN *eintretend*
Die Menschen sind ja wie verrückt
Mit ihrem sogenannten Untergang.
Hat das denn Zweck, wird mich noch jemand hören?
Der Kammersänger Paulsen singt doch nur,
Wenn alles voller Spannung lauscht!

SCHMIDT Die Höflichkeit des Radios ist Pünktlichkeit!
Wir haben eine königliche Pflicht.
Die Zeit ist um, ans Mikrophon!
*Paulsen zupft seine Krawatte zurecht und tritt ans Mikrophon.*

SCHMIDT Hier Berlin auf Welle 570
Der Kammersänger Paulsen singt das Orchideenlied.

PAULSEN Blume vom anderen Stern
Orchidee
Blume, wie weltenfern
Orchidee
Blume aus Duft und Herbe
Orchidee

Blume Blätter und Scherbe
Orchidee
Blume mit klingender Glut
Orchidee
Blume mit menschlichem Blut
Orchidee
Blume wie Strahlentropfen
Orchidee
Blume wie Hammerklopfen
Orchidee

MEISTERLICH *tritt plötzlich ein*
Unterbrechen!

SCHMIDT Pst, leise, Vortrag

MEISTERLICH Die Polizeigewalt geht vor.

SCHMIDT Ruhe! Leise! Sie stören mir die Poesie.

MEISTERLICH Das Mikrophon hört jetzt auf Meisterlichs Befehl.

PAULSEN Ich feiere Orchideen mit der ganzen Welt.

SCHMIDT Die Obrigkeit befiehlt! Sie müssen gehn.

PAULSEN Fällt mir der Mensch mit seinem leeren Topf
In meine prima Orchideensuppe!

SCHMIDT So gehn Sie doch hinaus!

PAULSEN Ich geh ja schon.
Banause! *Ab.*

SCHMIDT Was ist denn los?

MEISTERLICH *ohne darauf zu achten*
Verbindung mit dem grünen Globus, bitte!

SCHMIDT Sie sprechen nicht artikuliert genug, mein Herr!

MEISTERLICH Dann reden Sie!

SCHMIDT Ich bin bereit!
Hauptstadt Berlin,
Welle unendlich.

MEISTERLICH Zusammenstoß mit Erde steht bevor.

SCHMIDT Zusammenstoß mit Erde steht bevor!

MEISTERLICH Wir bitten Sie daher in Höflichkeit darum...

SCHMIDT Wir bitten Sie daher in Höflichkeit darum...

MEISTERLICH Den Kurs von unserer Erde abzulenken...

SCHMIDT Den Kurs von unserer Erde abzulenken...

MEISTERLICH Und zwar um Komma Null, Null, Null...

SCHMIDT Und zwar um Komma Null, Null, Null...

MEISTERLICH Nach links, da sonst Gefahr....

SCHMIDT Nach links, da sonst Gefahr....

MEISTERLICH Bei Landung auf dem Potsdamerplatz...

SCHMIDT Bei Landung auf dem Potsdamerplatz...

MEISTERLICH Damit Sie recht verstehen P wie Paul...

SCHMIDT Damit Sie recht verstehen P wie Paul...

MEISTERLICH Und O wie Obrigkeit...

SCHMIDT Und O wie Obrigkeit...

MEISTERLICH TS wie Tattersaal...

SCHMIDT T S wie Tattersaal...

MEISTERLICH D A M recht wie Dame ohne E...

SCHMIDT D A M recht wie Dame ohne E...

MEISTERLICH M E R Meer mit einem E...

SCHMIDT M E R Meer mit einem E...

MEISTERLICH Und Platz wie Platz...

SCHMIDT Und Platz wie Platz...

MEISTERLICH Damit Sie recht verstehen, landen Sie...

SCHMIDT Damit Sie recht verstehen, landen Sie...

MEISTERLICH Nicht dort, wo Oberleitung Sie verhindert...

SCHMIDT Nicht dort, wo Oberleitung Sie verhindert...

MEISTERLICH Jedoch am freien Tempelhofer-feld...

SCHMIDT Jedoch am freien Tempelhofer-feld...

MEISTERLICH Ist die Gefahr schon sehr vermindert...

SCHMIDT Ist die Gefahr schon sehr vermindert...

MEISTERLICH Und Photographen sind dorthin bestellt...

SCHMIDT Und Photo-graphen sind dorthin bestellt...

MEISTERLICH Wir bitten noch um Ihren Anruf.

SCHMIDT Wir bitten noch um ihren Anruf.
*Stellt Mikrophon ab und Lautsprecher an.*
*Lautsprecher: Sphärenmusik aus dem Lautsprecher sehr leise. Daneben Rückkoppelungsgeräusche.*

*Man hört abgebrochene Worte:*
Hier Lobe ... Welle null
... Morgen zehn Uhr
dreiundzwanzig
Voraussichtlich ...
... in sanfter Fahrt ....
............Glück gewollt
..... Ganz dicht .....
Wenns aber nicht ....
Vielleicht .....

MEISTERLICH U. SCHMIDT Wenns aber nicht gewollt,
vielleicht ...

I. AKT DRITTE SZENE

Potsdamerplatz

*Links bis ganz vorn ein Café von außen. Rechts Hochhaus mit Schaufenstern einer erstklassigen Modefirma, in denen helle Gesellschaftskleider liegen im Mittelgrunde. Platz mit Rundteil und Verkehrsturm in der Mitte. Die Straße nach vorn ist ziemlich unbelebt, die Hauptverkehrsstraße geht waagerecht. Hinten eine verschwindende Straße.*

CHOR DER VERKÄUFER Zweite Abendausgabe
Dritte Abendausgabe
Die neueste Abendausgabe
Die Ausgabe von morgen früh
Der neue Weltuntergang
Der neueste Weltuntergang
Weltuntergang morgen
Übermorgen Weltuntergang
*Taa tritt in das Gewimmel der Zeitungsverkäufer und kauft eine Zeitung*

TAA Weltuntergang morgen
Übermorgen Weltuntergang
Die New Yorker Presse
zum Weltuntergang
*Blättert.*
Von mir aus laßt sie untergehn
Fällt Euch nichts besseres ein.
*Bleibt ungerührt stehen und erwartet Meisterlich.*

VERKÄUFER Abendblätter, Abendblätter,
Abendblätter
Die Nacht am Mittag, die Nacht
am Mittag.
Die Nacht am Mittag.
*Es wird langsam dämmerig.*

CHOR DER VERKÄUFER Acht Uhr Abendblatt
Neun Uhr Abendblatt
Zehn Uhr Abendblatt
Elf Uhr Abendblatt
Zwölf Uhr Abendblatt

VERKÄUFER Ein Uhr Morgenblatt
Ein Uhr Morgenblatt.
Ein Uhr Morgenblatt.
*Die allgemeine Aufregung wächst. Alles kauft Zeitungen und steht lesend.*

VERKÄUFER Panik in Berlin!
Panik in Berlin!
Panik in Berlin!

TAA Eine Zeitung!

VERKÄUFER *drängen sich vor*
Dritte Abendausgabe
Ein Uhr Morgenblatt
Panik in Berlin
Die New Yorker Presse zum
Weltuntergang.
Der neuste Schlager ist und bleibt
Onkel Heini.
*Lichtreklame und Laufschriften. ›Onkel Heini bleibt Onkel Heini‹. Weltuntergang steht nah bevor. Voraussichtlich morgen früh. Amerika bleibt neutral. Feuerbestattung ›Stern‹. Gemeinsame Abfahrt der Gesellschaftsautos zum Weltuntergang, jede 2 Minuten...*

*Meisterlich fährt im Auto vor. Steigt aus. Begrüßt Taa*

TAA Was ist passiert?

MEISTERLICH Ich habe leider keine Zeit.

TAA Und ich?

MEISTERLICH Ich kann heut nicht. Ich habe
schweren Dienst,
Geschäfte, neue Sorgen und
Erlasse,
Verbote, Sitzungen und
Konferenzen,

Enorme Aktenstöße unterschreiben,
Da müssen Schäferstunden unterbleiben.

TAA Ausflüchte, Redensarten, so was soll ich glauben?
Geschäfte, neue Sorgen und Erlasse,
Enorme Aktenstöße unterschreiben?
Ich glaub Dirs nicht, Du willst was andres treiben.

MEISTERLICH Ich kann jetzt nicht bei kleinen Mädchen bleiben
Ich muß den Untergang organisieren
Die Straßen sperren laut dem Paragraphen
Ich kann jetzt nicht bei kleinen Mädchen schlafen
Ich darf den Kopf jetzt nicht verlieren,
Denn alles muß ich registrieren.
In jedem Falle ist es sehr verdrießlich.

TAA Es gibt noch andre Kavaliere schließlich.

*Taa läßt ihn beleidigt stehen. Geht auf die andere Straßenseite.*

MEISTERLICH Und nächste Woche nach dem Untergang …

TAA *ruft zurück*
Tut mir sehr leid – dann hab ich keine Zeit.

*Meisterlich ab.*

ROMMEL *quer über den Platz*
Revolution!
Weltuntergang!
Feuer, wo ist die Feuerwehr?
O meine arme Mutter! *Ab.*

EIN BETTLER *zu Taa*
Bin blind, habe Atteste.

TAA *sieht den Bettler scharf an*
. . . . . . . . . .

1. MANN *im Vorübergehen zu Taa*
Der wird auch noch lahm werden.

1. MÄDCHEN Gib ihm doch eine Mark!

1. MANN . . . . . denn morgen wird er untergehen.

2. MÄDCHEN Ich sterbe vor Angst.

3. MÄDCHEN Ich auch.

2. MANN Wer stirbt mit?

1. MANN *stellt sich vorn auf die Verkehrsinsel*
Es wird nichts so heiß gegessen,
Wie es gekocht wird.

ALLE Wie es gekocht wird.

2. MANN Gerade heiß genug.

ALLE Gerade heiß genug.

*Jagen den Mann fort*

2. MANN Haltet den Schuft!

ALLE Haltet den Schuft!

*Großer Lärm, die Leute treiben den Mann hinaus*

TAA *steht unruhig da*

ROMMEL *tritt auf die Insel*
Gründen wir einen Verein!

ALLE Einen Verein.

MEHRERE STIMMEN Einen Verein.

ALLE Einen Verein, einen Verein, einen Verein!

ROMMEL Einen Bürgerschutzverein.

*Große Menge Menschen kommen nach der Mitte, wo alles wild durcheinander läuft, und läuft wieder ab. Rommel bleibt und geht auf die rechte Straßenseite. Direktrice kommt heraus, besieht die Auslage und dirigiert durch Handbewegungen das Dekorieren.*

DIREKTRICE *Song*
Weiter nach rechts!
Die kleine süße Robe tiefer legen –
Weiter nach links!
Die schwarze Kombination höher legen –
Weiter nach oben!
Das kleine süße Höschen mehr nach rechts!
Weiter nach unten –
Das kleine süße Hütchen mehr nach links!
Hier zum Zusammenstoß die neuste Mode,
Ist es auch Wahnsinn, hat es doch Methode.
Bei mir bestellt die Dame von Geld,
Die Dame von Welt, die auf sich hält,

Weil es so nett,
Nur schwarz Georgette.

TAA *immer noch verdutzt*
Was soll das bedeuten?

DIREKTRICE Nur schwarz Georgette.

ROMMEL Nur schwarz Korsett? Nur schwarz Korsett?
*Geht ab, vor sich hinmurmelnd.*
Nur schwarz Korsett.
*Paulsen ist während des Liedes der Direktrice eingetreten und hat Taa durchs Monokel beobachtet*

PAULSEN Gnädiges Fräulein wählen eine kleine Untergangstoilette.

TAA *indem sie scheinbar zwischen ihm und dem abwesenden Meisterlich wählt*
Wenn auch nicht gerade eine Toilette – aber Untergang – so oder so.

PAULSEN Gehen Sie mit Ihrem Untergang! Sie werden doch nicht an solche Albernheiten glauben.

TAA Was heißt hier Albernheiten? Wenn mich schon mein Kavalier deswegen versetzt!

PAULSEN Armes Mädchen! Scheint ja ein trauriger Kavalier zu sein. Übrigens Gnädigste! Was verlangen Sie von einem Kavalier. Was tut ein Kavalier, wenn Welten untergehen?

TAA Ein wahrer Kavalier bleibt immer Kavalier..

PAULSEN Bravo Gnädigste!

PAULSEN *Duett*
Der Kavalier soll seine Dame schützen
Von Angst und Zagen kennt er keine Spur,
Er soll die Augenblicke richtig nützen,
Für ihn ist Weltgeschehen Konjunktur.

Und wenn die Welten plötzlich untergehn,
Der Kavalier kann stets noch manches drehn;
Und selbst im letzten bangen Augenblick,
Ein echter Kavalier hat immer Glück.

TAA Vom Kavalier läßt sich die Dame schützen,
Von Angst und Furcht vertreibt er jede Spur;
Wird e r den Augenblick vortrefflich nützen,
Ist i h r das Weltgeschehen Konjunktur.

Und wenn die Welten plötzlich untergehn,
Der Kavalier kann stets noch manches drehn;
Und selbst im letzten bangen Augenblick,
Der echte Kavalier hat stets Geschick.

PAULSEN Weißt Du, liebes Kind, ich habe eine glänzende Idee. Wir verbringen das Weekend vorm Untergang gemeinsam.

TAA Mir wärs schon recht, allein um dem Meisterlich eins auszuwischen.

PAULSEN Meisterlich! Meisterlich! So hieß doch der Oberordnungskommissar, der Kerl, der mich rausgeschmissen hat?

TAA Derselbe Meisterlich, mein Kavalier.
*Beide ab.*
*Während der gesprochenen Worte spielt hinter der Szene ein Drehorgelmann die Musik zu ›Onkel Heini‹. Die Bühne hat sich inzwischen wieder mit Passanten belebt. Jodelnde Menge, die zu der Musik des Orgelmannes den Heinischlager singt.*

MENGE Und wenn die Welten untergehn,
Bleibt Onkel Heini doch bestehen,
Denn unser braver Onkel Heini
Hat immer noch die krummsten Beini.

Denn Heini braucht sich nicht zu bücken,

Es kann ihn doch kein Stern erdrücken.
Denn Sterne sausen stets bei Heini
Hindurch durch seine krummen Beini.

O, lieber Onkel Heini,
Wie krumm sind Deine Beini!
Wie sind die Beini krumm,
Wie ist das dumm!

Und ist der Erdenuntergang
Vorbei schon kilometerlang,
Der Stern ist längst vorbeigeflogen,
Von Heinis krummem Bein betrogen –

Warum denn hat der Onkel Heini
Noch immer stets die krummsten Beini?
Denn ließe er sie grade machen,
Dann würden alle Mädchen lachen.

O, lieber Onkel Heini,
Wie krumm sind Deine Beini,
Wie sind die Beini krumm,
Wie ist das dumm!

*Während sich ein großes Publikum johlend und schreiend und singend wieder versammelt hat, marschiert plötzlich die Ordnungspolizei mit ihrem Führer Ordentlich von hinten um das Rundteil herum und nimmt vorn links zwischen Bürgersteig und Verkehrsinsel Aufstellung.*

ORDNUNGSPOLIZEI *eintretend – Chor*
Eins zwei, eins zwei, eins zwei drei,
Bald ist alles zwar vorbei
Eins zwei, eins zwei, eins zwei drei,
Kommt die Ordnungspolizei.
Machen Sie die Straße frei
Für die Ordnungspolizei!

*Menge: Imitiert schreiend und quäkend in alberner Weise die letzten Verse der Ordnungspolizei:*
Machen Sie die Straße frei
Für die Ordnungspolizei.

ORDENTLICH Zurücktreten. Zurücktreten.
Straße frei. Straße frei.

ALLE *ironisch und quäkend*
Straße frei, Straße frei.

ORDENTLICH *mit Megaphon*
D i e O r d n u n g k o m m t d u r c h.
Keine unnötige Aufregung.
Der grüne Globus wird voraussichtlich...
Nicht landen, sondern...
Vielleicht, wenn es das Glück gewollt...

ALLE *ironisch*
Vielleicht, wenn es das Glück gewollt...

ORDENTLICH In sanfter Fahrt ganz dicht vorüberfahren...

ALLE *ironisch*
In sanfter Fahrt ganz dicht vorüberfahren...

1. MANN Schwindel!

STIMMEN AUS DER MENGE Betrug!
Schwindel!

ALLE Schwindel, Schwindel, Schwindel!

MANN Das sind Beruhigungsmanöver.
*Die Ordnungspolizei setzt inzwischen ihren Marsch über den Platz fort und singt den zweiten Vers*
Eins zwei, eins zwei, eins zwei drei
Jetzt ist nichts mehr einerlei
Eins zwei, eins zwei, eins zwei drei
Macht jetzt Schluß mit dem Geschrei
Die Geduld ist jetzt vorbei
Wir sind Ordnungspolizei!

*Während die Polizei mit diesem Gesange die Bühne verläßt, drängt das Publikum nach mit den Rufen*

STIMMEN Schwindel!
Betrug!
Beruhigungsmanöver.
*Gleichzeitig treten betrunkene schwere Jungens auf und singen*

DIE SCHWEREN JUNGENS Und wenn Du denkst, die Welt geht unter,
Sie geht nicht unter, es scheint bloß so.
Mögen Sterne rumkarjolen
Im Weltenraume da unten wo.
Noch eins auf die Lampe gießt sie
und uns vermiest sie das Rokoko;

Und wenn Du denkst, die Welt geht unter,
Sie geht nicht unter, es scheint bloß so.

STIMMEN Wolln noch eins auf die Lampe gießen!

STIMMEN Na prööstchen, olle Süper!

II. AKT VORSPIEL

*Das Vorspiel entwickelt sich bei geschlossener Bühne zu einem Gesang vom andern Stern. Hier bleibt es dem Regisseur und dem Komponisten überlassen, wie konkret oder abstrakt er die Beziehung zum andern Stern gestalten will. Wir schlagen vor: auf dem Vorhang kann durch Projektionen ein Planetenspiel gezeigt werden, während der Chor mehr oder weniger versteckt singt oder spricht.*

CHOR Federn schwingen klingen tönen Glas
Rollen grollen Welten wirbeln Haß
Ewig nah und ewig Traum
Ewigkeit und Ewigraum
Federn klingen schwingen tönen Kreis
Grollen rollen Welten dröhnen heiß
Hetzen jagen
Zischen klagen
Strömen ragen
Stürmen wagen
Ewig Urgesetze brechen
Neue Formen klingen sprechen
Brennen Leidenschaft Verderben
Wanken tausend brausen sterben.
*Vorhang hebt sich.*

II. AKT ERSTE SZENE

Franks Arbeitsraum

*Schreibtisch, an dem Frank sitzt, Chaiselongue mit lebensgroßem Teddibären zwischen Kissen. Elli horcht auf den Gesang.*

ELLI Hörst Du denn nichts?

FRANK Stör mich nicht.

ELLI So hör doch, Frank!

FRANK Ich höre nichts.

ELLI Nun hör doch endlich.

FRANK Was soll ich hören?

ELLI »Federn schwingen klingen tönen Glas
Rollen grollen Welten wirbeln Haß«

FRANK Ich höre nichts.

ELLI Ich hör es doch ganz deutlich.
»Ewig nah und Ewigtraum
Ewigkeit und Ewigraum«.

FRANK Ich habe keine Zeit für Deine Fantasien.

ELLI *lehnt sich an Frank*
Ich fürchte mich.

FRANK Geh weg!

ELLI *gekränkt. Geht jetzt zum Bären und liebkost ihn.*

FRANK *wird aufmerksam*
Laß doch die Spielerei mit dem Bären.

ELLI Den kann ich stören, wann ich will.
Der hört auch, was ich höre.

FRANK Jetzt reizt Du mich!

ELLI *singt dem Bären ins Ohr und spielt mit ihm*
Federn klingen schwingen tönen Kreis
Grollen rollen Welten dröhnen heiß
Hetzen jagen
Zischen klagen
Strömen ragen
Stürmen wagen
Ewig Urgesetze brechen
Neue Formen klingen sprechen
Brennen Leidenschaft Verderben
Wanken tausend brausen sterben.

FRANK Immer die tote Puppe.

ELLI *liebkost und küßt den Bären*
Weißt Du denn, ob er tot ist?
Was bist Du immer eifersüchtig!

FRANK Ich will nicht teilen, will nicht!
*Steht auf.*
Laß jetzt den Bären los.

ELLI *loslassend und lachend*
Ich lasse ihn schon los.

FRANK Ja, ich bin wirklich eifersüchtig.

ELLI Auf diesen toten Teddi-Bären?
Jetzt muß ich wirklich lachen.

FRANK So freu Dich doch und lach!

ELLI Auf diese tote Puppe eifersüchtig sein!
Faß ihn doch an, er ist doch tot wie dieses Kissen.

FRANK *faßt ihn an*
Mir ists, als lebte er.
Sag, lebt er nicht?

ELLI Du bist doch dumm, er ist doch tot.
Nur ich, ich lebe, und Du küßt mich nicht?

FRANK Jetzt hör:
Ich träume, daß wir beide leben wie Blumen wachsen.
Wir wachsen, unsere Liebe und das Werk.

ELLI Dein Werk
Wie Zweige Äste wie ein Baum,
Daß Menschen unter diesem Baum ruhen...
*Taa und Paulsen treten ein.*

PAULSEN Frank, laß das Dichten sein
Und komm, wir wollen uns amüsieren.

FRANK Zum Amüsieren habe ich keine Zeit,
Mein Werk...

PAULSEN *lachend*
Du wirst es nicht vollenden, denn man sagt,
die Welt geht unter.

FRANK Das kann nicht sein, Du lügst.
Ich will mein Werk vollenden.

TAA So kommt doch mit, wir wollen lustig sein.

FRANK *ironisch*
Lustig sein? So seid doch lustig!
Die Welt geht unter und ihr wollt lustig sein?
Seid lustig, denn die Welt geht unter,
Seid fröhlich treibt es immer bunter.
Die Welt geht unter, seid doch munter.

TAA Wir sind fidel, bis uns der Untergang verschlingt.

PAULSEN Laß sie zu Haus, wir werden uns die Laune nicht verderben lassen.
Auf Nimmerwiedersehen, Ihr lieben Freunde!
*Im Abgehen vor sich hinsummend.*
Und selbst im letzten bangen Augenblick,
Ein echter Kavalier kennt jeden Trick.
*Mit Taa ab.*

FRANK Kann uns der Untergang der Welt bekümmern?

ELLI Glaubst Du denn wirklich, daß die Erde untergeht?
Glaubst Du die beiden würden noch so lustig sein?

FRANK O hättest Du doch recht!
Du sollst nicht untergehen!
Du wirst im freien Weltenraum schweben.
Wenn alles stirbt, wenn alles untergeht,
So wirst Du leben.

ELLI Willst Du nicht mit mir schweben?
Wenn alles stirbt, wenn alles untergeht,
Wir werden leben.

FRANK U. ELLI Wir schweben hinaus in den Weltenraum
Wir schweben zusammen, Du und ich.
Wenn alles stirbt, wenn alles untergeht,
Schweben wir...
Bist Du mein Stern?

ELLI Nein, Du bist meine Sonne.

FRANK Dann bist Du meine Erde.

ELLI Zum Sterben bestimmt.

FRANK Zum Sterben?

ELLI *Lied*
Es kommt ein Schlag, der alle trifft.
Verschont nicht mich, verschont nicht Dich
Ob arm ob reich
Ob hart ob weich
Er trifft uns gleich
Weil wir ja Menschen sind.
  Erde wird bersten
  Feuer wird glühen
  Flammen erstarren
  Wir armen Narren
  Verbrennen, erstarren
  Wer wird entfliehen?

*Der Bär wird plötzlich lebendig und kniet ohne Umstände vor Elli nieder.*

ELLI O Gott, der Bär!
FRANK *weicht zurück*
Bin ich verrückt?
TEDDI Göttliche, Kraulende, Irdische!
Kraulende, Kosende, Lächelnde!
Frau, wie benenn ich Dich?
Göttliche, Kraulende, Irdische,
Kraulende, Kosende, Lächelnde.
FRANK Halt ein Verwegener! Schurke hebe Dich hinweg!
ELLI O laß ihn, er ist lieb.
TEDDI Wie bist Du schön!
FRANK *faßt ihn an der Stelle, wo der Mensch seinen Kragen hat*
Du Hund!
TEDDI *schreit*
Bööööööö
ELLI O laß ihn doch!
FRANK *läßt ihn dabei los*
Ich laß ihn nicht.
Wo sind die Waffen?
Ich will mit ihm für Deine Ehre kämpfen!
Die Waffen her!
*Er reißt zwei Degen von der Wand und reicht einen dem Bären*
Wehr Dich Du feiger Hund!
ELLI Nicht kämpfen.
Halt, Du erstichst ihn doch!
TEDDI Stich nur, ich wehre mich
Stich, wenn Du stechen mußt!
ELLI Schlag ihn nicht, stich ihn nicht,
Das süße Tier!
FRANK Schlag zu, stich zu
Wehr Dich Du Hund!
Du feiger Hund!
*Der Teddibär wird unglücklich getroffen, er brüllt entsetzlich und fällt um*
Fall um!
TEDDI Bumm...
FRANK *zu Elli*
Verzeih!
TEDDI *springt wieder auf, kniet wie vorher vor Elli*
Verzeiht Ihr lieben Leute.
Ihr irrt, ich kann nicht sterben.
Göttliche, Kraulende, Irdische!
Kratzende, Kosende, Lächelnde!
FRANK Er lebt schon wieder?
Und woher nimmt er denn sein Leben?
TEDDI Die Seele, die in meinem Pelze wohnt,
Kam schon von jenem unbekannten Stern,
Der Eure Erde bald vernichten wird.
FRANK Ist es denn wahr, daß unsere Erde untergeht?
TEDDI Geht unter!
FRANK In seinem Pelze wohnte eine Seele,
Die leben und erleben will?
Ein toter Bär soll eine Seele haben, die erwacht?
Und meine Seele müßte sterben?
Das kann nicht sein, Du lügst!
Das ist die Lüge,
Ohne Leben, ohne Form und Sinn,
Wo alles spricht,
Der Tisch, der Stuhl, die Sprache, das Gesicht,
Und drückt und lastet, lügt und lügt.
Ich töte die Lüge mit meinem Ich
und formte sie zur Tat.
Ich sag der Lüge, was ich sagen kann
Und rufe, was ich fühle:
Ich bin frei.
Ich lebe Dichtung, dichte Leben
und ohne Lüge leben selbstgeschaffene Gestalten.
Bei mir.
Sie schaffen sich ihr eigen Schicksal
und wollen es vollenden.
Nicht durch ein äußeres Geschehen
Nicht durch die Lüge,
Durch mich, durch mich!
Ich will nicht, daß die Erde untergeht,
Es ist nicht wahr!
Nur wenn ich es erdichtet hätte
Wär es wahr.
Und was ist Wahrheit?
Nicht was lebt und ist
Nur was i c h lebe, was i c h bin, ist wahr.

Und leben will ich nur, was ich erdichtet.
Es bleibt bestehen meine Erde.
Ich will nicht, daß sie untergeht.
Ich will es nicht.
Ich will mein Werk vollenden
Zum Trotz der Lüge!
Hört ihr, ihr rohen Kräfte, hört ihr mich?
Ich will nicht, will nicht, will nicht.

*Bär nimmt zu den Worten in seiner Gebärde positiv oder negativ Stellung. Geht zurück und öffnet den Hintergrund. Es erscheint der Chor, den der Bär dirigiert. Stimmen aus dem Orchester.*

CHOR Urgrund Kräfte treiben bleiben
Knospen treiben
Zünden klingen wachsen reiben
Knospen treiben
Sterben, wachsen
Wachsen, sterben
Knospen treiben
Knospen treiben
Und 22 23 25
Kultur von vielen tausend Jahren
Und 28 31 35
Und 35 42 54
Und 69 86 100

FRANK Mein Werk, rettet mein Werk!
Die Erde wird nicht untergehen,
Ich will mein Werk vollenden!
Zum Trotz der rohen Kräfte, denn ich will es nicht.
Ich will nicht, will nicht, will nicht!
*Vorhang.*

III. AKT ERSTE SZENE

Kleiner Platz vor einer Dorfstadtkirche in der Nähe Berlins

*Ausgangstür der Kirche, links Bahnhof der Untergrundbahn.*

CHORAL *aus der Kirche*
Herr Jesus hilf aus großer Not
Ein grauenvoller Tod uns droht.
Die Flamme stürzt auf uns herab,
Der Weltenraum wird unser Grab,
Der Teufel läßt für unsre Sünden
Uns fürchterlich im Feuer schinden.
O Herr, wirst Du uns nicht erlösen,
Sind wir verfallen gar dem Bösen.

Herr Jesus höre unser Flehn!
O laß uns noch nicht untergehn!
Wie Du des bösen Schicksals Lauf,
So halten wir die Sünde auf.
Und alle wir verdammten Sünder
Verwandeln uns in Gotteskinder.
Wir werden preisen, rühmen, loben
Den, der die Sterne lenkt da droben.

*Während der Mitte des zweiten Verses kommt Rommel aus der Untergrundbahn und sucht, ob er niemanden findet, bei dem er seine Weisheit anbringen kann. Während die Orgel weiterspielt, öffnet sich die Kirchentür, alle Besucher verlassen die Kirche.*

DER LEICHTGLÄUBIGE Ein neuer Schlager steht ganz im Bereich der Möglichkeit.

DER UNGLÄUBIGE *aus der Kirche*
Wie meinen Sie?
Onkel Heini ist doch grade erst raus.

PASSANTEN AUS DER U-BAHN

ER Was haben Sie nur immer mit ihrer verehrten Frau Mama vor?

DAME Ich bin ein anständiges Mädchen, merken Sie sich das bitte.

ER Auch wenn die Erde untergeht?

STRASSENMÄDCHEN Man lacht sich krank.

ROMMEL *wendet sich an die aus der Kirche Herauskommenden*
Die Welt geht unter, die Welt geht unter.
O meine arme Mutter.

DER UNGLÄUBIGE Meine Damen und Herren, Sie glauben doch nicht etwa an solchen Blödsinn. Wieviele Werte würden da wohl auf einmal vernichtet werden. Bedenken Sie nur, wenn eine Welt Jahrmillionen gehalten hat, ohne unterzugehen, da kann sie doch nicht plötzlich auf einmal untergehn. Das können Sie sich doch wohl selber sagen.

ALLE Bravo, bravo. Die Welt geht nicht unter.

KONFIRMANDIN Der Herr Pastor hat gesagt, sie würde untergehn.

ROMMEL *läuft erregt zu seiner Mutter, die aus der Kirche kommt*
O Mutter, Mutter, jetzt geht die Welt doch unter.

FRAU ROMMEL Reg Dich doch nicht so auf, mein Sohn!
Du bist so bleich, Dein Haar ist so zerzaust.

ROMMEL O, Mutter, morgen sind wir tot.

FRAU ROMMEL Es rommelt im Weltenraum,
Es trommelt im Birnenbaum,
Es geht manches vor,
Doch bleibt alles bestehen.

ROMMEL Die Welt wird untergehn!

FRAU ROMMEL Noch nicht mein Sohn.
Sieh diesen Schirm!
Acht Jahre ist Dein Vater tot,
Und vierzig Jahre waren wir
In guter Ehe glücklich still verbunden.
Zwei Jahre vor der Ehe kauft ich diesen Schirm.

ROMMEL Zwei Jahre vor der Ehe kauftest Du den Schirm.

FRAU ROMMEL Und wenn son Schirm die fumfzig Jahre hält...

ROMMEL O Mutter, ist es so mit unsrer Welt?

FRAU ROMMEL Genau, mein Sohn.

ROMMEL Dann kann die Welt nicht untergehn!

FRAU ROMMEL *sie stützt sich auf den Schirm.*
Genau, wie dieser Schirm nicht brechen kann...........
*Der Schirm bricht plötzlich ab.*

ROMMEL Jetzt wird die Erde untergehn!

KONFIRMANDIN *geht zur U-Bahn herunter*
Dann fahr ich vorher nach Berlin.
*Es kommt ein Zug schwerer Jungens mit ihrem ANFÜHRER.*

ROMMEL Und nichts bleibt bestehn,
Wie soll es anders gehn?

1. SCHWERER Was steht er da der Rommel!

JUNGE Wir wolln ihn hetzen!

ALLE Wir wollen hetzen, hetzen, hetzen.
Und was der Untergang verschont,
Wir schlagen noch den Rest in Fetzen,
Weil sonst ein Untergang nicht lohnt.

Wir wollen klauen, klauen, klauen,
Und wenn die Welt in Stücke geht,
Wir wollen den Rest in Stücke hauen,
Da sonst kein Untergang besteht.

1. SCHWERER Im Ernst, jetzt ist es aus mit unserm Stempeln

JUNGE Komm Rommel schließ Dich an,
Brauchst nur den Rock dir aufzukrempeln,
Dann bist Du unser Mann!

ALLE Jetzt ist es aus mit unserm Stempeln.
Wer schließt sich unserm Zuge an?
Man braucht den Rock nur aufzukrempeln
Dann ist ein Jeder unser Mann!

1. SCHWERER Komm Rommel! Im Ernst!

JUNGE Die Ordnung hat jetzt schlechte Tage.
Jetzt ist Verbrechen Obrigkeit.

ALLE Nach Polizei ist keine Frage,
Wer Ordnung will, der tut uns leid!

1. SCHWERER
JUNGE Komm, Rommel, schließ Dich an!

ROMMEL Ich komme mit, wenn doch die Welt in Stücke geht.
*Vorhang.*

Auf dem Mars

*Vor dem Vorhang kommt von oben her eine kleine Brücke herunter, auf der zwei Männer stehen. Sie gehen auf der kleinen Brücke auf und ab.*

1. MANN *mit Fernrohr in der Hand*
Geht es heute los?

2. MANN Voraussichtlich.

1. MANN Geht die Erde kaputt?

2. MANN Voraussichtlich.

1. MANN Und der Gedanke der Zivilisation?

2. MANN Voraussichtlich.

1. MANN Dann ists ein Gewinn.

KAMMERSÄNGER PAULSEN *elegant im Frack unten vor dem Vorhang*

Voraussichtlich wird sich jetzt gar nichts ändern,
Voraussichtlich bleibt alles, wie es war.
Voraussichtlich streicht man aus den Kalendern
Die alte Erde aus mit Haut und Haar.

CHOR *bestehend aus sämtlichen kleinen Solisten: von Direktrice bis Konfirmandin*

Und trotzdem bleibt das Weltall kugelrund,
Und unser Appetit bleibt stets gesund.

PAULSEN Der Appetit wird sich in gar nichts ändern,
Der Appetit bleibt Großmacht wie er war.
Der Appetit sucht Raub in andern Ländern
Und frißt sie vollends auf mit Haut und Haar.

CHOR So bleibt der Appetit uns stets gesund,
Und trotzdem bleibt das Weltall kugelrund.

*Es wird vollkommen dunkel, während die Marsbrücke hochgezogen wird*

1. MANN Dann ist es kein Gewinn!

*Herr ›Voraussichtlich‹ schnell ab.*
*Vorhang.*

DRITTE SZENE

Tempelhofer Feld

*Unendlich freier Platz, im Hintergrund kommen in ununterbrochener Folge die Gesellschaftsautos und laden Personen aus. Die Bühne füllt sich mit Volk. Ein Oberlehrer kommt mit einer Klasse von 15 Primanern und stellt sich mit ihnen auf.*

OBERLEHRER Meine Herren Primaner, nehmen Sie bitte hier rechts Aufstellung. Wir sind hier am Tempelhofer Feld, wo Sie als erste den Weltuntergang mit erleben dürfen. Ich wiederhole aus dem Physikunterricht: Der Weltuntergang vollzieht sich nach der Formel: ›sinus, tangens, cotangens‹. Ich bitte zu wiederholen.

CHOR DER PRIMANER Tango, sinus, cotangens,
Tango, sinus, asinus.

*Ordnungspolizei drängt die Anwesenden zurück und sperrt den Platz ab.*

OBERLEHRER Ad 1: die Ordnungspolizei.

CHOR DER ORDNUNGSPOLIZEI Eins, zwei, eins zwei, eins zwei drei
Bald ist alles zwar vorbei,
Eins zwei, eins zwei, eins zwei drei
Kommt die Ordnungspolizei.
Machen Sie die Straße frei
Für die Ordnungspolizei.

Eins, zwei, eins zwei, eins zwei drei
Uns ist alles einerlei.
Eins zwei, eins zwei, eins zwei drei
Kommt das Publikum herbei
Wir bewachen das Geschrei,
Wir, die Ordnungspolizei.

Eins zwei, eins zwei, eins zwei drei
Jetzt ist nichts mehr einerlei
Eins zwei, eins zwei, eins zwei drei
Macht jetzt Schluß mit dem Geschrei.
Die Geduld ist jetzt vorbei,
Wir sind Ordnungspolizei.

*Während der zweiten und dritten Strophe Anmarsch des Publikums gegen die Absperrungslinie, zwischendurch Brüllen und Schreien.*

PUBLIKUM Eins zwei, eins zwei, eins zwei drei
Unsre Ruh ist auch vorbei,
Eins zwei, eins zei, eins zwei drei

Macht Ihr jetzt die Straße frei!
Sonst zerhaun wir Euch zu Brei
Euch die Ordnungspolizei!
*Die Menge drängt gegen die Absperrung.*

ALLE Wir wollen jetzt nach Haus.

ORDNUNGSPOLIZEI Zurücktreten, zurücktreten!
*Es scheint, als ob der grüne Globus sich nähert, man merkt es an den Bewegungen der Menge.*

OBERLEHRER Ad 2: Oberprima B! Die dunkelrote Kugel, die Sie dort am Firmament bemerken....

1. MANN *hat es zunächst allein bemerkt und zeigt hin*
Da!

1. MÄDCHEN *blickt ebenfalls hin*
Huh!

ALLE *blicken hin*
Huh! Huh! Huh!

2. MÄDCHEN Entsetzlich, er kommt!

ALLE Uuhihi, riiaahii,
Uuhaa, ruuuaahoo!

1. MANN *läuft nach links gegen den Absperrungsgürtel der Polizei*
Ich will da durch,
Ich will nach Hause!

DIE POLIZEI Zurücktreten,
Da könnte jeder kommen

1. MANN *mit dem Ellenbogen*
Lassen Sie mich durch, oder...

POLIZEI Den Mann festnehmen!
*Man nimmt ihn fest.*

ALLE Das laßt Euch nicht gefallen!
*Sie rennen nach links, von rechts drängen neue Menschen nach, sie kommen nicht durch, weil die Polizei da steht. Panik.*

DIE SCHWEREN JUNGENS Ihr Tagediebe, Schweine, Wanzen!
Ihr laßt den armen Mann jetzt frei,
Sonst lassen wir Euch Burschen tanzen
Nach unsrer Wohlfahrtsmelodei!
Hallei, juchhuu, hallei,
Nach unsrer Melodei.

OBERLEHRER Ad 3: die Aufregung wächst.

1. MÄDCHEN *läuft schreiend gegen die Polizei*
Jetzt kommt der Stern!

ALLE *Lärmen und Schreien.*
Uu!

POLIZEI Zurücktreten! Zurücktreten! Zurücktreten!
Platz frei!

ALLE Wir wolln nach Haus!

DIE BÜRGER *zur Polizei*

1. GRUPPE Herr Kommissar laßt uns nach Hause gehn,
Denn wir vergehn vor Angst und Zagen.

2. GRUPPE Ihr wollt den Weg in Eure Wohnung wagen
Denkt Ihr, daß Ihr das Leben retten könnt?

DIE SCHWEREN JUNGENS Graus oder Haus
Ist alles aus!
W i r wollen nicht nach Hause gehn
Wir wollen Blut und Elend sehen!

OBERLEHRER Ad 4: da kommt der Astronom, der dieses geweissagt hat, die Menge zu beruhigen.

VIRMULA *kommt durch die Ordnungspolizei*
Bürger Berlins!
Seid doch vernünftig
Es wird ein wundervolles Schauspiel geben!
Bürger Berlins!
Der fremde Stern wird unsre Erde nicht zerstören, denn
Die Erde ist zum Untergang nicht reif.
Bürger Berlins!
Aus diesem Grunde hat die Ordnungspolizei
Den Stern nach meiner Formel hunderteins
Am Tempelhofer Feld versucht vorbeizuleiten,
Ihr werdet ihn voraussichtlich vorüberschweben sehn.
Bürger Berlins!......

ALLE Schwindel! Schwindel! Schwindel!
Das sind Beruhigungsmanöver!
Schlagt den Schwindler tot!
*Während des Folgenden Chor gedämpft.*
Schlagt ihn tot
Schlagt ihn tot
Schlagt ihn tot

ROMMEL *aus der Menge laut*
Schlagt ihn tot

Schlagt ihn tot!

*Virmula wird gejagt und hochgehoben, man bewirft ihn mit Hüten und will mit Stöcken auf ihn losgehen.*

ALLE Schlagt ihn tot!

POLIZEI Ergreift ihn,
Denn er stiftet Aufruhr.

*Man versucht Virmula zu ergreifen, die Unzufriedenen schützen ihn.*

RUFE Zu Boden mit der Ordnungspolizei
Wir wollen keine Ordnung,
Wir wollen leben.

POLIZEI Losschlagen!

*Sie geht mit Gummiknüppeln vor und drängt die Menge zurück. Menge drängt vor.*

1. MANN Nach Haus, nach Haus!
Mit unsrer Ruhe ists jetzt aus.

POLIZEI Vorgehen, ich lasse schießen!

ALLE Nieder die Ordnungspolizei!
Nicht schießen!

POLIZEI Zurück! Zurück! Zurück! Schießen!

*Ordnungspolizei schießt. Handgemenge, einige Leichen. Man trägt sie fort, einige fliehen, Polizei bleibt stehen.*

OBERLEHRER Oberprima B: wir kommen jetzt in den Schatten des Sternes. Sie brauchen sich nicht zu fürchten.

*Plötzlich fällt finstere Nacht hinunter.*

OBERPRIMANER *schlottert mit den Knien.*

SCHREIE Iiiiiiiiiii Aaaaaaaaaa
Hee, uuiihh,

1. MÄDCHEN *zeigt zum Stern hin*
Da!

*Es wird so eng, daß man Frauen und Kinder hochhebt, damit sie nicht zerquetscht werden. Dauerndes Fluten der Menge über die Bühne, die Ordnungspolizei wird im dunkeln überrannt.*

ALLE *schreien und rennen*
Ihiiiiiiiiiiiiiiiiiiiiiiiiiiiii i i i i i i i

VERSCHIEDENE Der Schatten!

RUFE Der Stern wirft seinen Schatten!
Der Stern wirft auf uns seine Nacht!
Wir sehen nichts als finsteren Schatten!
Der Schatten!
Schatten-Schatten-Schatten-
Licht!
Licht!
Licht!
Licht-Licht-Licht-
Der Stern wird uns zermalmaln!

ROMMEL Ich will nicht sterben, will nicht untergehn!

ALLE Wir wollen leben, leben, leben!

*Das Rennen nach links hört wieder auf.*

ALLE W i r  w o l l e n  V i r m u l a  e r- h ä n g e n
w o i s t e i n B a u m?!?!

*Von der Seite oben kommt die Spitze eines umgekehrt an der Decke hängenden Baumes schnell vorbeigefahren. Dann kommen Stangen so dicht, daß die Menge fliehen muß.*

ALLE *laufen fort*
Hiiiiiiiiiiiiiiiiiiiiiiiiiii i i i i i i

*Einen Augenblick ist die Bühne leer, dann kommen die Menschen wieder. Es ist immer noch fast finster.*

STIMME Wo ist der Virmula?

STIMME Der Feigling ist geflohn!

ROMMEL Er ist geflohn, nun wird die Erde untergehn.

ALLE Nun wird die Erde untergehn!

ROMMEL Ich muß jetzt untergehn.

ALLE Licht, Licht, Licht, Licht, Licht, Licht,
Licht, Licht, Licht, Licht !!!!!!!!!!!

*Von links kommt die Ordnungspolizei mit Scheinwerfern, man sieht sie langsam ankommen, da man schon lange die Scheinwerfer voraussieht, erst matt, dann immer heller. Auch hier und da werden Teile des Sterns beleuchtet, besonders aber auch die Menge, welche geblendet stehen bleibt und etwas nach rechts zurückweicht. Rommel ist vorn links. Während des Nahens der Ordnungspolizei geht ein schwefelgelber Schleier hinter Rommel nieder, der ihn von der Menge trennt. Hinter dem Schleier sieht man die Bewegungen der aufgeregten Menge.*

ROMMEL O Rommel,
Rommel,
Rommel!
*Beim zweiten und dritten ›Rommel‹ wendet er sich einmal nach links und einmal nach rechts und sieht dabei je einen falschen Rommel, der aus dem Dunkel auftritt und Rommel vollkommen gleicht.*

ALLE DREI ROMMEL Sieh da, mein Rommel.
Und noch ein Rommel!
Und noch ein Rommel!
*Sie fassen sich alle drei an die Hände und tanzen im Kreise herum.*
Wir rommeln jetzt im Kreis herum,
Und rechts herum,
Und links herum,
Und links herum,
Und rechts herum,
Und um und um und um und um.
*Die drei Rommel tanzen jetzt stumm weiter, während hinter dem gelben Vorhang gesungen wird.*

STIMME HINTER DEM VORHANG Es rommelt im Weltenraum,
Es trommelt im Birnenbaum,
Es geht manches vor,
Es geht manches vor,
Es geht manches vor,
Es geht manches vor,

DIE DREI ROMMELS *tanzend*
Und rechts herum,
Und links herum,
Und links herum,
Und rechts herum,
*Sie tanzen stumm weiter.*

STIMMEN HINTER DEM VORHANG Rommele, trommele,
Trommele, rommele,
Zimperlich, wimperlich,
Wimperlich, zimperlich
Rommele, trommele,
Trommele, rommele,
Birnenbaum, Weltenraum,
Weltenraum, Birnenbaum,
Rommele, trommele,
Trommele, rommele,
Warne Dich, garne Dich,
Garne Dich, warne Dich,
Rommele, trommele,
Trommele, rommele,
Rampele, trampele,
Trampele, rampele,
Birnenbaum.
*Der gelbe Vorhang verschwindet, Rommel befindet sich gerade in der Linie der Ordnungspolizei. Paulsen befindet sich im Publikum. Polizei bemerkt Paulsen.*

PAULSEN Was rommelt sich da?

OBERLEHRER Der Rommel ist aus Angst verrückt geworden.
*Paulsen u. Ordentlich ergreifen je einen falschen Rommel.*
*Der richtige Rommel verbeugt sich irr nach allen Seiten und weicht in die Menge aus. Die beiden falschen Rommel entschweben nach oben.*

PAULSEN Wo bleibt mein Rommel?

ORDENTLICH Wo bleibt m e i n Rommel?

PAULSEN U. ORDENTLICH *Duett*
Mir rommelts schon im Kopf herum,
Und rechts herum, und links herum,
Und links herum, und rechts herum,
Mein Rommel, Dein Rommel,
Dein Rommel, mein Rommel,
Mein Kopf, Dein Kopf,
Dein Kopf, mein Kopf.

ALLE *versuchen mit mehr oder weniger Erfolg, ein wenig hoch zu fliegen und rufen*
Mein Kopf, Dein Kopf,
Dein Kopf, mein Kopf.
*Der Stern kommt jetzt schon mit einem umgekehrten Stück Kohlgarten langsamer vorbei. Im Hintergrunde ein umgekehrtes Rokokoschlößchen. Die Ordnungspolizei leuchtet die Teile des Globus mit mehreren Scheinwerfern gut ab. Rommel läuft wild vor Angst vorn bis zur Mitte.*

ROMMEL Jetzt gehn wir kaputt!

*Wirft sich mit dem Gesicht auf den Boden.*
*Seinem Beispiel folgen 10 andere Personen mit Geschrei.*

MEHRERE PERSONEN *schreien*
Ihiiiiiiiiiiiiiiiiiiiiiiiiiiiii i i i i i i i
*Der Oberlehrer steht mit Fernglas, welches ihm der Baum aus der Hand schlägt. Oberlehrer steht und beobachtet weiter.*
*Musik bringt furchtbare Motorgeräusche. Panik, dann langsam Entspannung. Eine lange Zeit wird nichts gesprochen.*

ROMMEL *erhebt als erster vorsichtig sein Haupt.*
Ich habs gewußt, ich hab es immer schon gesagt,
Daß er die Erde nicht zerstören würde.
Die gute Erde bleibt bestehn!
*Oberlehrer drückt ihm stumm die Hand.*

CHOR DER BÜRGER Die gute Erde bleibt bestehn,
Jetzt dürfen wir getrost zu Bette gehn.

DIE SCHWEREN JUNGENS Die gute Erde bleibt bestehn,
Hallo, hallei!
Da können wir jetzt weiter tanzen
Nach unsrer Wohlfahrtsmelodei!

POLIZEI *bahnt den Weg für Meisterlich*
Ruhe! Der Oberordnungskommissar will reden.
Macht Platz für unseren Oberordnungskommissar.
*Während die Menge langsam Platz macht, hört man die Unterhaltung von Paulsen und Taa.*

PAULSEN Komm Taa, er darf uns hier nicht sehn
Wir wollen schnell beiseite gehn.

TAA Im Gegenteil! Er ist der große Mann,
Mit Polizeigewalt, der Welten lenken kann
Den Untergang, den hat er abgewendet...

PAULSEN Dann allerdings war m e i n e Zeit verschwendet.
Wer hätte damals Dir die Zeit vertrieben,
Wär nicht Dein Freund der Paulsen dageblieben.

TAA Hättst Du mich nicht beim Arm genommen
Dann wär ein anderer gekommen.

PAULSEN Ich merke jetzt, die Dame will nun gehen
Als Kavalier sag ich: Auf Wiedersehen.

BEIDE In jedem Fall war mein Vergnügen groß
Ein kleiner reizender Zusammenstoß.

*Inzwischen kommt Meisterlich durch die Menge an Taa und Paulsen vorbei. Während Paulsen in der Menge verschwindet, ruft Taa begeistert*

TAA Meisterlich! Meisterlich!
*Meisterlich nimmt, ohne sie zu hören, Aufstellung.*

MEISTERLICH *mit imponierender Geste, alles drängt sich um ihn*
B e v ö l k e r u n g! G e r e t t e t e! V e r s a m m e l t e!
Soeben ist der Untergang beendet.
Die Ordnungspolizei hat sich bewährt.
Das schlimmste Schicksal ist jetzt glücklich abgewendet,
Der fremde Stern ist sanft vorbeigeflogen.
Der schreckliche Zusammenstoß ist aus.
Den grünen Globus haben wir, die Polizei,
Mit glücklichem Geschick zum Tempelhoferfeld umgeleitet
Und wieder in den Weltenraum dirigiert.
Ein jeder gehe friedlich jetzt nach Haus.

ALLE Hoch lebe unser Oberordnungskommissar!
Hoch unsere Ordnungspolizei!
Hoch Meisterlich!

TAA *geht zu Meisterlich*
Hoch Meisterlich.
*Umarmt ihn, beide treten zurück.*

1. MANN Wo ist der Mann, der dies geweissagt hat?

ROMMEL Wo ist mein großer Herr, der Virmula?

ALLE Wo ist der Virmula, wir wollen ihn belohnen,
Wo ist der Virmula? Wo ist der Virmula?
*Alle suchen*
Virmula! Virmula! Virmula!
Krönt ihn zum König,
Wir wollen einen König haben!
Der Virmula soll unser König werden,
Wir wollen fürstlich ihn belohnen,
Gebt ihm den Nobelpreis!
Virmula, Nobelpreis!
Virmula, Nobelpreis!
Virmula, Nobelpreis!

FRAU ROMMEL *schwingt ihren Schirm*
Hoch! Unser Virmula!

VIRMULA *wird auf den Schultern der Menge hochgehoben. Alma neben ihm in der Menge vorn.*
Der fremde Stern ist jetzt vorbeigeflogen,
So hat es meine Formel prophezeit,
Die Formel ist mir heilig, heilig, heilig.
O Sinus, tangens, cotangens
O Tango sinus Sinai
O Tango sinus asinus.

ALLE O Sinus, tangens, cotangens
O Tango sinus Sinai
O Tango sinus asinus
Und 22 23 25
Und 28 31 35
Und 35 42 54
Und 69 86 100
*Vorhang.*

Gedruckt ist von der 4. Fassung die handschriftlich verbesserte Fassung [r. = rechte, l. = linke Spalte]
Varianten
S. 322
Z. 7 r. »Ordentlich, Führer der Ordnungspolizei« ist handschriftlich hinzugefügt.
S. 323
Z. 24 l. ROMMEL Nicht gut.
Mit ihm zusammen untergehn?
Ich geh nach Haus!
Es geht doch alles jetzt kaputt.
Ja was denn, was denn, was denn!
Ich geh nach Haus.
ALMA Er hat den Untergang entdeckt
S. 324
Z. 39 l. *küßt ihn*
VIRMULA Du liebes gutes Mädchen
*küßt sie*
ALMA Du großer kluger Mann
VIRMULA Ich habe einen Stern entdeckt.
S. 325
Z. 23–27 r. Paulsen eintretend. Und morgen sind wir mausetot
Hat das denn Zweck,
S. 326
Z. 12–16 l. Unterbrechen!
PAULSEN Pst! Leise! Sie zerstören mir die Poesie
Z. 29 l. »SCHMIDT Was ist denn los?« ist handschriftlich hinzugefügt.
S. 327
Z. 34 l. Taa tritt in das Gewimmel der Zeitungsverkäufer und
bleibt auf Meisterlich wartend stehen
S. 331
Z. 15 r. FRANK Stör mich doch nicht. Ich habe keine Zeit.
Ich habe keine Zeit für
S. 334
Z. 37 l. »Vorhang« handschriftlich hinzugefügt.

85 **Mitten in der Welt steht ein Haus,** Filmentwurf, GMs., 5 S., KSA. No 1–4 auf zwei Stücken braunen Einpackpapiers, c und d auf Briefpapier, datiert 5. 1. 29.
Varianten:
Folgende Textteile sind nachträglich ausgestrichen
S. 88
Z. 7 das er liebte, und die sich nach ihm sehnte.
Z. 10/11 redeten verschieden verschiedene Sprachen.
Z. 21/22 verbrannt. Und er baute mit ihrer Hilfe sich seine Existenz wieder auf.

89 **Oben und unten,** Für Bewegungssprechchor, 2. Fassung, datiert: Spitzbergen, im Juli 1929, MMs., 34 S., KSA.
Die erste Fassung ist verlorengegangen. Sie wurde nach Aussagen Ernst Schwitters' um 1925 begonnen und auf den Merzabenden vorgelesen.

120 **Cloy,** GMs., datiert 7. 2. 1929, 1 S., KSA.

121 **Das Irrenhaus von Sondermann,** Politisches Stück, GMs., 12 S., KSA.
Es existiert noch eine Handlungsskizze, GMs., datiert 23. 12. 30, 3 S., KSA, mit dem Titel ›Irrenhaus‹.

**Irrenhaus**

Die Handlung muß konzentriert werden auf Eduard Mai. Sein Vater Friedrich Mai mißversteht ihn, treibt ihn in Verzweiflung. Seine Mutter Johanna Mai liebt ihn und versteht ihn, ohne ihn zu retten. Sein Freund Georg Schlinge, der Maler, kann ihn nicht retten, weil er ihm das Selbstbewußtsein nicht geben kann. Eduard ist schüchtern, hat Minderwertigkeitskomplexe, und daher neigt er zu Größenwahn. Weil ihm niemand das Selbstbewußtsein geben kann, taugt seine Arbeit nicht. Holzbein, daher keine Erfolge in der Liebe. 1. Der Vater stellt ihm Frist für eine Lebensstellung, 30 Tage. Es kommt ein Fest (keine Morgenfeier, ein Wohltätigkeitsfest), da soll sein Sketch aufgeführt werden. Das steigert sein Selbstbewußtsein, aber die Arbeit wächst ihm über den Kopf. Er schämt sich und wird toll, versucht Selbstmord, ist zu feige dazu, kommt nach Hause zurück. Die Eltern bringen ihn ins Irrenhaus.

Schwester Klara pflegt ihn. Klara Meier ist die Braut seines Freundes Georg Schlinge. Sie gibt sich mit ihm die größte Mühe. Er schämt sich vor ihr und will sie meiden, das kann er nicht, da versteckt er sich vor ihr mit seinem Drang zu dichten. Er dichtet heimlich und zerreißt alles. Klara findet einen Rest und ist gerührt. Sie erzählt es ihm, und er gibt ihr jetzt Dichtungen, die sie für sehr begabt hält. Ihre Anerkennung bringt ihn zu besseren Leistungen und zur Gesundung seines Geistes.

Er wird entlassen und trifft Schwester Klara bei seinem Freund Schlinge, der seine Stelle verloren hat wegen politischer Dinge. Schlinge ist darüber sehr erregt, außerdem küßt Eduard seine Braut, und Schlinge schlägt ihn. Eduard ist sehr aufgeregt und rast, und Schlinge erklärt, er wäre wieder toll geworden. Ja, tiebestoll ist er, sagt Klara, und ich liebe ihn.

131 **Spiel der Gefangenen im Kreise herum,** GMs., 15 Blockseiten, KSA.
Die Schrift des GMs. läßt auf eine Entstehung in den zwanziger Jahren (1925–1930) schließen. Dem Manuskript vorangestellt war eine Aufzählung von acht Bildern, von denen nur die ersten drei ausgeführt sind.
1. Rauschen über dem Meer
2. Das Gemach der Donna Isobalda
3. Unter vier Augen
4. Die Hähne krähen
5. Meeresgewölbe
6. Die Schlacht im Walde
7. Wenn Fräulein Pipp Pipp krank ist
8. Glückliche Wendung unter Palmen

141 **Das Totenbett mit happy end,** Lustspiel in einem Akt, MMs., 11 S., KSA.
Der Text wurde nach Angaben von Ernst Schwitters ab 1925 auf den Merzabenden vorgetragen. Offensichtlich arbeitete Kurt Schwitters aber noch 1930 an einem Lustspiel mit dem Titel ›Frau Meier‹, dessen letzte Szene ›Das Totenbett‹ lauten sollte. Erhalten sind zwei Fragmente:

1.) TOTENBETT, GMs, kleiner Rechenpapierzettel, 1 S., KSA.
Der fragmentarischen Inhaltsangabe fügte Schwitters den Hinweis bei: »Das Totenbett ist der letzte Akt (Titel Frau Meier)«.

**Totenbett**

Neue Figuren: Elschen und ihr Bräutigam Friedel

I

Elschen wischt Staub. Sie wirft eine Vase um. »Das kann einem erwachsenen Menschen überhaupt nicht passieren.« Frau Meier redet dazwischen, sie entwickelt dabei die ganze Geschichte ihrer Verlobung. Sie würde den Fritz vorderkantig rausschmeißen ... Da kommt Fritz.
Sie nennt ihn Herr Direktor, Herr Assessor und ist sehr liebenswürdig zu ihm. Bis sie ihn plötzlich doch hinausschmeißt. Zwischendurch redet sie von ihren Krankheiten und läßt sich bemitleiden. Es kommt Frau Müller und wird vorgelassen. Sie kann sich so gut eindenken. Sie erhält Wohnung bei ihr. Es kommt der Erbschleicher und findet alles gut, was seine Mutter tut. Die Rede ist nur von Testamenten. Auch die Frau des Erbschlei-

chers kommt, um sich nach der Gesundheit zu erkundigen. Inzwischen hat Frau Müller das Waschgeschirr umgeworfen. »Das kann jedem passieren. Die arme, bedauernswerte Person. Wie mag sie sich genieren!«
Sie geht ab, und der Erbschleicher redet mit seiner Frau über die Erbschaft. Er ist es, der durch Eingehen auf ihre Leiden ... [Fragment]

2.) FRAU MEIER, GMs., 1 S., datiert 8. 1. 1930, KSA.
Diese Szene war in der Inhaltsangabe von ›Totenbett‹ bereits skizziert.

**Frau Meier**
Alle Akte spielen in Frau Meiers Wohnzimmer.

*Wenn der Vorhang sich hebt, liegt Frau Meier auf der Chaiselongue, während Elschen beim Staubputzen gerade eine Vase umwirft, die davon platzt mit Krach.*

FRAU MEIER Da fiel doch etwas!

ELSCHEN Ich habe die schöne Vase zerbrochen!

FRAU MEIER Wie kann einem erwachsenen Mädchen so etwas passieren? Kind, hast Du jemals gesehen, daß ich oder jemand aus meiner Freundschaft eine Vase zerworfen hätte?

ELSCHEN Ich war sehr ungeschickt, ich berührte sie mit dem Tuche, da war sie unten.

FRAU MEIER Dazu sucht man sich doch keine Vase aus. Gibt es nicht Tassen genug im Küchenschrank, die noch nicht einmal einen Knacks haben, aber Du mußt die Vase zerwerfen, natürlich die beste. Ich werde in Zukunft keine Hilfe mehr haben, das Mädchen zerwirft mir die Tassen, Du die Vasen. Ich werde alles allein putzen und waschen müssen. Bei meiner angestrengten Krankheit! Und Du willst Dich verloben? Der arme Mensch, Du wirfst ihm auch alles um. Ich schmeiße ihn raus, wenn er kommt, ich sage ihm, Du wärst noch nicht reif zur Ehe.

ELSCHEN Mutter, ich kann ja noch warten.

FRAU MEIER Was warten? Mir auf der Tasche liegen? Kind, in Deinem Alter hatte ich schon zwei Kinder, klein zwar, aber ich hatte sie doch schon. Und Du hockst mir im Hause herum, die Mutter ist Dir gerade gut genug, Dich zu ernähren!

FRIEDA *eintretend*
Herr Fritz. *Ab.*

FRITZ Liebe Frau Meier, ich erlaube mir, um die Hand Ihrer Tochter Elschen geziemend anzuhalten.

FRAU MEIER Was, das Kind wollen Sie heiraten? Die wirft ja alles kaputt. Eben erst hat sie eine Vase zerbrochen, eine wertvolle Vase, die wird Sie und sich selbst ruinieren, die ist nicht reif zur Ehe. Da müssen Sie mal wiederkommen. Außerdem bin ich heute nicht gesundheitlich so auf der Höhe, um meine Tochter verheiraten zu können.

157 **Es kommt drauf an,** Lustspiel in vier Aufzügen, MMs., 61 S., KSA. Dem Titel folgt die Widmung: »Carl Buchheister, meinem lieben Freunde, gewidmet.«
Carl Buchheister (1890–1964) war hannoverscher Maler und Sturm-Künstler. Als am 12. 3. 1927 der Bund »die abstrakten hannover« in Schwitters' Wohnung gegründet wurde, wählte man Buchheister zum Vorsitzenden. Die Freundschaft zwischen Schwitters und Buchheister vertiefte sich in den späten zwanziger Jahren.

214 **Karlchen, warum hast du das getan?** Ein gesellschaftliches Lustspiel, MMs., 12 S., KSA., von Schwitters als ›Arbeitsexemplar‹ bezeichnet. Gedruckt ist die handschriftlich verbesserte Fassung.
Varianten:
S. 215
Z. 3 Garten, hinten Hügellandschaft
Z. 7 interessiert nach irgend etwas auf der Straße.
Z. 14 soll reinkommen
Z. 19/20 Sie an meine Seite!
Z. 22 Gut, das paßt
Z. 25 von der Seite
Z. 26 Ausgezeichnet. Danke sehr.
Z. 30 das muß so sein
S. 216
Z. 5 nicht her.
Z. 6 Ihnen, dann auf Wiedersehen
Z. 7 Dann auf Wiedersehen
Z. 9 Was er wert ist.
Z. 10 Fünf Mark ?
Z. 20/21 sind handschriftlich hinzugesetzt.

Z. 24 ›Darauf bin ich nicht eingearbeitet‹ hinzugesetzt.
Z. 29/30 haben Sie ?
Z. 31 Mit diesem Anzug
Z. 32 *Eleganz* drapieren.
Z. 33 Wundervoll .
Z. 34 Hemd ?
Z. 35/36 es nicht tragen
S. 217
Z. 4 ein Dutzend Kragen
Z. 5 alles , Frieda
Z. 6 paßt , und dann muß
Z. 8 läßt sich vielleicht nachher reden
Z. 12 steht auf
Z. 13 dabei ruhig sitzenbleiben
Z. 20/21 ich bin nur Karlchen
Z. 24 arbeitet wieder
Z. 25 das ist doch gut so?
Z. 31/32 breiter machen, dann ist
Z. 38 Sie mit seinem Anzug?
S. 218
Z. 2 mit dem Anziehen allein
Z. 3 beginnt mit Arbeiten
Z. 5/6 Störungen denn sein? Was willst Du schon wieder
Z. 10 als ob ich nicht
Z. 11 Du sollst nicht
Z. 18/19 Dich nur erinnern, daß Du nicht die Gesellschaft verpaßt, es ist wichtig.
Z. 20/21 verpasse ich es nicht
Z. 21/22 immer sehr gemütlich.
Z. 27 Dich auch ein wenig beherrschen , Egon.
Z. 28 Ich habe es nun satt!
Z. 32/33 verboten aus . Frieda kommt
Z. 33/34 das Paket mit den Doubletten.
Z. 35 auf ihn zu
S. 219
Z. 1 die Haare schneiden lassen. (Bart und Haar sehen nämlich bei Karlchen sehr ungepflegt aus) Dann ist der Kavalier
Z. 4 Finden Sie wirklich
Z. 6/7 würde sich sicherlich freuen
Z. 11 noch Geld
Z. 12 mit 10 Mark zufrieden.
Z. 14 das muß genügen
Z. 15 Smoking anhat, muß auch Pinke haben.
Z. 20 wieder zurück.
Z. 27 ich nun nicht ausgeben
Z. 30 ich habe leider
Z. 30/31 mich entschuldigen
Z. 35 neun Ausgang?
S. 220
Z. 6 wir uns unter dem zweiten.
Z. 8 eine Frage
Z. 14 wenn sie doch
Z. 14/15 eingeladen wären.
Z. 16 Das kommt gar nicht
Z. 18 nun doch wäre?
Z. 29/30 das doch einen Abend vorher.
S. 221
Z. 1 in einer feinen
Z. 4 meine ich gerade.
Z. 5 fällt man zu sehr
Z. 6/7 passen Sie gut auf. Wenn Sie in einer
Z. 9 gar nicht auf
Z. 12 Menschen auch aus der Ruhe
Z. 15 Warum sagen Sie das
Z. 22 kriegen kann, Löffel
Z. 23 das ergibt sich aus
Z. 24/25 das habe ich mir gedacht
Z. 25 machen Sie das
Z. 27 gemerkt
Z. 29 mich denn üben
Z. 30 Sie nicht so leicht.
Z. 32 Immer anders machen.
Z. 36 ›ich gebe sie Ihnen wieder zurück‹ hinzugefügt.
Z. 37 Wie haben Sie das gemacht?
S. 222
Z. 1 Dabei gehts am besten. (gibt die Uhr zurück)
Z. 2 Ich werde versuchen, es zu lernen
Z. 3/4 und wieder auseinander
Z. 6 nicht wieder. Aber sie haben
Z. 7/8 durch den Garten fort.
Z. 11 meinen Sie , wie ich wohl in
Z. 17 Karlchen hat die
Z. 20 so da in seinem Smoking stand
Z. 20/21 Generaldirektor. allein die Haltung.
Z. 22/23 auch , ich werde in Karlchens Anzug auch nicht wie
Z. 26 Sie das wieder
Z. 28 wenn er das nötige
Z. 29 meine ich auch, und das habe ich auch zu
Z. 31 in dem Anzug Läuse sind
Z. 33 ich kann das ewige Laufen auf
S. 223
Z. 4 wollen ihn desinfizieren
Z. 5 die Läuse ab
Z. 12 ›eintretend‹ hinzugefügt.
Z. 13 ist soeben fortgegangen

Z. 14 denn für ein Gelumpe da?
Z. 15 ist Zeug von
Z. 22/23 Socken und Schuhe.
Z. 29/30 weshalb Egon diese Lumpen
Z. 34 Ich etwa nicht?
Z. 37 stimmt etwas nicht.
S. 224
Z. 3 darf ich nicht , gnädige
Z. 4 , Sie desinfizieren
Z. 13 wie soll man sich da

Den genaueren Plan für alle Aufzüge hat Schwitters unter dem Titel: ›Der Herr Generaldirektor‹, GMs., 5 S., KSA., ausgearbeitet. Papier und Schrift deuten auf eine Entstehung Ende der zwanziger Jahre.

### Der Herr Generaldirektor

AUFZÜGE

1. In der Wohnung des Herrn Generaldirektor Meier
*Arbeitszimmer des Generaldirektors, links Tür zum Rokokozimmer seiner Frau. Hinten anschließend Veranda zum Garten, durch den man die Straße sieht.*

Karlchen kommt vorbei, wird vom Generaldirektor angerufen und tauscht seinen Anzug mit ihm gegen einen tadellosen Smoking. (Der Generaldirektor erwähnt zur Erklärung, der Anzug wäre ihm wertvoll, da er ihn für ein Kostümfest gebrauchen würde.) Er erhält außerdem viel Geld, um sich entsprechend benehmen zu können. Er imponiert Frieda im Smoking, und sie verabredet sich daher mit ihm für den Abend 1/2 9. Meier gibt Frieda den Auftrag, den Anzug zu desinfizieren, aber nicht reinigen zu lassen.

2. Im Verbrecherkeller
*Großer Raum mit vielen Winkeln und Ecken und Unterabteilungen. Viel Betrieb.*

Karlchen erscheint im Smoking. Großes Hallo, alles staunt. Edu glaubt, daß er einen prima Einbruch verübt hätte. Mieze verabredet sich mit ihm für den Abend 1/2 9 an der gleichen Ecke wie Frieda. Geheimpolizisten halten Razzia. Man will Karlchen festnehmen, weil er verdächtig ist, den Smoking und das Geld gestohlen zu haben. Aber durch ein Ferngespräch mit Generaldirektor Meier wird festgestellt, daß dieser seinen Smoking gegen den alten Anzug vertauscht hat. Karlchen erzählt, daß er durch den Garten gekommen ist. Die Geheimpolizisten erfahren auch so, daß der Generaldirektor den alten Anzug für ein Kostümfest heute abend gebraucht und haben die Ungeschicklichkeit, das mitzuteilen. Edu und andere erfahren so die Anwesenheit von Meier und planen heimlich, ihre Anzüge dort auch anzubieten.

3. In der Wohnung des Herrn Generaldirektors
*Frau Meiers Zimmer, klein und echt Rokoko.*

Frau Meier und Frieda. Frau Meier macht Frieda die traurige Mitteilung, daß ihr Mann plötzlich den Verstand verloren habe. Sie hätte bei der Irrenanstalt um zwei Leute zur Beobachtung gebeten, die bald da sein müßten, Frieda soll sie ins Rokokozimmer führen. Außerdem soll sie den Anzug des Bettlers abholen und ihr bringen. Michael und Gottlieb erscheinen, sie sind beide semmelblond und fromm. Frau Meier instruiert sie, was geschehen ist, und daß sie ihren Mann scharf beobachten sollen. Man berät, wie sie sich ihm nähern können, und beschließen: als Versicherungsagenten.

4. Arbeitszimmer des Generaldirektors
*Meier allein, schreibt und arbeitet.*

Durch die Tür vom Rokokozimmer kommen Michael und Gottlieb mit Frau Meier. Hilda sagt ihrem Mann, daß da zwei Herren sein wertvolles Leben versichern wollten. Er lehnt ab. Hilda wünscht, daß er seine teure Gesundheit versichert und sagt, die Herren würden sich erlauben, eine Zeitlang im Zimmer zu bleiben, sie würden still sein und ihn arbeiten lassen, nur so könne die Police festgesetzt werden. Meier sagt, wenn es ihnen Vergnügen machte, ihn störe es nicht, arbeitet weiter, Frau Hilda ab. Plötzlich kommt durch den Garten Edu. Meier erschrickt, springt auf und zieht seinen Revolver aus dem Schreibtisch. Die beiden Semmelblonden halten seine Arme. Meier schießt in die Luft, Edu aber kommt trotzdem und bietet seinen Anzug an. Meier, sichtlich amüsiert, tauscht diesen Anzug gegen seinen Gehrock. Im Garten verabredet sich Frieda mit dem vornehmen Edu um $1/2$ 9 an der gleichen Ecke. Da das Mädchen nicht da ist, öffnet außen auf ein Klingeln Frau Hilda, kommt dann herein und sagt, außen wäre ein Lump, der seinen Anzug gegen den des Herrn Generaldirektors tauschen wollte. Meier erfreut, sagt, man solle ihn eintreten lassen. Man könnte dann den besten von den dreien heraussuchen. Jetzt ist Frau Hilda untröstlich. »Du hast schon zwei?« sagt sie. Und sie bricht in Lamento aus, daß ihr Mann nun doch verrückt geworden wäre. Sie beklagt sich, daß sie ihren Mann hergeben muß an die Irrenanstalt. Meier wird jähzornig und sehr heftig. Die beiden Semmelblonden haben sich still durch den Garten entfernt und kommen mit zwei starken Wärtern der Irrenanstalt durch den Garten zurück. Der tobende Generaldirektor wird gefesselt und abgeführt. Frau Hilda bricht schluchzend zusammen.

5. Die Straßenecke.
*Hauswand nach rechts und links, von der Ecke aus in Straßen weichend. Laternen, die eine vor der Ecke. Zwei Bäume stehen blöd vor den Häusern. Es ist $1/2$ 9, die vier treffen sich. Zunächst ist Karlchen allein, mit Smoking.*

Er flötet ein Gedicht über das Leben. Es kommt Frieda, sehr schick in der Kleidung ihrer Herrschaft. Sie ist verwirrt, weil sie nur an Edu gedacht hatte, daß sie jetzt Karlchen trifft. Karlchen will mit ihr gleich fort, um der Mieze nicht zu begegnen. Sie kann nicht, sie hat noch etwas zu erledigen hier. Inzwischen kommt Mieze und macht einen heillosen Skandal. Hinten erscheinen sagt, er hätte sich zuerst mit Frieda verabredet gehabt. Das hört Edu, der gerade kommt, und er macht Karlchen und Frieda eine Szene. Karlchen Schutzleute. Passanten lachen über den komischen Aufzug. Angesichts der Schutzleute werden alle leiser. Man lacht sogar über das merkwürdige Zusammentreffen und beschließt jetzt, gemeinsam auszugehen. Plötzlich kommt Frieda auf eine glänzende Idee. Sie erzählt, daß ihr Herr auf den Ball heute abend hätte gehen wollen, beim Kommerzienrat Großkurth. Sie schlägt nun vor, daß sie alle vier hingehen wollten. Man findet den Vorschlag gut, aber zweifelt, daß es möglich ist. Da erzählt Frieda, daß Frau Hilda ihren Mann in die Irrenanstalt geschickt habe, weil er zwei alte Anzüge gegen seinen besten neuen vertauscht hätte, und daß die beiden Herrschaften nicht zum Fest kämen, sie könnten also auf deren Einladung hingehen. Man wirft ihr ein, man würde sie doch erkennen. Frieda sagt, das würde nicht passieren, denn 1. kennen die Leute den Generaldirektor und seine Frau nicht gut, und 2. sieht Karlchen dem Generaldirektor und Frieda selbst der Frau Generaldirektor etwas ähnlich. Man wirft ihr ein, daß sie sich nicht wie Herrschaften benehmen könnten. Da erzählt Frieda, daß der Generaldirektor dort schon erzählt hätte, er würde als Vagabund kommen, und er hätte gewettet, sich genau so benehmen zu können. Man beschließt also, sich entsprechend anzukleiden, und Karlchen soll den Generaldirektor markieren. Also auf zum Verbrecherkeller, zum Verkleiden.

6. Wohnung des Herrn Kommerzienrat Großkurth.
*Viele ineinanderlaufende Räume, jeder in einem anderen Stil, Wintergarten mit Zierblumen, bengalische Beleuchtung usw. Es ist $1/2$ 10 Uhr, die Gesellschaft ist in vollem Gange. Überall hängen Papiergirlanden, und man ist äußerst lustig. Es wird viel Wein getrunken.*

Großkurth: »Ich verstehe nicht, daß der Herr Generaldirektor noch nicht da ist, oder glauben Sie, daß man ihn in irgendeiner Maske nicht erkennt?« Frau Anita Franzen sagt, daß ihr Mann seinen Vorgesetzten bestimmt an den Bewegungen erkennen würde, weil er doch täglich mit ihm zusammenarbeitet. Franzen kommt vorbei und sagt, der Herr Generaldirektor ist noch nicht da, denn er hätte als Vagabund kommen wollen. Jetzt treten die vier Vagabunden ein. Alle stehen und bewundern die schönen Kostüme. Man raunt: »Der Herr Generaldirektor«. Karlchen hält den Finger vor den Mund und sagt: »Pst!« Man raunt: »Er will nicht erkannt werden«. Karlchen fragt nach der Dame des Hauses. Sie kommt auf ihn zu und begrüßt ihn. Sie begrüßt Frieda ohne weiteres als Frau Hilda. Karlchen bittet um Entschuldigung, daß er zwei ungeladene Gäste mitgebracht habe, und stellt ihr Edu und Mieze als Herrn und Frau Direktor Zapp vor. Dann bittet er, man möge sie gar nicht bemerken, kein Aufhebens von seiner Anwesenheit machen, und fragt, ob sie sich so richtig als

Lümmel benehmen dürften. Frau Kommerzienrat Großkurth bittet sogar darum. Es drängen sich die Neugierigen. »Wer sind denn diese reizenden Vagabunden?« – »Generaldirektor Meiers, aber sie wollen nicht erkannt sein, und Herr und Frau Direktor Zapp.« – »Ach, die neuen Direktors wohl?« – »Natürlich.« Man scherzt recht lustig mit den Vagabunden, zuletzt kommt als Gruppierung heraus:

Karlchen – Frau Fränzchen Großkurth
Edu – Frau Anita Franzen
Mieze – Kommerzienrat Großkurth
Frieda – Direktor Franzen

Großkurth glaubt Mieze zu kennen und redet sie auch einmal Mieze an. Er fragt sie, ob sie wirklich jetzt Frau Direktor Zapp geworden wäre. Sie sagt, er solle darüber schweigen, sonst würde man ja seinen Lebenswandel auch erfahren, da er sie als Liebschaft kennt. Karlchen ist knallbesoffen, Frau Großkurth zärtlich. Edu ist zärtlich, Frau Franzen trinkt lieber. Frieda und Direktor Franzen sind dadurch reizvoll, daß Frieda immer Abstand hält: »Mein Mann ist Generaldirektor, bitte sehr, und Sie sind bloß ein gewöhnlicher Direktor.«

Es telefoniert. Großkurth geht hin und teilt seiner erstaunten Frau mit, Frau Generaldirektor hätte angerufen, sie hätte erst jetzt daran gedacht, sie wäre so aufgeregt, ihr Mann wäre plötzlich irrsinnig geworden, er wäre schon in der Anstalt, ja, was denn das alles bedeuten möge. Frieda hört und sagt, das wäre bestimmt die Frieda gewesen, die nehme sich immer gern so etwas heraus, das solle ein Witz sein. Denn hier wäre ja der Herr Generaldirektor, der angeblich irrsinnig sein sollte. Darauf telefoniert sie bei Frau Meier an: »Was sagen Sie, Sie wollen Frau Meier sein? Frieda, was nehmen Sie sich heraus? Ich werde Sie sofort entlassen!« – »Jawohl, entlassen tun wir Sie«, sagt Karlchen.

Plötzlich erscheint die Polizei, ein Beamter und ein Detektiv. Es wird um Silentium gebeten. Der Beamte entschuldigt sich, daß er störe, aber keiner dürfe den Saal verlassen, es führe die Spur nach dem Eduard Piepvogel vom Verbrecherkeller direkt hierher. Allgemeine Entrüstung. Edu tritt vor: »Sie werden doch nicht etwa die Frechheit besitzen, mich für Eduard Piepvogel zu halten?« – »Das ist der neue Direktor Zapp, den kennen wir«, sagen alle. »Jawohl, Sie sind es«, sagt der Detektiv und zeigt das Foto des Gesuchten. »Ich nehme Sie fest.« Piepvogel wird abgeführt, Mieze ruft nach ihm.

Variante:
S. 345
Z. 26–29 l. Der Satz »Der Generaldirektor erwähnt zur Erklärung, der Anzug wäre ihm wertvoll, da er ihn für ein Kostümfest gebrauchen würde« ist später ausgestrichen worden.

225 **Der Zoobär,** MMs., 30 S., KSA.
Nach Aussagen von Ernst Schwitters entstand der Text in den späten zwanziger Jahren. Kurt Schwitters beschäftigte sich bis in die vierziger Jahre mit der Niederschrift. Erhalten sind nur einzelne Fragmente. Der gedruckte Text ist das größte Fragment und die ausgeführteste erhaltene Fassung. Vom Beginn der dreißiger Jahre ist eine Handlungsskizze von Akt I und II mit dem Titel ›Der Zoobär‹ und einem Personenregister, das an die befreundete Basler Familie Müller-Widmann erinnert, erhalten. Im Hause des Sammlerehepaares Professor Oskar Müller-Widmann trafen sich Ende der zwanziger und Anfang der dreißiger Jahre Schwitters und Arp mehrmals zu Vortragsabenden.

Die Handlungsskizze, GMs., 3 S., KSA. hat folgenden Wortlaut:

**Der Zoobär** [Akt I und II]

MR. BÄR, entlaufener Zoobär
RIA MÜLLER, liebt Mr. Bär
DOKTOR FRITZ MÜLLER, Chemiker, ihr Mann
EMMA, Dienstmädchen bei Müllers
ANTON, Wärter im Zoo
DIREKTOR GROTE, Direktor im Zoo
ANNELIESE GROTE, seine Tochter

Doktor Müller wird von Emma aufgeklärt, der Bär sei ein verkleideter Amerikaner, kein Bär. Doktor Müller beobachtet, daß Mr. Bär Ria Müller küßt. Er erklärt, das ginge zu weit. Ria sagt, das ist zum Unterrichten nötig, bald ist er so weit, daß sie ihn in die Gesellschaft einführen kann.

Dr. Müller sendet Emma zum Zoo, um Direktor Grote zur Feststellung zu holen.

Direktor Grote kommt und erkennt den Bären nicht als einen Bären, er ist ein Amerikaner.
Direktor Grote läßt zur Sicherheit Anton holen, der erklärt, wenn nicht heute ein Bär eingesperrt wäre, würde er ihn als den entlaufenen Zoobären erkennen. Direktor Grote sagt, das Gerücht wäre falsch, es wäre widerrufen. Könnte er sich so gewandelt haben.
Mr. Bär sagt selbst, daß er es ist, nennt Anton bei seinem Namen und sagt, daß er genügend vom menschlichen Wesen kennengelernt habe, und Emma macht Dr. Müller darauf aufmerksam, daß Mr. Bär ein Mensch ist, nicht ein Bär. Dr. Müller erklärt ihr, daß er – er weiß es – ohne Zweifel ein Bär ist, er bekommt jetzt Unterricht im Benehmen und soll in die Gesellschaft eingeführt werden, wenn er sich benehmen kann, als Mister Bär von Amerika. »Dann ist er Eigentum des Zoo?« »Nein, er ist vom Wärter entlaufen. Der Wärter kann ihn verraten.« »Was geschieht, wenn der Direktor es erfährt?« »Er muß zurückgegeben werden.« Emma sagt, da kann er seine Frau Ria gleich mit einführen als Mrs. Bär. »Wie meinen Sie das?« »Oh, er hat viel vom menschlichen Wesen gelernt.« »Wie meinen Sie das?« Emma: »Sie sollten das selber herausfinden«. Emma geht. Dr. Müller unterhält sich, Ria kommt mit Mr. Bär.
Mr. Bär sagt, er wäre wohl nun bald genug ausgebildet, daß er in die Gesellschaft eingeführt werden könnte. Ria sagt, er muß erst das Küssen gründlich lernen. Sie unterrichtet ihn gründlich. Dr. Müller kommt aus dem Hintergrund und fragt, was sie tun. »Er lernt küssen.« »Das kann er schon sehr gut. Ich glaube, wir sollten ihn bei Direktor Grote einführen.« Ria: »Gut«. »Er wird ihn nicht erkennen. Ich will sogar sagen, daß er ein entlaufener Bär ist. Mister Bär, trauen Sie sich das Experiment zu?« »Vollkommen.« »Sie müssen mich küssen, in Gegenwart des Direktors.« »Natürlich«. Doktor Müller telefoniert Grote, er müßte gleich kommen, er hätte ihm einen interessanten Herrn zu zeigen, seinen entlaufenen Zoobären. Grote kommt und glaubt es nicht. »Der Name Bär hat sie verleitet, mir einen Amerikaner als meinen Bären vorzustellen. Wir wollen sehen, ob er meine Tochter auch küßt.« »Darauf ist er nicht dressiert.« Grote telefoniert nach Anneliese. Bär küßt sie. Anneliese ist begeistert. Sie hat niemals jemand so wundervoll küssen gefühlt. Direktor Grote sagt, daß das nur Übung eines Zoobären ist. Sie sagt, sie will ihm gern helfen, die Manieren des Menschen kennenzulernen. Wirklich, ein ganz gebildeter Zoobär. Ria sagt jetzt, sie soll sich nicht einbilden, er wäre ein Bär, es ist mein Freund Mr. Bär aus Amerika, der sich einen Spaß erlaubt hat. »Eine wundervolle Idee, ein herrlicher Spaß. Ich komme wieder.« Grote ab. Anneliese mit. Fritz: »Er hat seine Probe gut bestanden«. Sie wissen nicht, für was sie ihn halten sollen.

II
Anneliese kommt zu Ria und Dr. Müller. Sie spricht begeistert von dem letzten Abend. Ihr Vater kommt bald und wird den Wächter mitbringen. Der wird ihn sicher erkennen, wenn er verkleidet ist. Sie ist gespannt. Einerlei, er ist ein wundervoller Kavalier. Mr. Bär kommt herein. »Sie sind entzückend.« – »Ich kann das nicht gerade entzückend finden. Ich habe ihn trainiert, und Sie küßt er.« – Grote und Anton kommen. Mr. Bär: »Anton?« »Oh, man hat es ihm gesagt«, er kennt Anton nicht. Anton: »Ich würde ihn in jeder Verkleidung wiedererkennen«. Aber er kennt ihn nicht wieder. Mr. Bär: »Er will mich nicht erkennen. Du lieber Anton, ich habe mich oft nach Dir gesehnt, nach der Ruhe im Käfig, die Ecke, – das Stückchen Holz, mit dem ich spielte.« Grote: »Sie treiben Ihr Spiel zu weit, Mr. Bär. Was beabsichtigen Sie zu tun?« »Ich trachte nach Glück, wie jedes Wesen. Ich dachte, mein Glück wäre im Käfig, mein bester Freund ist Anton, jetzt weiß ich, er ist es nicht, ich habe das wahre Glück kennengelernt.« Anneliese: »Wollen Sie es uns sagen, wo es liegt?« »Sie kennen es ebenso wie ich, und nur Sie kennen es.« Grote: »Anneliese, wir haben zu gehen«. Sie gehen. »Aber ich habe durch sie das Glück kennengelernt.« Anton zu Ria: »Um Gottes Willen, was haben Sie gemacht?« Grote: »Wollen Sie mir erklären, was Sie wissen?« Grote: »Sehr interessant sind Rias Erzählungen über den Zoobären«. Mr. Bär entflieht, von niemandem bemerkt, mit Anneliese. Er wird von allen vergeblich gesucht.

Ein kurzer Text, **Mr. Bär,** GMs., 1 S., KSA., ebenfalls aus den dreißiger Jahren, lautet:

**Mr. Bär**

Personen: MR. BÄR, der Zoobär
RIA MÜLLER, seine Geliebte
DOKTOR MÜLLER, Chemiker, deren Mann
EMMA, Dienstmädchen bei Müllers
ANTON, Wärter im Zoo, Freund von Emma
DIREKTOR GROTE, vom Zoo
ANNELIESE GROTE, dessen Tochter
(Anton ist entlassen wegen eines ausgebrochenen Zoobärs)

I Im Hause Müller

Emma und Anton unterhalten sich, daß es kaum lange so weitergehen kann. Müller kommt darauf, daß Mr. Bär gar kein Zoobär ist. Sie wollen die beiden unterstützen. Ab, als Mr. Bär und Ria kommen. Mr. Bär will endlich in die Gesellschaft aufgenommen werden. Ria will nicht. Er ist noch nicht genügend vorbereitet. Soll sie küssen. Er will nicht. Doktor Müller kommt wie zufällig herein. Er dachte, sie wäre mit ihrem Bären zusammen. Ria stellt Mr. Bär vor. Doktor Müller hält es für Schwindel, telefoniert, daß Grote kommt, er will den Schwindel aufklären. Grote kommt und erkennt den Bären nicht. Inzwischen ist Ria draußen gewesen und kommt mit Anton zurück, der den Bären begrüßt, er muß ihn doch besser kennen als der Herr. Grote erklärt, daß er heute keinen Erfolg habe, denn gerade finde sich in der Zeitung die Notiz von einem ehemaligen Zoobären, der wieder eingefangen ist. Anneliese kommt, um ihren Vater abzuholen. Sie steht erstaunt vor Mr. Bär, er ist begeistert. Er umarmt und küßt sie, Grote entsetzt, Ria entsetzt.

Es gib ein weiteres späteres GMs., 1 S., KSA., auf dessen Rückseite ein englischer Text steht, was – wie auch die Schriftart – auf eine Entstehungszeit in den vierziger Jahren schließen läßt.

**Der Zoobär**

1 MR. BÄR, der Zoobär
2 RIA MÜLLER, seine Geliebte
3 DOKTOR MÜLLER, Chemiker, deren Mann
4 EMMA, Dienstmädchen bei Müllers
5 ANTON, Wärter im Zoo, Freund Emmas (entlassen wegen des ausgebrochenen Zoobärs)
6 DIREKTOR GROTE, vom Zoo
7 ANNELIESE GROTE, dessen Tochter

1. Szene

Anton besucht Emma und sagt, daß es nun schon ein Jahr her ist, seit man ihn entlassen hat, weil Direktor Grote der Bär entlaufen ist. Er würde gerne zu seiner alten Stellung zurückkehren. Sie sprechen über Ria Müller und ihren Freund, Mr. Bär, daß Doktor Müller es wohl bald satt haben dürfte, wie diese zwei beieinander leben. Anton und Emma ab, als Mr. Bär und Ria kommen. Mr. Bär will endlich in die Gesellschaft aufgenommen werden. Ria sagt, er wäre nicht genügend vorbereitet. Ria will Mr. Bär küssen, er weigert sich, das sieht Dr. Müller, der zufällig hereinkommt. Dr. Müller will den Schwindel aufdecken und telefoniert, daß Direktor Grote kommt.

Schließlich ist noch die erste Szene in einer späten Fassung überliefert. Das MMs., 3 S., KSA., ist wahrscheinlich auf einer englischen Schreibmaschine (ohne Umlaute) geschrieben:

**Der Zoobär**

Personen: DR. MÜLLER
RIA MÜLLER, seine Frau
DER ZOOBÄR
EMMA, Dienstmädchen bei Müllers
ANTON, ehemaliger Wärter im Zoologischen Garten, Diener bei Müllers
GROTE, Direktor des Zoologischen Gartens
ANNELIESE GROTE, seine Tochter

1. Akt

*Wohnzimmer im Hause von Dr. Müller. Hinten eine Tür zum Vorplatz, rechts eine Tür zu den Zimmern Rias, links eine Tür zu der Abteilung des Dr. Müller. Der Raum selbst ist Gemeinschaftsraum des Ehepaares Müller, er enthält nichts, was ihn gemütlich machen könnte, es ist sozusagen ein Übungsraum für Tanzen, ein riesiges Grammophon auf Beinen, ein Wandspiegel mit kleinem Tischchen davor, auf dem Puder, Schminke,*

*Toilettengegenstände liegen, vier Stühle dicht an die Wand gestellt, ein Kleidergestell mit Mänteln, die Lampe ist groß und grell.*

**EMMA** *kommt vom Vorplatz hereingelaufen, kurz darauf Anton*
Jetzt laß mich aber endlich zufrieden, Anton, es ist bald acht, und ich habe die Zimmer noch nicht gemacht, das Frühstück ist nicht fertig, so nun hilf mir wenigstens.

**ANTON** *hilft beim Abstauben* Das bißchen Zeug werden wir schon rein kriegen. *Beide machen rein und setzen die Stühle zurecht.*

**EMMA** In dieses Zimmer darfst Du ja noch hineinkommen, in die anderen darf ich noch nicht einmal ohne anzuklopfen und auch dann nur selten.

**ANTON** Ja, so eine moderne Verstandesehe.

**EMMA** Ich habe mich auch manchmal darüber gewundert. Er ist noch nie in ihre Zimmer gegangen, und sie darf nicht in seine Zimmer. Sie wollen sich gegenseitig nicht stören, und dabei vertragen sie sich ganz gut. Sie weiß, daß er viele Freundinnen hat, und er nimmt ihr den Zoobär nicht übel.

**ANTON** Ja, weißt Du mit dem Zoobär, das ist eigentlich lächerlich, das glaubt auch kein Mensch, daß der Mr. Bär einmal ein Zoobär gewesen sein soll. Ich selbst würde ja dabei nur Vorteile haben, wenn ich ihn festnehmen könnte. Ich würde meine Stellung wieder bekommen, aus der man mich entlassen hat, weil seinerzeit unglücklicherweise der Bär ausgerissen ist.

**EMMA** *lachend* Ja, wem könnte die Gnädige das Märchen aufbinden, daß dieser Mr. Bär der entlaufene Zoobär wäre, wer weiß, wo der jetzt ist, das gefährliche Raubtier.

**ANTON** *lachend* Ja, sie behauptet doch, er hätte menschliche Sprache verstanden, als er im Zoo gewesen sei. Er soll es von den Menschen gelernt haben, die ihn immer fütterten.

**EMMA** Und dann hat die Gnädige ihn angeblich hierher gelockt, hat ihn rasieren lassen am ganzen Körper, damit er menschlich aussieht. Weißt Du, der Wahnsinn geht zu weit.

**ANTON** Und was macht sie jetzt mit ihm?

**EMMA** Sie bringt ihm Bildung bei, denn wenn sie ihn der Gesellschaft vorstellen will, dann muß er sich gebildet ausdrücken können, und das ist wirklich wahr. Ich selber habe gehört, wie er sich gebildete Redensarten einüben mußte. Ich sage Dir, ein Zoobär ist es nicht, aber aus dem sogenannten gebildeten Stande stammt er auch nicht.

**ANTON** Laß ihn nur, der hat es hier sehr gut; er hat sein Zimmer, das beste Essen und darf in der Abteilung des Parks spazieren gehen, die der Gnädigen gehört, und wenn er einmal in die Gesellschaft aufgenommen ist... Ich muß gehen, ich höre wen kommen. *Ab. Emma putzt weiter.*

**RIA** *kommt durch die Tür rechts, zurücksprechend* Du weißt doch, daß Du in diesen Raum nicht kommen darfst.

**ZOOBÄR** *drängt sie durch die Tür und tritt ein* Aber ich tu es doch, ich lasse mich nicht länger gefangen halten. Über ein Jahr schon bin ich Dein Gefangener, Du versprichst mir dauernd, mich der Gesellschaft vorzustellen und tust es nicht. Jetzt hab ich es satt, weiter zu lernen und zu lernen...

**RIA** *zu Emma* Mach das Frühstück fertig und laß uns allein, Emma.
*Emma ab.*

**ZOOBÄR** Also wann wirst Du die Gesellschaft einladen?

**RIA** Warte noch vierzehn Tage, dann sind wir so weit fertig.

**ZOOBÄR** Du glaubst doch nicht, daß jemand Dir glauben wird, daß ich der entlaufene Bär wäre.

**RIA** Man wird es mir glauben und man glaubt es mir, und Anton, den ich jetzt als Hausburschen angestellt habe, wird es bezeugen, daß Du der Zoobär bist, sobald ich ihn rufe. Ich habe schon mit ihm geprobt, er weiß genau, was er zu sagen hat.

**ZOOBÄR** Dann wird er mich doch einsperren wollen und einsperren müssen. Man kann doch nicht einen Zoobär frei herum laufen lassen, selbst wenn er sich inzwischen gebildete Redensarten angewöhnt hat. Man wird verlangen, daß ich mir Haare wachsen lasse, mich ausziehe und für Zucker tanze.

**RIA** Natürlich nicht, mein kleiner Zoobär, man wird doch einen gebildeten Mann nicht wegen seiner Abstammung einsperren, wenn er sich doch vollkommen verändert hat, man merkt ihm doch seine Abstammung doch gar nicht mehr an.

**ZOOBÄR** Das glaubst Du doch selbst nicht, Du weißt

es doch, wie man es den Juden gemacht hat, die waren doch auch gebildete Leute und wurden von ungebildeten und gefühllosen Menschen im Konzentrationslager gefangen gehalten und bewacht und nur aus dem Grunde ihrer Abstammung.

RIA Du glaubst scheinbar nicht an den Einfluß, den ich, Frau Ria Müller, auf die menschliche Gesellschaft habe. Natürlich könnte ich Dich einsperren lassen, weil ich es beweisen kann, daß Du kein Mensch, sondern ein Tier bist, aber ich kann Dich ebenso gut und werde Dich frei leben lassen, als meinen Freund.

ZOOBÄR Du nennst das Freundschaft und es ist Gefangenschaft. Ich bin hier Dein Gefangener, im Zoo würde ich Antons Gefangener sein, die Leute sollen meine wahre Herkunft nicht wissen und alles nur, weil Du mich in Deiner Nähe als Deinen Freund brauchst. Ich bin es aber leid geworden, ich habe es satt. Ich habe nichts zu verbergen, auch meine Abstammung nicht, wenn ich auch aus ärmlichen Verhältnissen komme. Wir haben abgemacht, daß Du mich ein Jahr lang als Menschen der Gesellschaft ausbilden wolltest, dann wolltest Du mich der sogenannten Gesellschaft vorstellen. Das Jahr ist um und ich verlange die Einlösung Deines Versprechens.

RIA Du liebst mich nicht.

ZOOBÄR Nun fang nicht mit solchen Blödheiten an. Ich habe Dich überhaupt nie geliebt, ich bin ein Bär und suche meine Bärin und Du bist keine Bärin.

RIA Jetzt bist Du mit einem mal ein Bär, vorhin wolltest Du es nicht sein.

ZOOBÄR Ich kann es sogar beweisen. Ich brauche nur Deinen Anton zu rufen, den Du eingedrillt hast. Er wird es bestätigen, daß ich der entlaufene ZOObär bin.

248 **Wer nennt es?** Ein Stück ohne Titel, GMs., 11 S., im Notizheft der Spitzbergen- und Oslo-Reise, datiert 27. 1. 34. KSA.

255 **Eine Stunde Aufenthalt,** Kleines Schauspiel in 2 Aufzügen, MMs., 17 S., datiert Aalesund, den 17. 9, 1934, KSA.

271 **Der dritte Acker,** Ein Trauerspiel, GMs., 10 S., KSA. Gedruckt ist der überarbeitete Text.
Varianten:
S. 271
Z. 11 der Landstreicher, Wendolfs Vater
S. 272
Z. 8 Pfui, Meier, ist es
Z. 34/35 einen Betrüger nennst? Das sagt natürlich alles.
S. 273
Z. 14 Ich war der Erbe und wußte es und mußte das erben, mein Erbe, das dritte Feld!
Z. 32 Jetzt wird die Sache aber interessant für meine Frau! Daß Frauenzimmer
S. 274
Z. 13 habe sie zu Grabe getragen.
S. 275
Z. 24 *eintretend* Ihr seid noch nicht fertig.

277 **Fried Berger,** GMs., 6 S., KSA.

281 **Feuerschein,** GMs., 14 S., KSA.
Eine Szene einer anderen Fassung mit unterschiedlichem Personenverzeichnis ist unter dem Titel: **Leutestube auf Gut Karpfenteich** überliefert, GMs., 6 S., KSA. (paginiert S. 12–17.) Es ist bei diesem Text nicht eindeutig belegbar, ob dieses Fragment eine Variante zu **Feuerschein** darstellt. Die Ähnlichkeit des Brandstiftungs-Motivs legt diesen Schluß nahe. Der Text lautet:

I

**Leutestube auf Gut Karpfenteich**

GOTTELSE *deckt den Tisch* Hier noch das Salz. Die gnädige Frau nämlich ißt gern Pfeffer. – Das Limonadeglas für den alten Herrn. – Die Blumen dürfen nicht fehlen, sonst schilt die gnädige Frau. *Stolpert.* Herrgott, die rauhen Dielen, man verhakt sich immer. Mir hat heute von Särgen geträumt. *Erschrickt, weil Erlenreich hereinkommt.*

ERLENREICH Grüß Gott, Gottelse! Was für Särge denn?

GOTTELSE Ich meine, wie es hier die Leute machen, die kaufen sich beizeiten Särge und bewahren ihr Obst darin auf, das schmeckt gut.

ERLENREICH Das hat keinen Zweck hier, wenn der alte Kasten einmal brennt!

GOTTELSE Wieso, das muß doch nicht abbrennen!

ERLENREICH Dann brennen die Särge mit auf.

GOTTELSE *bekreuzigt sich* Jesusmaria; das soll man nicht immer sagen. Dann schlägt ein Funken ein, dann brennt es schon.

ERLENREICH Es wäre kein Schaden für die Herrschaft. Das Haus ist schlecht, und es ist kein Segen dabei, weil unsere Gnädige sich nicht mit ihrer Schwiegermutter verträgt.

GOTTELSE Mit der soll sich einer auch wohl vertragen!

ERLENREICH Gestern haben sie die Feuerversicherung erhöht.

GOTTELSE Dann wird's nicht brennen, dann paßt die Versicherung zu sehr auf.

ERLENREICH Gegen Kurzschluß kann keiner etwas machen. Da hilft kein Aufpassen, dann brennt's eben.

MÜMMELMANN *tritt ein* Wann gibt's was zu essen?

GOTTELSE Ich rufe die Herrschaft, es ist so weit. *Ab.*

MÜMMELMANN Schwül ist es heute.

ERLENREICH Da kann es ein Gewitter geben, und beim Gewitter schlägt es ein.

MÜMMELMANN Es muß doch nicht einschlagen, es schlägt doch nicht immer ein!

ERLENREICH In gut versicherte alte Häuser schlägt der Blitz gern ein! *Natalie und Karl Kraft treten ein.*

NATALIE *in der Tür* Nun geh doch weiter, Karl, immer läufst Du mir wie eine Katze vor den Füßen herum! *Alle sind aufgestanden.* Guten Morgen, Leute!

KARL Guten Morgen, Leute!

DIE LEUTE Guten Morgen, gnädige Herrschaft!

KARL Wie weit ist die Ernte?

MÜMMELMANN Wir beginnen mit Einfahren heute nachmittag.

NATALIE Wo lassen Sie denn das Getreide?

MÜMMELMANN In der Scheune.

NATALIE Warum nicht in einer Stiege, ich habe so oft gesehen, daß die Bauern ihr Getreide auf Stiegen fahren.

MÜMMELMANN Wenn die Scheune voll ist, oder wenn sie keine haben.

NATALIE Man sollte immer das Getreide auf Stiegen fahren, sonst wenn es einmal brennt, dann verbrennt die ganze Ernte mit.

MÜMMELMANN Daran habe ich auch schon oft gedacht.

NATALIE Du sagst natürlich mal wieder nichts dazu, Karl.

KARL Weil Du recht hast, sage ich nichts.

NATALIE Ich habe immer recht, dann brauchst Du Deinen Mund überhaupt nicht aufzutun.

KARL Brauche ich auch nicht.

NATALIE Waschlappen!

WERNER *mit Irmgard eintretend* Guten Tag, Mutter!

IRMGARD Guten Tag, Oma!

NATALIE Oma, Oma! – Was sagst Du dazu, Karl, sie nennt mich Oma!

KARL Du bist doch Oma!

NATALIE Wieso bin ich Oma?

KARL Weil Du die Großmutter von Friederike bist!

NATALIE Darum bin ich noch längst nicht Oma, merk Dir das! *Inzwischen haben sich alle gesetzt.* Wir wollen jetzt beten. *Sie betet vor.* Komm Herr Jesu, sei unser Gast, und segne, was Du uns bescheret hast! Laß die Ernte gut reifen und trocken hereinkommen und fördere unsere guten Wünsche. Amen.

ALLE Amen!

NATALIE Oma nennt sie mich! Ich eine Oma! Es gibt Leute, die als Großmutter geboren werden, und andere werden nie Großmutter.

296 **Johanna Paulsen: vom Morgen bis Mittag,** GMs., 4 S., KSA.

298 **Der Durchschnittsmensch,** GMs., 2 S., KSA.

299 **Wahrheit,** dramatisches Märchen von Jens Jenssen, Ms. von Kurt Schwitters, 15 S. in blauem Notizheft, datiert 12. 3. 1939, die erste Seite HMs., die weiteren 14 Seiten GMs.

Die erste Fassung ist nur auf norwegisch erhalten und unter Mitarbeit von Thorolf Höyer Finn verfaßt:

**Hvad er Sannhet?**

Skuespill i 5 akter av Kurt Schwitters og Thorolf Höyer Finn, MMs., 16 S., datiert 1938, KSA.

Schwitters og Thorolf Höyer Finn, MMs., 16 S., datiert 1938, KSA.

Thorolf Höyer Finn, geb. 27. 6. 1896 in Oslo, norwegischer Komponist, Kritiker und Organist. Nach einem Musikstudium in Göteborg führten ihn Konzertreisen nach Amerika und Nordeuropa. 1924–1967 war er Organist in Molde. Artikel von ihm erschienen in ›Romsdals Budstikke‹, Molde; ›Adresseavisen‹, Trondheim; ›Morgenbladet‹, Oslo; ›Norges Kvinner‹, Oslo.

PERSONER RASMUS MOEN, organist ved Moby kirke

HELGA MOEN, hans hustru
ANDERS ANDERSEN, sogneprest i Moby, fru Moens far
MARTA ANDERSEN, hans hustru
OLE VIK, utgiver og redaktor av ›Moby-Posten‹
OSKAR BERG, politimester i Moby
FREDRIK STRAND, fisker på Furuholmen
NORA STRAND, hans hustru
GEORGE MALON, kunstmaler fra Paris, som hver sommer arbeider på Furuholmen
THEODOR OLSEN, organist ved nabosognets kirke, blind
EVA OLSEN, hans hustru

Handlingen foregår i Moby, en liten norsk kystby, i 1938

I.

*Et værelse i organistens hjem. Et piano midt på bakveggen. Pianolampen er tendt. I forgrunnen, litt til høire for pianoet, et bord med blomster, omgitt av stoler. I hjørnet til høire en vevstol. Til venstre en alkove, hvori et skrivebord foran et stort vindu. Gjennem vinduet ser man, over hustakene, den blåe fjorden i solbelysning, og i bakgrunnen store snefjell. På venstre vegg en dør til entréen. På høire vegg et vindu til haven og en dør til balkongen. Gjennem vinduet til høire ser man kirken. – Ved siden av skrivebordet en skrivemaskin på en taburett og et stort radioapparat. Før teppet går opp hører man fra pianoet musikk i den frygiske kirketoneart. Musikken avbrytes, hvoreftet de siste taktene blir gjentatt. Da teppet går op, ser man Rasmus Moen sitte ved pianoet og komponere, med blyant og notepapir. Han reiser sig, går et øieblikk frem og tilbake på gulvet, og setter sig så atter til pianoet. Helga Moen kommer inn gjennem entrédøren og går bort til vevstolen.*

RASMUS Det er så interessant å arbeide med de gamle kirketoneartene. Det var en kjempemessig misforståelse som snek sig inn blandt kirkemusikerne i siste halvdel av forrige århundre, da man gav romantikken innpass i kirkemusikken og harmoniserte endog Crügers og Schops og Hasslers melodier efter rent profane retningslinjer, og da man komponerte salmemelodier i alle mulige verdslige stilarter eller i slett ingen stilart, slik at man ved et kirkebesøk kunde tenke sig hensatt alle mulige andre steder, men bare ikke til kirken! Men nu oplever vi en kirkemusikalsk renessanse her i landet – – og jeg vet nu at jeg har en ikke så ringe andel deri, da jeg jo er en av de ivrigste forkjemperne for den rene kirkestil.

HELGA Det er besynderlig, at alt, som du tar fatt på, får nytt liv under dine hender!

RASMUS Ja, men så er det jo også livet det kommer an på.
*Det ringer på entrédøren. Helga går ut og lukker op og kommer tilbake med et brev.*

HELGA Ha! Vet du hvem som har skrevet til oss? Det er politimester Oskar Berg. *Hun leser brevet.* Han beundrer din artikkel i ›Moby-Posten‹ og ønsker dig til lykke. *Hun leser høit:* »Deres artikkel ser på kristendommen fra et menneskelig synspunkt. Jeg pleier å gå kirken forbi, fordi jeg ikke orker å høre på prestenes vrøvl. Hvis det i kirkene blev preket efter Deres grunnsetninger, så vilde jeg bli en flittig kirkegjenger.«
*Det ringer igjen. Helga lukker op og kommer inn med Ole Vik.*

OLE VIK Takk for sist! Deres artikkel har slått godt an overalt. Fra alle mulige hold og kanter, ja endog meget langveis fra, har vi mottatt begeistrede skrivelser. Her er f. eks. et brev fra Trøndelag. *Leser:* »En vei tilbake til kristendommen for de åndelig hjemløse.« *Han viser frem en stor pakke med brev.* Her skriver en prest. *Leser høit:* »En klok artikkel – men man forstår at forfatteren ikke er en offisiell representant for vår kirke.«

RASMUS En offisiell representant for kirken vil vel som regel ha mistet evnen til å forstå den virkelige, levende kristendom, fordi han har hentet sin lærdom fra støvete bøker og ikke har fulgt med i utviklingen. I egenskap av organist har jeg vært til stede ved mange kirkelige høitider, og således har jeg hatt anledning til å høre adskillige av våre mer fremtredende geistlige. Jeg har da opdaget en rød eller kanskje jeg heller burde si sort tråd, som går gjennem alle disse prekener, nemlig læren om at vi mennesker av naturen er onde, ja gjennemfordervet, at det ikke finnes så meget som et eneste mikroskopisk atom av godt i oss, men at vi er forbannede og fortapte syndere, som alene fortjener å bli styrtet ned i et uendelig redselsfullt helvede for som straff for vår medfødte syndighet å pines og pines uten ophold gjennem alle evigheters evighet. Men, og så får vi høre at det dog finnes en redning unna denne forferdelige skjebne, men også bare en eneste vei, nemlig den som kirken anviser. Kirkens prester synes å mene om sig selv at de er agenter for et slags åndelig forsikringsselskap, hvor man har anledning til å tegne en ulykkesforsikringspolise for evigheten. Og forsikringspremien, den må man selv betale, idet man ›tar fornuften til fange under troens lydighet‹ ved kritikkløst å sluke alt det teologiske støv, som serveres oss fra prekestolene.

»Har da vi mennesker bare dårlige egenskaper«, spurte mig en fisker forleden dag, og en eldre dame spurte mig om det da bare er prestene som finner Guds rette vei. Jeg tok da prestene i forsvar så godt jeg kunde og sa, at de nok i det minste forsøker å finne den rette vei.

Ofte har jeg hørt folk si at den kirkelige forkynnelse undergraver den selvtillit, uten hvilken de overhodet ikke kan utrette noe av verdi her i livet. De står her foran et valg: enten må de tvile på sig selv, ja på hele sitt menneskeverd og sin eksistensberettigelse som mennesker, eller også må de tvile på kirkens forkynnelse. I det første tilfelle blir all deres gjerning lidende, idet et mindreverdighetskompleks ligger og lurer på bunnen av deres sjel og forpurrer alt hvad de foretar sig – og i det siste tilfelle skyr de ikke bare kirken, men de tar endog avstand fra selve kristendommen, fordi de hittil bare har møtt denne i en uedel og frastøtende skikkelse; de blir da åndelig husville, uten religion og følgelig uten adgang til den store kraftkilde, hvorfra de dog må hente kraft til all sin gjerning, så sant de da ønsker å utrette noe positivt her i livet.

OLE VIK Bravo! Menn av Deres støpning trenger jeg som medarbeidere i min avis. ›Moby-Posten‹ spalter står til hel og full og fri rådighet for artikler preget av den åndsretning De representerer. Personlig stiller jeg mig også med liv og sjel på Deres side i kampen for en renere og edlere kristendomsopfatning enn den som representeres av den offisielle kirkekristendom. *Rasmus trykker hans hånd, taus.*

*Gjennem balkongdøren kommer George Malon.*

MALON Hallo, Rasmus, jeg må gratulere dig med din artikkel! Du er en modig maur! Men hvorfor går du da ikke et skritt videre?

RASMUS Hjertelig takk, kjaere venn! Jeg forstår hvad du mener.

MALON Ja, du er en kjetter, og jeg er en hedning. Det er forskellen på oss.

OLE VIK Og hvad vil De da kalle mig?

HELGA En forretningsmann! *Alle ler.*

**MALON** Ja, så sannelig min hatt! De er forretningsmann med hud og hår!

**RASMUS** *klapper Malon på skulderen* Jeg har ofte sagt til dig, at ditt hedenskap er mere kristelig enn mange kristne menneskers adferd, og mere kristelig enn mange av de prekener som holdes i kirkene rundt omkring her i landet.

**MALON** *til Vik, litt hånlig* Jeg vet ikke om dette interesserer Dem, hr. Vik.

**OLE VIK** Jo, i aller høieste grad, hr. Malon. Jeg skulle sette stor pris på å kunne få offentliggjøre artikler også fra Deres hånd, hvori De fremlegger Deres syn på tingene.

**HELGA** Forretningsmann med hud og hår, var det ikke det jeg sa! *Alle ler.*

**MALON** Tusen takk, hr. Vik – – men dessverre er jeg ingen forfatter. Jeg er kunstmaler. *Til Rasmus.* Min gudstjeneste, hvis jeg da tør benytte dette ord, er tilbedelse av naturen. Vel vet jeg, at naturen ikke er Gud, men bare et Guds skaperverk. Jeg føler at jeg trenger Gud; jeg er helt avhengig av ham og kan ikke leve uten ham. Men i min begrensning kan jeg ikke fatte ham. Derfor tilber jeg ham i hans verk, i naturen. I naturen har Gud nedlagt sine uforanderlige lover, fysikkens og kjemiens lover. Naturens underbare former har han utrustet med underbare farver. Naturen er så enkel og på samme gang så mangfoldig, at intet dødelig vesen ville kunne skape et verk, som selv bare tilnœrmelsesvis ville kunne måle sig med naturen. Selv den ubetydeligste lille detalj i naturen er et under av lovmessighet.

**OLE VIK** Og De sier et De er en hedning!

**MALON** Ja, jeg er en hedning. Jeg befatter mig ikke med skaperen, men bare med naturen, som ligger innenfor rammen av min evne til erkjennelse. *Han går bort til vinduet og peker ut over fjorden:* Når jeg for eksempel er der borte på min lille øy Furuholmen, så er det meget mer nœrliggende for mig å beskjeftige mig med en liten hendelse på øen enn med en hendelse av kanskje verdenshistorisk betydning der ute i den store verden. En død måke som driver i land på Furuholmen, eller en linerle som bygger sitt rede mellem ytterveggen og innerveggen i min hytte, interesserer mig således mere enn et stort kulturelt evenement i Oslo eller en høipolitisk tale i Berlin eller New York. Men på den annen side interesserer mig endog den ubetydeligste tildragelse i Oslo mer enn selv en kosmisk revolusjon på månen – – *med komisk patos* For eksempel at månen ved et sammenstøt med Venus fikk knekket sitt ene horn.

**OLE VIK** De liker å spøke – – for månen har jo ingen horn!

**HELGA** Og så meget vet da også jeg fra historien, at månen iallfall hittil aldri har vært utsatt for noe sammenstøt med Venus!

**MALON** Nuvel, jeg har med dette bare villet bevise at jeg er temmelig ubegavet, når det gjelder ting som befinner sig på stor avstand fra mig. Og da således min begavelse tiltar, jo nærmere tingene kommer mig, så er jeg følgelig en absolutt egoist!

**HELGA** *har i mellemtiden hentet vin.* Det må vi skåle på! *Setter glassene på bordet og skjenker i; enhver henter sitt glass.*

**RASMUS** Jeg løfter mitt glas for kirkens fremtid!

**HELGA** *løfter sitt glass* Ja, skål for fremtidskirken, for det åndelige hjem, som vi nutidsmennesker hungrer efter!

**MALON** *med patos* Leve den sunde egoisme!

**OLE VIK** Leve åndens kamp!

**HELGA** Men vil De da ikke, hr. Malon, fortelle oss hvad De mener med sund egoisme?

**MALON** Med største fornøielse! Mennesket kjenner sig selv best, selv om man aldri lærer sig selv å kjenne til bunns. Man kjenner sine egne behov, og mange kjenner også sine egne plikter. Nu er det jo også engang så, at likheten oss mennesker imellen er større enn forskjellen. Dette bringer oss til å erkjenne, at andre mennesker har samme rettigheter og samme plikter som de vi selv har. Hvis jeg nu utvider egoismen til også å omfatte kameratskapet, så fremstår den sunde egoisme. Ut fra erkjennelsen av våre egne behov lærer vi å erkjenne våre medmenneskers behov, likesom vi ut fra erkjennelsen av våre medmenneskers plikter lærer å erkjenne våre egne plikter.

RASMUS Du har rett. På sig selv kjenner man andre – – og man kan tilføie: gjennem andre lærer man sig selv å kjenne. Får jeg lov til å belyse dette med et lite konkret eksempel?

MALON Comme vous voulez, monsieur! Je vous prie!

RASMUS All right! Jeg kom nemlig i denne forbindelse til å tenke på en liten anekdote, som en pastor Kierkegaard i Kjøbenhavn hadde innflettet i en preken, som jeg tilfeldigvis fikk anledning til å høre da jeg sist var i Kjøbenhavn. Ja, det var en preken av de sjeldne!

OLE VIK Den anekdoten vil jeg gjerne ha i ›Moby-Posten‹!

HELGA Men menneske, hvordan kan De si det? De har jo ikke hørt den enda!

MALON Så kom med den da!

RASMUS En godseier kom kjørende hjem til sitt slott en sen vinteraften. Da vognen svingte inn i alleen foran slottsporten, fikk godseieren høre en klagende lyd fra veikanten. Han bad kusken om å stoppe og undersøke hva det kunde være. Jo, det var en mann som hadde brukket benet, sa kusken. Jaså, ikke noe annet, sa godseieren. Kjør da bare videre! Jeg trodde at mannen hadde tannpine, slik som han jamret sig – – og hadde han hatt tannpine, så ville vi ha tatt ham med oss til slottet og gitt ham den beste forpleining. Men et benbrudd, det kan da vel ikke være noe å gjøre slikt forferdelig vesen av! – – Pastor Kierkegaard tilføier at vedkommende godseier selv hadde hatt tannpine, men han hadde aldri brukket et ben. Derav hans evne til å føle medlidenhet med enhver som måtte plages av tannpine. Hadde han selv vært utsatt for benbrudd, så ville han ha hatt den samme evne til medfølelse med den ulykkelige, som lå der på veikanten med et brukket ben. Ens medfølelse med andre betinges ofte nettop derav at man selv har gjennemgått de samme prøvelser!

MALON Akkurat! Men det er ikke nok at du føler med de andre; du må også handle slik med dem, som du selv ønsker å bli behandlet av dem. Dette er nemlig grunnvollen for den sunne egoisme.

RASMUS Men dette er jo ikke hedenskap, det er tvert imot kristendom i renkultur. For Kristus sier jo selv i sin bergpreken: »Alt hvad I vil at menneskene skal gjøre mot eder, det skal også I gjøre mot dem«.

OLE VIK Vil De da ikke skrive om dette i ›Moby-Posten‹, hr. Malon?

MALON Nei, det vil jeg ikke gjerne, for jeg vet at folk vil misforstå mig. De hemningsløse egoister vil nemlig aldri innrømme at de selv har plikter overfor andre, men vil bare gå med på at andre til enhver tid har plikter overfor dem selv.

SOGNEPRESTEN *kommer gjennem verandadøren* God morgen, kjære venner! *Omfavner og kysser sin datter.* Mitt stakkars barn, å hvor jeg beklager at du skal være gift med en mann, som fornekter vår kristne tro. Efter hvad som nu har hendt må jo enhver være klar over hans standpunkt.

HELGA *sliter sig heftig løs fra sin far og omfavner Rasmus* Vi er så lykkelige, og vi vil alltid holde sammen!

SOGNEPRESTEN *i en begredelig tone* Jeg har alltid satt min svigersønn meget høit. Han er en meget begavet orgelspiller og en fremragende improvisatør, skjønt jeg må tilstå at jeg ikke er synderlig begeistrat for hans kirkemusikalske reformbestrebelser. Men så kom denne artikkelen av ham i Deres blad, hr. Vik, og da blev jeg oprørt.

OLE VIK De burde heller glede Dem over artikkelen, hr. sogneprest.

SOGNEPRESTEN *oprørt* Jeg forstår ikke hvad De mener!

OLE VIK Artikkelen viser vei ut av uføret, en vei til kirkens redning. Det er på tide at kirken blir rusket våken, så at prestene endelig kan gni søvnen ut av øinene og se hva timen er slagen.

SOGNEPRESTEN De vil da vel ikke påstå at jeg sover?

RASMUS Kjære far, du må da begripe at jeg ikke har hatt for hensikt å skrive imot dig -- for jeg er jo også klar over at forskjellen mellem ditt og mitt syn på tingene i grunnen ikke er så stor. Det er vekkelsespredikantenes forkynnelse jeg vil til livs, denne forkynnelse som skaper hemmende mindreverdighetskomplekser i så mange sinn og som formørker livet for utallige mennesker, og nettop for mange av de beste og frommeste og mest alvorlige. Og er mon ikke også denne forkynnelse skyld i at så mange prektige mennesker i vår tid går kirkens dør forbi -- fordi de umulig kan finne noen opbyggelse i stadig å bli tutet i ørene hvor helt igjennem syndige og elendige de er!

SOGNEPRESTEN Nuvel, jeg skal villig innrømme at det finnes megen upsykologisk forkynnelse, og jeg innrømmer også at en predikant gjør mange prektige mennesker urett ved å skjære alle over en kam. Men på den annen side må vi også være klar over at vekkelsespredikantene ser det som sin opgave å redde de dypest falne, de største synderne, og da bør man tilgi dem, hvis de i sin nidkjærhet kommer i skade for å såre mennesker, som ikke er så slette som disse.

HELGA *rekker sin far et glass vin* La oss nu ikke snakke mer om dette. Vil du ikke heller drikke et glass vin med oss?

SOGNEPRESTEN Nei takk, den foreliggende situasjon er ikke nettop noe å skåle for. Rasmus må jo vite at det er jeg som er kirkens offisielle representant her på stedet, og det hadde derfor vært hans plikt å vise mig artikkelen og la mig sensurere den, forinnen han offentliggjorde den. Ja, for du aner ikke, Helga, hvilke personlige ubehag denne artikkelen har påført mig. Allerede samme dag som artikkelen var inntatt fikk jeg besøk av flere personer, som innstendig opfordret mig til å ta til gjenmæle i avisen -- men selvfølgelig vil jeg av flere grunner ikke blande mig op i denne strid. Og så har jeg hatt besøk av andre vrede personer, som var inderlig forferdet over at en organist ved en luthersk kirke endog offentlig, i en avisartikkal, kan fremsette tanker og ideer, som kan komme ubefestede sjeler til å tvile på at kirkens lære er den rette. Ja, disse personer var endog fast bestemt på ikke mere å sette sine ben i kirken, så lenge Rasmus er organist der -- og de så helst at han fikk sin avskjed på dagen. Og for øvrig så har Rasmus ikke noe med å kritisere kirken og forkynnelsen.

HELGA Føler han her et kall, og er han overbevist om at han går en høiere makts ærend, så spiller det i sannhet ingen rolle om han er statsautorisert eller ikke. Tvert imot må det vel sies å være en stor fordel at han ikke, i likhet med prestene, er fastlenket til systemet; fordi han står fritt, er han jo nettop i stand til å se uhildet på tingene, uten forutfattede meninger.

SOGNEPRESTEN Og her skal jeg få høre fra min egen datters munn, at jeg ikke er upartisk!

HELGA Far, vi kjenner og verdsetter alle dine gode egenskaper, din godmodighet, din hjelpsomhet, din offervilje, ja hele ditt gode hjertelag

– – men du må også være klar over at dit forhold til kirken er av en sådan art, at du simpelthen ikke kan være helt upartisk.

SOGNEPRESTEN Når du kan tale slik, så viser dette bare at du ikke forstår hvad Kristus krever av oss mennesker. Vi har ikke rett til å forarge de umyndige. Om den som gjør det, feller Jesus den hårde dom, at det ville være bedre for det menneske å bli senket i havets dyp med en møllesten om sin hals.

HELGA Jesus sier imidlertid også: »Jeg er veien, sannheten og livet«. Veien er til for å vandres, og vandring er nettop det motsatte av stillstand. Sannheten er til for å gripes av oss, tilegnes av oss i stadig rikere målestokk, slik at all vår ferd fra først til sist blir preget av sannhet og av kjærlighet til sannheten – – og livet er til for å leves i pakt med virkeligheten, som er alle tings prøve.

SOGNEPRESTEN Er nu også du kommet derhen, at du tar Kristi ord til inntekt for en liten privat livsfilosofi, som du selv bygger opp! Er du vel opmerksom på, at du på denne måte berøver kristendommen dens brodd? Den filosofi, som du doserer, er visselig kristelig farvet, men den er hverken for grekerne en dårskap eller for jødene en forargelse. Den ville til og med guteres av en hedning som Malon.

RASMUS For min egen del er jeg fullt og fast overbevist om at Kristus, hvis han hadde levet idag, ville ha foretrukket den hedningen fremfor mange kristne.

MALON Jeg er hedning, og jeg gjør ikke fordring på å være noe annet. Jeg elsker først og fremst mig selv, dernæest mine nærmeste, dernæst andre, mig uvedkommende mennesker, og så i siste hånd – – om man så vil – – Gud, som står bak det hele.

SOGNEPRESTEN Rekkefølgen burde ha vært den motsatte!

MALON Nei, det ville være ulogisk, for da måtte man jo elske vilt fremmede mennesker mer enn sine aller nærmeste.

SOGNEPRESTEN Deres rekkefølge holder ikke stikk hverken forfra eller bakfra.

OLE VIK Det gleder mig at artikkelen i mitt blad har gitt anledning til diskusjon overalt – – og da den blir diskutert overalt, så må dens idéinnhold da i det minste sies å være tidsmessig.

SOGNEPRESTEN Akkurat som gangster-uvesanet, som er tidsmessig men ikke desto mindre forkastelig!

RASMUS Men kjære far, du mener da vel ikke å ville kalle mig for en gangster fordi jeg har skrevet en velment artikkel, hvormed jeg vil bidra til kirkens redning!

SOGNEPRESTEN Mange sådanne artikler ville ødelegge kirken. Derfor advarer jeg dig mot å skrive flere sådanne artikler. Du har nu skrevet én artikkel, og den har gitt ophav til en livlig diskusjon. Men snart vil den bli glemt, hvis det ikke kommer flere av samme sort. Og det vil jeg nu si dig, at fortsetter du med denslags skriverier, så kan jeg ikke lenger ta hensyn til vårt familieforhold; da har jeg nemlig bare ett å gjøre: som prest å optre til forsvar for kirken og kristendommen. Nu har du hørt min mening om saken. *Går ut gjennem verandadøren uten å hilse. Alle står stumme av forbauselse. Så skynder sig Ole Vik efter sognepresten. Mens han går gjennem døren, hører man, idet han forsvinner.*

OLE VIK Herr sogneprest, vil ikke De skrive en artikkel ....

RASMUS Her blir det kamp!

II.

*Samme værelse. Rasmus alene. Helga kommer med Oskar Berg gjennem entrédøren.*

HELGA Politimesteren!

POLITIMESTEREN God morgen, hr. Moen! Hvordan står det til?

RASMUS Takk, bare bra. Det gleder mig å se Dem her i vårt hjem! Og De har det bare bra?

POLITIMESTEREN Jo takk -- men bråk med folk, det har man jo bestandig. Det har vel også De erfaring for, efter at De trådte frem for offentligheten med Deres ideer. Tidligere, da De bare beskjeftiget Dem med orgelspill og komposisjon og nu og da holdt en konsert, hadde De roligere dager. Men nu er De gjenstand for alles interesse: De blir angrepet med lidenskap, og De forsvares med likeså stor lidenskap.

RASMUS Jeg kjemper og lider gjerne for min idé, for kirkens og kristendommens store sak. -- Si mig, var det ikke De, hr. politimester, som sendte mig et brev efter at jeg hadde skrevet min første artikkel?

POLITIMESTEREN Jo, jeg skrev at jeg ville bli en flittig kirkegjenger, hvis det i kirken ble preket i Deres ånd. Og nu kommer jeg for å meddele Dem . . .

RASMUS Vær så god og ta plass!

POLITIMESTEREN De forstår, at jeg ikke er den eneste her i menigheten, som holder sig borte fra kirken. Men de andre, som jeg her sikter til, er heller ikke hedninger, like så lite som jeg; de higer, likesom jeg, efter den evige sannhet. Men den form, hvori kirken fremstiller denne evige sannhet, passer ikke til deres livsinnstilling. De vil ikke betale prisen for et lykkelig liv hinsides med å la sig knuse her på jorden.

RASMUS Det gleder mig meget å høre dette.

POLITIMESTEREN Den jordiske sannhet er for mig lov, ro og orden. Loven skapes av mennesker og fortolkes av mennesker. Efter loven dømmer menneskene. La mig si det kort: sannheten for mig er lovens paragrafer. Imidlertid er jeg klar over at ro og orden eier nœ av evig sannhet. Guds fred, som overgår all forstand, er for mig ro, parret med orden. Men loven, som vi har å rette oss efter i staten, er ikke guddommelig. Den er forskjellig overalt, den forandrer sig ofte, ja mangen en gang endog uten noen logisk grunn. Den fortolkes av skrøpelige mennesker, og den fordømmer ofte mennesker som ikke engang kjenner loven. Men jeg må rette mig efter loven.

RASMUS Menneskelige lover er ufullkomne, men Guds lover er evige og uforanderlige.

POLITIMESTEREN Jeg har ofte grublet over disse ting, over de evige sannheter. Men på egen hånd, uten hjelp og veiledning, kan jeg ikke komme til klarhet over

RASMUS Jeg tror jeg forstår hva De mener. De ønsker å se Gud. Men det er ikke oss mennesker forunt å kunne iaktta Gud med våre sanser. Benådede mennesker kan i sine beste øieblikk ad indre, åndelig vei komme i kontakt med Gud og fornemme hans nærvær. Samvittigheten vidner også om Gud: enhver som vil gjøre alvor av å følge sin samvittighets bud, vil føle at han får guddommelig hjelp til virkelig å kunne vandre den vei, som stemmen i hans indre sier er den rette.

POLITIMESTEREN Vil De, hr. organist, hjelpe mig og mine venner?

RASMUS Gjerne, hvis jeg bare kan.

POLITIMESTEREN Forleden dag hadde jeg invitert hjem til meg endel venner og likesinnede for å drøfte Deres artikler. Av disse fremgår det jo tydelig at kirken må slå inn på en annen vei, hvis den skal kunne føre oss til Gud. Vil ikke De komme og preke for oss og vise oss denne vei?

RASMUS Deres forslag kommer så overraskende, hr. politimester. Men jeg skal tenke på saken. Hils Deres venner fra mig med takk for den tillit de viser mig, og vær forsikret om at jeg alltid vil være Deres venn! *(Han følger politimesteren til døren og rekker ham hånden. Politimesteren går. Samtidig kommer den blinde organist Olsen, ledsaget av sin hustru.)*

Olsen: Guds fred, hr. kollega!

Die Übersetzung von Ernst Schwitters, 1974, hat folgenden Wortlaut:

WAS IST WAHRHEIT?
Schauspiel in 5 Akten

PERSONEN

RASMUS MOEN, Organist der Moby-Kirche
HELGA MOEN, seine Frau
ANDERS ANDERSEN, Pastor in Moby, Frau Moens Vater
MARTA ANDERSEN, seine Frau
OLE VIK, Herausgeber und Redakteur der ›Moby-Post‹
OSKAR BERG, Polizeichef in Moby
FREDRIK STRAND, Fischer auf Furuholmen
NORA STRAND, seine Frau
GEORGE MALON, Kunstmaler aus Paris, der jeden Sommer auf Furuholmen arbeitet
THEODOR OLSEN, Organist der benachbarten Kirchengemeinde, blind
EVA OLSEN, seine Frau

Die Handlung verläuft in Moby, einer kleinen norwegischen Küstenstadt im Jahre 1938

I

*Ein Zimmer im Hause des Organisten. In der Mitte vor der Hinterwand ein Klavier. Die Klavierlampe ist angezündet. Im Vordergrund etwas rechts vom Klavier ein Tisch mit Blumen, von Stühlen umgeben. In der rechten Ecke ein Webstuhl. Links ein Erker, in dem ein Schreibtisch vor einem großen Fenster steht. Durch das Fenster sieht man über die Häuserdächer den blauen Fjord im Sonnenlicht, im Hintergrund hohe Schneeberge. In der linken Wand führt eine Tür zum Vorplatz. In der rechten Wand ein Fenster zum Garten und eine Tür zum Balkon. Durch das Fenster rechts sieht man die Kirche. Neben dem Schreibtisch eine Schreibmaschine und ein großer Radioapparat auf einem Taburett. Bevor der Vorhang sich hebt, hört man vom Klavier Musik in der phrygischen Kirchentonart. Die Musik bricht ab, dann werden die letzten Takte noch einmal wiederholt. Wenn der Vorhang sich hebt, sieht man Rasmus Moen mit Bleistift und Notenpapier am Klavier sitzen und komponieren. Er steht auf, geht einen Augenblick hin und her und setzt sich wieder ans Klavier. Helga Moen kommt durch die Eingangstür und geht zum Webstuhl.*

RASMUS Es ist interessant, mit den alten Kirchentonarten zu arbeiten. Es war ein riesengroßes Mißverständnis, das sich unter den Kirchenmusikern der letzten Hälfte des vergangenen Jahrhunderts eingeschlichen hat, als man der Romantik Eingang in die Kirchenmusik gab und sogar Crügers und Schops und Hasslers Melodien nach rein profanen Richtlinien harmonisierte, und als man Psalmenmelodien in allen möglichen weltlichen Stilarten oder in überhaupt keinem Stil komponierte, so daß man sich bei einem Kirchenbesuch an alle möglichen anderen Plätze hinversetzt fühlen konnte, nur nicht in die Kirche. Aber jetzt erleben wir eine kirchenmusikalische Renaissance hier im Lande -- und ich weiß jetzt, daß ich daran einen nicht so kleinen Anteil habe. Denn ich bin ja einer der eifrigsten Vorkämpfer des reinen Kirchenstils.

HELGA Es ist merkwürdig, daß alles, mit dem Du Dich beschäftigst, neues Leben bekommt!

RASMUS Ja, aber es kommt ja auch auf das Leben an.
*Es klingelt an der Eingangstür. Helga geht hinaus, öffnet und kommt mit einem Brief zurück.*

HELGA Ha! Weißt Du, wer uns geschrieben hat? Der Polizeichef Oskar Berg. *Sie liest den Brief.* Er bewundert Deinen Artikel in der ›Moby-Post‹ und wünscht Dir Glück. *Sie liest laut.* »Ihr Artikel sieht das Christentum vom menschlichen Standpunkt aus. Ich pflege an der Kirche vorbeizugehen, weil ich es nicht ertragen kann, den Unsinn der Pastoren zu hören. Wenn man in den Kirchen nach Ihren Grundsätzen predigte, dann würde ich ein fleißiger Kirchengänger werden.«

*Es klingelt wieder. Helga öffnet und kommt mit Ole Vik herein.*

OLE VIK Schön, Sie wiederzusehen! Ihr Artikel ist überall gut angekommen. Von allen möglichen Seiten, von überall her, sogar von sehr weit her, haben wir begeisterte Briefe erhalten. Hier ist z. B. ein Brief aus Trøndelag. *Er liest.* »Ein Weg zurück zum Christentum für die geistig Heimatlosen.« *Er zeigt ein großes Paket mit Briefen.* Hier schreibt ein Pastor. *Er liest laut.* »Ein kluger Artikel – – aber man erkennt, daß der Verfasser kein offizieller Repräsentant unserer Kirche ist.«

RASMUS Ein offizieller Repräsentant der Kirche hat in der Regel wohl die Fähigkeit verloren, das wirkliche, lebendige Christentum zu verstehen, weil sein Wissen aus verstaubten Büchern stammt und nicht der Entwicklung gefolgt ist. In meiner Eigenschaft als Organist bin ich bei vielen kirchlichen Anlässen zugegen gewesen und habe dadurch die Möglichkeit gehabt, eine ganze Reihe unserer bedeutenden Geistlichen zu hören. Dabei habe ich einen roten, oder man sollte wohl besser sagen schwarzen Faden entdeckt, der sich durch alle Predigten zieht, nämlich die Lehre, daß wir Menschen von Natur aus schlecht sind, ja durch und durch verdorben, daß in uns nicht einmal ein einziges mikroskopisches Atom des Guten existiert, sondern daß wir verdammte und verlorene Sünder sind, die es nur verdienen, als Strafe für unsere angeborene Sünde in die furchtbare Hölle gestürzt zu werden, um dort geplagt und gefoltert zu werden von Ewigkeit zu Ewigkeit. Aber dann hören wir, daß es trotzdem eine Rettung vor diesem furchtbaren Schicksal gibt, aber nur auf dem einen Weg, nämlich den, den die Kirche vorschreibt. Die Pastoren der Kirche scheinen von sich selbst zu glauben, daß sie Agenten einer Art geistiger Versicherungsgesellschaft sind, bei der man Gelegenheit hat, eine Unglücksversicherung für die Ewigkeit zu zeichnen. Und die Versicherungsprämie muß man selbst bezahlen, ›indem man Vernunft annimmt unter dem Glaubensgehorsam‹. Kritiklos soll man all den theologischen Staub schlucken, der uns von den Kanzeln serviert wird.

»Haben wir Menschen denn nur schlechte Eigenschaften?« fragte vor kurzem ein Fischer, und eine ältere Dame wollte von mir wissen, ob denn nur die Pastoren den rechten Weg zu Gott fänden. Ich verteidigte die Pastoren, so gut ich es konnte, und sagte, daß sie wenigstens versuchten, den rechten Weg zu finden.

Oft habe ich die Leute sagen hören, daß die kirchliche Lehre das Selbstbewußtsein untergräbt, ohne das man in diesem Leben nichts Wertvolles ausrichten kann. Sie stehen hier vor der Wahl: Entweder müssen sie an sich selbst verzweifeln, ja sogar an ihrer ganzen Menschenwürde und an ihrer Existenzberechtigung als Mensch, oder sie müssen einfach an den Lehren der Kirche verzweifeln. Im einen Fall leiden sie an allem, was sie tun, da ein Minderwertigkeitskomplex auf dem Grund ihrer Seele liegt und alles beeinträchtigt, was sie sich vornehmen – – Im andern Fall scheuen sie nicht nur vor der Kirche zurück, sondern distanzieren sich sogar vom Christentum selbst, weil sie ihm bisher nur in dieser unedlen und abstoßenden Gestalt begegnet sind; sie werden geistig heimatlos, ohne Religion und daher ohne Zugang zu der großen Kraftquelle, aus der sie immerhin die Kraft holen müssen zu all ihrem Tun, falls sie wirklich etwas Positives in ihrem Leben erreichen möchten.

OLE VIK Bravo! Männer aus Ihrem Guß brauche ich als Mitarbeiter an meiner Zeitung. Die Spalten der ›Moby-Post‹ stehen Ihnen voll und ganz für Artikel zur Verfügung, die durch die Geistesrichtung geprägt sind, die Sie repräsentieren. Persönlich stelle ich mich mit ganzem Herzen auf Ihre Seite im Kampf für eine reinere und edlere Auffassung des Christentums als die, die vom offiziellen Kirchenchristentum repräsentiert wird.

*Rasmus drückt schweigend seine Hand. Durch die Balkontür kommt George Malon.*

MALON Hallo, Rasmus, ich muß Dir zu Deinem Artikel gratulieren! Du bist eine mutige Ameise, aber warum gehst Du denn nicht einen Schritt weiter?

RASMUS Herzlichen Dank, lieber Freund! Ich verstehe, was Du meinst.

MALON Ja, Du bist ein Ketzer und ich ein Heide. Das ist der Unterschied zwischen uns.

OLE VIK Und als was wollen Sie mich nun bezeichnen?

HELGA Als einen Geschäftsmann! *Alle lachen.*

MALON Ja, ganz richtig, Sie sind Geschäftsmann mit Haut und Haaren!

RASMUS *schlägt Malon auf die Schulter* Ich habe es Dir oft gesagt, daß Dein Heidentum christlicher ist als der Lebenswandel vieler Christen und christlicher als viele der Predigten, die rundherum im Lande gehalten werden.

MALON *ein wenig höhnisch zu Vik* Ich weiß nicht, ob Sie das interessiert, Herr Vik.

OLE VIK Ja, im allerhöchsten Maße, Herr Malon, ich würde viel dafür geben, auch von Ihrer Hand Artikel veröffentlichen zu können, in denen Sie Ihre Ansichten klarlegen.

HELGA Geschäftsmann mit Haut und Haaren, war es nicht das, was ich sagte! *Alle lachen.*

MALON Herzlichen Dank, Herr Vik – – Aber leider bin ich kein Schriftsteller. Ich bin Kunstmaler. *An Rasmus.* Mein Gottesdienst, wenn ich dieses Wort benutzen darf, ist die Anbetung der Natur. Ich weiß allerdings, daß die Natur nicht Gott ist, sondern nur das Werk Gottes. Ich fühle, daß ich Gott brauche, ich bin abhängig von ihm und kann nicht ohne ihn leben. Aber in meiner Begrenzung kann ich ihn nicht fassen. Darum bete ich ihn in der Natur, in seinem Werke an. In der Natur hat Gott seine unveränderlichen Gesetze, die Gesetze der Physik und Chemie, niedergelegt. Die wunderbaren Formen der Natur hat er mit herrlichen Farben ausgestattet. Die Natur ist so einfach und gleichzeitig so vielseitig, daß kein sterbliches Wesen ein Werk schaffen könnte, daß sich auch nur annähernd mit der Natur messen könnte. Selbst das unbedeutendste kleine Detail in der Natur ist ein Wunder der Gesetzmäßigkeit.

OLE VIK Und Sie sagen, daß Sie ein Heide sind!

MALON Ja, ich bin ein Heide. Ich befasse mich nicht mit dem Schöpfer, nur mit der Natur, die innerhalb des Rahmens meines Erkennungsververmögens liegt. *Er geht zum Fenster und zeigt über den Fjord.* Wenn ich z. B. dort auf meiner kleinen Insel Furuholmen bin, dann ist es sehr viel naheliegender für mich, mich mit einem kleinen Geschehen auf der Insel zu beschäftigen als mit einem Vorfall draußen in der großen Welt, der vielleicht welthistorische Bedeutung hat. Eine tote Möwe, die auf Furuholmen ans Ufer treibt, oder ein Vogel, der sein Nest zwischen der Außen- und Innenwand meiner Hütte baut, interessiert mich daher mehr als ein großes kulturelles Ereignis in Oslo oder eine hochpolitische Rede in Berlin oder New York. Auf der anderen Seite aber interessiert mich selbst das unbedeutendste Geschehen in Oslo mehr als eine kosmische Revolution auf dem Monde – – *Mit komischem Pathos.* Zum Beispiel, daß sich der Mond bei einem Zusammenstoß mit der Venus sein eines Horn abbricht.

OLE VIK Sie lieben zu spaßen – – denn der Mond hat ja keine Hörner!

HELGA So viel weiß auch ich von der Geschichte, daß der Mond niemals einem Zusammenstoß mit der Venus ausgesetzt war.

MALON Na ja, ich wollte hiermit nur beweisen, daß ich ziemlich unbegabt bin, wenn es sich um Dinge handelt, die sich in großer Entfernung von mir abspielen. Und da auf diese Weise meine Begabung zunimmt, je näher die Dinge an mich herankommen, bin ich folglich ein absoluter Egoist.

HELGA *hat in der Zwischenzeit Wein geholt* Darauf müssen wir anstoßen! *Sie setzt die Gläser auf den Tisch und schenkt ein. Jeder ergreift sein Glas.*

RASMUS Ich hebe mein Glas auf die Zukunft der Kirche.

HELGA *hebt ihr Glas* Ja, zum Wohle der Zukunftskirche, das geistliche Heim, nach dem wir heutigen Menschen hungern.

MALON *mit Pathos* Es lebe der gesunde Egoismus!

OLE VIK Es lebe der Geisteskampf!

HELGA Aber Herr Malon, wollen Sie uns denn nicht erzählen, was Sie mit gesundem Egoismus meinen?

MALON Mit größtem Vergnügen! Jeder Mensch kennt sich selbst am besten, wenn man sich auch nie ganz kennenlernt. Man weiß um seine Bedürfnisse, viele kennen auch ihre Pflichten. Es ist ja nun einmal so, daß die Ähnlichkeiten zwischen uns Menschen größer sind als die Unterschiede. Das bringt uns zu der Erkenntnis, daß andere Menschen die gleichen Rechte und die gleichen Pflichten haben wie wir selbst. Wenn ich nun den Egoismus so erweitere, daß er auch die Kameradschaft umfaßt, dann entsteht der gesunde Egoismus. Im Kennenlernen unserer eigenen Bedürfnisse begreifen wir auch die Erkenntnisse unserer Mitmenschen. Genauso wie wir auch durch die Erkenntnis der Pflichten unserer Mitmenschen unsere eigenen Pflichten begreifen lernen.

RASMUS Du hast recht. Durch sich selbst erkennt man andere – – und man muß hinzufügen: Durch andere lernt man sich selbst kennen. Darf ich das an einem kleinen konkreten Beispiel beleuchten?

MALON Comme vous voulez, monsieur! Je vous prie!

RASMUS All right! Ich erinnere mich nämlich in diesem Zusammenhang an eine kleine Anekdote, die ein Pastor Kierkegaard in Kopenhagen in eine Predigt eingeflochten hatte und die ich zufällig zu hören bekam, als ich das letzte Mal in Kopenhagen war. Ja, das war wirklich eine außergewöhnliche Predigt!

OLE VIK Die Anekdote will ich gerne in der ›Moby-Post‹ veröffentlichen.

HELGA Aber Mensch, wie können Sie das sagen? Sie haben sie ja nicht einmal gehört!

MALON So erzähle sie doch!

RASMUS Ein Gutsbesitzer fuhr an einem späten Winterabend nach Hause zu seinem Schloß. Als der Wagen in die Allee vor seinem Schloßtor einschwenkte, hörte der Gutsbesitzer einen klagenden Laut am Wegesrand. Er bat den Kutscher, anzuhalten und zu untersuchen, was das sein könne. Ja, hier wäre ein Mann, der das Bein gebrochen hätte, sagte der Kutscher. So, so – nichts anderes, sagte der Gutsbesitzer. Dann fuhr er weiter. Ich dachte schon, der Mann hätte Zahnschmerzen, so wie er jammere – – und wenn er Zahnschmerzen gehabt hätte, so hätten wir ihn mitgenommen und hätten ihm die beste Verpflegung gegeben. Aber nur ein Beinbruch, das kann ja wohl nichts sein, weswegen man sich so anstellen sollte! – – Pastor Kierkegaard fügte hinzu, daß dieser Gutsbesitzer selbst einmal Zahnschmerzen gehabt, aber nie ein Bein gebrochen hätte. Daher seine Fähigkeit, Mitgefühl mit jedem zu haben, der Zahnschmerzen hat. Hätte er selbst einmal ein Bein gebrochen, so hätte er dieselbe Fähigkeit, Mitgefühl für den Unglücklichen zu haben, der da mit einem gebrochenen Bein am Wegesrande liegt. Das Mitgefühl ist oft gerade dadurch bedingt, daß man selbst die gleichen Prüfungen erlebt hat!

MALON Genau! Aber es ist nicht genug, daß Du mit den anderen fühlst, Du mußt sie auch so behandeln, wie Du selbst wünschst, von ihnen behandelt zu werden. Das ist nämlich das Grundprinzip des gesunden Egoismus.

RASMUS Aber das ist ja kein Heidentum, ganz im Gegenteil, das ist Christentum in Reinkultur. Christus sagt ja selbst in seiner Bergpredigt: »Alles was ihr wollt, was Menschen euch tun, das solltet ihr auch ihnen tun«.

OLE VIK Wollen Sie denn nichts über dieses Thema in der ›Moby-Post‹ schreiben, Herr Malon?

MALON Nein, das will ich nicht gerne; denn ich weiß, daß ich mißverstanden werde. Die hemmungslosen Egoisten werden nämlich nie zugeben, daß sie selbst Pflichten gegenüber anderen haben, sondern werden nur zustimmen, daß andere zu jeder Zeit Pflichten ihnen gegenüber haben.

PASTOR *kommt durch die Verandatür* Guten Morgen, liebe Freunde! *Umarmt und küßt seine Tochter.* Mein armes Kind, wie ich doch beklage, daß Du mit einem Mann verheiratet bist, der unseren christlichen Glauben verneint. Nachdem, was passiert ist, muß ja jedem sein Standpunkt klar sein.

HELGA *reißt sich heftig von ihrem Vater los und umarmt Rasmus* Wir sind so glücklich, und wir werden immer zusammenhalten.

PASTOR *in einem klagenden Ton* Ich habe meinen Schwiegersohn immer sehr hoch geschätzt. Er ist ein begabter Orgelspieler und ein hervorragender Improvisator. Selbst wenn ich gestehen muß, daß ich nicht gerade begeistert über seine kirchenmusikalischen Reformbestrebungen bin. Aber da kam dann dieser Artikel von ihm in Ihr Blatt, Herr Vik, und der empörte mich dann.

OLE VIK Sie sollten sich doch lieber über den Artikel freuen, Herr Pastor.

PASTOR *empört* Ich verstehe nicht, was Sie meinen!

OLE VIK Der Artikel zeigt den Weg aus dem Gestrüpp, einen Weg zur Rettung der Kirche. Es ist an der Zeit, daß die Kirche wachgerüttelt wird, damit die Pastoren sich endlich den Schlaf aus den Augen reiben und erkennen, was die Stunde geschlagen hat.

PASTOR Sie werden doch wohl nicht behaupten wollen, daß ich schlafe?

RASMUS Lieber Vater, Du wirst doch begreifen, daß ich nicht die Absicht hatte, gegen Dich zu schreiben – – denn mir ist ja auch klar, daß der Unterschied zwischen Deinem und meinem Gesichtspunkt im Grunde nicht so groß ist. Ich will der Verkündigung der Bußprediger ans Leben, dieser Verkündigung, die im Geiste so Vieler hemmende Minderwertigkeitskomplexe hervorruft und die das Leben ungezählter Menschen verdunkelt und gerade das der Besten, Frömmsten, Ernsthaftesten. Und ist es denn nicht die Schuld gerade dieser Verkündigung, daß so viele prächtige Menschen unserer Zeit an der Kirchentür vorbeigehen – – weil sie unmöglich eine Erbauung darin finden können, daß ihnen unentwegt in die Ohren geblasen wird, wie durch und durch sündig und verdammt sie sind!

PASTOR Gut, ich räume willig ein, daß es sehr viel psychologisch schlechte Verkündigung gibt, und ich räume auch ein, daß ein Prediger vielen prächtigen Menschen Unrecht tut, wenn er alle über einen Kamm schert. Aber auf der anderen Seite müssen wir uns auch darüber klar sein, daß die Bußprediger es als ihre Aufgabe ansehen, die zutiefst Gefallenen zu retten, die größten Sünder, und da muß man es ihnen verzeihen, wenn sie in ihrem Übereifer unversehends Menschen verletzen, die nicht so schlecht sind wie diese.

HELGA *reicht ihrem Vater ein Glas Wein* Laß uns nicht weiter darüber reden. Willst Du nicht lieber ein Glas Wein mit uns trinken?

PASTOR Nein danke, die Umstände sind nicht gerade zum Anstoßen. Rasmus muß ja wissen, daß ich hier der offizielle Repräsentant der Kirche bin, und es wäre daher seine Pflicht gewesen, mir den Artikel zu zeigen und mich ihn zensieren zu lassen, bevor er ihn veröffentlichte. Du ahnst nicht Helga, welches persönliche Unbehagen mir dieser Artikel bereitet hat. Schon am selben Tag, an dem der Artikel erschien, bekam ich Besuch von mehreren Personen, die mich inständig aufforderten, dagegen in der Zeitung zu widersprechen – – Aber selbstverständlich will ich mich aus mancherlei Gründen nicht in diesen Streit einmischen. Ich habe auch Besuch von anderen verärgerten Personen gehabt, die zutiefst darüber entsetzt waren, daß ein Organist einer lutherischen Kirche sogar öffentlich in einem Zeitungsartikel Ideen und Gedanken vertreten kann, die ungefestigten Seelen Zweifel daran aufkommen lassen könnten, daß die Lehre der Kirche die richtige ist. Ja, diese Personen waren sogar fest entschlossen, ihren Fuß nicht mehr in die Kirche zu setzen, solange Rasmus Organist ist – – und sie hätten es am liebsten gesehen, wenn er noch am selben Tage verabschiedet worden wäre. Im übrigen steht es Rasmus nicht zu, die Kirche und die Verkündigung zu kritisieren.

HELGA Fühlt er eine Berufung oder ist er davon überzeugt, daß er einer höheren Macht dient, dann spielt es in Wirklichkeit keine Rolle, ob er staatsautorisiert ist oder nicht. Ganz im Gegenteil muß man wohl sagen, daß es ein großer Vorteil ist, daß er nicht wie die Pastoren an das System gebunden ist. Gerade weil er frei ist, ist er ja dazu imstande, die Dinge ganz ohne Vorurteil zu sehen.

PASTOR Jetzt soll ich also aus dem Munde meiner eigenen Tochter hören, daß ich nicht unparteiisch bin!

HELGA Vater, wir kennen und schätzen alle Deine guten Eigenschaften, Deine Gutmütigkeit, Deine Hilfsbereitschaft, Deinen Opferwillen, ja Dein ganzes gutes Wesen – – Aber Du mußt Dir auch darüber klar sein, daß Dein Verhältnis zur Kirche so ist, daß Du einfach nicht unparteiisch sein *kannst*.

PASTOR Daß Du so sprechen kannst, beweist mir, daß Du nicht verstehst, was Christus von uns Menschen verlangt. Wir haben nicht das Recht, die Unmündigen zu verärgern. Über die, die das tun, fällt Jesus das harte Urteil, daß es für einen solchen Menschen besser wäre, mit einem Mühlstein um den Hals in die Tiefe des Meeres versenkt zu werden.

HELGA Jesus sagt aber auch: »Ich bin der Weg, die Wahrheit und das Leben«. Ein Weg ist zum Wandern da und Wandern ist genau das Entgegengesetzte von Stillstand; die Wahrheit ist da, um von uns ergriffen zu werden, damit wir sie uns in einem ständig reicheren Maße aneignen, so daß unser Lebensweg von Anfang bis Ende von der Wahrheit und der Liebe zur Wahrheit geprägt wird – – das Leben ist dazu da, es im Einklang mit der Realität zu leben, die das Maß aller Dinge ist.

PASTOR Bist Du nun auch schon dahingekommen, daß Du Christi Wort zum Beweis einer kleinen privaten Lebensphilosophie machst, die Du Dir selbst aufbaust. Ist es Dir wohl klar, daß Du auf diese Weise das Christentum seiner Schärfe beraubst? Die Philosophie, die Du von Dir gibst, ist zwar christlich gefärbt, aber sie ist weder für die Griechen Dummheit noch für die Juden Ärgernis. Sie könnte sogar von einem Heiden wie Malon gutgeheißen werden.

RASMUS Selbst ich bin vollkommen davon überzeugt, daß Christus, würde er heute leben, jene Heiden vielen Christen vorgezogen hätte.

MALON Ich bin Heide und erhebe keine Forderung, etwas anderes zu sein. Ich liebe zunächst einmal mich selbst, danach meine Nächsten, danach die anderen, die mich im Grunde nichts angehen und ganz am Ende – wenn man will – Gott, der hinter dem Ganzen steht.

PASTOR Die Reihenfolge hätte umgekehrt sein sollen!

MALON Nein, das wäre unlogisch, dann müßte man ja wildfremde Menschen mehr lieben als seine allernächsten.

PASTOR Ihre Reihenfolge stimmt nicht, weder von vorne noch von hinten.

OLE VIK Es freut mich, daß der Artikel in meinem Blatt überall Anlaß zur Diskussion gegeben hat – – und da er nun überall diskutiert wird, muß sein gedanklicher Inhalt ja wenigstens zeitgemäß genannt werden.

PASTOR Genau wie das Gangsterunwesen, das zwar zeitgemäß ist, aber darum nicht weniger verwerflich.

RASMUS Aber lieber Vater, Du willst mich doch wohl wirklich nicht einen Gangster nennen, weil ich einen wohlgemeinten Artikel geschrieben habe, mit dem ich zur Rettung der Kirche beitragen wollte!

PASTOR Viele solche Artikel würden die Kirche zerstören. Darum warne ich Dich davor, weitere Artikel dieser Art zu schreiben. Du hast einen Artikel geschrieben, und der hat zu einer hitzigen Diskussion geführt, aber bald wird er vergessen sein, wenn nicht mehrere in der gleichen Art folgen. Und das will ich Dir jetzt deutlich sagen, fährst Du mit solchen Schreibereien fort, dann kann ich nicht mehr länger Rücksicht auf unser Familienverhältnis nehmen, dann kann ich nämlich nur noch eines tun: als Pastor zur Verteidigung von Kirche und Christentum aufzutreten. Jetzt hast Du meine Meinung zu dieser Sache gehört. *Geht durch die Verandatür hinaus, ohne zu grüßen. Alle stehen stumm vor Überraschung. Dann eilt Ole Vik dem Pastor nach.*

OLE VIK *In der Tür beim Hinausgehen* Herr Pastor, würden Sie wohl einen Artikel schreiben . . .

RASMUS Hier gibt es einen Kampf!

II

*Das gleiche Zimmer. Rasmus ist allein. Helga kommt mit Oskar Berg durch die Eingangstür.*

HELGA Der Polizeichef!

POLIZEICHEF Guten Morgen, Herr Moen! Wie geht's?

RASMUS Danke gut. Es freut mich, Sie hier in unserem Hause zu sehen! Geht es Ihnen auch gut?

POLIZEICHEF Danke – – aber Krach mit den Leuten, den hat man ja immer. Das haben Sie wohl auch schon erfahren, nachdem Sie mit Ihren Ideen an die Öffentlichkeit getreten sind. Früher, als Sie sich mit dem Orgelspiel und der Komposition beschäftigten und hin und wieder ein Konzert gaben, hatten Sie ruhigere Tage. Aber jetzt sind Sie für alle von Interesse: Sie werden leidenschaftlich angegriffen und Sie werden mit der gleichen Leidenschaft verteidigt.

RASMUS Ich kämpfe und leide gerne für meine Überzeugung, für die große Sache der Kirche und des Christentums – – Sagen Sie mal, waren Sie es nicht, Herr Polizeichef, der mir einen Brief sandte, nachdem ich meinen ersten Artikel geschrieben hatte?

POLIZEICHEF Ja, ich schrieb, daß ich ein fleißiger Kirchengänger würde, wenn man in der Kirche in Ihrem Sinne predigen würde. Und nun komme ich, Ihnen mitzuteilen . . .

RASMUS Bitte, nehmen Sie Platz!

POLIZEICHEF Sie verstehen, ich bin nicht der einzige in der Gemeinde, der sich von der Kirche fernhält. Aber die anderen, auf die ich mich hier beziehe, sind genau so wenig wie ich Heiden, sie streben, genau wie ich, nach der ewigen Wahrheit. Nur die Form, in der die Kirche diese ewige Wahrheit darstellt, paßt nicht zu ihrer Lebenseinstellung. Sie wollen nicht den Preis für ein glückliches Leben im Jenseits damit bezahlen, sich hier auf der Erde vernichten zu lassen.

RASMUS Es freut mich, das zu hören.

POLIZEICHEF Die irdische Wahrheit ist für mich Gesetz, Ruhe und Ordnung. Gesetze werden von Menschen geschaffen und von ihnen gedeutet. Die Menschen urteilen nach dem Gesetz. Lassen Sie es mich kurz fassen: Die Wahrheit liegt für mich in den Paragraphen des Gesetzbuches. Inzwischen ist mir klar, daß Ruhe und Ordnung etwas von einer ewigen Wahrheit in sich tragen. Der Friede Gottes, der über allem Verstand liegt, ist für mich Ruhe, gepaart mit Ordnung. Aber das Gesetz, nach dem wir uns innerhalb des Staates richten müssen, ist nicht göttlich. Es ist überall verschieden. Es verändert sich oft, manchmal sogar ohne jeden logischen Grund. Es wird von schwachen Menschen gedeutet, und es verurteilt oft Menschen, die das Gesetz nicht einmal kennen. Aber ich muß mich nach dem Gesetz richten.

RASMUS Menschliche Gesetze sind unvollkommen, aber Gottes Gesetze sind ewig und unveränderlich.

POLIZEICHEF Ich habe schon oft über diese Dinge nachgedacht. Über die ewigen Wahrheiten. Aber ohne Hilfe und Führung kann ich hierüber keine Klarheit gewinnen.

RASMUS Ich glaube, ich verstehe, was Sie meinen. Sie möchten Gott sehen. Aber es ist uns Menschen nicht gegeben, Gott mit unseren Sinnen zu erfassen. Begnadete Menschen können in ihren besten Augenblicken über einen inneren geistigen Weg mit Gott Kontakt aufnehmen und seine Nähe fühlen. Unser Gewissen zeugt auch von Gott: ein jeder, der es damit ernst nimmt, der Stimme seines Gewissens zu folgen, wird göttliche Hilfe fühlen, ihn auf dem Weg wandern zu lassen, den ihn eine innere Stimme als richtig erkennen läßt.

POLIZEICHEF Wollen Sie, Herr Organist, mir und meinen Freunden helfen?

RASMUS Gerne, wenn ich es nur kann.

RASMUS Vor einigen Tagen hatte ich einige Freunde und Gleichgesinnte zu mir nach Hause eingeladen, um Ihren Artikel zu diskutieren. Aus dem geht ja deutlich hervor, daß die Kirche einen anderen Weg einschlagen muß, wenn sie uns zu Gott führen will. Könnten Sie nicht kommen, eine Predigt halten, und uns diesen Weg aufzeigen?

POLIZEICHEF Ihr Vorschlag kommt so überraschend, Herr Polizeimeister. Aber ich werde die Frage überdenken. Grüßen Sie Ihre Freunde, Ihnen danke ich für das Vertrauen, das sie mir erweisen, und seien Sie versichert, daß ich immer Ihr Freund sein werde! *(Er folgt dem Polizeimeister zur Tür und reicht ihm die Hand. Der Polizeimeister geht. Gleichzeitig kommt der blinde Organist Olsen, in Begleitung seiner Frau.)*

OLSEN Gottes Friede, Herr Kollege!

308 **Die Familiengruft,** GMs., 22 S., in einem kleinen blauen Notizheft, datiert 18. 11. 46. KSA.
Im Brief an Christoph Spengemann vom 30. 11. 46 (Stadtbibliothek Hannover) bemerkt Kurt Schwitters: »Ich schreibe ein kleines Drama, genannt Familiengruft«. Schwitters parodiert hier mehrere Familienangehörige, vor allem seine Schwiegermutter Eleonore Fischer (Nora). Gedruckt ist der verbesserte Text.
Varianten:
S. 313
Z. 3/4 DER EMPFANGSENGEL Bei uns im Himmel ist das Ziel, ein guter Mensch zu sein.
NORA Und in der Partei muß man ein deutscher Mensch sein.
Frauenschaft.
Z. 6 DER EMPFANGSENGEL Du kannst nicht zwei Erlöser haben. Du mußt auf andere Ideen kommen, bevor Du erlöst werden kannst. Aber Du mußt selbst ohne meine Hilfe die richtigen Gedanken finden. Solange bleibst Du hier leider führerlos ...
NORA In meinem deutschen Erbbegräbnis. Heil Hitler!
DER EMPFANGSENGEL Wenn Du Abschied von Deinen beiden jüngsten Kindern nehmen willst, mußt Du Dich beeilen.
Z. 7 HANS UND HEINRICH Mutter, die Oma soll nicht den Löwen machen! Im Himmel gibt es noch keine Frauenschaft.

Erhalten ist noch ein zweites GMs., 4 S., KSA., zur ersten Szene:

**Die Familiengruft**

| | | |
|---|---|---|
| PERSONEN | NORA | soeben † |
| | EMIL, ihr Mann | † |
| | HANS } ihre Söhne | † |
| | HEINRICH } ihre Söhne | † |
| | FRITZ } ihre Söhne | † |
| | WILHELMA, ihre Tochter | lebend |
| | ADA, ihre Mutter | † |
| | WILHELM, ihr Vater | † |
| | KARL, ihr Stiefvater | † |
| | EILARDINE, ihre Schwiegermutter | † |
| | DER EMPFANGSENGEL, Engel | |
| | HÄSCHEN (Frau Hase), ihre Freundin | lebend |
| | KÄTHE BOCK, ihre Freundin | lebend |

*Es ist ein großes, schon altes Erbbegräbnis. Zwielichtig außen, Kerzen brennen innen. Wenn die Toten erscheinen, kommt ein unwirklicher Schein, an den Wänden stehen Särge. Einmal drei übereinander, mit Wilhelm, Karl und Ada. Hans und Emil liegen in einem Sarg, Fritz und Heinrich ebenfalls. Eilardine hat einen sehr einfachen Sarg. Gemurmel, man sieht die Füße der Besucher nach oben auf einer Treppe verschwinden, es werden noch einige Kränze hinuntergetragen. Wilhelma kniet am Sarge ihrer Mutter noch einige Zeit stumm. Böckchen und Frau Hase stehen nachsinnend.*

WILHELMA *zu Böckchen* Wie mag sich meine selige Mutter fühlen. Sie war immer lebhaft tätig in der Frauenschaft.

BÖCKCHEN Sie war eine gute Frau, aber sie hätte sich nicht so viel um dummes Zeug kümmern müssen.

HÄSCHEN Als ich sie das letzte Mal sah, sagte sie zu mir: »Häschen«, sagte sie, »wir sind immer Freunde gewesen, sind wir nicht, aber daß Du nicht der Frauenschaft beitreten wolltest, meiner Frauenschaft, das kann ich nicht verstehen.

WILHELMA Und was sagten Sie da?

HÄSCHEN Ich sagte, das Häschen hüpft, in der Frauenschaft kann es nicht hüpfen. Und sie sagte da: »In meinem Bezirk sollten alle Frauen Mitglieder sein zur Ehre unseres Führers und für Deutschlands Heil.«

BÖCKCHEN Für Deutschlands Heil!? Damit wir dem Verderben entgegengeführt werden?

WILHELMA Jedenfalls Mutter hatte eine Beschäftigung, die sie unterhielt. Was wird sie nun tun? Sie lebte nur für die Frauenschaft.

HÄSCHEN Sie ist tot. Sie braucht keine Unterhaltung mehr.

WILHELMA Das glaube ich nicht, sie ist nicht tot im Sinne von ohne Leben, sie ist nur nicht in unserem Leben, sie ist in einem anderen Leben.

WILHELMA Ich glaube an ein Leben nach dem Tode, sagen wir im Himmel. Und es gibt noch eine Stufe zwischen dem Leben auf der Erde und im Himmel, eine Art Umsteigestation, und in der befindet sich Mutter jetzt.

BÖCKCHEN Doch nicht eine Art Fegefeuer?

WILHELMA Gewissermaßen, nur ist es kein Feuer. Es ist natürlich, daß der Tote zuerst das Leben weiterführt, das er soeben verlassen hat. Da nun Mutter für die Frauenschaft gelebt hat, wird sie weiter eine Frauenschaft führen wollen. Wie mögen ihre Chancen nach dem Tode sein, bis sie dermaleinst zum ewigen Leben erlöst wird.

BÖCKCHEN Ein Engel. Ausgeschlossen. Sie hat alle Menschen, mit denen sie in Berührung kam, unglücklich gemacht.

WILHELMA Das war ihre Natur, die sie ererbt hat. Sie hatte zwei Naturen, eine gute und eine böse. Sie gab gern und fühlte sich nur wohl, wenn andere litten.

HÄSCHEN Armes Kind, Du hast auch genug unter ihr leiden müssen.

WILHELMA Ich tat es gern, denn ich liebte Mutter. Aber ich habe sie gefürchtet.

HÄSCHEN Sogar der Herr Pastor hat von ihren zwei Naturen gesprochen und hat gesagt, sie hätte nur eine Prüfungszeit durchzumachen.

BÖCKCHEN Ja, sie gab und nahm gleichzeitig die Freude für den, dem sie gab.

WILHELMA Sie wird sich sicher unglücklich fühlen, ohne ihre Tätigkeit für die Frauenschaft.

BÖCKCHEN Man kann nicht wissen, wie es nach dem Leben ist in der... gewissermaßen... Umsteigestation. Die Menschen werden langsam vorbereitet, Engel zu sein und in der Luft zu schweben. Wie eine Raupe an der Erde kriecht, dann verpuppt sie sich und schlüpft in die Erde, um endlich als farbenprächtiger Schmetterling in der Luft zu fliegen.

HÄSCHEN Kann sein, die Erde ist für den Menschen, was das Erdbegräbnis für den Engel.

BÖCKCHEN Nein, das ist falsch. Der Mensch kann sich nicht einfach umstellen und verpuppt sein, wenn er stirbt. Dazu gehört mehr, er muß gewissermaßen in der Umsteigestation erst Erfahrung sammeln, daß er falsch gehandelt hat. Er wird bis dahin jede Gelegenheit bekommen, so zu sein, wie er im Leben vorher war. Denn sonst hätte er sich schon im Leben umstellen können. Dieselben Laster, die gleichen Ideale, dieselben Gesichtszüge wird er noch zu erhalten suchen.

WILHELMA Zunächst wohl, bis er weiß, was er für seine Seele tun muß. Das Grab ist seine Vorbereitung für den Himmel. Ein Engel empfängt den Toten aus dem Leben und geleitet ihn ins Grab. Ein Engel holt ihn dann vom Grab zum Himmel, wenn er sich gewandelt hat, wenn er würdig geworden ist, erlöst zu werden.

HÄSCHEN Ich glaube, manche müssen da lange warten.

WILHELMA Mutter war gut und böse. Das Böse muß absterben, dann kann sie erlöst werden.

BÖCKCHEN Ich wundere mich, ob die Toten vielleicht lieber allein sind, unter sich.

WILHELMA Werft noch einen Blick auf die vielen Kränze. Ist das nicht wundervoll? Sie muß viele Freunde gehabt haben.

BÖCKCHEN Freunde? Alles Partei. Auch die vielen Leidtragenden, Partei. Die Partei muß kommen, darum sind sie so schnell wieder weggegangen.

HÄSCHEN Laß sie gehen, und laßt uns die Toten allein lassen.

*Wilhelma, Häschen und Frau Bock ab. – Langsam, einer nach dem andern, steigen die Toten aus den Särgen. Sie haben ja viel Zeit.*

WILHELM Jedesmal die gleiche Anstrengung, aus dem alten Sarge zu kommen. Und heute besonders, wenn diese alten Tanten klatschen und reden.

ADA Ja, es war das längste Begräbnis, das ich miterlebt habe. Und ich bin gespannt, wie Nora aussieht, und was sie treibt.

WILHELM Ich bin richtig steif vom langen Liegen.

KARL Bei Franzens Beerdigung sahst Du sie zuletzt.

ADA Schlecht, nur durch die Bretter, ich durfte mich ja nicht blicken lassen.

KARL Ja, war es nicht so, Wilhelm?

WILHELM Ich spreche nicht mit Dir, Karl. Du bist mir ein Greuel. Du hast mir das größte Unrecht nach meinem Tode getan.

ADA Nur ruhig, Wilhelm, mit Deinem ewigen Zank. Karl ist viel verständnisvoller als Du. Sieh, wie konnte ich Dich um Deine Meinung gefragt haben, obgleich er sie genau wußte.

WILHELM Meinung gefragt, Meinung gefragt. Natürlich, da ist keine Meinung, das wissen wir alle. Was ich ihm nie verzeihen kann, ist, daß er meine Frau geheiratet hat.

KARL Sie war Witwe, als Du gestorben warst.

WILHELM Der Tote hat wohl keine Rechte, he?

NORA Du meinst, eine Witwe hat nicht das Recht, wieder zu heiraten!?

WILHELM Das ist es. Du denkst nicht daran, wie wir nun aneinandergefesselt sind im Grabe, wir drei. Und ich bin bloß der 1. Gatte, Du bist aber der richtige Gatte, Du hast mir meine Rechte gestohlen! In aller Ewigkeit bist Du ihr Gatte, und ich habe nur die Erlaubnis, ihr erster Mann zu sein. Meine gesetzlichen Rechte sind durch Deine Heirat erloschen. Dazu liege ich im untersten Sarge, muß immer mit anhören, was Ihr zusammen schwatzt, und wenn ich mal an die frische Luft will, habe ich die schwerste Arbeit. Findet ihr das richtig?

[Fragment]

## Alphabetisches Verzeichnis der Schauspiele und Szenen

Seitenzahlen in Klammern beziehen sich auf weitere Fassungen und Fragmente in den Anmerkungen. Diese wurden einmal unter ihrem Titel aufgeführt, stehen aber auch zusätzlich bei der endgültigen Fassung.